出版·传播·文化丛书（第二辑）

编辑审稿录
An Editor's Notes on Reviewing Drafts

牟国胜 著

中国传媒大学出版社
·北京·

目 录 Contents

前 言 /1

一、文学读物(1—18篇) /1
  1.《鲁迅杂文精选》(大字版)终审意见 /1
  2.《朝花夕拾》(大字版)终审意见 /3
  3.《丰子恺童话选》(大字版)终审意见 /6
  4.《雪地上的足迹》(大字版)终审意见 /6
  5.《史铁生传记》终审意见 /7
  6.《小河清清》终审意见 /8
  7.《海南老街》终审意见 /9
  8.《林清玄散文四部》(大字版)终审意见 /10
  9.《最新实用谜语大全》终审意见 /12
  10.《最新实用对联大全》终审意见 /13
  11.《新月集》(大字版)终审意见 /14
  12.《爱的艺术》(大字版)终审意见 /16
  13.《鲁宾孙漂流记》(大字版)终审意见 /17
  14.《傲慢与偏见》(大字版)终审意见 /18
  15.《田园交响曲》(大字版)终审意见 /18
  16.《瓦尔登湖》(大字版)终审意见 /18
  17.《名人传》(大字版)终审意见 /20
  18. 整理出版巩傲《美国中学生经典著作导读系列》的意见 /22

二、教育读物(19—58篇) / 33
　(一)普通教育(19—29篇) / 33
　　19.《安徒生童话》(大字版)终审意见 / 33
　　20.《小王子》(大字版)终审意见 / 33
　　21.《森林报——春·夏·秋·冬》(大字版)终审意见 / 34
　　22.《青春时曾有过的孤独》(大字版)终审意见 / 35
　　23.《幸福的孩子学习好》(大字版)终审意见 / 36
　　24.《妞妞——一个父亲的札记》终审意见 / 37
　　25.《宝贝,宝贝》终审意见 / 37
　　26.《跟着节日去旅游》(大字版)终审意见 / 38
　　27.《踏进这扇门——心理咨询师初阶成长》(大字版)终审意见 / 41
　　28.《中学生作文论据大观》(大字版)终审意见 / 43
　　29.《成语作文有新招》(大字版)终审意见 / 48
　(二)盲人文化教育(30—58篇) / 48
　　30.《金钥匙全纳教育探索与实践》终审意见 / 48
　　31.《好人籍雅琴》终审意见 / 49
　　32.《高原雪松——盲人按摩师任志平手记》终审意见 / 51
　　33.《中医基础理论》(大字版)终审意见 / 51
　　34.《医古文》(大字版)终审意见 / 52
　　35.《中医文化选讲》(大字版)终审意见 / 53
　　36.《妇科按摩学》(大字版)终审意见 / 55
　　37.《中医按摩美容手册》(大字版)终审意见 / 56
　　38.《百位盲人按摩师特色技法全书》终审意见 / 56
　　39.《中国按摩流派技法精粹》(大字版)终审意见 / 57
　　40.《美式整脊疗法》终审意见 / 58
　　41.《视障儿童感觉统合训练手册》终审意见 / 59
　　42.《带盲童看祖国——北京卷》终审意见 / 59
　　43.《德育沁园》终审意见 / 60
　　44.《礼行天下》终审意见 / 61
　　45.《中国龙文化》终审意见 / 63
　　46.《盲生学汉字》终审意见 / 64
　　47.《语文课堂教学集锦》终审意见 / 66

48.《活力成语选编》终审意见　/ 67

49.《晨读时光》终审意见　/ 68

50.《数学练习册》(大字版)终审意见　/ 71

51.《盲校小学珠心算》终审意见　/ 73

52.《钢琴调律师》(大字版)终审意见　/ 73

53.《播洒光明——青岛市盲校建校80周年》终审意见　/ 77

54.《中华人民共和国残疾人保障法》(大字版)终审意见　/ 78

55.《中华人民共和国未成年人保护法》(大字版)终审意见　/ 79

56.《中华人民共和国义务教育法》(大字版)终审意见　/ 79

57.《中华人民共和国刑法》(大字版)终审意见　/ 80

58.《一个萝卜的法律遭遇》(大字版)终审意见　/ 82

三、成功励志读物(59—79篇)　/ 83

59.《毛泽东书法艺术传承之路》(大字版)终审意见　/ 83

60.《不朽遗产——为列宁主义辩护》复审意见　/ 84

61.《柏拉图对话录·裴多》(大字版)终审意见　/ 87

62.《培根随笔》(《培根论人生》)(大字版)终审意见　/ 87

63.《爱默生随笔》(大字版)终审意见　/ 88

64.《思想录》(大字版)终审意见　/ 89

65.《居里夫人自传》(大字版)终审意见　/ 91

66.《大国,由海权而崛起》(大字版)终审意见　/ 91

67.《用英语说名人名言》(大字版)终审意见　/ 92

68.《活学活用思移力》(大字版)终审意见　/ 93

69.《我们是一群智慧的鱼》(大字版)终审意见　/ 94

70.《快乐就是不抱怨》(大字版)终审意见　/ 96

71.《快乐工作——做最满意的自己》(大字版)终审意见　/ 97

72.《轻松读大师·营销新战略》(大字版)终审意见　/ 98

73.《轻松读大师·不一样的苹果　永远的乔布斯》(大字版)终审意见　/ 99

74.《轻松读大师·思考力》(大字版)终审意见　/ 99

75.《轻松读大师·决胜职场》(大字版)终审意见　/ 100

76.《轻松读大师·成功必修课》(大字版)终审意见　/ 101

77.《企业新思维》(大字版)终审意见　/ 102

78.《轻松读大师·未来需要的创意天才就是你》(大字版)终审意见 / 102

79.《轻松读大师·少做的力量》(大字版)终审意见 / 103

四、古典读物(80—151篇) / 105

80.《孔子传》(大字版)终审意见 / 105

81.《〈论语〉读本》(大字版)终审意见 / 107

82.《〈孟子〉读本》(大字版)终审意见 / 108

83.《十三经——尚书开讲》(大字版)终审意见 / 110

84.《十三经——礼记开讲》(大字版)终审意见 / 112

85.《十三经——公羊传开讲》(大字版)终审意见 / 114

86.《十三经——论语开讲》(大字版)终审意见 / 115

87.《十三经——孝经开讲》(大字版)终审意见 / 117

88.《十三经——尔雅开讲》(大字版)终审意见 / 118

89.《先秦史》(大字版)终审意见 / 120

90.《三国两晋史》(大字版)终审意见 / 121

91.《南北朝史》(大字版)终审意见 / 123

92.《唐史》(大字版)终审意见 / 123

93.《五代十国史》(大字版)终审意见 / 124

94.《清史》(大字版)终审意见 / 125

95.《林汉达中国历史故事集·春秋故事》(大字版)终审意见 / 126

96.《林汉达中国历史故事集·战国故事》(大字版)终审意见 / 126

97.《林汉达中国历史故事集·西汉故事》(大字版)终审意见 / 127

98.《林汉达中国历史故事集·东汉故事》(大字版)终审意见 / 129

99.《林汉达中国历史故事集·三国故事》(大字版)终审意见 / 129

100.《曾文正公嘉言钞》(大字版)终审意见 / 130

101.《李鸿章传》(大字版)终审意见 / 132

102.《章太炎传》(大字版)终审意见 / 133

103.《国学概论》(大字版)终审意见 / 134

104.《国学读书指南》(大字版)终审意见 / 134

105.《国学微课堂——大学 中庸》(大字版)终审意见 / 135

106.《国学微课堂——诗经选读》(大字版)终审意见 / 139

107.《国学微课堂——礼记选读》(大字版)终审意见 / 140

108.《国学微课堂——左传选读》(大字版)终审意见 / 141

109.《国学微课堂——老子庄子选读》(大字版)终审意见 / 143

110.《国学微课堂——楚辞选读》(大字版)终审意见 / 147

111.《国学微课堂——史记选读上下》(大字版)终审意见 / 151

112.《国学微课堂——汉魏六朝文选》(大字版)终审意见 / 156

113.《国学微课堂——颜氏家训选读》(大字版)终审意见 / 159

114.《国学微课堂——唐宋文选》(大字版)终审意见 / 164

115.《国学微课堂——唐诗选读》(大字版)终审意见 / 167

116.《国学微课堂——宋词选读》(大字版)终审意见 / 169

117.《国学微课堂——千家诗选读》(大字版)终审意见 / 174

118.《国学微课堂——诗词格律》(大字版)终审意见 / 176

119.《大学》(大字版漫画)终审意见 / 179

120.《中庸》(大字版漫画)终审意见 / 180

121.《孔子说·论语》(大字版漫画)终审意见 / 180

122.《孟子说》(大字版漫画)终审意见 / 182

123.《老子说》(大字版漫画)终审意见 / 183

124.《庄子说》(大字版漫画)终审意见 / 185

125.《韩非子说》(大字版漫画)终审意见 / 187

126.《孙子说》(大字版漫画)终审意见 / 187

127.《列子说》(大字版漫画)终审意见 / 188

128.《史记》(大字版漫画)终审意见 / 188

129.《世说新语》(大字版漫画)终审意见 / 189

130.《六朝怪谈》(大字版漫画)终审意见 / 191

131.《唐诗说》(大字版漫画)终审意见 / 191

132.《唐诗三百首》(大字版漫画)终审意见 / 193

133.《宋词说》(大字版漫画)终审意见 / 194

134.《菜根谭》(大字版漫画)终审意见 / 194

135.《小窗幽记》(大字版)终审意见 / 195

136.《围炉夜话》(大字版)终审意见 / 198

137.《金刚经》(大字版)终审意见 / 198

138.《坛经》(大字版)终审意见 / 202

139.《山海经》(大字版)终审意见 / 203

140.《茶经》(大字版)终审意见　/ 206

141.《三字经》(大字版)终审意见　/ 207

142.《百家姓》(大字版)终审意见　/ 208

143.《千字文》(大字版)终审意见　/ 212

144.《初中古文精粹》终审意见　/ 213

145.《高中古文精粹》终审意见　/ 219

146.《唐宋婉约词赏析》(大字版)终审意见　/ 221

147.《三国演义》(大字版)终审意见　/ 222

148.《西游记》(大字版)终审意见　/ 228

149.《水浒传》(大字版)终审意见　/ 235

150.《红楼梦》(大字版)终审意见　/ 237

151.《〈红楼梦〉人物随笔》审稿意见　/ 273

五、科普读物（152—182篇）　/ 276

152.《新视野学习百科·园艺》(大字版)终审意见　/ 276

153.《新视野学习百科·森林动物》(大字版)终审意见　/ 277

154.《新视野学习百科·湖泊溪河动物》(大字版)终审意见　/ 277

155.《新视野学习百科·古生物》(大字版)终审意见　/ 278

156.《新视野学习百科·植物的繁殖》(大字版)终审意见　/ 278

157.《新视野学习百科·植物家族》(大字版)终审意见　/ 279

158.《新视野学习百科·自然保护与国家公园》(大字版)终审意见　/ 279

159.《新视野学习百科·城市中的动物》(大字版)终审意见　/ 280

160.《新视野学习百科·人类文明的曙光》(大字版)终审意见　/ 281

161.《新视野学习百科·经济与生活》(大字版)终审意见　/ 281

162.《新视野学习百科·工业革命的先河》(大字版)终审意见　/ 282

163.《新视野学习百科·能源世界》(大字版)终审意见　/ 283

164.《新视野学习百科·空中交通》(大字版)终审意见　/ 283

165.《新视野学习百科·航海时代的争霸》(大字版)终审意见　/ 284

166.《新视野学习百科·帝国的兴起》(大字版)终审意见　/ 285

167.《新视野学习百科·民族主义的开展》(大字版)终审意见　/ 286

168.《新视野学习百科·少数民族》(大字版)终审意见　/ 287

169.《新视野学习百科·国家与人民》(大字版)终审意见　/ 288

170.《新视野学习百科·政治与法律》(大字版)终审意见 / 288

171.《新视野学习百科·当代世界的出现》(大字版)终审意见 / 289

172.《新视野学习百科·数位世界》(大字版)终审意见 / 294

173.《新视野学习百科·建筑艺术》(大字版)终审意见 / 296

174.《新视野学习百科·电影与动画》(大字版)终审意见 / 297

175.《新视野学习百科·东方文学》(大字版)终审意见 / 298

176.《新视野学习百科·东方绘画》(大字版)终审意见 / 299

177.《新视野学习百科·西方绘画》(大字版)终审意见 / 299

178.《新视野学习百科·世界遗产与博物馆》(大字版)终审意见 / 300

179.《从地球到月球》(大字版)终审意见 / 301

180.《环绕月球》(大字版)终审意见 / 302

181.《海底两万里》(大字版)终审意见 / 302

182.《神秘岛》(大字版)终审意见 / 304

六、养生读物(183—204 篇) / 305

183.《每天养生一点点》(大字版)终审意见 / 305

184.《每天少生一点儿气》(大字版)终审意见 / 306

185.《养生先养脚》(大字版)终审意见 / 306

186.《向睡眠要健康》(大字版)终审意见 / 307

187.《让高血压低头》(大字版)终审意见 / 308

188.《感冒的功效——从脊椎出发的自然整体法》(大字版)终审意见 / 309

189.《精油芳香疗法》(大字版)终审意见 / 310

190.《咳痰喘全攻略——儿童急性呼吸道疾病预防治疗护理指南》(大字版)
终审意见 / 311

191.《针灸治疗学》(大字版)终审意见 / 312

192.《肥胖 200 个怎么办》(大字版)终审意见 / 313

193.《头痛 151 个怎么办》(大字版)终审意见 / 314

194.《高血压病 100 个怎么办》(大字版)终审意见 / 314

195.《乳腺疾病 145 个怎么办》(大字版)终审意见 / 315

196.《风湿免疫病 300 个怎么办》(大字版)终审意见 / 316

197.《幸福就在一转念》(大字版)终审意见 / 317

198.《做一名优秀的心理咨询师》(大字版)终审意见 / 318

199.《心理危机干预指导手册》(大字版)终审意见 / 319

200.《怎样吃最安全》(大字版)终审意见 / 320

201.《吃对你的家常菜》(大字版)终审意见 / 321

202.《会吃才健康》(大字版)终审意见 / 321

203.《健康快到碗里来》(大字版)终审意见 / 322

204.《喝什么都是药》(大字版)终审意见 / 323

七、中医(205—223篇) / 325

205.《灵枢经》(大字版)终审意见 / 325

206.《难经》(大字版)终审意见 / 326

207.《伤寒论》(大字版)终审意见 / 328

208.《金匮要略方论》(大字版)终审意见 / 329

209.《脉经》(大字版)终审意见 / 330

210.《频湖脉学》(大字版)终审意见 / 330

211.《温病条辨》(大字版)终审意见 / 331

212.《叶香岩外感温热篇》(大字版)终审意见 / 332

213.《神秘的经络》(大字版)终审意见 / 333

214.《古代经典按摩文献荟萃》(大字版)终审意见 / 334

215.《厘正按摩要术》(大字版)终审意见 / 336

216.《内科按摩学》(大字版)终审意见 / 337

217.《幼科推拿秘书》(大字版)终审意见 / 337

218.《小儿推拿广意》(大字版)终审意见 / 338

219.《小儿推拿学》(大字版)终审意见 / 339

220.《中医临床诊疗术语·证候部分》(大字版)终审意见 / 340

221.《中医临床诊疗术语·治法部分》(大字版)终审意见 / 341

222.《中医养生智慧经》(大字版)终审意见 / 342

223.拜读《不息翁诗存》感言 / 343

前　言

多年来，编辑行业遭受非议，有两种代表性观点，"去编辑化"是其一。数字出版把出版业带到了全媒体出版的新阶段。新技术走进出版业，使其面目一新，不论出版生产者还是消费群体无不欣然首肯。在激流涌动的大潮中，人们的眼光自然而然地投向浪尖上的朵朵水花，而对于壮观之景背后内驱动力的状况则缺乏兴趣。出版研究领域，叱咤世界风云的皇皇宏论连篇累牍，司空见惯的审稿环节，较少映入研究者的眼帘。文案编辑苦坐冷板凳，孤影青灯，其审稿工作成果与经济效益难以直接挂钩，更拿不到红火的场面上，久之，反倒被视为尸位素餐。加之数字时代的来临，仿佛不需要文案编辑了。在这种思路下，"去编辑化"的舆论便成为时代英雄之所见。"去编辑化"的主张，是更宏观层次上的问题，跳出了专业学术范围。"去编辑化"，很实用，它表达了行业里小老板的心声，是文化传播领域过度强调经济利益的必然思路。文化产业注重经济效益，理所当然。但是，事情往往会被推向极端。受利益驱使，出版环节的主次顺序由编、印、发变成了发、印、编。文化不在文化本身，文化搭台，经济唱戏。在这种社会导向下，文化传播滑到唯利是图的竞技场。出版商把文化当作纯商品经营，出版物制作过程进行了大反转。先猎奇几句时髦话，要紧的是策划出卖点，书名可谓"语不惊人死不休"，立即下订单。再设计花哨精美的封面包装，进行高质量印刷，诱使客户一见钟情。最后，书里写些什么，好办得很，从网上下载，省脑筋、省时间，谈笑间攒出多部系列丛书，小菜一碟。社会上大老板们喜欢将大部头经典著作丛书摆在书架上，附庸风雅；官员送礼，气质高雅；图书馆藏，公费采购,进货文雅;开发少儿智力,图文并茂,家长尚雅。有几个真看书的?既然不是为了阅读学习,编辑伏案咬文嚼字,不显得可笑吗?时间就是金钱,卖场就是战场,腐儒们坐在那里翻找资料查来查去,白耽误工夫还得切给他们一块蛋糕。识趣的编辑在此情此景下,恐怕不等人家"去"你,便自惭形秽,下岗了;文化经营小老板们暴富为大亨,文化究竟是什么,可想而知。随着虚拟经济泡沫的破碎、主流意识形态的动摇,人们认识到,应当把社会效益放在首位,实现社会效益和经济效益相统一。当两个效益、两种价值发生矛盾时,必须做到经济效益服从社会效益,市场价值服从社会价值。若把人们正确的认识落到实处,出版行业就全靠编辑了。所以,"去编辑化"是一种有害的偏见。有道是:犹之楚而北行,马虽疾而去逾远矣。

一般而言,文案编辑审稿工作的重要性是由出版业的本质决定的,数字出版只是出版技术以及阅读方式的转换,"出版是思想文化产业"的本质并无丝毫改变。从出版模式来看,数字出版对编辑、生产制作、销售三个核心价值链并无任何质的改变,对审稿的要求反倒比传统出版更高。因为对于扑面而来的巨量信息,真假之辨、好坏之分、高低之别,全由审稿质量决定。千百年来的事实证明,文案编辑绝非单纯服务于其他学科的侍妾,而是为出版内容把关的哨兵,今天不过披挂上了新战袍,换了换手中的兵器而已。所以,他们才是出版业前沿阵地真正的老军。

另一种非议,是来自基于恨铁不成钢心理的"编辑无学"。学术圈对编辑的小觑,从积极意义上看,是一种鞭策,说明编辑的水平尚不能与之旗鼓相当,达不到专业对话的层次。与"去编辑化"的性质不同,"编辑无学"不能被看作有人故意对编辑专业及编辑行业的贬损,持此论者,绝非平庸之辈,可能品尝过编辑的苦头,才点到其死穴。文案编辑的要害似有这么几点:一是以不误为误,让作者气恼;二是过度规范化,让作者伤心;三是只知其一不知其二而做些无用功,让作者啼笑皆非。此外,即使技术层面做得比较完美,形式上的加工也够不上学术层次。所以,从这些现象来看,可以说"编辑无学"。相当一部分编辑拿到稿件后就进入审稿程序,无论什么学科的书稿,都用那一套路数对付:改几个错别字,通一下句子,增删改调些许标点及符号,等等;再做若干版面技术性的工作。至于稿件的精华及问题,却不甚了了。有的甚至根本看不懂写了些什么,就敢下笔改动。有些编辑满足于既定的工作程序,将主观上的尽心尽力等同于客观效果而感觉良好。编辑工作的压力通常是很大的,一本本稿件摞在面前,夜以继日,眼睛盯在字上、符号上,稍有机会也多半以抛开书本养眼为先。这些现象是有的,甚至带有普遍性。

编辑的学问在哪里?"编辑是杂家",编辑之学,在于广博;专业研究之学,在于精深。专家教授可以守着自己的一亩三分地深耕细作,而编辑面对的是大面积的外人田稍事修整。不需要去深耕细作,却要对不同品种的深耕细作皆略知一二,从而挑出弊漏、刮垢磨光。真正有学的编辑,与专业研究人员一样,均可成为饱学之士,只不过侧重点相异,一个在博,一个在精。两者并行不悖,相得益彰。

问题的关键是,"编辑无学"如何解决。起码有两条途径可以试行。一个根本的办法是,从高等教育抓起,在高校编辑出版专业设立"审稿学"课程,作为三级学科,加强学生审读书稿的实际操作能力。关于这方面的问题,笔者另有一篇拙文《构建编辑"审稿学"设想》和一本拙著《审稿学论纲》论述,在此不赘述。另一个办法是,在职编辑通过培训、相互交流,视审稿工作为学习过程,积极主动地弥补自身的短板,这也是提高业务水平的重要措施之一。

拙著与2013年出版的《书稿审读札记》相仿,都是把审稿工作中发现的一些问题梳理出来,并将解决问题的方法公之于众,以便切磋琢磨,得到更多读者的批评。《审稿学》与《审稿录》相需为体。一切从稿件里的实际内容出发,探讨怎样发现问题、解决问题,以期达到共同为提高书稿质量而努力的目的。如蒙指教,求之不得。

必须说明的是,此稿得以付梓,首先归功于中国盲文出版社的领导和全体编辑同事用汗水和心血给予无私的支持和帮助,假如没有他们提供的第一手资料,拙笔无论如何也生不出花来。其次鸣谢与此相关的几十家出版社，是他们使拙眼识荆，同样，假如没有他们导夫先路，视野不会开阔，也得不到交流的机会。同样衷心感谢北京印刷学院新闻出版学院院长魏超和张文红教授，是他们在奋发激扬的教育教学改革浪潮中，涌动朽木成材。最后，感谢中国传媒大学出版社的领导惠顾；感谢本书责编张旭和陈默老师，审读这样一部拉拉杂杂的稿件，要花费多少日夜，付出多少精力，其劳苦同行深知。

2017 年 7 月 16 日

一、文学读物(1—18篇)

1.《鲁迅杂文精选》(大字版)终审意见

精选鲁迅的杂文,是一件好事,也是一件吃功夫的事。好事自不必多说,吃功夫意味着看似简单,操作起来却困难重重。首先,鲁迅的杂文,可以说全是精品,精选则要精益求精。求精的旨趣根据何在?那就要从研究鲁迅的当代意义起步。鲁迅看到中华民族到了最危险的境地,毕生致力于反思中国人的精神世界中的弊病。不认识自己的奴隶地位,又不认识世界,是国民性低劣的突出表现。一般而言,一个人和一个民族的精神发展要经过奴性、悟性、理性三个阶段,他启悟国人"悟己之为奴",鞭策人们尽快觉醒,出奴性而为悟性,从"瞒和骗"的社会氛围里解脱出来,"睁了眼看"世界,求得思想解放。在夯实理性的基础上,对一切阻碍历史进步的东西进行坚韧的反抗。总之,鲁迅是一位最善于反思又最善于反抗的伟人。今天学习鲁迅,应以此为指要。其次,鲁迅杂文的版本很多,完全采用一种版本,涉嫌侵权;另搞一套,又力所不及。再次,我们手中没有掌握任何资料,等于做无米之炊。最后,只能拼凑,此乃最拙劣的办法,但也并非那么易行。除了保证鲁迅的原文无误外,关键在于注释,其应取舍得当、繁简适宜。仅此一点,若对鲁迅毫无研究的话,仍难胜任。

下面仅说点儿具体意见,按页面顺序记录如下:

纪年的数字,拟用阿拉伯数字,稿件所用的汉字数字可以一律修改之。

"僚"当作"燎"。

《随感录六十一 不满》注释进行了一些修改,如《鲁迅全集》(第一版)写的是"捷克斯拉夫",改为众人熟知的"捷克斯洛伐克"。

p.17 注释(2)"语见梁朝"也可,但不如添几个字——"语出南朝梁江淹"。引用《恨赋》再补上一句:直念古者,伏恨而死。

注释(4)《汉书·地理志》加"(下)"。再补一句:故俗称郑卫之音。

《娜拉走后怎样》正文漏掉一个"走"字,补上。

删去注释(5)"not-book",当今,最简单的英语已普及,不必翻译。后面的注释序号随之前移。

原注释(7)"涸辙之鲋",目前之注对于普通读者而言,等于没注。因此,补充如下两句:在干涸了的车辙里的鲋鱼(鲫鱼),比喻处在困境中急待救援的人。

"联兆"当作"朕兆"。

《春末闲谈》里共有4处"特殊知识阶级",p.51正文里有2处"特殊知识阶级",责编将其中1处的"知"改为"智",别处未动。p.52又将"知"改为"智";p.54未动。人民文学出版社出版的《坟》(2006年12月第二版)前3处为"特殊智识阶级",后1处为"特殊知识阶级",而该社出版的《鲁迅散文》(2005年版),4处皆为"特殊知识阶级"。可从之(包括注释的3处)。

"出"当作"山"。

注释(2)"长城战,"有遗漏,补:始建于战国时期。

原文"帐"字,不要改成"账"。

原文"总要",不要改成"就要"。

"钞录"当作"抄录"。

"统制"当作"统治"。

p.87注释(11)与前文重复但却简化了。注释的最后一句为"参看《热风·随感录三十八》",但本书稿未有《热风》,只有《随感录三十八》。因此,该条注释可以把现有的表述删去,仅注:参看本书《随感录三十八》注释(7)。

关于字体,从二审。

"呈"当作"儝"。

"庄廷或之狱","或"字有误,修改见原稿。

注释泰戈尔获得"诺贝尔文学奖金",去掉"金"字。

注释"张资平 参看《二心集·张资平氏的"小说学"》极其有关注。"按此找不到"有关注",因为本书稿未选该篇文章。这条注释改为:写过大量三角恋爱小说。抗日战争中堕落为汉奸。

《世故三昧》正文"这时",应为"这里"。

原文"我也有一个经验"后面的逗号是对的,不要改为句号。

注释"按逢蒙亦作逢蒙",有误,请核。

原文"鸦片"改成了"雅片",不误为误,复原。

二审指出"乱码"的问题,未见订正。

《新药》注释(4)药渣,只保留出处,删去原文。因为作品里已经把故事讲得很明白了,再用文言文注释白话文,适得其反。

《准风月谈》集开篇,鲁迅写了个"前记",里面提到该集每篇文章署了笔名。所以,人民文学出版社出版的全集、单行本、选集等,均在每篇之下署上了最初发表时的笔名。本书稿前些篇,在注释里也记录了文章发表时所用的笔名,而出自《准风月谈》的6篇文章却未涉及笔名之事。为了更真实地展现原作原貌,也为了本书稿的前后体例统一,建议这6篇文章像其他篇一样,在注释里记录笔名,每篇之下可以不署笔名。

p.139 注释(1)加"署名旅隼"。

p.144 注释(1)加"署名孺牛"。

"他们大都忍耐着一切",责编在"大都"后加了个"是"字,而原文未有此字,删去。

"所以在你的背后",责编删去其中"的"字,而原文有"的",复原。

"而预约着你们",责编在"你们"前加"给"字,原文未有此字,删去。

p.148 注释(1)加"署名苟继"。

本书稿还有三分之一的文章未及审读。

2013年1月14日

2.《朝花夕拾》(大字版)终审意见

采用大字本版式出版鲁迅的散文集,为低视力读者提供高级精神营养品,策划选题有见地。多年来,鲁迅作品的出版很繁荣,责编选择权威出版物为主要参考材料的做法很妥当。目前稿件虽已初具规模,但因为是鲁迅的作品,非同小可,所以还需要精细打磨。提点小建议及修改意见如下:

数字用法,可掌握这样一条规定:凡是可以使用阿拉伯数字,而且又很得体的地方,均应使用阿拉伯数字。据此,将稿中纪年、月、日的汉字数字皆改为阿拉伯数字。

《狗·猫·鼠》篇:

正文里注释(2),误为(3)。

正文里注释(13),误为(12)。

正文里注释(19),误为(29)。

注释(12)补充如下文字：Allegorie der Wollust，德语，意思是"情欲的喻言"。

《阿长与〈山海经〉》篇：

注释(9)，应为两本书作注，而只注了《尔雅音图》，另一本《毛诗品物图考》需要补上：《毛诗品物图考》共七卷，日本冈元凤作，是把《毛诗》中的动植物等画出图像并加简明考证的书。

注释(10)，应为两本书作注，而只注了《点石斋丛画》，另一本《诗画舫》需要补上：《诗画舫》画谱名，汇印明代隆庆、万历年间画家的作品，分山水、人物、花鸟、草虫、四友、扇谱六卷。

按照本书稿注释中的体例，一般图书不注明具体出版时间，删去注释(10)有关介绍，以保持全稿统一。

《二十四孝图》篇：

日本画家"小田海僊"，"僊"字是"仙"的繁体，人民文学出版社出版的《朝花夕拾》单行本里，此字用繁体，未必恰当，改为简体。注释(23)中的此字一并修改。

注释(12)"睚眦之怨"，仅仅解释字面的意思，信息量不够，读者仍然难以理解作者的本意。增补如下文字：陈西滢在《杨德群女士事件》一文里引用此语，暗指鲁迅。后文提到"'公理'作宰，请酒下跪"，也是对陈西滢、杨荫榆等互相勾结迫害进步学生的嘲讽。

注释(20)"老莱娱亲"条，"《艺文类聚·人物》"有误，不是"人物"，而是"人部"。《艺文类聚》分46部，有人部。

《五猖会》篇中，有两个注释文字前后调整了一下。

《无常》篇：

注释(12)里有一个字空缺，应为"畼"。

注释(13)有必要补充如下文字，以便帮助读者理解文意：陈西滢曾在《致志摩》（发表于1926年1月30日《晨报副刊》）里诬蔑鲁迅"有他们贵乡绍兴的刑名师爷的脾气"。

可以删掉注释(16)"张岱"条，因为在《五猖会》篇后，已经有注释(2)《陶庵梦忆》条。

在哪里加注释，随意性较大，需要有一个基本原则，其应当以读者能否全面领会作者所要传递的意蕴为尺度。许多文字若不加注释，读者就不了解彼时彼地的指向，即使读者的文化程度再高，也会不知所云。那么，学习鲁迅的效果将大打折扣。具体到本篇《无常》，人民文学出版社出版的单行本里，注释35条，而本书稿只选择了其中的20条。当然，未必要尽仿前贤，表述可以简化一些，但放弃每一条都

一、文学读物(1—18篇)

须有充分的理由。譬如上述删掉的"张岱"条。所以,《无常》一文需要大量补充注释。例如,"无常"、"碰壁"、正文"绍兴师爷"之后的几句话;"一个会""放冷箭""正人君子""老婆儿女"等。注意序号随之变换。

二审报告提出了一个重要问题,即鲁迅作品里的很多字、词如今已经发生了很大的变化,这些字词如果按照现代汉语的规定修改,就无法保持鲁迅作品的原汁原味,不改,质检肯定无法过关。

这的确是两难之事。最近发表的复旦大学郜元宝的文章《鲁迅与当代中国的语言问题》值得一读,它能给人以启发,增加解决问题的底气。文章指出:一些关心鲁迅的中学语文教师、鲁迅研究者、现代文学研究者和一般文学爱好者似乎都抱定一个共识,认为鲁迅的语言处在过渡期,是"中间物",不能算成熟的现代汉语,很多地方不规范,不符合今天成熟、规范的现代汉语标准。鲁研界也一直拿不出满意的答案。文章认为,把"典范"理解得太死,将其等同于"规范",就很容易"发现":有典范意义的鲁迅的作品在语言上反而往往显得不够规范,单向地以后来的"规范"核准先驱者的"典范",结果只看到"典范"不合"规范",看不到"规范"对"典范"的狭隘化认识。今天的汉语越来越规范,优秀作家的写作总是创造性的,并不是要设立一套僵化的规范。朱自清在一篇文章里说,新文学初期作家们学习新语言、寻找新世界,没有人依靠一种现成的规范语言,每个人都是法自我出、法由我立。"五四"以来的各个时期,都有对鲁迅语言的研究。1919年,傅斯年提出"内涵的文章"和"外发的文章",点出了鲁迅文章在修辞上的特殊性。1925年,胡适肯定"方言文学",并谈到《阿Q正传》。鲁迅、郁达夫、茅盾、钱锺书、吴组缃等作家对"方言文学"既有实践又有理论。1935年李长之在《鲁迅之杂感文》中,对鲁迅作品里的"转折字"进行了深入探讨。鲁迅逝世时,周作人说鲁迅具有"一种文字上的洁癖"。郭沫若具体分析过鲁迅与庄子在用语上的关系,从而启发了徐寿裳、钟敬文、台静农、唐弢、张向天、周振甫、王瑶等人研究鲁迅用语与古典文学和外国文学语言的联系。1938年,蔡元培为《鲁迅全集》作序,特别拈出"用字之正确"。1939年,叶公超在《谈白话散文》里认为,鲁迅的力量就在词语里,短悍、锋锐、辛辣、刻毒,所有他文字的特色都埋伏在他的词语里,善于炼字。鲁迅的语言,并没有脱离中国文学这个力求在句法上争奇斗艳的传统,而且这个传统在受到西洋和日本文学的刺激之后,在鲁迅身上更有所发扬。1982年出版的孙玉石《〈野草〉研究》、1986年出版的李国涛《STYLIST——鲁迅研究的新课题》,皆谈及鲁迅的语言美。所以,语言问题在鲁迅那里乃是由无数语言细节组成的基本方法论。

站在上列文学巨匠的面前,我们出版鲁迅的作品,还有胆量擅改其中的一个字吗？有人说，中国是"文字国"，鲁迅认为倒不如说是"文字游戏国"。他习惯于咬文嚼字，是希望透过字句"鉴别灵魂"，暴露国人玩弄"文字游戏"时的用心所在，因为中国国民性和国民的灵魂就寄寓在这些看似普通的字句之中，鲁迅的精神批判和现实批判，实际上就不得不从字句入手，不得不表现为一种漫无边际的日常性的语言的搏斗。今天所谓的"规范"汉语，既不能容纳我们的先辈像鲁迅的现代汉语，也无力容纳西方或日本的语言。

另外，一字不易地照录鲁迅原文，还有先前出版的依据：人民文学出版社为出版鲁迅作品定了先例，以此作依据，绝无闪失。质检工作也不能按一般图书的标准办事，应以人民文学出版社出版的第二版《鲁迅全集》为准绳。这并非盲目崇拜大出版社，而是因为人民文学出版社出版《鲁迅全集》是中央决定的。早在20世纪70年代，中央就决定集全国人力、物力成立鲁迅编辑室，并将其设在人民文学出版社。

书稿一共10篇文章，审阅了一半，感到不宜越俎代庖，请编者在此基础上再多费些心血。

2013 年 1 月 23 日

3.《丰子恺童话选》(大字版)终审意见

丰子恺的作品，无论是漫画还是小故事、散文，皆别具一格。这一格，定位在中国江浙一带纯朴的老百姓之中，特色就在于浓郁的乡土气息，尖俏幽默寓于来自高于现实生活的艺术真实。在编辑过程中，倘若缺乏审美情趣，很容易死板地盯住所谓"规范"，而将原著改得面目全非。责编把握住了作家作品的创作个性，提出"本书中有部分白话文用法与现代汉语用法不一致，为保持作品特色，不予以修改"。意会心谋，超凡脱俗。需要注意的是审稿所坚持的原则能否过质检关。所以，请质检同仁步调一致，除硬伤外，不要轻易改动。

同意发稿。

2016 年 5 月 16 日

4.《雪地上的足迹》(大字版)终审意见

2009 年已出版的《雪地上的足迹》，精选了梁晓声的短篇小说和散文 30 篇。即将出版的大字本将其分为两册：《人性似水》《雪地上的足迹》。梁晓声的短篇小说和散文写得非常好。同意出版。稿中还有点儿小毛病：

一、文学读物(1—18篇)

稿子里的所有数字统一使用汉字数字,似乎合乎规定,但又很难得到认可。这确实是个很棘手的问题,三审按照个人对规定的理解进行了修改,不当之处,可视为未改。

删去"所以几乎可以断言,盲人难解温馨何境"一句。中国盲文出版社有自己特殊的读者群体,有些字眼,尽量避讳为宜,以免引起不必要的误会。

"哑哑学语"当作"牙牙学语"。

"小学二年三班",应为"二年级三班"。

"诚所谓'有条件要上,没有条件,创造条件也要上'——这是毛泽东当年的'最高指示'"。这句话不是"最高指示",而是大庆油田铁人王进喜的豪言壮语,为了甩掉我国贫油帽子,他带领石油工人艰苦奋斗,这是他在此过程中从心底发出的拼了性命的吼声。删去"——这是毛泽东当年的'最高指示'"一句。

2013 年 4 月 19 日

5.《史铁生传记》终审意见

史铁生是一位了不起的人物,20 岁突然双腿瘫痪,其后又患上尿毒症,无法用体力为社会作贡献,就忍受着病痛的折磨,刻苦进行文学创作,以大量精神产品普惠众人。志在兼济,行在独善,言信行直,必达其志,他为残疾人也为正常人树立了榜样。榜样需要宣传,要达到妇孺皆知的程度,为其作传,是一条好途径。赵泽华秉笔担纲,谱写出与主人公品格相应的篇章,也了不起。

责编和复审工作到位,书稿达到出版要求。

一处稍作润饰,如:"铁生的不幸是极致的","极致"一词不能这样用。它仅形容极好者而不兼及极糟者,本意为最高的造诣,可参见何休撰写的《春秋公羊经传解诂序》:"昔者孔子有云:'吾志在《春秋》,行在《孝经》。'此二学者,圣人之极致,治世之要务也。"所以,这句话改为:"铁生的不幸,令人椎心泣血。"

关于数字用法,时间、年龄一般用阿拉伯数字为好。

责编提出书名可否再响亮一些,可见被书稿感动,以至于觉得平淡的词语无法表达内心的激情。读后,亦有此共鸣。但从青史留名的角度看,还是《史铁生传记》万古流。

同意出版。

2016 年 6 月 16 日

6.《小河清清》终审意见

"序二"改动了4处:"尘繁"改为"尘寰";"成就无比好钢之梁材"句,删掉"无比"二字;"逢高大全这之潮涌"句,删掉"这"字;"但凡人者,七情六欲之纵,未见十全之美。无大过者已似圣贤。"全句删掉。因为此语有似释疵议主人公之嫌。"高情雅兴",反倒更见出人的全面发展,不必赘言。

删掉"在那样一个年代"几个字。主人公的父亲脑溢血猝死,不应与"年代"挂钩。

"1958年,一个令中国人谈之色变的年份。""农民被要求上交一切财产。"此言过矣,作者可能只是耳闻却未目睹。删掉有关语句。

删掉"活下来才是最大的新鲜事儿"。事实上,还是活下来的多。

放弃城里的工作,回农村当农民,"是不可思议的事情"。当代人不可思议的事情,那时却不鲜见,删掉这句话;一并删掉"多打粮食才是硬道理"。乱套小平同志的名言,不严肃。

删掉"懂得做豆腐的工艺"句。在农村,做豆腐可以说是人就会,谓之"工艺",颇显城市书生之寡闻。

"怯"当作"切"。

一般的事情不必把"文革"扯进去,所以,删掉有关的一句话。

《孙子·谋攻篇》里,应为"知彼知己",而非"知己知彼"。订正之。

"早在七千多年前的唐朝年间",唐朝始于公元618年,亡于公元907年,至今也就一千多年,而非"七千多年"。改之。

孝敬父母"也是儒教倡导、佛教推崇的人然归宿",这句话有待商量。儒家倡导孝,没有问题;佛教就很难说了。再者,"人然"何意?因此,将这句话改为"也是华夏儿女所崇尚的传统理论道德的精髓"。

数字用法还不够规范,修改了一些,见稿。

同意发稿。

2012年11月14日

《小河清清》作者又有补充。补充的稿件较好,达到了一定的境界。十八大对党的干部要求严格了,传主的所作所为符合当今的精神。共产党的干部应当具备什么样的人格,应当怎样做,作者自己现身说法,给了一个诠释,是有教益的。原稿这一部分比较单薄,补充后丰满起来了。责编修改得当。有几处可以再考虑一下:

文中没有必要全文引用辛弃疾的词《永遇乐·京口北固亭怀古》,其实,只是想说"廉颇老矣,尚能饭否?""欣慰的是,我还不老"。因此,可以把所引的词删去。

"比如唐代诗人陆游的《秋思》"。此语问题较多。首先陆游是南宋人,并非唐代诗人。其次,陆游的《秋思》诗里没有文中所引"前山雨过云无际,别浦潮回岸有底"之句。请作者核查。

文中"惩治腐败的,提醒违纪的,警示越轨的"是其工作方法,被责编删除了,建议恢复原文。

一整页引用唐代张九龄的一组诗,像在无患处糊上了一贴膏药,多余,删去。

责编删去了一整段文字,文字所述正是其政绩,恢复原文为宜。

"万变不离其中","中"应作"宗"。

"赏心悦目"使用不当,改为"心地坦然"。

2013 年 1 月 31 日

7.《海南老街》终审意见

"琼崖书系"统共 6 本,介绍海南有史以来的风情。《海南老街》为其中一本,写得情深意浓,撩人心弦。责编和复审所加工修改的若干处均妥,再补充几点:

"老街保育",责编在"育"字上留有笔痕,想必是欲改又罢。这里应当改一下,用"老街保养"比较确切。

"历南朝梁、陈、隋三朝",这种写法有欠缺。梁、陈属于南朝,隋是独立的朝代,这句话里第二个顿号改为"及"字就恰当了:"历南朝梁、陈及隋三朝。"

改一处数字,以便与上一行的数字保持局部统一。

本书旨在客观介绍,"也许"之类,稀释了"原浆"的醇香,且语句也不大通顺。

"老人们也曾历经波劫",改为"老人们历经劫难"。

"陈铭枢总纂"移到书名之后,采用括号的方式。否则,句子别扭。

"普罗大众街边食品",删掉"普罗"二字。"普罗"是英文"无产阶级"的音译,与句子里的大众重复。

谯楼,写成了"醮楼",订正之。

删去"之所以还在"。

删去"1930 年版、陈铭枢主编的",重复前文之语。

"家俬",责编本来已改为"家具",又不自信,改了回去。"家俬",是俗写,不规范,应为"家具"。

"大约根本"可以删去,两个词本身就矛盾。

"谁"改为"哪个",因为文中指的是事物。

原文"终日价"的"价"字不要删掉,符合本文的口述风格。

责编质疑文中的"砖砌清水墙",原文无误。建筑工程中,露在明面的墙体,用砖砌成,不加外墙皮和任何涂料,称为清水墙。

"不惶",应为"不遑"。

文中引用的"夕阳无限好,可惜近黄昏",其中"可惜"应为"只是"。诗句出于李商隐的《登乐游原》。

"人工保育"改为"人工保护"。

文中"莊"是繁体字,改为简体"庄"。

"铺前的老街,是特别出彩的一条"。"出彩"这个词有截然不同的两种理解,出丑叫出彩,表现精彩也叫出彩。其本意为舞台上表演杀伤流血谓出彩。所以,此句不一定用它,删繁就简更贴切——"铺前的老街,是特别的一条"。

"创建一所糜费巨资、影响深远的书院",改为"花费巨资创建一所影响深远的书院"。"糜费"意为浪费,贬义词,所以改为"花费"。

"那么出彩的故事",改为"那么多故事"。

同意出版。

2013 年 4 月 8 日

8.《林清玄散文四部》(大字版)终审意见

将林清玄的一宗散文再版成大字本,很有见地。可以让更多的大陆读者了解隔海相望的同胞多年来真实的生活,并从中获得审美享受。这些散文深切地表现了人间的真善美,同时,也毫不留情地鞭笞了社会上的假恶丑。文中无论描写现实生活里的人和事,还是借景抒情,都贯穿着一条奋发向上的底线。这也是许多篇散文谈佛家而未陷入消沉颓废的独到之处。从文学创作的艺术性来看,林清玄的散文可分为精品和大路货两类:精品之精,很少有人能望其项背,主要是那些发自肺腑的少年生活的写照。第一部《爱别离,无常却美丽》之辑一,大都可谓散文之极品。由此也能理解责编把这一组文章安排首发的原因。作者幼苦羸疾,对于身心凄怆的人们,尤能息息相通,彻悟蕴奥。其父母的优秀品质和智慧来自于长年的田间劳作,其顺口说出的名言警句,不下于文士们的冥思苦索之语。作者不仅从父母那里得到了精神营养,而且形成了独特的视域。因此,那些再现苦难历程而又不屈

一、文学读物（1—18篇）

不挠向前走的篇章，彰显其内省躬行，也就具备了林清玄特色。诸如《兵卒无河》，读后让人断肠裂肺，椎心泣血。它那"光明的尾巴"亦非同凡响，人有人性，人要活，人有尊严，仅几笔细节便让人尽收眼底。可惜的是，类似文章太少了。或许因为处境变了吧，多数作品流入了文人的窠臼。些微感触，便以唐诗宋词为援手拓展成篇；纤细思绪，则用老"僧"常谈幸听之而玩笔。以致文道蹇塞，吹竽已涩；只落得搬字过纸，心有报本追远之望，而实无登堂入室之力。正如《来自心海的消息》篇里言道："番薯糕，或者炸香蕉，在童年穷困的生活与五星级大饭店的台面上，都是值得深思的。"文中所引其父语言，那真叫绝："创作者是农夫，理论家是农会的人。农夫只管耕耘，农会的人则为了理论常常会牺牲农夫的利益。"林清玄是否后来加入了"农会"？

总的说来，林清玄的散文价值不菲，哪怕只有一篇顶级之作，也足以载入文学史册，何况责编精心挑选的这四部集子皆有树立正气、鼓舞向上之效果。同意出版。

之一《爱别离，无常却美丽》

《期待父亲的笑》篇："我后来从事报道文学"，大陆没有"从事报道文学"这个说法，容易产生歧义，改为"从事报道工作"。

《悬崖边的树》篇：两处录入错误改得到位："一篇灰白色"，"篇"改为"片"；"反复"改为"仿佛"。其他不是硬伤，不需要加工。正如林清玄在《期待父亲的笑》一文中所说："我后来的写作里时常引用村野百姓的话，很少引用博士学者的宏论，因为他们是用生命和生活来体验智慧。"此句完全合乎语法，很难说是老百姓的智慧了。做大字版时，不是硬伤，最好一字不动。原汁原味地保留其个性化的语言，是我们的责任。更甚者是《箩筐》，加工过度。有几个必须改的字改了，如"契诃夫"，改为"契诃夫"等，非常好。

之二《心美，一切皆美》

《送一轮明月给他》篇最后，"此所以禅师所说的"，"此"字不删为宜。

《欢乐悲歌》篇、《随风吹笛》篇，修改过多。

《在名利的海上航行》缺第69页。这一篇第66~70页，与后文页码重复，出版时请注意。

《情困与物困》篇："投入了全部的当家"，可能打印有误，"当家"改为"家当"。还有"值好几千快"的"快"，肯定是误录了，改为"块"。

之三《咸也好,淡也好》

《生命的化妆》篇:

"须索"一词受到质疑,原文无误。"须索"在这里是索取的意思。可参见《新唐书·郑从谠传》:"释言讨贼,须索繁仍。"

上文"沩山灵佑说",紧接着下文"黄檗希运",也应当加个"说"字。

质疑"与么时",质疑得好。"么"是"幺"的异体字,这里应当是"与幺时"。

之四《我心从容,似明月清风》

《学看花》篇:加工费了很多工夫,纠正了硬伤,如:"夏丏尊"改为"夏丏尊";"瓦为"改为"代为"等。还有的改得很好,但不属于硬伤,就没有必要为其顺句子。否则,修改过度,看不出林清玄之笔调,例如:"吓了一跳""自己身中来了",都被删去"了"字;"答曰"删去"曰"字;"天地间的光能"后面加上一个"吗"字;"但有一件事大家比较不知道的",改为"但有一件事是大家不知道的";"或花蕊香,或花茎香,或花根香",其中"或"均被改为"、";"只有一个人在小节小行上守清规,才能使人放出人格的馨香",被改为"一个人只有在小节小行上守清规,才能放出人格的馨香";"非但"被改为"都不会";"万一走错了要赶紧忏悔回头"中间被加上"也"字,即"也要"。上述句子经加工,确实比原文规范了许多,但失却了文学的个性。建议不改为妙。

2016 年 10 月 20 日

9.《最新实用谜语大全》终审意见

一审报告写的书名是《谜语大全》,二审报告写的书名是《最新实用谜语大全》,而送来的稿件没有书名,不知以什么为准。做编辑的,每一个字都轻视不起啊。

"南朝齐梁间"移至第一个"刘勰的《文心雕龙》"前。介绍历史人物所处的朝代,最好在一出场时就把牌子亮出来,不要开场不吱声,二次出台才报家门。

"指东话西",从"划"中取左半部分"讠"。"划"字没有"讠",可能打印有误,"划"应为"话"。

"等角"(打一作家名),谜底:"巴金"。谜底解释:"巴望金钱"。在九泉之下的巴金老人,如果知道这条谜语,灵魂会不安的。巴金姓李,原名尧棠,巴金是其笔名。笔名的来历有不同说法,过去文学界的观点认为,早年他崇信西方的无政府主义的代表人物巴枯宁、克鲁泡特金,所以取二人名字的一头一尾"巴""金"做笔名。

他自己并不完全认可这种解释,另有所言,此处不赘述。要之,与"巴望金钱"毫无瓜葛。这样的谜语,只有在拜金主义风行的时下才会出现,将其安到过世的德高望重的大作家头上,于心不忍。删除此条。

"美育教育",不当。美育,即审美教育,后面再加"教育",重叠了。

同意再版。

2013 年 4 月 28 日

10.《最新实用对联大全》终审意见

"梁启超:

两脚踏中西文化,一心评宇宙华章。

——赠要语堂"

"要语堂"是否林语堂之误?

郭沫若"题赠矛盾","矛"字打印有误,应为"茅盾"。

"老舍:

鬼孤有性格,笑骂成文章。

——题蒲松龄故居"

其中"鬼孤",抑或"鬼狐"之误,请核查。

"乐奏埚稽歌中化特色,舞参犀象贺锦绣前程。"

此联不知所云。是否打印出了问题?埚稽歌——国际歌?中化——中华?请核查。

上下两副对联均为十一句,第一副占了四行,第二副仅占二行,排版最好统一。

"酒酿黄花,情联驾凤;诗题红叶,梦协能罴。"有些地方讲不通。可能又是打印的问题:驾凤——鸾凤?能罴——熊罴?请核查。

"慧质父书工缮写,潜心姆教善听从。"其中"姆"字当作"母"。

"北海樽前领寿酒,南黄曲奏理瑶琴。"其中"南黄"似为"南薰",借《诗经》里的典故。请核查。

"月到中秋紫府名标金斗篆",其中"篆"字,应作"箓",符箓之意。

注意版面统一。

"每倒山移春野无边翻稻浪",其中"每"字令人费解,似为"海",请核查。

"良医用良相,用药中用兵。"这副对联有些别扭,可否改为:良医同良相,用药如用兵。

"望崦嵫而勿迫,恐鹈鹕之先鸣。"这两个句子摘自屈原的《离骚》,"鹈鹕"错了,应为"鹈鸠"。按照书稿体例,还是不摘录诗歌辞赋为宜,否则多不胜收,所以删去。

"言必信行比果,色思温貌思恭。"根据字义和对仗的规则,其中"比"当作"必"。

"吕先生品萧,须添一口。"其中"品萧"是吹箫之意,所以,"萧"应作"箫"。

同意再版。

2013年4月9日

11.《新月集》(大字版)终审意见

泰戈尔是一个半世纪前出生的世界文学中泰斗级的大师,虽时过境迁,却光芒犹盛。《新月集》源于泰戈尔用孟加拉文创作的诗集《儿童集》(1903年出版),后来改译成英文散文诗集《新月集》,于1913年付梓。诗中歌咏的母子二人,即为诗人自己的贤妻与爱子的写照。奇思妙想的童趣,醇浓温馨的深情,感动了一代又一代人。20世纪20年代,该书由中国现代文学大家郑振铎翻译成中文,直到现在流行不衰。该选题很好,同意出版。

稿件采用中英文对照的形式,底本和校本分别为外语教学与研究出版社(简称外研社)、人民文学出版社(简称文学社)的《新月集》《泰戈尔诗选》。所选妥当,但不必全然拘泥。例如,数字用法应当以国家技术监督局1995年12月13日发布的《出版物上数字用法的规定》为标准。据此,对稿中的有些地方进行了修改。

如下诗里,还有些地方需要推敲:

海边——

"无限的天穹",外研社版本是这样的,而文学社为"无垠的天穹"。拟从后者。

"不息的海水在足下汹涌着",外研社版本如此,文学社版本没有最后一个字"着"。从作诗的角度来看,"着"字与下一句的最后一个字即韵脚重复,所以,不要"着"字为妙。

来源——

有6处"他"应改为"它"。这不仅是因为文学社版本这样处理,更重要的是,英文原文这6处都用的是it,在这首诗里,英文原文所用的几个不同的代词很分明:he,it,her。所以,稿件完全按照外研社版本收录欠精到。

"怯"字有惭愧的意思,用在这里,其表达出来的状态分寸不及"羞"字。

"Freshness",译为"新鲜情景",逊于"新鲜生气"。

孩童之道——

一、文学读物(1—18篇)

注释"原故",现在规范词形写作"缘故"。该注释没有必要,可删去。

"爱的资产",改为"爱的财富"。一般在精神方面用"财富",而较少有用"资产"的。

"被母亲亲爱的手臂所捉所抱",其中"所捉"改为"所拥",更贴切一些。

不被注意的花饰——

直接用"丁当"即可,没有必要注释。

偷睡眠者——

"灯心草"和"灯芯草"两者皆为规范写法,删去为此而作的注释。

天文家——

"捉他","他"作为月亮的代词,英文原文用的是 it,应改为"它"。

云与波——

"跳舞地滚过去","跳舞"直接作形容词,有点儿别扭,起码后面要跟"似的"。此处从文学社版本,改为"跳着舞奔流过去"。

金色花——

"金色花",文中不必加引号。"作工""林荫",不必加注释。

流放的地方——

"痉挛似地",似地,应作似的,读作 shì·de。这是"似"字的一种特殊用法。

对岸——

"清早的渡过那边去",不太合乎中国人的语言习惯。拟改为"大清早的,渡过那边去"。

"鸣叫着的牛",其中的"鸣"字有误,改为"呜"。

"水鸟生他们的蛋在里面",似觉生涩,去掉"他们的",再调整一下词序,改为"水鸟在里面生蛋"。

"竹鸡们,带着他们的跳舞的尾巴印他们细小的足印在整齐的软泥上",按人民文学出版社版本,改为"竹鸡带着跳舞的尾巴,将它们细小的足印印在整齐的软泥上"。(其中的"整齐",文学社版本用的是"洁净",该词拟从外研社版本,因为软泥有失洁净。)

"所有村中男孩女孩,他们正在沐浴,都要奇怪我",语句欠顺畅,按文学社版本,改为"所有村中正在那儿沐浴的男孩女孩,都要诧异地望着我"。

倒数第二自然段末,逗号改为句号。

长者——

"玩皮",不用注释,直接写成"顽皮"即可。

小大人——

"我必须给钱给乳娘",其中第一个"给"改为"拿"。

"把这些东西给了哥哥罢",其中的"了"字和上面的"给"字同样是区域性的语病,当删去。

恶邮差——

"神色这样不神",句末的"神"字有误,改为"对"。

告别——

"瞳人",《现代汉语词典》列有词条,并有解释"也作瞳仁"。所以,为该词注释可谓画蛇添足。

追唤——

题目"追唤",令人狐疑。文学社版本中该题目为"召唤",似觉得当。请责编查询有关资料确证。

榕树——

"那像巢于你的枝上又离了你的鸟儿似的孩子",译句诗意浓,但文言气亦浓,今之儿童读者不易懂。据文学社版本改为"就像那在你的枝上筑巢又离开了你的鸟儿似的孩子"。

"诧望",想必是"诧异地望着"之简化,但一般没有这种用法,"诧望"不是一个词。还是要不厌其烦,写为"诧异地望着"。

"旁着",据文学社版本,改为"挨着",并去掉为该词所作的注释。

以上意见仅供参考。

2013 年 6 月 5 日

12.《爱的艺术》(大字版)终审意见

"出版说明",责编将其删去,处理得好。"序言 驾驭爱的艺术"也被同时删掉了,大可不必。"序言"是施蛰存写的,他与译者戴望舒均为现代文化名家。"序言"里对作家作品的述评和版本介绍很有价值。特别是他指出了"这三卷诗本来严肃而纯正的,不至于为不道德的淫书",为本书是否适合再版提供了极其重要的参考。译者戴望舒在"译者序"里观点尤为鲜明:"《爱的艺术》是古罗马最具影响力的诗人奥维德的代表作。这是一部被雪藏了二十多个世纪的情爱禁书,与印度的《爱欲经》、中国的《素女经》并称为'世界情爱文化的三大宝典'。全书以诗般的语言,生动地描写了一个个精美绝伦的爱情寓言,谆谆善诱地向人们传授着爱的哲学和技巧。""古罗马文明给世界带来了难以磨灭的巨大影响,《爱的艺术》正是诞生于这一

历史阶段的产物。"施蛰存和戴望舒的看法值得重视,同意他们的观点,可以出版。

"序言"和"译者序"里,二审修改了几个字,如"谆谆善诱"改为"循循善诱"等,还根据当今的规范用语,顺了几处句子,从中可以见到其工作责任心。如上所述,施蛰存和戴望舒都是那个年代的大家,若非笔下误,还是原汁原味为上。

"颤抖",改为"战抖"没必要。

二审改"神祇"为"神祇"、"数日"为"数目",等等,目力敏然。

总之,稿件由于转录,亥豕鲁鱼颇多,经过加工,已达到出版要求,这完全是一审和二审通力合作的成果。

2013 年 11 月 4 日

13.《鲁宾孙漂流记》(大字版)终审意见

18世纪的欧洲处于启蒙运动时期,英国的启蒙文学以现实主义小说成就最高,笛福是杰出的代表。他创作的《鲁宾孙漂流记》,置古典主义的清规戒律于不顾,塑造了一个"真正资产者"鲁宾孙的典型形象,用写实手法生动细腻地描述了这位青年商人在海上冒险以致漂流于孤岛并进行战斗和拓荒开垦的故事,新生资产阶级跃跃欲试的创业精神展露得翻空出奇。选取这部小说做大字本,并且以胡允桓先生的翻译本为底本,具有智识。胡先生是资深编辑又是翻译家,他的译本与其他著名翻译家的作品虽难分伯仲,却有一条,没做过编辑的人罕能企及,即书里的注释多达 73 条,未见重复者。

责编工作很到位,并未因该书稿已经出版过便可照章实录,而是一字字地审慎权衡,杂糅舛阙详加厘定。"一审意见"写得也较丰满。

数字用法方面基本上得体,但还没有做到无可挑剔。个别地方仍需要修改,尤其是"两三",应当写作"二三"。《出版物上数字用法的规定》:"9 概数和约数 9.1 相邻的两个数字并列连用表示概数,必须使用汉字,连用的两个数字之间不得用顿号'、'隔开。示例:二三米……"

"一当八的葡萄牙金币",写作"这种西班牙币上都打有'8'字。"既然都打有"8"字,何必再转换成汉字"八"? 就该写作"1 当 8"。后文"一当八"均改为"1 当 8"。再者,正文里写的是葡萄牙金币,注里写的是西班牙币。有误否? 请核对原文。

其余改动,详见原稿。

同意出版。

2013 年 10 月 11 日

14.《傲慢与偏见》(大字版)终审意见

出版孙致礼先生的经典译作《傲慢与偏见》大字本,责编辨疑正误,劳而有功。稿件很难挑出毛病,质量非常好,但却偏偏在最不应该出错的地方出了错——封面上为【法】简·奥斯丁。分明是英国的著名作家,怎么就"【法】"了?显眼处的硬伤比文中舛误影响大得多;可谓大意失荆州。望以后务必在"巡视"到每一个边边角角的同时,留神场面。另外,还有几个字改一下:

融汇——融会,结帐——结账。

"人儿之一",似多一"儿"字,请核查原文。

"15子棋"改为"十五子棋",因为专有名词之故。

2014 年 5 月 19 日

15.《田园交响曲》(大字版)终审意见

"一审意见"里有"《田园交响曲》是纪德最著名的中篇小说。""安德烈·纪德(1869—1951)是法国20世纪最重要的作家之一,也是法国乃至整个西方现代文学史、思想史上最重要的人物之一。"以上介绍是必要的,还应当写明稿件的来龙去脉,由于是以大字本的形式再版其他出版社出版过的图书,这些情况要交代清楚。

数字方面有所改动,本书为日记体外国小说,根据稿件的类型和现有的运用方式,每篇的年月日都采用阿拉伯数字;仅就数字用法讲求统一来说,也应当与之一致,尽量采用阿拉伯数字。其他都好,同意出版。

2013 年 8 月 30 日

16.《瓦尔登湖》(大字版)终审意见

世界文学大师艾略特称《瓦尔登湖》是"超凡入圣"的书。它是作者对两年林中生活所见所思所悟的记录。美国教材普遍认为,梭罗的《瓦尔登湖》对于自然的观察是建立在社会批评和哲学思想的基础之上的,自然观察不是目的,而是通达哲学思考、实践别样人生的一种方式和手段。正是基于这样的理解与认识,美国中学文学教材便把《瓦尔登湖》列入时代文学、哲学思想或文学思潮等相应专题,它是美国现代文学中散文作品最早的典范之一。与其同时代的伟大作家们的作品相比,此

一、文学读物(1—18篇)

书的风格独特,甚至比霍桑、梅尔维尔和爱默生这些天才作家们的作品更富于20世纪散文的气息。《瓦尔登湖》大约有200个版本,中文译本也斗艳竞秀。责编选择的是国内外国文学界公认的最佳译本,译者潘庆舲。译者前言和后记,一打眼便让人觉出其学殖素深、运笔不凡。正文中的语言更是清新酣畅,恬淡飘逸。因为译者参透了原意,所以让人大有丰神远韵之感。同意出版。

将稿中的汉字数字按规定改为阿拉伯数字。在这里顺便提个醒,类似作品要坚持按规定使用阿拉伯数字,尽量避免在一般情况下两者混用。

"《瓦尔登湖》:人与自然和美共存的赞歌"(译者序言)稍作修改:

原文:当前全球生态环境仍在不断恶化,天上看不到一片蓝天、一丝和风,地上找不到一方净土、一泓清水,社会上贫富越来越悬殊,"征服自然""人定胜天"依然甚嚣尘上……

其中的"看不到""找不到",似觉过了分寸,分别改为"罕见""难觅"。"征服自然""人定胜天"似有针对性,并且这些口号的来源背景很复杂,运用的场合也各式各样,所以,改为"种种破坏自然生态环境的奇谈怪论"可避免非议。

注释①"杂志《日暮》",而"《瓦尔登湖》:人与自然和美共存的赞歌"写的是"杂志《日规》"。请核对原稿。

"我已经买下了詹姆斯·科林斯,一个在菲奇伯格铁路工作的爱尔兰人的小木屋",改为:我已经买下了一个在菲奇伯格铁路工作的爱尔兰人詹姆斯·科林斯的小木屋。

"当三十个世纪开始俯视它时",时间是否有误?古罗马著名建筑师维特鲁威生活于公元前1世纪。"年轻有为的建筑师,巴尔科姆先生,悉心追随维特鲁威",文中没有说明年轻的建筑师是哪个时代的人,但可以悟出,他与作者同时。那么"三十个世纪"从何谈起?请核查原文。

注释"朱庇特",在 p.100 已作为注释③出现过,没有必要重复注释,删去。

p.188 注释"剑桥学院",前文已说明,此处删去。

p.222 注释"维吉尔",在 p.143 注释①已作过注,而且比此更详细,删去本页注释②。

2013 年 9 月 29 日

17.《名人传》(大字版) 终审意见

罗曼·罗兰为人写《名人传》,遂使自己成名。原因绝非文化投机,实乃时势造英雄。选择为米开朗琪罗、贝多芬和托尔斯泰立传,是希望他们的精神能引导人们脱离低级的生活,利用英雄主义的精神来纠正时代的偏向。罗曼·罗兰说:"我称为英雄的,并非以思想或强力称雄的人,而只是靠心灵而伟大的人。"悲惨命运不只降临于普通人,它同样降临在伟人身上,享有盛名并不能使他们免除痛苦的考验,他们的苦难往往更为深重。"一审报告"引用的书中的名言警句"所以不幸的人啊,切勿过于哀怨,人类中最优秀的和你们同在"真正透辟地点出了作者的心声。艺术泰斗的内心痛苦,多为美得登峰造极所煎熬;众生的痛苦,悉因欲望膨胀而泰囧。出版大字本《名人传》,正合时宜,哀怨不迭、庸俗不堪的环境,急需"呼吸到英雄的气息"。

《米开朗琪罗传》

一审订正了稿中的硬伤,诸如:落人——落入;坦丁——但丁;爱到——受到;讲行——进行;经外——另外;安东危奥——安东尼奥;籁——籁;痛若——痛苦;黝暗——黝黯等。无论原文就有的,还是录入所致,在明察秋毫的眼力下,硬伤皆无容身之处。这是编辑工作的第一要务,做得很出色。编辑咬文嚼字,是业务素质的体现,应当充分肯定。

从另一方面说,对文稿的加工,也不能过度,特别是不要拿自己习惯的用字标准及表述方式裁夺,以不误为误,轻易修改不如不改。尤其是名家的作品,惜墨如金,不说字字珠玑,起码文心匠意,殆无多让。并且,每位作家笔锋各异,自成风格,改动一字会变味儿,多处改动则变质。例如:稿中"激越的愿望","激越"改为"激奋";"绝不会"改为"决不会";"可望而不可即","即"改为"及";"啃啮"改为"啃噬";"赠与"改为"赠予";"当做"改为"当作";"浑水摸鱼"改为"混水摸鱼";"门徒"改为"学生";"才免于不至像其他一些人那样","至"改为"致"。这些修改,均无必要,有的甚至改错了。该稿行文是比较讲究的,如最后一句,"不至"当为"不至于"之谓也,省去了"于"字,是因为之前已用过"于",于是该句写成"才免于不至像其他一些人那样"。类似的修改,不再列举,建议保留原文者见稿。

一、文学读物（1—18篇）

《贝多芬传》

修改妥帖者：愤世疾俗——愤世嫉俗；克莱思——克莱恩；夭才——天才；旪尚——时尚；旁边的人——旁边的人；切匆——切勿；授与——授予；征侯——征候，等等。

无须修改者："犷野"改为"狂野"；"赋有"改为"富有"；"流泪"改为"眼泪"；"召来"改为"招来"；"激烈"改为"热烈"；"连系"改为"联系"；"看做"改为"看作"等等。建议保留原文之处，见原稿。

质疑：p.33贝多芬说"当我看见一个乐思时，我总是听见一种乐器的声音"，其中"乐思"是否"乐师"之误？请查原文。

《托尔斯泰传》

修改妥帖者：雏型——雏形；意谓着——意味着；趋使——驱使；恩译——恩泽；赋与——赋予；幻像——幻象；屠格涅未——屠格涅夫；全玉良言——金玉良言；攻出——攻击；雕凿——雕琢；陀思妥耶夫——陀思妥耶夫斯基；中产阶段——中产阶级；混和——混合；所做作为——所作所为；转承启合——起承转合；鼓掌——股掌；痛彻心肺——痛彻心扉；消谴——消遣；消遗——消遣；分赃不匀——分赃不均；热狂——狂热；盲传——宣传；奔腾——奔流；利已主义——利己主义。

无须修改者："眩惑"改为"炫惑"；"关连"改为"关联"；"畜牲"改为"畜生"；"胡子翘得高"，"翘"改为"跷"；"螯"改为"蜇"；"委琐"改为"猥琐"；"皮沓"改为"拖沓"（"皮沓"打印有误，可改为"疲沓"）；"稍嫌"改为"稍显"；"棋高一筹"改为"技高一筹"；"啰嗦"改为"啰唆"；"统制"改为"统治"；"反应"改为"反映"；"折衷"改为"折中"；"疯潮"改为"浪潮"。

质疑：托尔斯泰有两个中国通信者："泰汉春""辜鸿铭"。前者查无其人，抑或张庆桐之误。1905年张庆桐在俄国留学时，与托尔斯泰有过书信往来。请核查。

人说罗曼·罗兰具有一颗欧洲的良心。所以，他的目光太犀利了，能穿透世界顶尖的艺术泰斗之灵魂，能使其作品伟大的成因及瑕疵的病根一览无遗。中国的文艺评论家写到这个份上的，罕有匹俦。出版大字本，据悉仅印30本。克服困难，把它呈现在广大读者面前，令人企盼。

2014年6月13日

18. 整理出版巩傲《美国中学生经典著作导读系列》的意见

选题好,为中学生课外阅读提供了导航仪。中国的基础教育与西方国家有许多不同之处,课外阅读是其中之一。中国的中小学强调夯实基础,一些基本知识,反过来复过去地让学生学,不厌其烦地让学生练,真所谓"学海无涯苦作舟"。这种方法从老祖宗那里传下来,古人自幼就死背经书,"皓首穷经"便被视为成语。西方人可耐不了这般苦读,随心由性,想怎么学就怎么学,因此博览群书,埋下了创新的基因。自此,中国人与西方人在发展方向上的分野悄无声息地开始了。前者墨守成规,后者创新连绵。当然,西方人会夸赞中国孩子基本功扎实,这不是恭维而是事实,殊不知优点里包含着不幸,僵化的训练制约了创造本能的开发。要知道,既这样又那样的思维方式只是理论上的陶醉,实践中的双赢是做不到的。若真的提倡创新,必须从基础教育抓起,在思想观念上向西方学习,并借鉴其卓有成效的教育模式。从这个意义上说,巩傲的书稿价值较大。问题在于该稿件版权方面有无瓜葛,是否与网上所见略同。若与此毫无牵连,同意出版。

稿件选择了美国中学生阅读的 20 部经典作品,大多是文学作品,也有哲学和政论著作。编者没有说明美国中学生对这些图书的喜爱程度。从我们的视角看,选择的范围和眼光,还不能说尽善尽美。20 部经典著作当中,美国和英国(包括爱尔兰、苏格兰各 1 部)最多,各选了 7 部;意大利和俄罗斯各 2 部;法国和挪威各 1 部。显然,这种选择没有经过深思熟虑,不乏随意性。作为一个美国学生,如若专门介绍美国的经典著作,或者再扩而大之,把英国的经典著作也加入进来,揆情度理,乃木本水源之意,实有端绪。而稿件所选,看不出章法。若从欧美经典著作的选择着眼,法国的少了,起码巴尔扎克的小说应列其中;而且,被公认为世界思想库、哲学家摇篮的德国未占一席之地,不能不说是个疏忽。再具体一点,英国选了 7 部,不见狄更斯的作品,也是个遗憾。一位作家选了 2 篇的只有莎士比亚,选的是《仲夏夜之梦》和《第十二夜》,这两个剧本虽然好,但对于莎士比亚的全部戏剧来说,并不十分具有代表性,也不特别适合中学生学习,远不及《哈姆雷特》。

还有个问题不可小视,即对马基雅维利的《君主论》的选取。这部政论著作较为复杂。在西欧封建社会末期,意大利四分五裂,作为新兴资产阶级反对封建腐朽势力的思想理论代表,马基雅维利撰写的《君主论》,其主题是爱国的和进步的,反映了资产阶级建立统一强大的中央集权国家的进步要求。但是,他的国家学说以性恶论为基础,认为人是自私的,追求权力、名誉、财富是人的本性,因此人与人之

一、文学读物(1—18篇)

间经常发生激烈斗争,为防止人类无休止地争斗,国家应运而生,颁布刑律,约束邪恶,建立秩序。国家是人性邪恶的产物。马基雅维利认为,人类愚不可及,总有填不满的欲望和膨胀的野心;总是受利害关系的左右,趋利避害,自私自利。因此,利他主义和公道都是不存在的,人们偶尔行善只是一种伪装,是为了赢得名声和利益。"慈悲心是危险的,人类爱足以灭国"。马基雅维利有句名言:"只要目的正确,可以不择手段。"他的这种为达目的不择手段的政治权术理论,后来被称为"马基雅维利主义",甚至被法西斯分子用作实行独裁统治的理论依据,所以"马基雅维利主义"逐渐变成政治上尔虞我诈、背信弃义和不择手段的同义语。"马基雅维利主义"在西方是贬义词,是"旁门左道"。让涉世未深的青少年阅读这样的图书,对其人生观、价值观会产生怎样的影响,是必须考虑到的。所以,是否选取这部著作,还要掂量一下。如果说这部著作存在价值取向方面的问题,那么,梭罗的《论公民的不服从》则是严重的政治问题,后面详叙。

20部名著的排序,信马由缰,原文如下:

1. 欧内斯特·海明威:《老人与海》
2. 弗朗西斯·斯科特·菲茨杰拉德:《了不起的盖茨比》
3. 史蒂芬·克莱恩:《红色英勇勋章》
4. 约翰·斯坦贝克:《珍珠》
5. 托妮·莫里森:《宠儿》
6. 列夫·托尔斯泰:《安娜·卡列尼娜》
7. 丹尼尔·笛福:《鲁宾逊漂流记》
8. 亚历山大·仲马:《基督山伯爵》
9. 夏洛蒂·勃朗特:《简·爱》
10. 乔斯坦·贾德:《苏菲的世界》
11. 拉尔夫·沃尔多·艾里森:《隐形人》
12. 费奥多尔·米哈伊洛维奇·陀思妥耶夫斯基:《罪与罚》
13. 詹姆斯·乔伊斯:《尤利西斯》
14. 罗伯特·路易斯·史蒂文森:《金银岛》
15. 威廉·莎士比亚:《仲夏夜之梦》
16. 威廉·莎士比亚:《第十二夜》
17. 约翰·弥尔顿:《失乐园》
18. 尼可罗·马基雅维利:《君主论》
19. 阿利盖利·但丁:《神曲——地狱篇》

20.亨利·戴维·梭罗:《论公民的不服从》

前5部和第11部、第20部是美国的;第7、9、15、16、17部及第13部(爱尔兰)、第14部(苏格兰)是英国的;第6、12部是俄国的;第18、19部是意大利的;第8部是法国的;第10部是挪威的。显然,这种安排毫无任何内在逻辑。按作家序齿、作品出世的先后是个排法,或者依其内容、流派组合也有道理,但稿件现在这种编排漫无头绪。改为以国度为单元、以作家出生的年度为序排列。因为"导读"来自美国中学生,所以先从美国开始,追述到英国,再扩大到意大利、法国、俄国、挪威:

1.亨利·戴维·梭罗:《论公民的不服从》

2.史蒂芬·克莱恩:《红色英勇勋章》

3.弗朗西斯·斯科特·菲茨杰拉德:《了不起的盖茨比》

4.欧内斯特·海明威:《老人与海》

5.约翰·斯坦贝克:《珍珠》

6.拉尔夫·沃尔多·艾里森:《隐形人》

7.托妮·莫里森:《宠儿》

8.威廉·莎士比亚:《仲夏夜之梦》

9.威廉·莎士比亚:《第十二夜》

10.约翰·弥尔顿:《失乐园》

11.丹尼尔·笛福:《鲁宾逊漂流记》

12.夏洛蒂·勃朗特:《简·爱》

13.罗伯特·路易斯·史蒂文森:《金银岛》

14.詹姆斯·乔伊斯:《尤利西斯》

15.阿利盖利·但丁:《神曲—地狱篇》

16.尼可罗·马基雅维利:《君主论》

17.亚历山大·仲马:《基督山伯爵》

18.费奥多尔·米哈伊洛维奇·陀思妥耶夫斯基:《罪与罚》

19.列夫·托尔斯泰:《安娜·卡列尼娜》

20.乔斯坦·贾德:《苏菲的世界》

该书稿的编者虽然出生以来就居住在美国,惯用英语,但从稿件可以看出其汉语水平也相当高,与国内同等学力者相比毫不逊色。尽管如此,书稿里仍存有一些问题需进行处理加工:每部作品里的人物名字,讹不胜乙,悉加订正;润饰粗陋,删汰赘语;尚存疑昧者,提请核对原文。下面按原稿的顺序记录每篇里的主要问题及修改意见:

一、文学读物(1—18篇)

1. 海明威:《老人与海》

作者的全名,原稿目录与正文不一致,修改之。

按照有关规定,书稿适合采用阿拉伯数字,而且介绍的是外国名著,更无须使用汉字数字。稿中一开始使用了阿拉伯数字,而后使用的基本都是汉字数字,应对此进行修改。

"主题分析":删去"在《老人与海》中,圣地亚哥年长的年龄起了重要作用。"因为下文对其老人的特征描述得更详细,此句话显得别扭而且多余。

2. 菲茨杰拉德:《了不起的盖茨比》

"作者介绍":删去"我几次在经常经过的圣保罗的 Summit 大道的斯科特·菲茨杰拉德的故居前驻足留念。"这句话里的"我"来历不明,在整体上,搅乱了文中的逻辑。

"故事梗概":加上一句"小说采用第一人称描述"。若不然,一上来"去年秋天我从东部回来的时候",读者面对突然出现的"我",再联系"作者介绍"里的"我",弄不清究竟指谁。

3. 克莱恩:《红色英勇勋章》

"作者介绍":"创作了第一部出名的故事 Uncle Jake and the Bell Handle。"这个英文书名之后,应当同时出现汉语书名。

4. 斯坦贝克:《珍珠》

"故事梗概":明摆着的硬伤,太不应该!也许是打字的问题——主人公名字吉诺,在稿中至少 8 处写成了"奇诺";第二主人公的名字乔安娜,在稿中写成"胡安娜""吉安娜",错误不下 5 处。

"主题分析":由于"故事梗概"里没出现牧师,"主题分析"所言"牧师和医生也是代表邪恶和贪婪的人物",其中的"牧师"便让人觉得莫名其妙了,所以改为"医生等人也是代表邪恶和贪婪的人物"。

"这些歌声都是来自吉诺的文化传统",易误解为这种文化传统由吉诺始。所以,此句改为"这些歌声都是来自吉诺所无法摆脱的文化传统"。

5.莫里森:《宠儿》

"作者介绍":删掉最后一个自然段。这段文字,以作者的另一部小说《所罗门之歌》为例,说明莫里森的作品充满魔幻现实主义的神秘因素。多此一举。上文有一句话已经谈及莫里森"明显地受到拉美魔幻现实主义的影响",足矣。

6.托尔斯泰:《安娜·卡列尼娜》

"故事梗概":第一行相同的名字而互异。

"主题分析":文中"包办婚姻已经过时,但是谢尔巴斯卡娅对基蒂自己选择配偶仍感到震惊",因为"故事梗概"里没有出现谢尔巴斯卡娅的名字,所以改为"母亲对女儿基蒂自己选择配偶仍感到震惊。"

7.笛福:《鲁宾逊漂流记》

"主题分析":主人公鲁宾逊在这里写成"鲁宾孙"。

8.大仲马:《基督山伯爵》

"主题分析":删掉文中"人类需要按照上帝的旨意去宝善除恶"这一句。

9.勃朗特:《简·爱》

"作者介绍":夏洛蒂·勃朗特(Charlotte Bront?)括号里的问号意味着拼写有误吗? Bront 之后缺字母"e"。

"艾米利""艾米莉",前后不一。

"勃洛克赫斯特""勃克赫斯特"一人名字互异。

"简的叔叔约翰爱·来打过简",文意有误,请核对原文。

文中如下一段话有些混乱:"简和罗切斯特举行已的结婚的喜讯,他们向她表示祝福。简去学校看望了阿黛拉了婚礼,到场的除了牧师和教堂的执事外没有其他人。简写信告诉她的表兄妹自,并把她送到一所更好的学校。"请核对原文。

10.贾德:《苏菲的世界》

稿件的目录写的是"乔斯·坦贾德",实为"乔斯坦·贾德"。

"作者介绍":第一自然段里,有两行多文字与下文重复,删去。

"故事梗概":"德谟克利特斯"应为"德谟克利特"。"伊比鸠鲁"一般写作"伊壁鸠鲁"。"弥－赛亚"应去掉中间的"－",与上文"弥赛亚"相同。"圣托马斯阿奎那"中间加"·",即"圣托马斯·阿奎那"。"艾伯特纳格"中间加"·",即"艾伯特·纳格"。"祁克果"在理论界一般被称为"克尔凯郭尔"。

11. 艾里森:《隐形人》

"作者介绍":删去重复交代的作家出生地。

后半部分共 4 个自然段,除去最末 1 段记录作者卒年,其他 3 个自然段的内容是介绍《隐形人》这部作品及其影响的,归于"作者介绍"栏目之下不合适。因此,将这 4 段"肢解",使之各得其所:

最末 1 段不动,作为"作者介绍"栏目的结语。

第 1 自然段"《隐形人》讲述了一位……"移至"故事梗概"栏目下,作为开头语。再加上一句"小说采用第一人称描述"。

第 2 自然段"该书是当代美国黑人文学中的经典之作……"和第 3 自然段"在本书出版 13 年之后……"移至"主题分析"栏目,放在本节的最后,按照既有体例,之前加一个小标题:"当代人的典型"。

"故事梗概":"对白人要百依百顺,叫他们彻底完蛋。"文意不明,请核对原文。

12. 陀思妥耶夫斯基:《罪与罚》

"故事梗概":一个名字两写:"丽扎韦塔""丽扎韦栽塔"。

"主题分析":"拉斯科尔尼科夫"均写成"拉斯科尼科夫"。

13. 乔伊斯:《尤利西斯》

"作者介绍":文中是按照时间顺序写的,较为明快。但在 1940 年至 1941 年之间,却插进了"1914 年开始创作《尤利西斯》……"整整一个大自然段,这就使原本清晰的层次错乱了。拟将"1939 年巴黎沦陷……"两句移至"1941 年之前"。完全以时间为序行文。

"故事梗概":"西蒙走了奥蒙德,身后跟着利内翰。"语义不清,请核对原文。

14. 史蒂文森:《金银岛》

"作者介绍":文中"包含史蒂文森最伟大并具有现实性的一些人物形象",不知所云。

"故事梗概":文中在主角吉姆之后又出来一个"汤姆",是"吉姆"之误？而下文

出现了"汤姆·雷德拉不幸被枪弹打中死去"的描述,想必前者汤姆即汤姆·雷德拉。若如此,前者汤姆就应该写全称汤姆·雷德拉。

15.莎士比亚:《仲夏夜之梦》

"作者介绍":"莎士比亚出生于英国中部瓦维克郡埃文河畔斯特拉特福",而下文又写作"斯特拉福""隐退回归故里雅芳河畔斯特拉特福"。请核对原文。

"故事梗概":以下几处请核查原文。

引文"来骗诱一个少女之心",其中"骗诱"是否为"诱骗"之误?

前文说的是"木匠昆斯",后文又说"工匠昆斯"。

"一个小小的换儿"何意?

"好同,就让我们听一下吧。"何意?

16. 莎士比亚:《第十二夜》

"故事梗概":文中"讲他有爱情是超越世间的,是命运所赐给她的尊荣财富"语义不明,请核对原文。

"主题分析":文中评说"马里奥、托比、费边对马伏里奥所做的闹剧……"其人名与"故事梗概"里的人物不吻合。在"故事梗概"里,费边这个人并未出场,所以,分析不着;设计并捉弄管家马伏里奥的人,是托比及其好友安德鲁、侍从玛利娅。

"薇奥拉"("故事梗概")、"维奥拉"("主题分析")两写。

17.弥尔顿:《失乐园》

"故事梗概":文中"动物们被创帝对他的工作很满意",语义不明,请核对原文。

18.马基雅维利:《君主论》

"作者介绍":第一次出现作者的名字是"马基亚维利",与标题一致;而从第二次出现作者的名字时就变成了"马基雅维利"。应当统一为马基雅维利。

文中说道:"他主张结束意大利在政治上建立强大的中央集权国家。"如此解说,殊相谬戾。马基雅维利主张结束的是四分五裂的局面,而绝非上说。因此,这句话改为"他主张结束意大利四分五裂的现状,在政治上建立强大的中央集权国家。"

"论著总结":"弗朗切斯科斯福尔扎的米兰公国",其中,"弗朗切斯科斯福尔扎"连写在一起,不当,弗朗切斯科是名字,斯福尔扎是家族姓氏,中间应加"·"。

文中"这两种不财的统治方式",文意不明,请核对原文。

"干出伟大事业的君主对含义都颇不以为然,而是精通于诈术。"其中的"含义"是否"仁义"之误?

19.但丁:《神曲——地狱篇》

"作者介绍":删去重复的作者出生时间,补上作者的卒年。

因为设有"故事梗概"和"主题思想",没有必要在"作者介绍"里先谈论该作品。所以,将有关文字删去。

文中介绍"古代教父圣·奥古斯丁的思想对他影响很深"。固然如此,但影响但丁较多的还属经院哲学家大阿尔伯图斯、托马斯·阿奎那等,以此,上窥亚里士多德。将这些缺失补上。

"故事梗概":由于故事里的人物名字舛谬之处较多,所以情节的推进受到影响。诗人维吉尔一上场的自报家门,稿中写的是"我歌吟过真正的英雄——昂见斯的儿子伊尼特",其实是埃涅阿斯在伊利乌姆被攻陷焚毁后,带着老父和儿子尤路斯逃难到意大利的拉丁姆地区之后发迹的故事。稿中的人名鲜见,且没介绍清楚,修改见原稿。诗人维吉尔引导主人公"我"(实则也是作者但丁自己),是受但丁所挚爱的少女贝雅特丽齐嘱托的,而非稿中的"受贝亚德之命","贝雅特丽齐"在"作者介绍"栏里写作"贝阿特丽切"。在地狱里,"我"见识到的荒淫无度女人,"第一个是位女皇帝,名叫色迷娜",这个名字倒是恰如其分,但与实不符,她叫赛米拉密斯。"另一个叫悌陀,她为了新人而忘记了旧人。"这说的应该是迦太基女王狄多。"再次就是凯撒和它东尼的情人,荒淫的埃及女王克奈何巴。""凯撒"当作"恺撒","它东尼"是"安东尼"之误,埃及女王"克奈何巴"也不对,名叫"克利奥帕特拉"(有的译作"克里奥佩特拉"等,却未见称其为"克奈何巴"者)。

稿中"犯有饕餮罪",原著里没有对饕餮罪的描述。饕餮是一种野兽,或者比喻类似这种野兽的人,是个名词,如同狮子、老虎,"犯有饕餮罪",好似说"犯有狮子、老虎罪",让人费解。根据原著改为"残酷的怪兽刻尔勃路斯"。

稿中"地帝城",一般译作"狄斯之城",即魔王之城。狄斯本来是西方古代神话里冥王的名称之一。维吉尔在史诗中也称冥界为狄斯。但丁认为,古代神话中的冥王就是《圣经》中的魔王卢奇菲罗或撒旦,所以,这里说的狄斯之城,指魔王之城。

"勿拉拉"侯爵,改为"斐拉拉"侯爵。

"蒙福特,他为了替父报仇,刺死了英王的弟弟亨利。"亨利是英王爱德华一世的堂兄弟,将稿中的"弟弟"改为"堂兄弟"。

"主题分析":稿中这样评论:

"邪恶是对上帝旨意的抵抗。"

但丁的叙事是完全按照基督教的价值观来进行的。邪恶之所以被称为邪恶,是因为它抵抗上帝的旨意。上帝的意愿是不需要再进一步审视的。因此但丁不需要探寻邪恶的根源是什么,邪恶的心理是什么,劣行的后果是什么。只要违背了上帝的意愿,那就是邪恶。但丁的《神曲—地狱篇》不是一本哲学书,它是一本宣传基督教教义的文学作品。

"邪恶受到了惩罚。

按照基督教的教义,生前邪恶的人是要进入地狱的。不同类型的邪恶之人进入不同层次的地狱。他们或者是异教徒的灵魂,……他们统统被打进地狱。"

上述评论有所偏颇。恩格斯评价说:"封建的中世纪的终结和现代资本主义纪元的开端,是以一位大人物为标志的,这位人物就是意大利人但丁,他是中世纪的最后一位诗人,同时又是新时代的最初一位诗人。"作为新旧交替时期的诗人,但丁不可能不接受中世纪文化的洗礼,但《神曲》中表现出的深刻的批判精神和新思想的萌芽,则使诗人成为文艺复兴新时期即将到来的预言家。但丁对异教时期灿烂文化的代表者柏拉图、亚里士多德、荷马、维吉尔等人由衷地赞佩,客观上批判了中世纪的文化专制主义和蒙昧主义。《神曲》里,主人公是在诗人维吉尔的引导下观察地狱的,维吉尔象征理性和哲学,这意味着但丁肯定知识和理性精神。尽管作为一个基督徒,但丁不可能将上述人物直接安排进天堂,但却把这些"高贵的"异教徒放进地狱中一个毫不受苦的美丽幽静之处。根据以上所言,对稿中的"主题分析"作了重大修改,不是词句方面的修饰,而是观点上的扭转。详见原稿,请编者参考。

20.梭罗:《论公民的不服从》

目录上,人名及书名为"亨利·戴维·梭罗:《论公民的不服从权利》",而正文却是"亨利·大卫·梭罗:《论公民的不服从》"。

"作者介绍":题目上写作"梭罗",而正文里又成了"索罗",共计34处;再说,不到3页文字,如此频繁地将人名做主语,为文章高手所不取。全文统一用"梭罗"。

上下两行中的同一个城市名,上行写作"康考德城",下行就成了"康科德城"。统一为"康科德城"。

该部作品基本上采用汉字数字,既不合乎规范,又与全稿不统一。将汉字数字改为阿拉伯数字。

一、文学读物(1—18 篇)

以上仅是该部作品的小问题,严重的是,它的内容不适合当下我们的国情。下面摘录"著作译文(本书采用张礼龙译本)"这一部分中的一些论调,请有关同志判明其适合的阅读者的范围:

一事不管的政府才是最好的政府。

你可以看到一个由士兵、上校、上尉、下士、一等兵和军火搬运工组成的队伍,以令人羡慕的队列翻山越岭,奔赴战场;但是由于他们违背了自己的意志、常情和良心,……这就是过分尊重法律的一个普通而自然的结果。……现在他们成了什么?是人吗?还是些小型活动堡垒或弹药库,在为某些不择手段的掌权者效劳?……他只是人类的一个影子和回忆,一个被安放在那里站岗的活人。……因此这些人并非作为人去为国效劳,而是作为肉体的机器。他们包括常备军、民兵、监狱看守、警察、地方民团等。在大部分情况下,他们自己的判断力和道德感没有发挥任何作用;他们视自己为木材、泥土和石块;……这种人不会比稻草人或一堆土更能引起人们的尊敬。他们只具有与马和狗同等的价值。然而这样的人却被普遍视为好公民。……也有一些真正称得上是英雄、爱国者、殉道者或改革家的人,他们确实用良心为国家服务,因而往往会抵制国家的行径,结果他们通常被国家当作敌人看待。……真正的罪过在于它的宪法本身。……少数服从多数则软弱无力;它甚至还算不上少数。但如果尽全力抵制,它将势不可挡。

不用多引,就能明白其政治主张。将该言论同我国的宪法和党章里的有关条文一对照,问题的严重性便显而易见了:

全国各族人民、一切国家机关和武装力量、各政党和各社会团体、各企业事业组织,都必须以宪法为根本的活动准则,并且负有维护宪法尊严、保证宪法实施的职责。

国家通过普及理想教育、道德教育、文化教育、纪律和法制教育,通过在城乡不同范围的群众中制定和执行各种守则、公约,加强社会主义精神文明的建设。

中华人民共和国公民必须遵守宪法和法律,保守国家秘密,爱护公共财产,遵守劳动纪律,遵守公共秩序,尊重社会公德。

中华人民共和国公民有维护祖国的安全、荣誉和利益的义务，不得有危害祖国的安全、荣誉和利益的行为。

保卫祖国、抵抗侵略是中华人民共和国每一个公民的神圣职责。

依照法律服兵役和参加民兵组织是中华人民共和国公民的光荣义务。

中华人民共和国的国家机构实行民主集中制的原则。

——摘自《中华人民共和国宪法》

中国共产党是中国工人阶级的先锋队，同时是中国人民和中华民族的先锋队，是中国特色社会主义事业的领导核心。

党是根据自己的纲领和章程，按照民主集中制组织起来的统一整体。党的民主集中制的基本原则是：党员个人服从党的组织，少数服从多数，下级组织服从上级组织，全党各个组织和全体党员服从党的全国代表大会和中央委员会。

——摘自《中国共产党章程》

梭罗《论公民的不服从》有彼时彼地的政治背景和社会环境，在当时的美国颇具摧枯拉朽的进步意义，以至在世界上影响了许多政治家。而今，对于学术研究以及政界人士，亦不无参考价值。所以，将它置于"大参考"的范围较为适宜。但进入普通的图书市场，尤其是作为中学生读物，绝不会产生正能量。目前，中国社会需要安定，大力强调维护党和政府的领导还唯恐不及，怎么能够宣扬"公民的不服从"！建议删掉这部作品。

以上意见，仅供参考。

2013年9月26日

二、教育读物(19—58篇)

(一)普通教育(19—29篇)

19.《安徒生童话》(大字版)终审意见

作为世界童话三大宝库之一的《安徒生童话》以大字本的形式出版,会在图书市场获得不错的反响,尤其是此版本出自著名翻译家叶君健之手,光顾者会更多。同意出版。

全篇皆用汉字数字,不太妥当,有些地方进行了修改,将汉字数字改为阿拉伯数字。

"生下来脚上就有距"的"距"字,请核查原文。

《笨汉汉斯》里有三处提到拉丁文字典,用的量词分别是"个""部""个"。最后一处"个",责编改为"部"。相应地,第一处也要改为"部"。

"当他想讲句把风趣话的时候",其中的"把"字,想必是加在量词"句"后头的助词,表示数量近于"句"。但是,"把"字的这种含义,一般用在量词"百、千、万"和"里、丈、顷、斤、个"等后头,用于"句"后,不常见,而且容易误解为衍文。请查一下原文,做适当修改,或删去"把"字。

2013 年 5 月 22 日

20.《小王子》(大字版)终审意见

"一本写给所有人看的童话",《小王子》得到有识之士这样的评价,可见其根深叶茂。《小王子》一书,可以说是风靡全球。2006 年,当《小王子》出版 60 周年时,据统计,已经售出8000万册,被译成159种语言和方言,前后有400多个版本,就名次而言,《小王子》仅排在《圣经》、毛泽东著作、列宁著作之后,在文学作品中它则是第一。有说法称:17世纪有贝洛童话,18世纪有格林童话,19世纪有安徒生童话,20世纪则有《小王子》。《小王子》的作者是法国民族英雄——飞行员圣·埃克絮佩里,他认为,人生是有意义的,生的意义就是死的意义。人死是为了民族,不是为了乌合之众;人死是为了热爱人,如果这人是共同体的脊梁。人为此而生,也为此而死。把《小王子》译成中文的翻译家郭宏安评论道:圣·埃克絮佩里的"我"与"非我"、童年之我与成年之我在撒哈拉大沙漠上的一次对话,是"非我"对"我"、成年之我对童年之我的一次回忆。对话和回忆的结果是"我"战胜了"非我",童年之我战胜了成年之我,失望中有绝望,绝望中有希望;唯有保持童心、以澄澈的目光对待人与人之间的沟通与交往,才能获得幸福。许多哲学家发表过评论:《小王子》充满温情的诗意哲学,是关于重要事情的各种思考的总和,是孤独和良心的交流。以上情况,足以说明出版大字本《小王子》正合时宜。前段时间,对国人幸福指数的调查,显示许多人对"幸福是什么"找不着北,人生观、价值观混乱了。此时读读《小王子》,或许有拾到指南针之感。同意出版。

在编辑过程中,责编对细节问题、字词用语,力求精准,保证了稿件质量。有个问题,还需要斟酌:《小王子》原作105页,而译者郭宏安关于作者介绍、出版情况说明及评论总汇共3篇80页。如此安排,单从篇幅上看,头大身子小,不合比例。从内容上看,郭宏安的解读的确必要,但由于是相同性质的3篇文章放在一起,不免前后重复。建议进行处理:最好3篇文章整合为1篇,若郭先生无暇操劳,以责编的功力,满可以代笔,事竣请先生认可。或者,采取最简单的办法,三者取其一。

稿件里的数字用法,还不够规范,根据实际情况应当尽量采用阿拉伯数字,对此进行一些修改。

p.65"他们以为自己占据很多的地方",此语不完整,请核查原文。

2013年9月10日

21.《森林报——春·夏·秋·冬》(大字版)终审意见

选题视野开阔,所选书稿是苏联儿童科普文学作家维·比基安的代表作,虽然时间已过去近一个世纪了,但至今仍觉其对少年儿童大有裨益。"林子大了,什么鸟都有",《森林报》应了这句俗话。子曰,学诗可以"多识于鸟兽草木之名",足见鸟兽草木在孔子的学问中是占有一定分量的。在这一层面上说,《森林报》歪打正着地注解了《诗经》里的有关佳句。针对当代儿童的所谓素质教育,多局限于琴棋书画,绝少鸟兽草木之见识,书本上看不到,森林山野里的实物就更不用说了。《森林报》的填补,其效不可小觑。何况,不仅儿童,成人中嗜博爱奇者亦会青睐之。书稿质量相当好。译文畅达,同意出版。挑点小毛病:

春篇

注释12宫,只写了11宫,遗漏"天蝎宫",补之。

"又瞎又聋",按上下文的口吻,拟改为"看不见听不着"。我们搞大字本是为低视力者等残疾人服务的,"瞎""聋"之类的字眼,应尽量避讳。

改"生人"为"生面孔",因为描写的是动物,不是人。

"打瞎了"改为"打坏了"。

夏篇

"碰到哪儿,就把哪儿……",第二个"哪儿",应当写作"那儿";"经过哪里,哪里就……",第二个"哪里"应改为"那里"。

"需要有好几百千克的松子,才能培植新的松林。3年来,孩子们收集了7吨多松子。"前后两个数字相差较大,请核对原稿。

"过了3年——整整的1000天",改为"超过了1000天"。"整整的1000天",改为"整整的3年"。

冬篇

"出乎意料之外",删掉"之外"。

2013年4月22日

22.《青春时曾有过的孤独》(大字版)终审意见

韩国作家金亨泰,人称"无规则异种艺术家"。他始于关心青少年粉丝,继而发展成对青少年问题的热心,于是,在自己的网站上致力于青春苦恼的咨询。书稿即咨询内容之精华。由于译文较为粗糙,一审费尽了气力,又在二审意见的启发下,再度加工,使文稿聆其音声,接其辞气。同意出版。

有几个小地方再改一下:

"一、二年级"——一二年级。

"两三件"——二三件。

"两三年"——二三年。

"投资某支股票"句下,画有铅笔杠,质疑。文稿表述没有问题,"支"是量词。

"鱼类的生态"句下,画有红杠,质疑。意即鱼类的生理特性和生活习性以及在一定的自然环境下生存和发展的状态。原话无误。

"0～20 岁的年轻人中患忧郁症和自杀的人越来越多"。其中,"0～20 岁"被改为"20 岁左右",不尽合原意。若改为"20 岁以下",还说得过去。

2013 年 7 月 2 日

23.《幸福的孩子学习好》(大字版)终审意见

一本书能够创下一个月内加印 3 次的纪录,起码说明读者对此书抱有极大的热情。作者是韩国的徐皙暎,一位妈妈,写自己教育孩子的体会。套用托翁的名言,世上所有的家庭结构都是相似的,家庭教育却各不相同。有些成功人士,目能视千里之外,而不能自见其睫。许多教训很惨痛。近些年,对家庭教育的重视程度不断加深,家庭教育越来越成为人们关注的焦点。这本书谈到的一些经验,无论见仁见智,定会播撒海内,景从响应。由此观之,责编选题很有眼力:不仅宏观把握作家作品,进行市场调研,预测读者群,而且微观上亦步步审慎,先请精通韩语的朴栋淑初读,其对该书评价较高,之后才引进翻译。审稿时,所贯彻的两个统一、一个规范,使稿件更工致。同意出版。

改了几个无关紧要的字,不赘述。

删去"吃零食在字典上的意思"这一段话。普通的汉语字典未收"吃零食",人人皆知的常用语用不着进字典。否则,本来明白的事反而会被说糊涂,显得呆板迂腐。

稿件的最后一句话说得太满:把孩子培养成"世上唯一的、无与伦比的",画蛇添足,可以删去。

2013 年 11 月 8 日

24.《妞妞——一个父亲的札记》终审意见

可怜天下父母心,这句经典的话语有着数也数不清的人间解读。周国平的这本书写自己爱女的夭折过程,既有人之常情,又处处自然而然地漫溢哲学家的睿智,叙述现实则是高于平庸描摹的洞见,倾吐感情犹含异乎寻常的卓见,洞见卓见,文中互见,把一个司空见惯的话题,提升到少有人企及的境地。人们见到,但说不精到;人们想到,但难能独到。周国平下笔将人所不及的事理,写得如此老到,赢得广大读者的赞誉是必然的。经责编种种努力,用大字本重新出版此书,很好,同意。

责编把文中的"小瞎子"一律改为"小盲人",似乎过于拘谨。"瞎"字本身并无贬义,在以前的书稿三审意见里曾提出在盲人圈里回避"瞎"字,只是因为日积月累,有时它带上了侮辱人格的色彩,盲人对其敏感,所以换为"盲"。在文字学里,"瞎"和"盲"并没有褒贬之分。因此,这两个字的运用,要视具体情境而定,不必像古代臣民对皇帝名字避讳那样绝对,将"瞎"字从汉字里驱除出去是不可能的,只要不是故意非礼,人人都可以理解。具体到稿中,字里行间夫妇有关爱女的对话,"引起事端"多虑了,保留原文,不修改为上。

责编提出,"书稿p.242有一段对肢残人士的描写,责编认为有贬损歧视残疾人的意味,是否需要作出修改?"无须修改,保留原文。

书名页上有一行铅笔字:"书稿中数字已统一成汉字,不改成阿拉伯数字"。而"后记"和"附录"却大都采用阿拉伯数字。使用阿拉伯数字记公历年月日等符合《出版物上数字用法的规定》,却又与本书稿统一选用汉字数字不协调,提请注意。

2013 年 10 月 21 日

25.《宝贝,宝贝》终审意见

《妞妞——一个父亲的札记》写姊妞妞,本篇写妹啾啾,是名副其实的姊妹篇。尽管格调迥异,姊篇是因妞妞夭折迸发出来的哀鸣,妹篇是由啾啾苗壮成长带来的喜悦,但两个走向终归于一:父母心。妹篇与姊篇保持了同样的思想境界,除了对婴儿时期至少年时期每一个发育阶段的哲学认知外,最有价值的当属关于基础教育的高见:熏陶是不教之教,是最有效也最省力的教育,好的素质是熏陶出来的。非文化人的普通人怎么办?从根本上看,对孩子的教育成败取决于父母的价值观,而不是职业和文化水平。至少人人都可以在下班后少看一点电视,不给孩子树立一个坏形象。人的智力素质中,重要的因素是好奇心、注意力、观察力、思考力、理解力、想象力、创造力等,根基是天赋的理性能力。最根本的智力教育就是提供一个良好的环境,鼓励、促使、帮助孩子的理性能力保持在活跃的状态。最不重要的是知识的灌输。追求孩子识多少字和背多少古诗,甚至对此进行夸耀,那不但可笑,而且可悲。应坚持一个原则:不给孩子报任何课外补习班、辅导班、特长班、提高班。对这类班深恶痛绝,它们是当今寄生在整个应试教育产业链上的重要一环,加剧了教育不公平和教育腐败。"分数不重要"这话讲得何等之好!它戳到了应试教育的痛处,同时启发人们看清了正常基础教育的光明大道。书稿的这一亮点,在本书发行宣传时应当突显出来。同意出版。

责编在字词规范化方面的努力卓有成效,订正了一些错讹,工作非常细致。如果在数字用法方面再细心一些,那就更加完美了。稿中多处出现阿拉伯数字与汉字数字混用的现象,例如,记年龄,以岁为单位,在上下文之间两者混用,随心所欲,尤为扎眼。希望能够引起重视。

2013 年 10 月 22 日

26.《跟着节日去旅游》(大字版)终审意见

《冬季篇》

引进的台湾萤火虫出版社的小丛书,正如一审所言,是一套很好的帮助孩子认识节日、了解节日典故,进行中华传统文化渗透的儿童读物。一审的文字加工使之符合内地的规范要求。复审除了一般的修改文字、顺句子之外,最出色的有两点:其一,把住了政治关:澳门、香港不能与韩国、日本并列;不能把中国台湾和韩国、马来西亚等国家并列。复审的修改很到位,将原则立场寓于淡然叙事中:"中国幅员辽阔,各地的新年习俗也不尽相同。"下面再"比如,澳门人""香港人"。"元宵节是中国民间传统节日,有关元宵节的习俗各地并不相同。以台湾地区为例,台湾有俗语……"其二,注意了"常识",避免闹出笑话来。复审指出:《冬至大如年》这篇文章放在"腊月"篇里不合适,冬至是每年公历 12 月 21 日,按农历算应该是十一月,所以冬至不属于腊月里的节日。《腊月诗歌》中第一篇《邯郸冬至夜思家》,时间是冬至,不属于腊月。非常确当(节气是农历的说法,以此为据,换算成公历,不是相反)。许多地方的农村直接称农历十一月为冬至月。复审建议将《冬至大如年》和《邯郸冬至夜思家》两篇删去。这是一个好办法。还有一个办法,是将这两篇置于

二、教育读物(19—58篇)

篇首。

稿件把春节、元宵节都安排在"冬季篇"难说精当。从人们对气候的感受来说,熬过寒冬,春天就要来到了,春节与元宵节,其意在春而不是怀念寒冬。为什么叫"春节""元宵节"?因为它们均含望春之情。而且,从节气上看,春节一般在立春之后。再者,以西方的圣诞节作为本册的开篇,感觉不伦不类。

是否可以把四册书稿通盘构架?请责编斟酌。

2016 年 9 月 13 日

《春季篇》

《春季篇》里,有一个问题需要注意,那就是"儿童节的来由"。稿中:"我国的儿童节是在 6 月 1 日,但我国台湾地区将 4 月 4 日定为儿童节。"

未及查阅正式文件,网上说法可以参考:

1949 年 11 月国际民主妇女联合会在莫斯科召开执委会,正式决定每年 6 月 1 日为全世界少年儿童的节日,即国际儿童节。目前世界上许多国家都将 6 月 1 日定为儿童的节日,尤其是在社会主义国家。在欧美国家,儿童节的日期各不相同,而且往往很少举行社会公众性的庆祝活动。因此往往有人误解为只有社会主义国家才将 6 月 1 日定为儿童节。事实上,近年来,美国的一些组织也开始考虑将儿童节定在 6 月 1 日。1949 年 12 月 23 日中央人民政府政务院规定"六一"国际儿童节为中国儿童的节日,并宣布废除国民党政府 1931 起实行的 4 月 4 日为儿童节的规定。中国第一个儿童节是民国二十一年(1932 年)的 4 月 4 日。民国二十年(1931 年),"上海中华慈幼协会"发起建议,希望政府规定每年 4 月 4 日为儿童节。随后,教育部制定了儿童节纪念办法,并于隔年的 4 月 4 日实施。在香港特别行政区,民间约定俗成地把儿童节的日期保留为 4 月 4 日。台湾地区也仍以 4 月 4 日为每年的儿童节。

这里面含政治因素,把儿童节置于春天或夏天,不仅仅是季节使然。当然,季节差异最明显。出版的大字本主要面向内地读者,他们过了半个多世纪的"六一"儿童节,而且习惯直接称过儿童节为过"六一"。明明是初夏,怎么就回到春天了呢?要想到读者的不理解。

稿中还有一句:"1954 年 12 月 14 日,联合国教育科学文化组织定 11 月 20 日为'国际儿童日'。"情况是否属实,无须查证,仅从恢复中华人民共和国在联合国的合法席位时间就可以判断。这句话又是个隐患。

联合国是 1945 年创建的,我国是创始国之一,也是常任理事国。后来因为各种问题,美国操控联合国,所以让蒋介石夺取了地位。1971年10月25日,联合国大会通过2758(XXVI)号决议,决定"恢复中华人民共和国的一切权利,承认它的政府代表为中国在联合国组织的唯一合法代表,并立即把蒋介石的代表从它在联合国组织及其所属一切机构中所非法占据的席位上驱逐出去"。

从上文不难看出,"1954年"中华人民共和国没有恢复在联合国的合法地位,是蒋介石的代表非法占据的。说它作甚?

鉴于此,建议将"儿童节"调到《夏季篇》,并要特别留心其中的每一个字眼。

另一条建议:应当补上"五一国际劳动节"。从季节上说,"五一国际劳动节"是在春天将要结束、夏日尚未来临的时候。从政治上说,它是春天最伟大的节日,缘起于美国。当时资本家压榨工人,工人每天要劳动14—16个小时,有的甚至长达18个小时,但工资却很低。马萨诸塞州一个鞋厂的监工曾经说过这样的话:"让一个身强力壮、体格健全的18岁小伙子,在这里的任何一架机器旁边工作,我能够使他在22岁时头发变得灰白!"沉重的阶级压迫激起了无产者巨大的愤怒。他们知道,要争取生存的条件,就只有团结起来,通过罢工运动与资本家作斗争。工人们提出的罢工口号,就包括要求实行8小时工作制。1877年,美国历史上第一次全国罢工开始了。工人阶级走向街头游行示威,向政府提出改善劳动与生活的条件,要求缩短工时,实行8小时工作制。罢工不久后,队伍日渐扩大,工会会员人数激增,各地工人都纷纷参加了罢工运动。工人们于1886年5月1日举行总罢工,迫使资本家实施8小时工作制。美国2万多个企业的35万工人停工上街,举行了声势浩大的示威游行,各种肤色、各个工种的工人一齐进行总罢工。仅芝加哥一个城市,就有4.5万名工人涌上街头。芝加哥政府用暴力镇压工人,警察当场开枪打死6个工人。这一暴行激起了全市工人的极大愤慨,他们决心为死难的工人兄弟们报仇!为纪念这次伟大的工人运动,1889年7月,由恩格斯组织召开的第二国际成立大会宣布将每年的5月1日定为国际劳动节。这一决定立即得到世界各国工人的积极响应。1890年5月1日,欧美各国的工人阶级率先走向街头,举行盛大的示威游行与集会,争取合法权益。从此,每逢这一天,世界各国的劳动人民都要进行集会、游行,以示庆祝。

简要回顾"五一国际劳动节"的历史,是为了说明本书的编者回避伟大节日可能另有隐情。我们作为出版传播者,不要让人牵着鼻子走。

2016年9月14日

27.《踏进这扇门——心理咨询师初阶成长》(大字版)终审意见

上海一所高校的心理咨询师培训班的参与者主动写的手记,加之其他文章,共得200余篇,由主持者严文华、付小东等整理成册出版。本书稿是其大字版。作品透露出小家碧玉的气息,以真情实感诉说着芸芸众生的那点事。不言而喻,心理活动与社会大潮相比,自然免不了小家子气,然而,"大"是由点点滴滴的"小"融合在一起而组成的。小而能成为碧玉,会使得大而无当者相形见绌,它同样能够发挥自身的正能量。说它"小",也有该书稿尚且达不到大家水平之意,许多做法是在探讨,有的观点也不够成熟。虽然该书稿已在其他出版社出版过,但还是有一些不尽如人意之处,经过责编订正错别字等润饰,更加规范。同意出版。

还有如下一些问题:

"之所以画在中央,是因为我决定只画太阳,画在中央比较协调。""之所以"作为句子的开头,不合乎语法,此句可以简洁一些:我决定只画太阳,画在中央比较协调。

"魔羯座"的"魔",正文修改为"摩",而图1-16,仍然是"魔羯座",修改之。

"他喜欢历史,喜欢毛泽东,喜欢看解放战争,他教给我唯物的方面。"其中,"喜欢看解放战争"之后应当加"题材的文艺作品"。

责编针对文中的"恐怖症"一词提出了疑义,提得好。在医学里,一般叫做"恐惧症":恐惧症原称恐怖性神经症,是指患者对外界某些处境、物体,或与人交往时,产生异乎寻常的恐惧与紧张不安,可致脸红、气促、出汗、心悸、血压变化、恶心、无力甚至昏厥等症状,因而出现回避反应。患者明知这种恐惧反应是过分的或不合理的,但仍难以控制,于是极力避免接触导致恐惧的客观事物或情境,或是带着畏惧去忍受,因而影响其正常活动。同时,恐惧症有疾病分类,大致分为三类:广场恐惧症、社交恐惧症、特定恐惧。另外,还有发病原因、临床表现、诊断以及治疗等,它们围绕"恐惧症"形成了一个系统。所以,稿中的"恐怖症"改为"恐惧症"是可以的,但有人认为,恐惧症也叫做恐怖症。

"他/她"这种写法不规范,一个"他"就可以了。这里的"他",不分男女,泛指。

"……的握手那么具有里程碑的意义",其中,"里程碑"用得太廉价,改为与文中其他处一致的"突破"。

"影帝/影后""言语/动作/神态",没有这样的表示方式,去掉之间的"/"。

文中谈到的"价值观"和"世界观",其概念模糊。价值观是对经济、政治、道德、金钱等所持有的总的看法。世界观是人们对世界的总的根本的看法。文中所述,用"世界观、价值观出了问题"来评判,不免生硬。木已成舟,只能如此了。

"(二)拒绝空椅子——各种咨询、技术和咨询主题"。责编对文中的"、"打了问号。此处要将顿号删去,因为行文中"咨询"和"技术"没有分开讲,是作为咨询技术一体而言的。

"理性情绪疗法和精神胜利法"这一节的观点让人不敢苟同。稿中认为:"精神胜利法一直以来是被国人批判的一种心态。……多数是由于历史政治原因而形成的教育思想定势,因而,在这种教育大伞之下成长起来的人们都会形成一种刻板印象,那就是精神胜利法是愚蠢、自欺欺人的以及不够健康的。"稿中分析了阿Q被打这件事,"从另一个角度来看,精神胜利法则是改变认知从而改变自己情绪情感体验的一种方法"。作者写的这段文字,已经形成了自己的比较成熟的观点,所以,作为编辑的我们不宜随便更改,强加于人。然而,这里又不能不指出该观点的片面性。个人的心理因素与民族的命运、祖国的山河相比,无疑轻微如尘芥。当帝国主义列强侵略中国、压迫中国人民的时候,是以血肉之躯组成抗争的长城呢,还是用精神胜利法来抵挡?恐怕作者若处在那个年代,也不一定会选择后者。那么,用在和平富裕时期的由滋润生活方式所产生的小小心理障碍之疗法,去否定用呐喊的方式唤起民众反抗外来暴力的历史政治教育思想,于情于理说得过去吗?这点,也足证为什么该书稿仅可称为"小家碧玉"了。

"十四、五岁",不规范,应当去掉中间的顿号。

责编在"幽闭恐怖症"下画杠质疑,有此一说,原文无误。

原文"生在福中不知福",责编改为"身在福中不知福",其实两者皆可。还有一种说法,"人在福中不知福",三种通用。因原文无误,不改为好。

原文"解译",责编觉得当用"解释",从责编。

"5、6秒",不规范,应作"五六秒"。

"亦终究不再是能轻易撒手断然绝阙的女子",形容词多而文意不明。"断然绝阙"不知所云,拟删去。

文中的"疏离情绪",责编提出疑问,拟为"梳理情绪",从责编。

文中的一句话,以"笑～"结束,不规范,删去。

责编在文中的"终于要分开了"的"终于"下面画杠并打了个问号,审阅如此细致,很好。这里"终于"一词的确与难分难舍之情境相左,让人误解为好歹分开了。可改为"就"。

责编质疑"社交恐怖",有此一说,文中所言无误。

"在累累伤痕中看到一只不死的鸟,那只鸟就有可能涅槃之后重生。"这句话悖入悖出。涅槃,不是一般的鸟可以做到的,只有凤凰可以。涅槃是经过浴火,死而复生,并非"不死的鸟""涅槃之后重生"。鉴于这段话既有纰漏又在文里无实质内容,所以,将其删掉。

2013 年 10 月 10 日

28.《中学生作文论据大观》(大字版)终审意见

《哲理篇》(下)

八股文,是中国文化的土特产,虽然早已臭名昭著,但其阴魂终不能尽散。旧八股、新八股、洋八股、党八股之类,曾被唾弃扫荡却并未彻底绝迹。要根治,从学生入手无疑是一个好办法。本稿件作者感叹:"中学作文指导陷入模式化的框架中,观点陈旧、缺乏创新精神、内容干瘪空洞、言之无物。"实际上,可谓小八股。这套《中学生作文论据大观》,旨在克服视野狭隘与思维能力薄弱之弊病,改变那种迎合应试需求、急功近利、在作文技法上演练翻新的倾向。"作文本来就是我手写我思的心灵自由飞翔""应该以思维为根基,内容为血肉,语言为外衣,只有把这三者紧密地结合起来,学生才有可能写出令人感动的锦绣华章"。本书稿是系列丛书之一,先讲故事,再从中剖析"哲理",指点学生如何"运用",最后延伸至"积累拓展"。其创意是有价值的,看到书名和"自序",感觉必将为小八股带来一次强烈的冲击,然而翻阅正文,原来是改头换面了的七拼八凑的成功励志类书稿,仍旧属于近些年来攒书匠们发明的"攒八股"。

在书稿审读过程中,一审发现了许多问题:材料堆砌特别明显,有些道理牵强附会,和主题不沾边。这说明编写意图与实际效果大有距离,没有脱离"攒八股"的俗套。一审和二审的加工,使动机与效果的差距缩小了一大截。同意出版。

为了继续缩小差距,再修修补补:

"(1)自己也是一道风景"

第一大段写夫妇俩各自对自己拥有的不满意,喜欢欣赏别人的风景。给中学生说这些,教育的对象偏离了。"比如说"之后的例子删去。原文:"在现实生活中存在一个很普遍的现象:别人的永远是最好的。比如说,不少男子都有这种心理:无论自己的妻子多么漂亮,见了另外美丽的女人,仍然忍不住怦然心动;不少女人,

对现状不满意,总爱拿自己男人的短处与别的男人的长处作比较。这些人,总觉得风景在别处。于是,对自己拥有的不满意,喜欢别人的风景。"

"(4)曲直不相容"

陶渊明"写了辞书,罢官返乡"。"罢官"改为"弃官"。

"(5)学会忍耐"

"再想想爱迪生、海伦·凯勒、杜甫,不都是经过苦难才成功的吗?"把杜甫和他们罗列在一起,不协调。

"(10)摘个快乐的草莓"

托尔斯泰"写成了世界名著《战争与和平》和《复活》,赢得了'世界文豪'的盛誉",改为"写成了《战争与和平》《复活》等,赢得了'世界文豪'的盛誉"。

"(12)认真的米开朗琪罗"

"今年暑假,我到老家一个小有名气的旅游区","我"是谁?这一句全是废话,删去。

"(13)站在上帝这一边"

稿中"左拉为正义而控诉"一节,与史料有些不合:被诬的犹太籍上尉德雷福斯,"判处其终身流放"有误,判处的是流放和终身监禁。"事实上,对德雷福斯的控告纯属莫须有,审判依据的凭据极不可靠,显然,这是一场反犹太主义的迫害案。"史实不完全如此。法国军官卖秘密文件给德国确有其事,罪犯是谁,搞错了人。三年后发现了真正的作案者,德雷福斯是无辜的,但政府仍然掩盖真相。左拉仗义执言,"给法国总统写了一封万言长信《我控诉》",也有出入。准确地说,应当是:左拉在克雷蒙梭主办的《震旦报》上发表致总统的公开信《我控诉》。左拉的死,稿中一口咬定:"1902年,他被阴谋分子用卑劣手段害死。"此事难说。1902年9月29日,左拉在寓所煤气中毒,怀疑为他人所害。根据史料修改原文,详见稿件。

"(16)我就是贝罗尼"

稿中说"笛卡尔是法国著名的数学家",此话虽然准确但有缺漏。笛卡尔不仅是数学家,在哲学、物理学、生物学领域都是大专家。

"(24)天塌下来当被盖"

第一人称出现的句式,当删除。

"(25)死神也怕希望"

删去第一人称。

"(26)下一个球最好"

足球场上的对手"拍案叫绝",用词不当。球员在足球场上没有案可拍,改为

"拍手叫绝"。

"(35)马掌钉的影响"

删去"我不完全同意这种看法"。

"(38)敌人与朋友"

"李密是三国时蜀汉的小官。蜀汉灭亡后,晋武帝看重他的才华,让他做太子侍从官。"此句欠准确。李密极有才辩,在蜀汉做官时,几次出使东吴,名声颇大,不能谓之"小官"。晋武帝下诏征他为太子洗马,而非"太子侍从官"。洗马,是太子的属官不假,那是汉朝的事;晋朝将洗马的职责改为掌图籍。

"(41)记住恩惠,洗去怨恨"

删掉"大学毕业时,老师给我们讲了这样一则故事",直接说下一句"古希腊神话……"

稿中老师语重心长的诠释,不过画蛇添足,删去。

2016 年 1 月 21 日

《事例篇》

审读报告一针见血,抓住了稿件的要害:"编著者的初衷是好的,但具体进行编写的人极度不认真,540 个事例近一半是胡乱拼凑的,牵强附会,故责编主要做的工作是删减这些凑数的文字,最后仅保留 246 篇。"可见要花费多少精力才能把毛坯加工成料。二审的补充修改为稿件增了色,特别是订正了一些知识性错误,难能可贵。

问题在于,攒书匠们小马拉大车,糊弄中学生尚可,却经不起学术检验。仅以开篇为例:"阎若璩研究了 30 年,终于写出了《古文尚书疏证》,驳斥了梅赜的谬说,揭开了伪古文《尚书》之谜。"《尚书》的流变极其复杂,不是稿中三言两语所能定性的。大致说来,早先伏生派系的《今文尚书》经过四百多年的传习,彻底被毁灭了,继之以孔安国的《古文尚书》。郑玄为两汉以来包括《尚书》在内的所有经书都进行了注释,兼采众流派所长,成为经学的集大成者,至今经学所言必称郑玄。三国魏时正始年间,第二次刻石经,这次用的是《古文尚书》的本子。字体有三种:先秦古文字、秦朝的小篆、秦以来的隶书。因此,称之为"三体石经",也叫"魏石经""正始石经"。现存《尚书》经文残字一百一十字。三国末期魏国出了个博学家王肃,属于古文经学一派,处处与郑玄作对。王肃后来成为晋武帝的外祖父,势高才大,无人与之叫真。他争强好胜到不择手段地伪造古书的地步,托名孔安国著《孔子家语》、托名孔鲋著《孔丛子》,有学者怀疑这些都是他伪造的,附带怀疑孔安国传的《古文尚书》也是他伪造的。但是,永嘉之乱后,就连这部伪书也不见了,其命运如同《今文尚书》。三国时期,继孔安国著的《论语注》出现之后,魏末,又出现了孔安国注释《尚书》的《尚书传》。经学者考证,皆属于伪造。好在经文只字不差,只是托名孔安国作注释。晋初,皇甫谧见到过这部伪《孔传》,《古文尚书》里那些逸篇不见了,所剩仅只汉朝古文《尚书》家的三十四篇。南朝梁武帝萧衍通经学,重建太学,又立五经博士。就在这个经学复兴时期,忽然有一部孔安国真本《古文尚书》流传开来,经文与注释,与先前所见多处不同。它的来历,传统说法是与梅赜关系很大,是他向东晋元帝献上的这部书。梅赜说是从魏末晋初著名学者郑冲那里得到的书,皇甫谧见到过。细节复杂,在此略而不谈。自此,《孔传古文尚书》逐渐取代了郑玄注释的《古文尚书》。南北朝末期的陈朝陆德明著有《经典释文》,以《孔传古文尚书》五十八篇为主,幸亏附上了马融、郑玄、王肃三家本子中的三十三篇注释;不然,真正的《尚书》后人就见不着了。时至唐初,太宗命颜师古等学者考订五经,形成"新定五经"。其中,《尚书》采用北齐和隋朝时刘炫编定的《孔传古文尚书》。之后,又命孔颖达等学者取一家之说定为标准本,并且为之作疏。经多年讨论修改,于唐高宗永徽四年(公元653年)正式颁布,定名《五经正义》。科举取士,以此书为标准。自此以后,经学定于一尊,延续一千多年。唐朝开成二年(公元837年)第三次刻的石经,称为"开成石经"。字体完全用楷书,里面的《尚书》,采用的是唐玄宗命卫包将《孔传古文尚书》改写成的楷书。真正的《尚书》就这样被遗弃了,伪作取得正统地位。南宋初,吴棫首先对《孔传古文尚书》产生怀疑,朱熹继之。朱熹的弟子蔡沈作《蔡传》对之梳理。元朝吴澄新注《尚书》,名曰《书纂言》,进行甄别。明朝中叶梅鷟撰写《尚书谱》和《尚书考异》,初步认为《孔传古文尚书》系伪造。清朝康熙年间,阎若璩花了二十多年时间写成《古文尚书疏证》,列出一百二十八条问题,揭发作伪,论述十分细密。他的著作,受到其朋友毛奇龄的反驳、挑剔,成书《古文尚书怨词》,实际上却起到了对辨伪的纠谬补偏的作用。尔后,惠栋著《古文尚书考》,伪《孔传古文尚书》现出原形,不过,板子误打梅赜。程廷祚的《晚书订疑》做了更加精审的辨伪阐述,否定了多年来形成的梅赜献书作伪的共识。又有学者丁晏,撰写《尚书余论》,举出十九条证据,指认王肃是伪《孔传古文尚书》的始作俑者。此说得到很多人认同。此案正在审理中。以上简述,与稿中所言,出入较大,修改见原稿。若篇篇校雠,便成为另外一部书了。考虑在"序"后加个编者按,说明本书246篇事例系裒次而成,不具备学术性,仅供参考。

可以发稿。

2016年9月2日

《格言篇》

从审读报告看,责编费力不浅。这套书以作文指导大师之名为卖点,几册阅过,感觉只是个卖点而已,要说什么大师,贻笑大方。这就给编辑工作带来许多麻烦。责编很有水平,也很有耐心,调整了篇章结构,使本来混乱的材料逻辑化,捋顺了文不对题之处;大刀阔斧删除"格言练习",因讥人"张冠李戴"却自蹈之;校勘学识之误;统一体例。二审补充的几点确当。再挑点毛病:

开篇即错。"人若志趣不远,心不在焉,虽学无成。""作者:[西晋]张载"。张载明明是北宋人,怎么就前推到西晋了?一般古人出错也罢,张载是宋代大名鼎鼎的理学开创者之一,大师竟然连这点都不知道!此言出自张载的《经学理窟·义理》,好在原文无误。

苏联,不用"前苏联"。

奥斯特洛夫斯基,不能算作俄国作家,应当定位在苏联。

p.176、182、187、188、242、300、315"[美]爱因斯坦","美",改为"德"。爱因斯坦虽然最后是美国国籍,但一般都认为他是德国人。

p.178 同一页,黄宗羲,上文"作者[明]",下文"作者[清]"。这也难怪,黄宗羲是明清交替时期的人物。他是反清的义士,又是开创清代学术的三大家之一。所以,定位于"清"较合适。

p.184"难字:师承,相承继是学习与效法。"此说似是而非。古人所谓师承,主要指效法并继承某一学派或传统,不是泛泛而言,笼统继承前人,强调为学之家法,定于一尊。

p.206"学然后知不足,教然后知困。知不足,然后能自反也,知困,然后能自强也。""出处:《礼记·孝记》"。非也。《礼记》根本没有所谓"孝记"。上述名句倒是只字不差,是在"学记"里。

p.229 清代的文学家袁枚,而非稿中的"袁牧"。

p.311 俄国的文艺理论家车尔尼雪夫斯基,稿中写作"东尔尼雪夫斯基"。

p.321 质疑"偾事",原稿无误。偾事,败事之意。

p.366 为了避免学习浮躁,"古代的学者张载",改为"宋代的学者张载"。

稿件坯子糙,再花力气也达不到较完美的程度。就这样吧,可以出版。

2016年9月28日

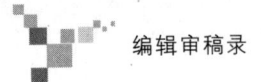
编辑审稿录

29.《成语作文有新招》(大字版)终审意见

台湾基础教育工作者编写的这本中学生作文辅助教材,有创意。它以成语为突破点,带动语文教学,尤其是作文能力的提高,充分发挥了我国古代教育思想的精髓:启发诱导,温故知新,学思并重,长善救失。书中所存在的问题,几乎都由一审和二审挑出来并解决了。一审首先解决的是成语定性问题,将其上升到了学术层面,把形似成语而并非真正成语者,诸如"罗曼蒂克""夕阳归帆""异国风情"等,进行了删除。这一项做得很出色,"罗曼蒂克",是外文翻译过来的词语,把它当做成语,徒为人所讥。作为成语,它自有质的规定性:人们长期以来习用的、简洁精辟的定型词组或短句,大多由四字组成,一般来源于典故,有出处。可见,不是四个字连在一起都叫成语。成语具有自身特点:约定俗成,结构固定,文字不可改动;其意义往往多有引申、比喻、借代、夸张等,不仅仅表露在字面上。比成语范围大一些的是俗语,对俗语的界定就宽泛多了。如果要保留稿中的那些假成语,还有个办法,就是在书名上添两个字——俗语,即《成语俗语作文有新招》。当然,即使如此,一审删除的上述几例,也不宜囊括其中。

二审删去了"跑题"之文,极有眼力。教人作文,范文却跑了题,此失不小。为其剜剔补缀,颇具护惜名家之功。

稿中选择成语及其解说,尚存重复之弊,但作为学生练习用书,就不必强调严密的逻辑性了。

同意出版。

2016 年 6 月 3 日

(二)盲人文化教育(30—58 篇)

30.《金钥匙全纳教育探索与实践》终审意见

冀鸿同志编著的这部书稿弥足珍贵,其价值不在市场效益多少,而功于史料。中国在残疾儿童教育教学方面需要提升。怎样提升,这既是一个发扬人道主义对人的关爱问题,又是一个科学方法问题,还牵扯到如何妥善处理方方面面的关系的问题,等等。书稿中有大量的第一手材料,一步一个脚印,切切实实地回答了上述

二、教育读物(19—58篇)

问题。其中,教育教学模式的提升,尤为值得关注。此前,残疾儿童一般被安置在特教学校就读,与常人隔离,群体自我封闭,之后很难融入社会。全纳教育是国际先进的教育模式,金钥匙中心将其引进,于新疆维吾尔自治区和河南省两地试点,经过探索与实践,首战告捷,得到联合国教科文组织的表彰,被树立为发展中国家开展全纳教育的典范。书稿忠实地记录了全纳教育在中国实施的历程,错综酣剂,相需成体。同意出版。

一审和二审对书稿进行了增、删、改、调,颇见功力。再补充点滴:

"三、《关于成立石河子市全纳教育资源中心的通知》"序号"三"改为"(三)"

(一)《康复师资培训班学员手册》

"报到须知",该题目及8行文字删除。

协调领导小组成员,无姓名者,可一笔带过。修改见原稿。

终期评估报告,二级标题共6个,实际上是7个,第5重复设置:"5.项目评估的方法""5.项目计划内的产出",将后者改为"6",稿中的"6"顺改为"7"。

在新疆全纳教育支持保障体系建设项目总结会上,"三、嘉宾和领导发言",改为"三、有关领导和嘉宾讲话"。先后次序稍作调整。原稿发言人共3位。顺序为:

(一)金钥匙中心主任 冀鸿

(二)中国残联理事、中国盲文出版社社长 张伟

(三)中国残联副理事长 程凯

这是会议讲话的顺序。发表在文字上,要按职务排序,高者在先,依此类推。具体为:(二)不变,(一)和(三)对调。

在河南省金钥匙工程巩义示范区项目总结推广会上,"三、嘉宾和领导发言",请责编参照以上原作修改。

2015年6月9日

31.《好人籍雅琴》终审意见

籍雅琴被誉为"英雄城的太阳女"。年逾八旬的任登第教授在以"上善若水 大爱无疆"为题的"序言"里写道,"籍雅琴"这三个字代表了一种奉献精神。她的事迹之多、涉及面之广、跨越时间之长是前所未见的。籍雅琴走在全心全意为人民服务的大道上,如其所言"没有比脚更长的路,没有比人更高的山"。她的成长,受雷锋精神的熏陶,本源在于共产党的教育,党的宗旨在她的心灵里扎了根,烙了印。"序言"认为,这是"一部可以洗涤人心灵的书"。现实里的籍雅琴,名副其实,她的先进

模范事迹挂在人们口头上,说也说不完,仅文字记录就有五六十万字之多。如何提炼成书?从一审意见里可以看出,责编马文莉既动情,又动脑,还动腿,最终提出的写作思路,使主人公的嘉言懿行得以成篇。尤其是以"好人"为书稿的核心主旨,定得准;由此统贯的7个方面,抓得实。审稿过程中所把握的6条原则,崇素返质,旁敲时弊。可见,成书与责编付出的辛劳连在了一起。二审因籍雅琴的事迹感铭至深,觉得"任何文饰、夸饰、浮饰都是亵渎"。在复审过程中,以文意连贯、语言表达准确为主,经其修改加工之后,行文更畅达了。这本书从写作的角度看,还有提高的空间,但其不是艺术创作,把事说明白即可。社会上急需此类精神食粮,所以,与其修改得十全十美,不如马上发稿,本书是培育和践行社会主义核心价值观的"活生生"的教材,也是中国盲文出版社于现今社会发挥正能量、作出的重要贡献。

有几个地方稍微改动一下:

根据一审意见提供的情况可知,该稿由马玉春、林楠两位同志执笔。稿件封面,写的是二人"编著"。该稿的体裁应当属于报告文学,作者用"编著"不合适,虽然材料来自众人之手,二人却是定稿者,用"执笔"较为恰当。

"序言"共有三篇,二审的意见是将"序言二"调整为三篇序言之首。完全同意,因为此文融会群言,自具炉冶。

文中,籍雅琴于2008年当选为奥运火炬手的事情及插图,被安排在故事的初始,之后引出她小学期间认真上体育课,看似有缘,实则枝蔓。挑选奥运火炬手,自然离不开体育,但亿里挑一的是名人效应。若从体育的角度看,挑一亿人只怕也没人能入围。建议此段文字及插图移置于p.123第二自然段。

"市红代会常委(这个组织不同于前期红卫兵组织)",删去括号及其内容。此事一两句话说不清,不必解释。

p.19稿件叙述主人公的故事以时间为序,但该页文字由中学时期学盲文开始,顺便交代"她还上了广播电视大学党政管理干部专修课,并晋升为政治工作工程师的中级职称",接下来还是说她中学的事。如此,后话提到前面来说,使结构不那么严谨了。拟将其移至p.49第一自然段末。

文中《四书》《五经》《论语》,改为"四书""五经",删掉《论语》,因为"四书"里已经包括了。

2015年1月21日

32.《高原雪松——盲人按摩师任志平手记》终审意见

　　任志平先生的这部散文集十分宝贵,其价值至少有三个方面:一是史料价值。年过八十的老人,真实地记录了新中国成立之后,党和政府对盲人这类弱势群体由衷的关怀。那是一个火红的时代,从干部到群众,从高级专业权威名家到不入门的贫困学员,人们相亲相爱,开诚布公,每个人都生活在温暖的大家庭里。为人民服务不是空洞的口号,服务到最困难的一层民众很正常,根本没有人懂得什么叫"作秀"。二是弘扬正能量的价值。地处偏僻山区,缺氧不缺精神,任志平"残而不废",从不悲观失望、自暴自弃,总是乐观向上、勇往直前,立志做一棵郁郁葱葱的高原雪松。三是树立正确的价值观的价值。"一个人要体现自己的价值,首先是你要为这个社会创造价值,其次还要努力争取平等、充分地参与社会生活,人们才会承认你的价值。"此语说得朴实无华,却是真理,又是一些在蜜罐里泡大的受不劳而获思想影响的年轻人所听不进去的"耳旁风"。作者现身说法,诠释了什么是正确的价值观,平易近人,读者很容易就能接受。一部散文集具备这些价值,比起那些无病呻吟的浮华之文强百倍。同意出版。

　　责编的加工,使行文由稍嫌粗糙变得较为精细;复审的补充修改,又觉增色。

　　个别改动,见原稿,不再赘述。

2016 年 11 月 3 日

33.《中医基础理论》(大字版)终审意见

　　教材类图书的编辑出版比一般书籍要求更高,稿件为"全国盲人医疗按摩中等专业教育统编教材"之一,所以,需要格外细心。一审尽心尽责,完善了稿中尚存的六方面的欠缺,工作非常出色。二审的补充修改也很好,同意。

　　再改几个字:

　　一是"融汇""汇通"的"汇",当作"会",因为这些词语皆源于"融会贯通"。但有个问题,曹炳章那个年代,自称"中西汇通学派",用的就是"汇"字,只好酌情而定了。

　　二是"作出""做出"贡献,稿中混用,可统一。

　　三是删去"经宋代林亿等整理后"(理由如下)。

　　四是举例清代医书时用《四库全书·子部》。子部类书很多,医书是其中的一部分,稍作修改。

此外,建议补充介绍当今中医理论的新成果,哪怕概括几句,不做重点阐述,也能说明本教材有出新的愿望。(参考内容见后)

余嘉锡经多方考证认为:"蔡某所得者盖即王叔和所撰次之传写本,不独非仲景手书,亦无所谓仲景真本也。""盖叔和既撰仲景生平著述以为《药方》十五卷,又取伤寒杂病别行以为十卷。其后别行者,为后人所瞀乱,林亿等校之,即今之《伤寒论》,其本已失叔和之真。其后宋王洙得之于馆阁……实叔和所编张仲景之残本,……故张仲景方之失真,则林亿等之罪也。"

陆广莘构建的中医基础理论体系从根本上说明了中西医学的区别,大胆提出"医学不能拜倒在科学的脚下",以临床疗效及充足的理由说明物质科学与生命科学的不同,并指出科学不能代替医学,而医学可以利用科学。他从理论形态上深刻地阐明了中医学之"本"、中医学之"道"的命题。他洞悉 21 世纪的医学,已从生物学疾病模型的教条统治下解放出来,倡导社会、心理、生物三者相结合的医学模式。他对中医学的认识具有深远的前瞻性,提出了医学现代化的发展取向:从化学层次寻求物质基础的医学观,前进上升到生命层次寻求自组演化目标调节的医学观;从生物学前进上升为人类医学;从疾病医学前进上升为健康医学;从对抗医学前进上升为生态医学。

以上仅供参考。同意出版。

2014 年 3 月 18 日

34.《医古文》(大字版)终审意见

该稿是盲校教材,责编和复审抱着对盲童的学习极端负责任的态度,严把质量关;不辞辛苦,亲自登门与编写者沟通,勇于担当,知难而进,令人感佩。经过种种努力,稿件已经基本达到出版要求,同意发稿。个别处可再修改一下。

"编写说明"里删去参编人员的单位,因为"编委会"栏里已有介绍。删去个别职称,保持统一。

注释存有重复现象,若篇目之间重复尚可的话,那么,篇内重复就说不过去了。如《华佗传》注释"差:同'瘥',病愈",隔了一页,又有相同注释;再一页,还出现。后者应删去。另外,这条注释要加上注音,因为"差"在这里的读音与常用的两种都不同,应读作 chài。相类者,还有同一页两处注释"延:请"。

《伤寒论》序:"厥身已毙,神明消灭,变为异物。"【作者与作品】特地指出:"文中还明确地提出了'厥身已毙,神明消灭'的唯物论观点。"但在【正文与注释】里,只体现出半个唯物论,"变为异物"解释为"变成了鬼魂"。"鬼魂"者,用在文艺作品里具有许多内涵,无可厚非,而于此,唯物论要彻底,必须摆脱鬼魂。"变为异物",可以解释为"变成异己之物";"异物",指不再是这个人的其他物质。

　　文中说孙思邈"德艺双馨",这个词,用于文艺界,其中"艺"是指艺术。若套用,应当稍加改造,"艺"改为"医","德医双馨"。

　　轩辕氏黄帝和岐伯注释多次,后文就不要再重复了,有关处可以删去。前文注释岐伯是黄帝的老师,这里注释岐伯是黄帝的臣子。当然,对于黄帝而言,老师亦是臣子,但在注释中,前后不一,总是缺憾。所以,无需多此一举。

　　注释的繁简要有同一尺度,比如,同一页上,两个成语的注释前繁后简,前面的成语"多歧亡羊",既注"语出《列子·说符》",又大段引证原文,而后面的成语"车薪杯水",却仅注"语出《孟子·告子上》"。引证原文,对于中专盲人医疗按摩教材没有必要,节外生枝,删去。相类者,"目不识丁""曲高和寡""一齐之傅几何?众楚之咻易乱""不可更仆数",亦可删去。

　　"斗"的繁体字,写成了"門",应为"鬥"。

　　"附录:现存的中医文献要籍简目",未列《难经》,是个失误,当与前文"中医四大经典《黄帝内经》《难经》《伤寒论》《神农本草经》"之说遥相呼应。"简目"里,其他三者位列其中,而独无《难经》,欠妥,应补之。

2014年5月9日

35.《中医文化选讲》(大字版)终审意见

　　尝试性的教材,又是为视力障碍学生基础教育所用,不能要求过高,选编一些普通的中医文化常识较为适宜。基于此,整体来看,稿件初见成效,却也难言成熟。责编指出了细节上存在的诸多问题,并逐一加工修改。稿件基本达到出版要求,责编起到了关键作用。

　　一些地方还需商榷。例如,"序",起点过高,遑论中国文化的源头,仅拿天人合一说来概括,挂一漏万。在中国文化里,探讨天人关系,只是众多命题中的一个,至于天人怎样合一,各有各的立论,最常见的董仲舒的主张言灾异、引谶纬,糟粕多于精华。文章尔后又将宏观大论单独落脚于"指导手上的推拿功夫"这一具体技能,落差悬殊。其实,所谓"序",也可写成"编者的话",按照教材的实际情况,平铺直叙,作个说明就挺好。

第一单元的中医故事，设计巧妙，用感性的活生生的事例进行医德教育，应当大力提倡。美中不足的是，结构错乱。第一节的中医成语小故事，讲了两个之后，第三个题目变成了归纳中国传统医德的主要内容；而第二节又继续讲朱丹溪的故事。建议调整一下，将"金元名医朱丹溪"与"归纳中国传统医德的主要内容"对调。朱丹溪的故事篇幅太长，本单元共14页，它占了9页，不成比例，也不是教材的写法，要大大压缩，与其他故事相协调。第一单元里的有关标题也需作相应改动：单元标题改为"医德"；第一节标题改为"中医故事"；第二节标题改为"中国传统医德"。

稿件里，在介绍有的未成定论的观点的同时，应说明它的认可度。例如，"十八反""十九畏"，许多专家不赞成，以至于北京一位著名中医中断了对"十八反"的研究。

稿件提高的空间很大。从中医文化的主旨而言，第一单元中医故事、第二单元中医哲学切题紧密，第四单元中医诊法也还能联系得上，有的局部内容如"中药处方的配伍原则"亦明显地体现了中医文化特点，但其他单元就难以与一般中医教材相区别。譬如，第三单元推拿手法与练功、第五单元中医治法，直接讲技法和治疗，未见与中医教材有何不同，中医文化没有涵盖其中。对于一本书的构成，这是个较大的问题。

事实上，中医文化非常丰厚，本书大有拓展的余地。除了稿件选编的中医小故事以及中医哲学中的阴阳五行和四季养生外，尚存许许多多内容未涉及。首先是气论，天地万物由一气所化。中国古人认为气是宇宙和生命的本源，人与天地万物都由气所化生。气是人与万物生死存亡的根据，是生命的本质。在气论自然观的宇宙图景中，整个宇宙是一个大生命体，是由气所推动的大化流行过程。就人来说，生命取决于气，保气、养气、调气是养生和治病的根本要求。其次，取象运数比类是中医思维中的基本方法。这一思维方法肇始于上古，形成于《周易》，也是其后中医学家运用中医理论认识疾病、认识药物的基本思维模式。另外，还有一些学说，如：脏象学说，研究人体各脏腑组织及其在水谷运化、气血运行、水液代谢、精神情志活动等方面的生理、病理规律，以及脏腑活动与外界环境之间的关系。古代医学家根据当时的解剖学知识，结合对自然四时阴阳变化规律的观察，并联系内在脏腑表现于外的机能活动征象，从而据象推理、据理验证，创立了以"四时五脏阴阳"为核心的外应五时、五气，内系五脏、五腑、五体、五官、五华等以五脏为中心的五个功能活动系统。它是中医文化的重要组成部分。经络学说，研究人体经络系统的组成内容、生理功能、病理变化及其与脏腑关系。病因学说，研究导致人体发病的各种因素及其性质、致病特点和临床表现。自然气候的异常变化——"六淫",内在情志的刺激——"七情",是疾病发生的两大重要因素。病机学说,研究疾病发生、发展、变化的机理和规律,包括发病和病理转变两个方面,主要涉及"正气"和"邪气"。

以上举例,皆为中医文化之要论,不可或缺。稿件如若用浅近的语言补充此类而削减操作性的技术讲解,就更符合本教材的主旨——中医文化了。当然,最终还要把稿件放在整个教学体系里考察,假使该教材与别的课程配套,未觉重复或遗漏,那么服从实际需要为首选,出版亦可。

2014 年 6 月 6 日

36.《妇科按摩学》(大字版)终审意见

全国盲人医疗按摩中等专业统编教材之一《妇科按摩学》,作为一门临床学科的教材,讲述了防治妇科疾病的基本道理,综合运用了有关的一些中医知识、学说及实践经验,并围绕盲人使用的特点,贯彻了"技能为主、理论够用"的原则。总体来看,有的放矢,具有出版价值。不足的是,文字舛错较多,编次亦欠严整。

责编修改了 36 处,遗留了 4 个问题,待复审和终审解决。复审又订正了 25 处,并对责编遗留的第 1 和第 4 个问题作了答复,处理甚妥。在责编和复审的共同努力下,文稿的质量上了一个档次。

遗留的另外 2 个问题:

其一,险症——险证,诸症丛生——诸证丛生,变生它症——变生它证。同意以上修改意见。古代"证"通"症"。《列子·周穆王》里有一句话:"其父之鲁,过陈,遇老聃,因告其子之证。"这里的"证"就是"病症"。

其二,关于"须"和"需"的用法问题,提得好。这两个字是有区别的,不能统一用其中一个。"必须"意思是一定要,不单用,通常用来修饰其他动词。"必需"意思是一定得有,动词,可以单用。稿中的"常须补肾""尚须注意""也须结合""还须辨清""无需注意""无需治疗"等,情况不同。"尚须注意""也须结合""还须辨清"搭配得当;"常须补肾"应作"常需补肾","无需注意"应作"无须注意","无需治疗"应作"无须治疗"。

此外,"汇通"(见 p.2)一词,应为"会通",融会贯通;一般不用"汇通"。

文中所用"证候"一词,应为"征候"或"症候"。具体修改见原稿。

责编质疑文中用"淋漓不尽"形容经血,见 p.115、117 等处。这样描述不为过

"淋漓"两讲,常用的"淋漓尽致"只是一种讲法;这里用的是另一种讲法,即湿淋淋地往下滴。

同意出版。

2014 年 10 月 24 日

37.《中医按摩美容手册》(大字版)终审意见

"前言"所谓"辩证分析",是"运用中医基础知识进行"的,属于中医里讲求的辨证论治,而"辩证分析",属于哲学范畴。"辩证"和"辨证"虽然仅一字之差,却分属两个不同领域。所以"辩证"要与中医术语一致,改为"辨证"。文内亦有"辩证论治"字样,改为"辨证论治"。

质疑"阴经经别合于阳脉",意思不明,请核查原文。

责编尽到了责任,针对作者缺乏写作经验的弱点,做了统一体例和语言表述、调整配图等多方面的工作,使稿件基本达到出版要求。然而稿件提高的空间还较大,就一点而言,章与章的篇幅相差悬殊,第一章基础知识占了全稿的一半。表面看去,似乎只是安排欠当的问题,实际上,这种结构说明,真正的专业知识不多,专业性不强,所以才喧宾夺主。目前,因为急等使用,可以先发稿,在以后的实践中经过经验的积累,逐渐完善。

2014 年 7 月 17 日

38.《百位盲人按摩师特色技法全书》终审意见

开篇最好请人写个"序",或由主编写个"前言",若有困难,起码编者写个"编者的话"之类的介绍本书来龙去脉的文字。其实,一审报告写得蛮好,将相关部分稍作修改,换个角度便可。目前,上来就是大文章,显得有些突兀。

收入稿件的文章的作者,是否全部是盲人?因为书名是《百位盲人……》,倘若个别非盲人的文章也在其中,会引起误会。请逐个核实。

"第一章 按摩理论",文中很多篇幅不是仅仅讲理论,还有许多实践经验的介绍。所以,改为"按摩理论与实践"更贴切一些。

"中医理论说到底,就是一种朴素的自发的大系统思想",删去其中的"朴素的自发的"。既然称得上理论,它就不会停留在朴素的自发的初级感性阶段。

"患病因素"之一"工作狂(每天久坐 4 小时以上)",这样用词不太合适。若作为文艺作品,"工作狂"有它的特殊意味,而行医是科学,"工作狂"一词只能作为一种定性的疾病来使用。如果"每天久坐 4 小时以上"就被定性为工作狂,那天下人患此病者不可胜数了。这样界定恐在医学领域通不过。所以,删去"工作狂",直接说现象:"每天久坐 4 小时以上"。

标题下所署的单位,"巴彦淖尔市"的"彦"误为"业",修改之。

文章开头就说"本病"如何,根据标题改为"创伤性膝关节滑膜炎"。

"年龄在 6~1 两个月",表述不规范,让人产生疑惑,其中的"6"是 6 天还是 6 个月?"1 两个月"应写作"一两个月"。如果是 6 个月,可以写作"1~6 个月",这样表述也包含了 2 个月;如果是 6 天,可写作"6 天~2 个月"。请根据原意修改。

稿件已基本达到出版要求,同意出版。

2012 年 8 月 15 日

39.《中国按摩流派技法精粹》(大字版)终审意见

由国家出版基金资助的国家"十一五"重点规划项目"盲人按摩师职业技能提高丛书",共有 20 部,《中国按摩流派技法精粹》是其中之一。该书稿以传承与发扬祖国传统医学为宗旨,力争把按摩领域各流派的独特手法体系和临床经验诉诸文字加以保存,所以,其意义可谓光前裕后。在编写过程中,集几所中医药大学教授之学识,牢笼百家,网罗宏富,书稿显出了广采博摭、视野恢廓的气势,以至于达到 65 万字之多。由于资料繁杂,又出于众人之手,所以很容易葛绕藤缠,叠床架屋,让人难辨纵横。另外,群体作者便于集思广益而耽于各显其能,主编面对各位同行方家,恐怕碍于情面,只是相揖和事,却未能大刀阔斧,以诤友论之。所以,千斤重担压在了责编的肩上:把一团乱麻梳理出经纬;繁复之处,惟取赅博(由原来的 65 万字精简至 47 万字);文题阙舛者考异,词句乖张者纠谬;统一体例、格式、名词术语;取舍医家图、手法图,使之与文相得益彰。其中甘苦可想而知。幸好,心血没有白费,书稿质量好,很有出版价值。同意出版。

主要补充关于书稿结构方面的意见,仅供参考。

稿件分为上下篇:"上篇 按摩流派起源",共两章,32 页;"下篇 按摩流派技法与应用",共四章,505 页。显然,如此安排极不匀称,不仅形式上比例失调,所传达的信息量也不相匹配。建议将"上篇"改为"绪论",删掉所有的章节。同时,把"第二章 按摩的起源与发展"中的叙述提到书稿的最前面,接下来,再谈"第一章 概论"的内容。"下篇"的章节不变,只改动每一章的序号即可(见原稿目录)。

正文布局有序,层次分明,但个别节里的四个标题还不够一致。按照现有的体例,每一节中的"一"皆为"流派渊源",而仅有二节为"流派渊源及理论";每一节中的"二"大都为"流派理论",而有六节为"流派理论基础";每一节中的"三"都为"流派技法",而唯独一节为"流派技法及特点";每一节中的"四、技法应用"无异样,但有二节所辖的标题仅三个,而不是通常的四个。为了体例统一起见,以上问题都进行了处理。要说明的是,这些出格的标题,并不是内容的特殊需要,所以,完全可以统一模式。

除了结构调整之外,还有几个小问题:文中对某人物的尊称如"先生""老""老先生"及"教授"等,拟一律删去。因为在学术作品里,最好不掺杂感情色彩。而且,文中的称谓也不均衡,大多直呼其名,而有些加尊称,给人以扬此抑彼之错觉。

"满清人",改为"满族人"。

两个图似觉欠缺:p.645 图 7-26"丹凤朝阳"人体的膝以下被截,应当展示全身动作图。因为缺乏脚的站式,不完整。p.685 太极拳"云手",该图与其势不符。

书稿在文字方面还是经得起检查的,责编已经订正了许多病句和错别字,而二审尤精此道,所改之处,均妥帖恰当,对提高书稿质量功不可没。

2012 年 7 月 9 日

40.《美式整脊疗法》终审意见

1895 年,丹尼尔·大卫·帕默在美国创立了美式整脊医学。李雁雁作为美国帕默整脊大学医学博士、美国整脊医师执照持有者,对于该学科从理论到实践均有一定造诣。他撰写的这部书稿,即将多年经验诉诸文字的成果。由于作者是盲人,此前也没有著书立说的经验,所以,在写作过程中有着常人想象不到的诸多困难。本书稿责编王丽丽承担了难以量化的幕后工作,从确定书稿的写作提纲,到搜集专业资料(主要是直接翻译国外有关文章论著),再到规范使用本行业的术语,若无相当高的医学功底和文字水平是胜任不了的。这些还都是责编的分外劳动,加之对书稿的妥善加工处理,可见其费尽了心血。经过责编与作者的共同努力,稿件精悍可人,已基本达到出版要求。同意出版。

语言较顺畅,表达清楚,仅有几处无关紧要的小改动,不赘述。

2012 年 6 月 27 日

41.《视障儿童感觉统合训练手册》终审意见

感觉统合理论,由美国南加州大学临床心理学博士爱尔丝(Jean Ayres)于1969年首先提出;1970年,面对问题儿童日趋严重的状况,数百位欧美、日本等先进国家的专家共同讨论认可了这一理论。感觉统合,是指人体器官各部分感觉信息输入组合起来,经大脑统合作用,对身体外的知觉作出反应。只有经过感觉统合,神经系统的不同部分才能协调起来发挥作用。人的机体在环境内有效利用自己的感官,以视觉、听觉、味觉、嗅觉、触觉、前庭觉和本体觉等感觉通路从环境中获得信息,而失调者的感觉刺激信号无法在大脑神经系统中进行有效的组合,从而导致机体不能和谐地运作,久而久之便形成各种障碍,最终影响身心健康。《视障儿童感觉统合训练手册》主要供训练盲童使用,重点阐述触觉、前庭觉、本体觉以及综合训练的方式方法等,简明易懂,便于操作。我国在这方面起步较晚,处于摸索阶段,好在北京市盲人学校率先把感觉统合训练纳入日常教学课程中,稿件将其作为一章进行介绍。书稿共分四章,用一章介绍一个单位的做法,优点是具体化了,树起了样板,成为一个点。带来的问题是"手册"之谓也。"手册"体裁的功用在于介绍一种面上的知识,把"点"置于"面"中,体例不合。所以,书名里"手册"二字,需斟酌。

责编很负责任,花费了大量心力润饰文字;复审认真,补充修改的几点甚妥。同意发稿。

2014 年 4 月 2 日

42.《带盲童看祖国——北京卷》终审意见

策划出这样一套丛书,而且书名又起得这样淳朴贴切,学龄盲童定会争相观览,以见识流风遗俗而通彼我之邮。一审意见简要地介绍了策划此书的目的及编写组织、有关社会活动情况,让人深深感到,社会主义大家庭一片丹心关爱盲童,不仅心肠是热的,而且能力是强的;想得到,也能办得到;真挚的愿望得以落实,"青山着意化为桥",颇具帅才气象。

建议:以一审意见第一段为基础,写一个"前言",作为每册开篇语。否则,上来就是单篇文章,一事一地,读者没有宏观概念,不知道本书宗旨。

《北京卷》所辑文章,根生土长,京味十足,缛丽轻茜而又不失大都风范。一审详细修改了55处,精核典实;文章布局,博采众议,周情孔思。二审有31条补充修改或质疑,亦具踵事增华之功。同意出版。

《小杨教书》篇末,"清贫的是物质,只有物质。"此句前后无关此论,孤零一语何意?

张承志的《脆弱的城市》最末一行:"仅以此文为序。"二审建议删去,从二审。想来此文必定是哪个集子的序言,收在本书里,作为一般文章,怎能再用此说明语。

数字用法,企求全书同一不大可能。但根据文章内容,局部统一是可行的,即每一篇的数字用法,或全用汉字数字,或全用阿拉伯数字,一篇里不要混用。例如《北京印象》,说的是天际线,确切的数据如楼高多少米,最适宜用阿拉伯数字,与之相应,其他说道也统一用阿拉伯数字为宜。

二审指出:"大音希声,大象无形"非庄子之语而出于老子。确实如此,可参见《老子》第四十一章。

《由冰窖口想到的》:"《周礼》有'冬季取冰,藏于凌阴,为消夏之用'的记载。"查遍《周礼》,未曾见也。《周礼·卷五·凌人》有取冰记载:"凌人掌冰正,岁十有二月,令斩冰,三其凌。春始治鉴。凡外内饔之膳羞,鉴焉。凡酒浆之酒醴亦如之。祭祀,共冰鉴。宾客,共冰;大丧,共夷槃冰。夏颁冰,掌事。秋,刷。"大意则为,冰除了保鲜食品外,还供热天祭祀、飨宴宾客、冰尸体、颁赐臣下所用。秋天,刷新冰窖,以备再用。可根据以上提供的确切典籍文字修改原文。

《胡同的故事》其中"八大人胡同",不知有无,"八大胡同"倒是闻名京城。所以将原文的"八大人胡同"去掉"人"字。

2016年9月30日

43.《德育沁园》终审意见

唐代诗人唐彦谦的《咏竹》名句曰"醉卧凉阴沁骨清",北京市盲人学校的老师们的德育工作深入学生心灵,让人联想到唐人绝唱,可谓育人有园、德沁骨清。书名起得好。书稿收集了老师们德育工作的四个方面的硕果:"班主任交流""班主任演讲""主题班会""国旗下的讲话",对于培育青少年的社会主义核心价值观很有效验。原稿在结构和文字上还较粗疏,责编不避辛劳为之调整、加工、修改,二审又鼎力相助,稿件现已基本达到出版要求,同意发稿。

如下地方可以再改一下:

"抓好接班之初——起点"一节,删掉如下一段大实话:"什么叫起点?《现代汉语词典》解释为:起点就是开始的地方或时间。'起点'是一个相对的,很宽泛的概念。就一天来说,早上是起点;就一个星期来说,星期日晚上是起点;就一个学期来说,期初是起点。"直接谈事为好。

"小学是学生们的人生观、世界观、学习观形成的初始阶段。"其中,"学习观"改为"价值观"。

早恋现象,文中提到的姓删去。

个案分析,删掉学生的姓。

"王某"改为"这位学生"。"视多障领域是视障领域的奇葩",此说不当,修改见原稿。最后结语"真正实现让奇葩大放异彩!"删掉。

学生姓名改为"某生"。

"小明的蜕变成长",蜕变,一般形容往反面转化,这里用"变化"为宜。

中间一段写得不明白,从后文得知,各种特点的学生是作者数篇文章里的人物。前后需要调整并去掉学生的真实姓名。修改见原稿。

文中套用拿破仑的话"不想当好老师的教师就不是好教师",有些别扭。改为:不想当好教师者不配做教师。

文中描写天下雨,盲生的妈妈把孩子抱到学校,"为此,我调整了晨读内容,先教孩子们学《春雨》。'春雨贵如油,下得满街流,滑倒解学士,笑坏一群牛。'"这个玩笑开大了。得亏家长和学生不谙就里,否则,令人难堪。故事来自明朝的解缙,他中举接到喜报,按捺不住兴奋之情,喜不择路地去通知诸亲好友。因为天雨路滑,不慎摔倒,众人哄然大笑。尴尬的解缙定了定神,当场信口吟出来这首打油诗,将看笑话的左邻右舍调侃一番。作者的记述,闹出了笑话。删去此等"得意之笔"。

"建国仅仅63年的中国",这样表述易误读,改为"新中国仅仅63年"。

"习惯决定一切",这个命题不严谨。中国物资出版社出版过一本书,名曰《习惯决定一切》,误人子弟矣。

"不识庐山正面目","正"当为"真"。

2014年12月16日

44.《礼行天下》终审意见

"前言"引用荀子的话:"人无礼不生,事无礼不成,国无礼不宁。"不确。当为"人无礼,则不生;事无礼,则不成;国家无礼,则不宁"。详见《荀子·修身》。

稿中"公元前21世纪至公元前15世纪的夏代",不确。史学界一般认为,夏代讫于约公元前 16 世纪,有的史书更具体到约公元前 1562 年。若以世纪论,也是公元前 16 世纪,而非文中的"公元前 15 世纪"。"公元前 14 世纪至前 11 世纪活跃在华夏大地的商朝人",也不确。夏商换代是在公元前 16 世纪。

稿中谈到古代礼书:周朝"这时出现了全面介绍周朝制度的第一部礼仪专著——《周礼》,至孔子著《礼记》,形成了比较完备的礼仪文化体系";"盛唐时期,古代礼仪文化达到巅峰,至今在诸多华侨居住区依然盛行,称作唐礼。"此言纯系无知妄说。

荀悦《汉纪》说:"刘歆以《周官》六篇为《周礼》,王莽时,歆奏以为经,置博士,是其征也。故班氏于莽一传之中,凡莽及臣下施于诏议章奏,自号曰《周礼》,必大书之。……故曰,《周官》之易名《周礼》,歆附莽为之,而后儒又附歆传之,是以世莫知其非也。"以上说的是,《周礼》根本不是周朝人的"专著",起初称作《周官》,王莽时期,刘歆将其易名为《周礼》。它也不是礼仪专著,乃设官分职之书,礼典在其中,而非专为礼设。其构架十分清晰,按照天、地、春、夏、秋、冬,分为六类官员,说明其上下隶属和职守。真正讲礼仪的是《士礼》,后易名为《仪礼》。《仪礼》分十七卷,吉礼三、凶礼四、宾礼三、嘉礼七,军礼皆亡。《仪礼》"诚无所用之"。《韩昌黎文集·读仪礼》:"余尝苦《仪礼》难读,又其行于今者寡要,沿袭不同,复之无由,考于今,诚无所用之,然文王之法制粗在于是。孔子曰:'吾从周。'谓其文章之盛也。古书之存者希矣!百氏杂家尚有可取,况圣人之制度耶?于是掇其大要,奇辞奥旨著于篇,学者可观焉。惜乎!吾不及其时进退揖让于其间。呜呼,盛哉!"现代学者朱自清说:"《礼古经》已亡佚,《仪礼》和《周礼》相传是周公作的。但据近来的研究,这两部书实在是战国时代的产物。《仪礼》大约是当时实施的礼制,但多半只是士的礼。那些礼是很繁琐的,踵事增华的多,表示诚意的少,已经不全是通乎人情的了。《仪礼》可以说是宗教仪式和风俗习惯的混合物;《周礼》却是一套理想的政治制度。那些制度的背景可以看出是战国时代;但组成了整齐的系统,便是著书人的理想了。"说《礼记》是孔子著,更是无稽之谈。"记"是儒家叙述礼制及其变迁的历史和礼论之作,是一个所含广泛的名称,所述的礼制有实施的,也有理想中的。汉代所见的"记"很多,也很杂,但流传到现在的只有三十九篇《大戴礼记》和四十九篇《小戴礼记》。后者被列为"十三经"之一,而前者命运多舛,不仅未入经,还差一点亡佚。《礼记》是经书里成书最晚的一部,时至东汉了。鉴于此,"前言"里的这两句话需要删去,不知不言不为过。

文中"孔子在《论语》中说:'言之不文,行之不远。'",《论语》里没有此话。类似者,《左传·襄公二十五年》引孔子语:"仲尼曰:'志有之,言以足志,文以足言。不言,谁知其志?言之无文,行而不远。'"据此修改原文。

第七单元有"小知识""有趣的各国见面礼仪",让学生了解一些国家的礼仪当然好,但不要发生误会,以为这些就是现行的礼仪而在实际活动里闹出笑话来。所以,要加以说明。把原文"让我们一起看看一些国家的见面礼吧"改为"下面是一些国家传统的见面礼仪,仅供参考"。

好在除了引经据典多有舛误外,稿件述其主旨——学生应当遵循的礼仪规范还是切实可行的。加之责编做了大量润饰,复审又细致修改,基本达到出版要求。可以发稿。

2016 年 10 月 16 日

45.《中国龙文化》终审意见

将龙文化设为一门课程,为此编写教材,思路开阔,目光深远。然而正如一审所言,"龙文化是一个很大的题目,具有广泛的内涵和外延,非一本薄薄的手册所能涵盖得了"。尽管参编的盲校老师们学有所长,但从稿件来看,仍然力犹未逮。目前,只能说打下了一定基础,还较为粗糙疏阔,尚需进一步提高。中国龙文化,从大的方面说,是人们灵魂深处反复追问的从哪里来到哪里去的终极问题以及中国人的民族根、民族魂的问题,需要讲透。建构中华民族共有精神家园的历史任务,需要明确。发掘中华文明原创性,其中包含着 56 个民族的独特文化基因、思维方式、价值观念、信仰体系等,中国龙文化的历史、文化、哲学底蕴需要解剖。作为历史之谜与文化之谜的龙文化,其于当今的研究新成果,需要采撷。西方对中国龙文化的误解,宣扬"中国威胁论",需要廓清。稿中谈到了中国原龙本质特征,只说了两句话:"源于图腾,超越图腾。不是实物崇拜,而是文化创造。"这是北大教授王东的观点,很精到。他对 20 世纪 40 年代闻一多提出的原始图腾说,或叫综合图腾说进行了分析补充,有助于探寻龙的深层本质所在——龙从氏族部落的文化象征走向多元一体的中华民族文化象征。作为教材,仅仅几个字的结论远远不够,必须做到有材可教。蜻蜓点水之处,稿件不只上述一例,多处应当展开,却一带而过。

从小的方面说,许多地方还要细细打磨。试举几例:

前言里,"文化"及"中国传统文化"没有必要带括号加英语。讲中国龙文化,夹杂英语意义何在?文化指的什么,文中"确切地说",不能说得那么肯定,可改为"可以说"。

第一讲中国龙文化概述,已经划定了范围"中国",因此,不该把"西方的龙"列为第七个标题。

文中述说中国历史朝代,"夏商周汉,魏晋隋唐""元明清后,共和国建",显然遗漏了一个重要的宋朝。依据现有句式,将"元明清后",改为"宋元明清"。

屈原的《天问》"一口气提出了百余个问题",实则172个问题。约数"百余个"不如实数给学生的信息更准确,改为"172个"。

关于皇帝的别称,文中介绍辽、金称"郎主",当为"狼主"。古时少数民族主要是突厥语系民族,以狼为图腾,北方部落多以狼头为旗,所以首领以狼主称。

关于龙的文艺,文中介绍戏曲曲艺,把剧种、演员脸谱、不同行当的行头(戴的帽子种类、穿着打扮的颜色式样、披挂装饰等)、所持旗帜的形状、板式唱腔的称谓以及剧目名称等,煮成了一锅粥。好似相声段子,凑得"龙"字,便会令观众哈哈一笑,迎来掌声。应当条分缕析。武术健身的介绍也患同病。

龙对古代诗歌、小说的影响,引用《离骚》统共4行,就错了4处:何离心之可用兮,用——同;吾将远适以自疏,适——逝;齐玉绂而奔驰,绂——軑,奔——并。

龙对中国的戏曲艺术影响与上文介绍的戏曲曲艺,许多剧目相互重复。

本稿开讲,列有标题"龙的精神",篇末又重复列有标题"龙的精神",而且在内容上,前者整体包含在后者之中。

"附录4 龙在国外"介绍国外的龙,逻辑错位。应当关注中国龙在国外的影响,而不要别求旁骛,时时处处当与中国龙文化的主旨相吻合。

以上仅供参考。

2014年6月10日

46.《盲生学汉字》终审意见

实际的教学需要催生了这本教材。北京盲校的语文老师方向对头,工作踏实。二级盲的学生渴望通过视觉认识世界,了解周围的环境;一级盲的学生,也同样渴望了解普通儿童使用的汉字,他们想知道自己的名字如何写。在实际语文教学中,了解汉字的字形还可以帮助盲生理解盲文中的同音字现象,在一定程度上能帮助盲生理解词义。《盲生学汉字》在"编写说明"里介绍的这些情况,令人感动,也足以表达盲童教育工作者的一份爱心。本教材除了介绍一般的汉字常识外,主要选取与盲生日常生活密切相关的151个汉字,这些文字全部在10画以内,书稿极简洁地说明每个字的字形、构造、本义、字义、组字、笔顺,功力扎实,纯朴无华。一审和二审报告所记述的修改加工过程,也与编写者一样,注入了对盲童的关爱。稿件本

二、教育读物（19—58 篇）

来的质量较好，经审读工作后，已达到出版要求。不过，有些问题还需要思考。

稿中"汉字的构造"提到象形、指事、会意、形声四类，前三类各有举例，唯独"形声"未举例，应当与其他类型统一体例。因此，p.4 补充举例"如：问"。以"问"字为例，它是稿中所选的 151 个字里唯一纯粹的形声字，其他为会意兼形声或形声兼会意等两者兼得的字。由此观之，所选的 151 个字还带局限性，找不出多个实例说明"汉字的构造"。与此关联的又一个问题是汉字基本笔画名称，稿中列了表格，其中的字，盲生可能大都不认识。这也难以苛求，依靠课堂上老师讲解也是个办法。但里面的"例字"是给学生看的，而且是需要学生掌握的。所以，"例字"应当能在本教材里查到。《汉字部首名称表》也存在同样的情况，其中的"例字"也应当与本教材的收字范围相适应。"汉字的结构"共 9 种，稿件举例说明了每一种，这些例字当中，许多也超出了本教材收字的范围。"书写顺序"就更直接了，教学生写字，而不少字却在所学汉字之外，教和学都会遇到困难。"第二部分基本汉字解析"，仅标题也够难为学生的，里面的具体解析语，学生恐怕更摸不着头脑。以上所有问题集于一身，即收字。151 个字简单易学，而用来讲解这些字的字却太复杂难辨了，这是一个回避不了的问题，需要解决。

建议：

一、在原稿统共两部分的基础上，再增加一部分。标题拟为"常用汉字解析"，与稿件第二部分"基本汉字解析"相照应，实际上是第二部分的延续。新增部分的收字，要注意尽可能地把教材里涉及的字囊括其中，个别生僻字和笔画繁杂的字除外。

二、调整教材的先后顺序。稿件是按照学科体系编写的，走的是大学教材的路子。章法规范是其优点，但要视具体情况灵活安排，不然，盲童接受起来障碍较大。所以，先动手，再讲理，或许效果好一些。就是说，把第二部的 151 个字拿出来，直接教学生认字，让他们练习写。学生具备了一定的感性认识和基本技能后，需要提高一步的时候，再安排稿件的第一部分"汉字简介"。上述新增部分可以利用目前第二部分的框架，对汉字进行解析。调整后的结构如下：

第一部分 认识书写汉字

第二部分 汉字简介

第三部分 基本汉字解析

第四部分 常用汉字解析

以上意见只涉及如何完善，稿件本身无原则问题，仅供参考。若这样发稿亦可。

2014 年 9 月 23 日

47.《语文课堂教学集锦》终审意见

北京市盲人学校将语文 11 堂课列为优秀课程,进行了教学实录,集锦于此稿,对总结先进经验、相互交流、促进教学质量提高,无疑是一种助力。同意出版。

课题"称赞"教案:"学生座次表"没有必要,正文里皆称"某",让学生排座次,把其真实姓名暴露无遗,"某"便毫无意义了。使用这种体例的篇目还有"秋天的雨""父母的心""听声音写作文"等,全部删除"学生座次表"。

课题"拟行路难"里"课堂实录"有几个地方需要修改:

"名诗词",改为"诗词名句"。

"出身好"改为"出身贵族";"出身不好"改为"出身寒微"。

"即使你再有才华也没有机会去施展、去报国。""有抱负的寒士没有办法报国、施展才华。""我一心报国,可是因为你们有那么多的门第限制,我报国无门。"这样说,大致可以,但经不住细考。士族制度,也就是门阀制度,在东汉后期出现了苗头,魏文帝曹丕建立九品中正制,形成"上品无寒门,下品无势族"的局面,是西晋十六国大乱的祸根,也是南北朝长期分裂的一个祸根。自刘裕在南朝击败桓玄掌握东晋朝政权,继而建立宋后,这种制度得到了极大的改变,皇帝独掌大权,主要的辅佐官员多出自寒门,原来的高门大族只能做名大权小的官员。刘裕死后,宋文帝继承了这一国策,其统治时期即著名的元嘉时期。鲍照步入社会寻求发展,正当此时。所以,门阀观念虽未彻底清除,但已是强弩之末,寒士还是有机会出人头地的。另外,"报国"的情况较为复杂,一些有实力的割据军阀往往打着讨伐北朝异族的"报国"旗号谋反篡权,当时"报国"的声誉并不太好。鲍照也写过表现将士们誓死报国的诗,如《代出自蓟北门行》等,主要为他们的荣薄赏微鸣不平。怀才不遇乃是鲍照真正的心病,他终究不是脱俗之人,一味地称赞其"报国",有拔高之嫌。因此,将文中几处"报国"删掉。

文中介绍鲍照履历有异史实。"字名远,现在山东人"。其字有误,当为"明远"。"现在山东人",说得太肯定。《南史》卷十三写道:"鲍照,字明远,东海人。"东海郡,大部在今连云港境内,也因东海郡治所在襄贲,而称山东苍山县南。《江苏省志·文学志》说他是江苏人。由于历史的变迁,住址难以凿实,可选权威之说,"原籍上党(今属山西),后迁居东海(南朝宋时治襄贲,在今山东省苍山县南)"。稿中述说鲍照的经历,"他曾经在 20 岁的时候当过参军,但是 5 年以后,刘子顼病逝,他也卸任,赋闲在家了。这是他一开始为官的路,后来他也曾经当过一些小官,但是就因为当时这种门阀制度没有得以施展自己的才华。最后鲍照还被卷入家庭的斗争中,被害含冤而死"。这段讲解,时间、地点、人物等都有出入,将鲍照的社会活动前后掺杂,使之离却了本来的轨迹。据《南史》本传记载:初时,投门于临川王刘义庆,得其赏识,任国侍郎;之后又提为秣陵县令(县治在今南京江宁区);8 年后,刘义庆病逝,鲍照失去赏识之人。这时,刘宋武帝读鲍文,赞之,便提拔其为中书舍人(秘书)。不久,鲍照又去临海王刘子顼那里任前军参军,故世称"鲍参军";后因刘子顼举兵响应叛军兵败,鲍照在混乱中被杀。所以,鲍照当过参军是晚年的事,不是"在 20 岁的时候当过参军"。稿中把刘义庆合到刘子顼一人身上,其死因也与史实大相径庭。修改见原稿。

"回到南宋当时生活的时代",漏了一个"朝"字,相距六百多年。当为"南朝宋",而非"南宋"。

课题"琵琶行","课堂实录"教学中,将《琵琶行》与"明湖居听书"对比,最好加进"'明湖居听书'是刘鹗的小说《老残游记》里的精彩片段"一句话,否则,无头无尾,不知"明湖居听书"从何而来。而且,"明湖居听书"不是单独的一篇文学作品,只是小说《老残游记》里的一段文字,加书名号不合适,改为引号。

"教案"里"先秦、秦汉以及三国两晋南北朝诗文"的说法,虽然可以,但界内通常称"先秦、两汉、魏晋南北朝"。"两汉"也有说"秦汉"的,秦在文学史上,除李斯外未有建树者,而李斯置于先秦亦可;从汉语的语言美的角度看,一语两个"秦"字,颇觉重叠,所以多用"两汉"。"三国"的文学成就集中在魏,历史上魏居于正统地位,论文学,"三国"完全可以"魏"代之。由于三国归晋,这段历史便简称魏晋时期。故曰"先秦、两汉、魏晋南北朝"。

"说课稿"里"说学生":"本次授课的对象是初中二年级的学生,包括 7 名低视生";而课题开头"年级:小学六年级","教案"表里为低视力 6 人。请责编与编者沟通,核准。

2014 年 12 月 16 日

48.《活力成语选编》终审意见

选编视障学生专用的成语工具书,非常必要。北京市盲人学校的老师满怀热情地投入这项工作,并带来了可喜的成果,令人兴奋。责编加工处理稿件时很用心,表现在审读报告之"附录:修改明细"中。再补充几点意见:

其一,增加"总目",其内容包括:

写在前面的话

凡例

词目首字音序表索引

词目首字音序表

正文

其二，"写在前面的话"共两部分，把这两部分的标题去掉。第一部分保持现状。第二部分改为"凡例"，行文注意严谨性，要做到条分缕析。其注移至"凡例"中说明。

其三，"不规则成语"表述欠当，容易造成误解，"不规则"内含很多方面，语词、语料、语素、语系、语意、语种、语法、语音、语感、语气、语调、语序等，哪个方面不规则？稿中指的是字数不规则，"非四字成语"。所以，"不规则"的帽子太大，不如直接说"非四字"。又因为稿中所选的这部分短语有些明显不是成语，所以，可称之为"非四字熟语"。

其四，"以英文26个字母编排整体顺序"，说法不妥。汉语工具书为何以英文字母为序？分明是按汉语拼音字母次序排列。修改之。

其五，解释何为"成语"时不要说得过多，语言学家们也各持己见，未成定论。

其六，对于每个词的释义，既然有蓝本，就一字不差地照录原文，不要轻易改动。功夫要下在校对上。

2014年3月21日

49.《晨读时光》终审意见

调整篇章设计，革除目录与内容方枘圆凿之弊，分成小学、中学、职教三层次，甚好。责编又就稿中诗词的排列形式进行加工，十分必要。汉字写成的诗，无论旧诗、新诗，都讲究形式美，包括形式之形式的排列形式，也很有说道。看得出，责编熟谙其妙。修改错别字，亦到位。复审对稿件所收作品仅署名而无作者朝代，或者无名无姓之疏漏，进行补苴，力求体例合辙，又订正鲁鱼亥豕之误，可谓尽心尽责。关键在于毛坯粗陋，陶冶不成器。先说小疵：

前言"清晨，让我们读书吧"，引用"书读百遍，其义自见"，这样说亦无不可，但一见便知采自道听途说。此语出自鱼豢私撰的《魏略·儒宗传·董遇》篇。该文介绍董遇的读书方法："人有从学者，遇不肯教，而云'必当先读百遍'。言'读书百遍而义自见'。"据此作以修改。

"一去二三里"作者署名宋"邵康节",有违体例。全书作者皆以姓名标示,"康节"却不是名,而是邵雍的谥号。古人称谓较多,邵雍字号亦不少,他是北宋著名的易学家,字尧夫,谥号康节,自号安乐先生、伊川翁,后人称百源先生。所以,"邵康节"应作"邵雍"。

中学生经典诵读

《诗经·关雎》作者栏署"先秦民歌",不妥。《诗经》大部分是民间歌谣,只有极少数作者的名字可考。作为经典,不要为了全书整齐划一而随意加一个字。作者姓名不得而知,就空白。因此,删掉"先秦民歌"四个字。

如下的问题就严重了:

六年级上

"诗经·采薇

昔我往矣,杨柳依依。今我来思,雨雪霏霏。"

稿中这样选诗,岂不误人子弟?这首诗是《诗经·小雅》里的一篇,全文如下:

采薇采薇,薇亦作止。曰归曰归,岁亦莫止。靡室靡家,玁狁之故。不遑启居,玁狁之故。

采薇采薇,薇亦柔止。曰归曰归,心亦忧止。忧心烈烈,载饥载渴。我戍未定,靡使归聘。

采薇采薇,薇亦刚止。曰归曰归,岁亦阳止。王事靡盬,不遑启处。忧心孔疚,我行不来!

彼尔维何?维常之华。彼路斯何?君子之车。戎车既驾,四牡业业。岂敢定居?一月三捷。

驾彼四牡,四牡骙骙。君子所依,小人所腓。四牡翼翼,象弭鱼服。岂不日戒?玁狁孔棘!

昔我往矣,杨柳依依。今我来思,雨雪霏霏。行道迟迟,载渴载饥。我心伤悲,莫知我哀!

稿中拿一句当成全篇,没有任何说明,学生会误认为《诗经·采薇》仅此而已。最重要的是,割出两句,有何意义?玁狁犯边的危机局势、抵御外侮之军师的气势、战事过程、出征战士的复杂心理和情绪,等等,意境全无,还叫什么《诗经》啊!随意割裂经典,说明尚未登堂入室。(玁狁的"玁"字,应当用简化字,键盘无,以繁体字代之。)

该章几乎全是诗词,而尾部三篇安排奇特:宋代周敦颐的《爱莲说》,苏轼的《水调歌头·明月几时有》,近代梁启超的《少年中国说》(节选)。两篇散文回护一首词,冗杂失次。

现代散文、诗歌

所选篇目大都见于现行的基础教育教材,余者,以己意弥缝其阙,衷然成集,漫无端绪。

职教篇

十四经分寸歌

有创意得令人啼笑皆非,每一经开头非汉语拼音即英文,信手拈来,任性调弄。列举稿中的标题及首字两例如下:

"任脉(ren)

RN 任脉二四呈,起于会阴承浆停。"

"胃经(stomach)

ST 四五是胃经,起于承泣历兑停。"

此文"晨读",怎样读?

犹觉不解的是,应当用汉语拼音处,却以同音汉字代之。这是一种倒退。汉语学家黎锦熙先生在 20 世纪 30 年代中期,著文把历史上语文演进过程归纳为七个阶段,视"上古结绳而治"为第二个阶段,第三个阶段即同音通假,一味"假借",一味地写别字。黎锦熙等那一代汉语学家,致力于以《国语辞典》为代表的第八个阶段演进,用的是老拼音字母。新中国成立后,1956 年,为了推广普通话、促进汉语规范化,国务院发出《关于推广普通话的指示》,责成当时的中国科学院语言研究所编写《现代汉语词典》,并由著名语言学家组成编审委员会,丁声树、黎锦熙、吕叔湘、叶圣陶、王力、魏建功、叶籁士、陆宗达等先生名列其中。先后由吕叔湘、丁声树两位先生担纲。又是一个 20 年,《现代汉语词典》于 1978 年由商务印书馆正式出版发行。这可以说是语文演进的第九个阶段了,用的是妇孺皆知的现行汉语拼音。以上的简要回顾要说明的是,稿件舍弃最先进的语文演进成果,而回过头去采用低级阶段那种无办法的办法,不知出自何种意图。说不定原本昧于此道,即兴玩玩儿戏罢了。

综上所述,编者虽志切于攀龙,而力有未逮。遂挦扯附益,剽掠潜窃为工,障雾亦缘之而滋。平心而论,中小学生读物,看似简单,实则沙里淘金。现存诗文选类书籍,皆大学问家所为,我等小惠纤能,未学陋识,可望而不可即,绠短汲深是也。最起码的常识是,如若没有深层寓意的话,所选诗歌均应以作者序齿、按朝代先后编次。稿中朝代前后错综,作者老少不辨;散文诗词并举,古今人物同列;体统全无,章法紊乱。编辑岂能事事越俎代庖?就稿件水平而言,即使退改,也不可能达到出版要求。再说,图书市场上,为青少年编写的阅读书籍已饱和。中华书局、高等教育出版社等出版的阅读工程系列,早在十年前已风靡全国,小读者们大获裨益。若非与之比肩的精品而勉强出版,白白浪费国家资源,而且,徒为同仁所讥。

冒昧置喙,仅供参考。

2016 年 3 月 14 日

50.《数学练习册》(大字版)终审意见

广州市盲人学校编写的这套盲校小学数学系列练习册,较有特点。它以 2002 年人教版教育课程标准为依据,能激发学生的兴趣、拓宽其视野,注重能力培养而不脱轨,满足了视障少年锻炼数学思维的要求。稿件质量可以,同意出版。

一年级下册

"认识人民币单元测试题"删掉三道题:

2.6 元 8 角=(　　)角

3.8 角+5 角=(　　)元(　　)角

13 角-9 角=(　　)分

以上三道题与实际生活里的情况不符。第一题"2.6 元 8 角",无论口语还是账面,无此一说。第二题的答案应是"=0 元 8 角 8 分",而算题设置的答案却是"=(　　)元(　　)角",算题与预设答案不符。第三题"13 角",亦无此一说。

下面的算题,"14 角""45 角""12 角""52 分"等,可用,因为符合数钱的实际情况。

二年级上册

封面将原来的"编写"改成"编著",不大合乎常规。编著要求,对所论及的对象有全面深入的研究,在编纂已有资料的基础上提出自己的见解,既有编的资料,又有著的成分。因为"著",是指言人之所未曾言,在于能发挥自己的独到见解,带有开创的性质。编著要比编更具学术性,需要具有深厚的学术素养和文字修养。编著不仅提供其他书籍已有的知识,而且具备特有的体系和方法。寓著于编,编著结合,相互补充,方称为编著。编,清代藏书家汪继培撰写的《周代书册制度考》介绍:周时史策之外,官廷文书,类用木板;学士习用之书,多用竹。故《周礼》每言方版,而六经则皆称简册。编策用韦或丝,韦是皮革条,上品用之,下品用丝;书简上下各一孔,用韦或丝以贯其孔。此即"编"书的由来,引申而有排比整理、组织之意。古人的编、编削、编纂、编辑等词大体上表示同样的意思。现代的"编",即系统整理已知的资料或前人、他人的成果。所以,教材类一般谓之"编"。本稿件"编写"改成"编著",还不够层次,只署"编"适可。

"估算,例:12＋31＋19≈19＋30－20 大约是 20。"例题不明白。12＋31＋19 应当＝62,如何又"≈19＋30－20 大约是 20"? 更重要的是,此类估算题,不宜以算式题的形式出现。因为算式题的得数,必然是定数,不会是约数。因此,建议估算练习最好编一些稍微复杂一点儿的应用题,而且,这种题的结果应当得不出确切的数字来。

"爸爸今年几岁?"广东话这样说,但教材还是应规范用语,改为"多少岁"。

应用题的内容要切合实际,不要仅仅盯着数字。因为应用题来自于现实生活,必须符合原本情况。编应用题,实则一石双鸟,让学生既学会算账,又了解生活常识。以下几例须修改:

"填空题","飞机每小时飞行 1 千米,( )小时飞行 5000 米。"老头老太太每小时也不止行走 1 千米,要飞机何用!

"学校操场长 7 米、宽 6 米",这样的设施按照办学规定,不达标。

"一个正方形水池的周长是 32 分米,边长是多少分米?"既称"水池",就得小有规模,纸大个地方,遑论水池?

"篮球场是一个长方形,长是 26 米,宽是 14 米。"现实中的标准篮球场是长 28 米,宽 15 米。

"商店运来了 4 箱苹果,每箱重 60 千克",如此包装,苹果既易挤压破损,又不便人工搬运,还难以出售。所以,市场上 60 千克装箱的苹果未曾见也。

有关问题处理后,可发稿。

2014 年 12 月 8 日

51.《盲校小学珠心算》终审意见

"前言"内容丰富质朴,生动形象,文化传统教育与革命传统教育寓于其中。在责编修改的基础上,又调整了个别语句,加强逻辑性,使之叙述更集中。另外,改动了两句界说:"据史料记载,'珠算'一词最早出现在东汉徐岳所著《数术记遗》一书中。""算盘名称之见于算书者以宋代《谢察微算经》为最早。"此说确凿否?不知有何依据。《四库全书总目提要·天文算法类二·数术记遗一卷》曰:"《隋书·经籍志》具列岳及甄鸾所撰《九章算经》《七曜术算》等目,而独无此书之名,至《唐·艺文志》始著于录。……唐代选举之制,算学《九章》《五曹》之外,兼习此书。此必当时购求古算,好事者因托为之,而嫁名于岳耳。"据此,很难肯定《数术记遗》是徐岳所著。《谢察微算经》究竟是哪个朝代的书,也是个疑问。有学者考证《古今图书集成》,它出自唐代。因此,稿中的两句话分别改为:

"珠算"一词最早出现在《数术记遗》一书中。唐代选举之制,算学《九章》《五曹》等书之外,兼习此书。

算盘名称之见于算书者以《谢察微算经》为最早,有学者考证此书作于唐代。

第四章第四节"心算"应当提升到章的层次。"第四章 珠算除法"分为四节,前三节讲除法,而第四节离开了章标题讲心算,该节分为五个小题,阐述心算加减乘除并简要介绍珠算式心算。显然,与第四章主旨不相干,但心算又是该稿的主题之一,书名即"珠心算",共五章,章标题未有言此者。从书稿的结构角度看,也需要将"心算"单列一章。建议:将第四章第四节"心算"剥离出来,作为第五章。现有的五个小题,随之晋级为节。原来小题内的二级三级标题也要相应地升级。第五章改为第六章。

责编投入的精力很大,所加工的六个方面,均使稿件增强了缜密性、规范性。复审的两点意见击中要害。目前稿件已基本达到出版要求,可以发稿。是否在书名之下注一笔"试用教材"?日后也好不断改进。

2014 年 4 月 3 日

52.《钢琴调律师》(大字版)终审意见

中国是钢琴生产和出口大国,同时也是全球最重要的钢琴市场之一,据估算,每年新增约 20 万架钢琴。钢琴调律师在钢琴的生产和使用过程里,担负着十分重要的角色,几乎完全依赖于他们的手工技能对钢琴进行调整、调律和维修。许多盲人和低视力者也以此为生。因此,钢琴调律教材不单是普通社会用书,也是许多盲人和低视力者所渴求的。几年前,中国轻工业联合会组织业内专家成立了《钢琴调律师国家职业资格培训教程》编审委员会,为满足报考钢琴调律师国家职业资格人员的需要,组织编写了这部教材。该教材一套5本,从五级到一级,由浅入深;初版见于2010年轻工业出版社。该书的实用性受到了有关人员的肯定,但在书稿质量方面也还未能尽如人意,似乎有的作者实践经验十分丰富,心灵手巧,而不擅长文字表达;文字工作者却又对钢琴调律专业生疏,不敢贸然厘定文字。这样一来,书稿质量便打了折扣。比如有人反映,文中表述的书面化程度不够,语言的准确性还需提高。这次据此出版的大字本,由责编挑出了一些硬伤和舛讹,并加以解决。审读报告所附修改明细及疑问、稿中的加工及质疑,说明了责编的责任心很强。就方方面面的原因来看,问题只能解决到这个程度,若进一步精研细磨的话,牵扯的面太大,力所不及。好在尚不影响该书使用,同意发稿。对有关具体问题意见如下:

基础知识——五级/初级技能

将"目录""第二章基础知识"里的三级标题去掉,处理得很好,目录就应当一目了然。

"第一章 职业道德与规范 第二节 职业守则"中的"(5)不超标收费"改为"不高收费"。因为该节第五单元"收费标准"里说"故很难用一个标准来统一",这意味着尚无标准。既然没有制定出标准,就不好说"超标"。相应地,第五单元标题"收费标准"也不够准确,可以取文中的字眼"不高收费"代之。

注释要规范。用"﹡"号、在本页下方加说明的形式改为正式注释。原稿"﹡拍的英译发音为 bedt,见王沛纶著.音乐辞典(170页).北京:文艺书屋印行,1962"不符合规定。修改如下:"﹡拍的英译发音为 bedt,"这句话用括号提到正文里,逗号改为句号,置括号外并加注号。正文下注释修改为:

①王沛纶:《音乐辞典》,170页,北京,文艺书屋印行,1962。

此后的"﹡"号,一律以注释的形式出现。

文中对于音程的表示不一致。如:有的写作"五八度",有的五和八之间加顿号,写作"五、八度",此种情况涉及面较大。其实,这两种表示方式均不太合适,建议两个音程之间加半字线,即"五-八度"。请责编咨询有关专家确定。

责编质疑文中的一句话:"由于音板的振动得以弦码为长轴形成的接近椭圆形",此语不畅,删去无碍文意。

二、教育读物(19—58篇)

责编质疑文中的一句话:"避免调弦时扳子头不触套紧下排轴钉而给调律造成困难",此语介绍别弦钉的安装方法,没有表述明白,也超出了别弦钉的安装程序,可以删去。

文中的"寸劲",不需要引号,可直接写作"寸劲儿"。

"参考文献",请责编按照引用文献的规范形式修改。

四级/中级技能

表示温度"20～25°C"不规范,当为:20℃～25℃;

表示长度"9.5～10.5mm"不规范,当为:9.5mm～10.5mm;

表示质量"55～130g"不规范,当为:55g～130g。

请责编按规范形式将稿中有关处加以订正。

责编质疑"黄卡纸"。纸张除了一般书写纸外,还有纸板,其厚度和重量介于纸张与纸板之间的那种质地好、挺括光滑的纸,通常叫卡纸。卡纸有白的,也有彩色的,黄色卡纸即黄卡纸。

"参考文献"里的引文标注,还需要进一步规范。

稿件原注:1 怀特【美】.钢琴调律与有关技术.北京:人民音乐出版社,1898

规范格式应当书写为:1 怀特【美】:《钢琴调律与有关技术》,北京,人民音乐出版社,1898。

稿件的其他6条标注,请责编按规范格式修改。

责编审读很内行,质疑多处,如符号、音调及表格里的"调律""调整"等用语,请与作者沟通解决吧。

三级

p.116"图是否正确?"责编质疑。该图显示,低音区与中高音区相交叉,确乎让人感到这样产生的音会是噪音。但是,稿中的文字说明为"所有的高音、中音和低音琴弦都在同一平面上布置成扇形"图文一致。既然这样,自有它的道理,保留原图。

"码桥",改为"马桥"。"空壁",改为"孔壁"。"止音器",改为"制音器"。制音器是用来止音的,但不叫止音器。责编以上修改皆妥。

"然后上石墨回复润滑层",责编质疑"回复"二字。此句拟改为:然后上石墨恢复润滑层的功能。

"粘上胶、连勺钉一起重新敲入",中间的顿号,应改为逗号,因为是两个操作步骤。

二级

责编质疑"背挡呢？""制音器限位挡呢？"，原文无误。

"这是由于钢丝折曲部分相对质量加大，破坏了整条弦相对密度必须均匀的要求。"责编将其中的"质量"改为"密度"，尚可，倒不如把句子简化成：这是由于破坏了整条弦相对密度必须均匀的要求。

"只能使音准保持短时间"。拟改为：音准只能保持较短的时间。

"在钻进约 100mm 时"，责编怀疑数据有误，拟改为 10mm。处理得好。经咨询业内人士，100mm 就钻透了，10mm 适宜。

"第四章 踏板系统的调整"，责编质疑"踏板还是踏瓣？"根据《钢琴调律师》（一级）"第二章 三角琴踏板系统"开头介绍"踏板系统，也称踏瓣，意指铜踏板的形状如花瓣"可以得知，在钢琴行内，踏瓣、踏板通用。按原书行事，不必强调统一。

"卦弦钉"，责编疑为"挂弦钉"。所改正确。

p.186 责编将"本质"改为"原因"。好。

p.203 责编质疑句中的"首要条件"。可以改为"理由"。

p.208 责编质疑文中课时数。原文无误。

一级

责编质疑"在键前端配铅块"，将"前"改为"后"。改得正确。

责编质疑"大挡""制音挡""限位挡"等的"挡"字。原文无误。

责编质疑"动阻力""静阻力"。原文无误。

责编质疑"大档""制音档""抬档"等的"档"字。应作"挡"。另外，p.27、28 等处的"档托"的"档"，p.239"分档"的"档"，也应作"挡"。全文还有其他地方有类似的"档"字，请责编一并改过来。

责编质疑"目的是让上、下各两段无效弦长的张力……"一句话。原文无误。

责编质疑"若肋木胶接前含水率过高不超过 6％"。拟修改为：肋木胶接前含水率不超过 6％，若过高……

责编质疑"桡曲"。这两个字在文中不恰当且多余，删去。

责编质疑"挡接头"。原文无误。

责编质疑课时数：每项 4 课时，共 5 项，应当为 20 课时，文中却明确提出 24 课时，总计与分计相加没有余地。此事只能与作者沟通。

责编质疑"800~1600N(由高到低)"。原文无误。

责编质疑"码钉"。原文无误。

"音在空气中的传播速度为330.7m/s",音速单位,责编疑为mm/s,原文无误。

做书时,不要空白页,节约当从点滴着眼。

2014年12月17日

53.《播洒光明——青岛市盲校建校80周年》终审意见

"光明"应当"播撒"还是"播洒",责编和复审各执己见,其实两者皆可。细细品味此处的"光明"之意,似觉搭配"洒"字更带点儿诗意。"播撒"一词明文列在《现代汉语词典》上,而"播洒"却未列其中。不过,本书稿毕竟不是讲述老农在地里下麦种子,必须用播撒。"光明"是物质的,更是精神的,经思量权衡,用"播洒"犹得其妙。

"弹奏出……篇章"改为"书写出……"。

"文革的冲击"不能与"日伪的摧残"相提并论。而且,文中明白指出"四清"和"文革","这两场运动并没有给学校带来大的冲击和影响"。两相抵牾,应实事求是,删去"文革的冲击"。

"青岛市国民党政府市长",改为"青岛市市长"。这里无须标明党派。

"游离于普通人之外",删去"之外"。

中小学生在校学习期间,"是其意识形态情感价值观形成的重要阶段"。改为"是其世界观、人生观、价值观形成的重要阶段"。

"中央领导"改为"领导同志"。因为这些领导同志未必是中央领导。

赞叹"我们在这里看到了中国的千手观音!"责编觉得"不明白"。千件万事皆融于慈和善,做此一想,或顿感豁然。

责编在一句下画了红杠,打了问号。语句确实不畅,饰之。责编以后再遇到此类情况,动笔修改便是,这属于责编的工作范围。

"对学校历史成就的梳理和规整",删去该句的最后3个字。

"盲校才能在80年的时间里弦歌不断,不断发展",将其中的"弦歌"改为"凯歌"。

总的来看,书稿经责编和复审的加工,质量较好,已基本达到出版要求,同意出版。

2012年9月26日

编辑审稿录

54.《中华人民共和国残疾人保障法》(大字版)终审意见

书稿质量好,一审把精力集中在对原文的逐字校对上,重点工作抓得准。《中华人民共和国残疾人保障法》标题之下所注明的日期,缺少施行时间,这一项很重要,不可遗漏。根据本法第六十八条,增加如下文字:"自2008年7月1日起施行"。

二审提了3条建议,不放过一个字、一个标点、一个不起眼的排版格式,可谓精益求精。赞同二审所示。这里,仅对"作""做"二字多说几句(去年曾在一部书稿的"三审意见"里谈过):《现代汉语规范字典》指出:"作"和"做"古代不同音,现代有的方言仍不同音,普通话同音。两字用法的大致区别是:抽象意义词语、书面语色彩较重的词语,特别是成语,多写成"作",如"作罢""作对""作废""作怪""作乱""作战""装模作样""认贼作父";后面是双音节动词时,一般也用"作",如"作调查""作处理"。具体东西的制造写成"做",如"做桌子""做衣服"。根据以上原则,《现代汉语规范字典》的释义里便写为"作出(某种结论、决定、判断等)",而且与"出"连用,皆用"作",即"作出决定"等。《现代汉语词典》不同版本,用法不同。"2002年增补本""做"字下面的词汇释义里有"做出决定""用做";"作"字释义里有"做出回答""做出某种姿态""做出成绩"。另外,"决定"词条释义里有"做出主张""做出决定";"决断"词条里有"做决定";"结案"词条释义里有"做出判断或最后处理";"贡献"词条释义里有"做出了新的贡献"。这里不难看出,与"出"连用,皆用"做"。然而《现代汉语词典》第5版有所改动。"贡献"词条释义里变为"作出了新的贡献";"结案"释义未变,还是"做出";而"决定"词条释义里,两种情况都出现了"做出主张""作出决定";"决断"词条释义则更让人无所适从了:《现代汉语词典》第5版写的是"作决定",《现代汉语小词典》第5版写的是"做决定"。2008年商务印书馆出版的《现代汉语常用词表》(草案)没有收集上述词条。2011年10月18日党的十七届六中全会《决定》由人民出版社出版,具有权威性。文中用的是"全会作出如下决定""作出更大贡献""作出有说服力的回答"。李长春"关于《决定》的说明"里,用的也是"作说明""作出战略部署""作出修改"。

鉴于以上原因,凡是涉及"决定""贡献"之类,"做出"或是"作出"皆可,所以,"做""作"二字无需深究。具体到本书稿,二审提出"应全书统一",宜从其议。

还有个问题可以再考虑一下:稿中所辑的《残疾人教育条例》(1994年8月23日)是否离现实较远?《国家中长期教育改革和发展规划纲要(2010—2020年)》里"第十章 特殊教育",阐明了关心和支持特殊教育、完善特殊教育体系、健全特殊教育保障机制等新政策。想必20世纪的《残疾人教育条例》要作相应修改。所以该条例不选也罢。

同意出版。

2012年12月5日

55.《中华人民共和国未成年人保护法》(大字版)终审意见

法条校对细致,未见舛误。只是相关的4个法律法规均存时效性问题,最新的也有十年之久了。当然,在现实生活中,没有新的,还得以老章程办事,但难能与时俱进。我们出书,很重要的一点是,为解决社会现实出现的新问题提供依据。而稿中这些法律法规是依据十年前的状况制定的,如今时过境迁,客观事物变化很大,这与出版该书稿的目的就拉开了一段时间距离。

有鉴于此,建议或单独出版《中华人民共和国未成年人保护法》,或再等相关法律法规修订后,一并出版。

二审意见亦可取。

仅供参考。

2012年12月5日

56.《中华人民共和国义务教育法》(大字版)终审意见

务求原文不出差错,一审工作到位。存在一个与法律丛书的其他稿件相同的问题,即所选的相关法律法规的时效性可再考虑:《中华人民共和国教育法》(1995年3月18日)、《中华人民共和国义务教育法实施细则》(1992年3月14日)、《禁止使用童工规定》(2002年10月1日),从这些法律法规出台的时间上看,少则10年,多则20年。社会发展日新月异,法律法规难以同步,但也不可滞后太久。事实上,新的相关法律法规还是跟上了的,如《国家中长期教育改革和发展规划纲要(2010—2020年)》的"第四章 义务教育"就提出了3点要求:巩固提高九年义务教育水平;推进义务教育均衡发展;减轻中小学生课业负担。这适用于目前乃至2020年的义务教育范围。由此建议,编选有关教育方面的法律法规,一定要重视《国家中长期教育改革和发展规划纲要(2010—2020年)》,不可等闲视之。

p.24《中华人民共和国教育法》所注明的日期,缺少施行时间,这一项很重要,不可遗漏。根据该法第八十四条增加如下文字:"自1995年9月1日起施行"。再

者,"根据……修正","修正"抑或"修订"之误,请核对。

二审关于"系列大字本法律图书的版式、版心应统一处理"的意见很好,需要落实。还有一桩尤须注意,即6本系列书所选的内容不要重复。《禁止使用童工规定》(2002年10月1日)被收录在《中华人民共和国未成年人保护法》里,而此稿又重复收录。另外,6本系列丛书每一本里的"相关实用法律法规"的目录和正文皆注明了时间,个别文件时间有误。例如,《中华人民共和国义务教育法》里所选的《禁止使用童工规定》(2002年10月1日国务院令第364号发布)和《中华人民共和国未成年人保护法》收录的《禁止使用童工规定》(2002年9月18日),正文里的"(2002年9月18日国务院第63次常务会议通过 2002年10月15日国务院令第364号公布 自2002年12月1日起施行)",两者不一致,显然必有其误。具体的时间错误,又引来了一个问题,即6本系列丛书还应当保持各个文件时间注明方式的统一。详细注明通过时间、公布时间、施行时间及修订时间较妥。目录若欲简略,当以该法律法规的实施时间或修订时间为准。

供参考。

2012年12月7日

57.《中华人民共和国刑法》(大字版)终审意见

对于刑法自1979年以来多次修正或修改的详细过程以及出版情况,一审可谓研究透了。这是非常可贵的,真正的编辑备此根底方可审稿。二审作为编辑室主任,对其称道,并提出"值得学习",工作抓到了点子上,很敏锐。

关于出版大字本法律图书的取材问题,首先应当有自身的定位。诚如二审所言,"目的是懂法、知法、守法"。所以,为读者提供最新的准确可依的法律条文乃第一要务。显然,我们的版本不会为法律专业人员所用。定位清楚了,在编辑过程中处理具体问题时就会得心应手。按照这个思路,建议如下:

全力以赴整合最基本的法律条文。原文必须准确无误;需要说明的地方务求清晰;法律条文之外的文字删繁就简。例如,中国法制出版社2011年6月第6版《中华人民共和国刑法》,在大标题下加注释,说明修正或者修改的依据;为条款里修正或者修改以及增加的文字加注释。这些都可以参考,但要注意:其一,大标题下注释的形式也可以改为题前"说明";其二,"相关实用法律法规"里的"刑法修正案"没有必要辑录;其三,后来增加的新条款,直接列入正文,不用做任何说明;其四,把正文下的注释全部删掉。

二、教育读物(19—58篇)

具体修改意见如下：

p.6 第十七条有遗漏，应当根据 2011 年 2 月 25 日《中华人民共和国刑法修正案（八）》增加的条文补上：已满七十五周岁的人故意犯罪的，可以从轻或者减轻处罚；过失犯罪的，应当从轻或者减轻处罚。

p.13 正文里的"被"，应为"对"。

p.53 二审在"第一百三十三条之一"前打了个问号。这是底本的体例，本书稿拟删之。

p.54 "第一百三十五条之一"同上。

p.56 "第一百三十九条之一"同上。

p.73 "第一百六十二条之一"同上。
"第一百六十二条之二"同上。

p.79 "第一百六十九条之一"同上。

p.81 文中"而运输"做了记号，原文无误。

p.84 "第一百七十五条之一"删去。

p.86 "第一百七十七条之一"删去。

p.90 第一百八十条第四款是根据修正案增加的，底本按其体例应有"第一百八十条之一"，但遗漏了。本书稿亦随之。

p.95 有一行文字下画杠，想必质疑。未见有误。

p.96 "第一百八十五条之一"删去。

p.116 "第二百零五条之一"删去。

p.120 "第二百一十条之一"删去。

p.126 "第二百二十四条之一"删去。

p.132 "第二百三十四条之一"删去。

二审质疑"依照本法第二百三十四条、第二百三十二条的规定定罪处罚"文字表述有问题，因为此款本身就在第二百三十四条之内。质疑有道理。此款是新加的，底本体例所致，本书稿改变了体例，也应随之改为"依照前款及本法第二百三十二条的规定定罪处罚"。当然，为了保持法律条文一字不动，不改亦可，不妨碍理解文意。

p.138 "第二百四十四条之一"删去。

p.142 "第二百五十三条之一"删去。

p.144 "第二百六十二条之一"删去。

p.145 "第二百六十二条之二"删去。

p.147 二审质疑"电信码号"，这 4 个字与底本一致。但请责编用另外版本再核之。

p.152"第二百七十六条之一"删去。

p.156 第二百八十五条第二款、第三款是根据修正案增加的,底本按其体例应有"第二百八十五条之一",但遗漏了。本书稿亦随之。

p.159"第二百九十一条之一"删去。

p.169 第三百一十二条第二款是根据修正案增加的,底本按其体例应有"第三百一十二条之一",但遗漏了。本书稿亦随之。

pp.202~203 第三百七十五条第三款是根据修正案增加的,底本按其体例应有"第三百七十五条之一",但遗漏了。本书稿亦随之。

p.208"第三百八十八条之一"删去。

p.215"第三百九十九条之一"删去。

p.219"第四百零八条之一"删去。

以上仅供参考。

2013 年 1 月 25 日

58.《一个萝卜的法律遭遇》(大字版)终审意见

法律条文严密但却枯燥,人们往往敬而远之。本书作者代宝义充分发挥自己的艺术天才,用一种老百姓喜闻乐见的方式来普及法律知识,以维护他们自身的合法权益。其宣传形式的创造性和艺术的创造性令人赞叹。中国政法大学出版社首发此书,得到读者好评,现经版权交易,将其转换成大字本,服务于低视力读者。按说,已经出版过的书,照葫芦画瓢满可以应付,但二位审稿人并没有敷衍了事。一审修改了 45 处,二审在此基础上又修改 17 处,并且提出了几条美化版式的切实可行的意见。这些大小事宜,非有精诚的敬业精神和较高的业务水平不足以办到。

同意发稿。

2015 年 12 月 10 日

三、成功励志读物(59—79篇)

59.《毛泽东书法艺术传承之路》(大字版)终审意见

张晓红同志不愧为当代大书法家,观瞻其作品,让人不由得赞叹良久。传承"至圣至尊的毛体书法",可谓下笔有神。

稿件由张晓红、张浩两位同志撰写,他们以实际行动响应党中央的号召。中共中央总书记习近平同志指出:"毛泽东同志是伟大的马克思主义者,伟大的无产阶级革命家、战略家、理论家,是马克思主义中国化的伟大开拓者,是近代以来中国伟大的爱国者和民族英雄,是党的第一代领导集体的核心,是领导中国人民彻底改变自己命运和国家面貌的一代伟人。"(2013年12月26日在《纪念毛泽东同志诞辰120周年座谈会上的讲话》)稿件所展示的"书法艺术",其灵魂来自于总书记的讲话精神。

王胜文同志撰写的"代序"非常精彩。短短的两页,深刻地揭示出书法传承之路:思想决定方向,方向决定道路,道路决定命运。他谈到,张晓红崇尚英雄,挖掘出毛体书法艺术所蕴含的人民性,"行万里路"苦心追随,是一位传播红色文化的使者,得到了书法界同行的认可、广大群众的喜爱。

张晓红的书法,绝非单纯的艺术表现形式,里面深深地蕴含着中国人民的精神。"读毛主席的书,写毛主席的字"是代表千千万万中国老百姓心声的凝练之语。毛主席的魅力何在?他认为:"在为中国人民不懈奋斗的光辉一生中,毛泽东同志表现出一个伟大革命领袖高瞻远瞩的政治远见、坚定不移的革命信念、勇于开拓的非凡魄力、炉火纯青的斗争艺术、杰出高超的领导才能。他思想博大深邃、胸怀坦荡宽广、文韬武略兼备、领导艺术高超、心系人民群众、终生艰苦奋斗,为中华民族和中国人民建立了不朽功勋。"张晓红还说到了自己学习和工作的经历,随着对毛主席伟大人生和毛泽东思想的进一步学习、理解,他对毛泽东书法艺术更加热爱,

"热爱是最好的老师"。翰墨之情缘须臾未弃,每日晨昏笔耕不辍。毛泽东的书法,有着坚实浑厚的传统功力,超凡脱俗的强烈个性创造了集崇高、雄健、豪放、险绝、飘逸于一体的美学形象,一派无往不胜的雄杰气概,彰显了昂扬振奋的时代精神。"绝无仅有的大气、超然和豪放是毛泽东书法艺术的鲜明特点。"伟大的人格与独特的书法艺术融为一体。张晓红始终追求与伟人心心相通,所以,其书法艺术脱俗于形似,而锤炼出神似。所谓"锤炼"不仅仅是苦练笔法的基本功,很大程度上,而是以实际行动体验、回味当初毛主席革命实践的艰难。人是要有点精神的,尤其是在物欲横流的环境里,这种精神非常可贵。可贵的精神催生出可贵的作品,这样的作品多多益善。

鉴于本书与重大选题相关,按规定报呈上级有关部门审批为妥。

2016 年 3 月 2 日

60.《不朽遗产——为列宁主义辩护》复审意见

国际共产主义运动发展到列宁阶段,是人类历史上社会革命最伟大的创举。然则时过境迁,有人轻薄为文,有人伪说售欺,更有甚者毒诟恶谑。在列宁诞辰145周年之际,李济琛先生写的这部著作,为列宁主义正名,为列宁主义辩护。这一举动本身就有着重要的现实意义和历史意义。稿件广收博采、疏证史实、辩而不华、肃括宏深,颇具摧陷廓清之功,立一家之言。需要提出的是,社会革命时期的政治伟人与常规君子的平决聚讼,殊可相提并论。孔子是圣人,没有掌过大权,假如执掌国玺又不丢失的话,还能被视为圣人吗?开国者加圣人,古今中外未见一例。从理论上讲,二者完全可以融为一身,但现实是残酷的,复杂得难以想象。书稿若从这个角度研究、评判斯大林,或许会更全面一些。评量文章,尚存文重支离之疵,但无碍大局,同意出版。

责编对稿件的加工处理,用心精勤,特别对于文中有关列宁言论的引文及注释,按照人民出版社新版《列宁全集》和 1995 年版《列宁选集》一一勘核,字字点点,不避琐细;其他引文及注释,亦能究其微瑕,力求纤悉周备。

有关稿件的内容方面,再补充一些意见,记录如下:

"导论"要在"目录"里出现。

"导论"中,"斯大林在列宁逝世后的短短几年间,就把列宁的亲密战友、助手一个不留地逐渐给予打倒,甚至消灭其肉体。这在西方国家,是不可想象的。即使是竞争对手,被你打倒也就罢了,怎么还能消灭肉体?"前一句叙述事实,必要;后两句发感慨,多余了,删去。

"第一章 十月革命开启了人类历史新纪元",显然,本章的主题是新纪元的开启。文中开头却用一页半的篇幅重复"导论"里涉及的苏联解体,有碍于逻辑结构的严谨,所以,删掉这些文字。本章的亮点在于:作者特别指出,列宁的"一国胜利论"与后来斯大林的"一国建成社会主义论"是性质完全不同的两码事。

删去正文中的一句话:(东欧各社会主义国家)与苏联不同的,仅仅是"大国沙文主义"和"大党沙文主义"的不具备而已。

第三章,责编删掉了如下一段文字:在"以理服人"方面,列宁也不愧为无产阶级革命的伟大导师。也正因为如此,在列宁身边,才能聚集起如布哈林、季诺维也夫、托洛茨基等一大批优秀的理论家、革命家。尤其,这一大批列宁的优秀战友,几乎都在若干重大理论问题上与列宁的理论、观点、认识相左,甚至尖锐对立后为列宁的理论折服而团结在列宁周围,因此构成"列宁时代理论优势的"。这段文字很重要,是本章"第三节 列宁时代理论优势认识"的关键支撑,不可撤之。

小结语不要重复具体论述时用过的实例,删去如下文字:铁的事实是十月革命胜利后的列宁,对于革命前激烈反对他,革命临近时甚至公开声明脱党,乃至泄露革命机密,几乎使革命流产的季诺维也夫与加米涅夫也表示了"认同"与宽容,并在他们诚恳地认识一致后不仅欢迎归队,甚至还进入中央领导核心。

几个名字作了修改:皮达克夫——皮达可夫;反苏托洛袄基中心——反苏托洛茨基中心;图哈切夫——图哈切夫斯基。

本章结尾顺延了前文对斯大林极端行径的批判,而忽略了照应主题——列宁主义是20世纪人类最宝贵的财富。因此,责编删去了最后一个自然段。这里,需要笔锋一转,概括斯大林的错误是对列宁的背离。

第六章,p.215叙述了1922年苏共中央派调查组赴格鲁吉亚,其成员当着中央领导人的面打了格鲁吉亚领导人一记耳光的事情,文中感慨:"因为这在西方国家领导人身上,是完全不可能发生的。"感慨就不必了,删去。"格鲁吉亚领导人卡巴希",应为卡巴希泽。

"列宁遗憾"小标题及其后的一段文字,列在第七章之前,与全书的体例不合。尽管以下三章都谈"列宁遗憾",仍然可以把作为三章导语的文字放在开头的一章里。具体调整见原稿。

第七章,删去第六章已经举过的"打耳光"例子。

第九章,"说你是什么什么主义,什么什么分子,你实在是百口莫辩的。这在西方社会斗争中是找不到案件的",无需与西方社会挂钩,后一句删去。

本章的结尾,也是总共占了三章篇幅的"列宁遗憾"(上、中、下)的结尾。按章法,总括苏联把列宁主义搞歪了而导致解体,即可告一段落。后面再阐述中国如何正确,就使得文章枝蔓过多了。所以,接续责编所删而删之。

第十章,季诺维也夫关于列宁主义的定义,稿中分析的第二点"俄国特色"中,离开了俄国,用世界及中国的例子反证,并且仅一句话,似觉单薄。

第十一章,关于"一国建成社会主义",删去列宁"政治遗嘱"之一,把斯大林从总书记的位置上拿下来一个自然段。因为,没有必要在书中一而再再而三地重复。

关于"世界资本主义体系的总危机论",结语旁涉,删去最后一句话:"尤其,这个'斯大林主义的逻辑'严重地影响了毛泽东。"

第十四章,斯大林迫害列宁时期的中央领导人一段文字可删去。稿件里已说过多次。

将"意识形态""概念化理论"作为打人、杀人武器,不是社会主义。该节无需以中国历史上冤杀岳飞为结语,删去这句话。

对"百慕大"三角的理性思考,第十二条最后两个自然段进行了斯大林社会主义与资本主义的比较,并且作者把自身摆进去,在逻辑关系上不太顺畅。因为那是另一个话题,牵扯到两种制度的比较研究。因此,删掉这两个自然段。

"第二次世界大战反法西斯主义的战争胜利,是反法西斯同盟国的胜利",其间应增加一句"是爱好和平的全世界人民的胜利"。

第十五章,阐述东欧剧变的原因,"诚如恩格斯所说是多种力量形成合力的结果"。这样表述会引起误会,让人以为恩格斯直接针对东欧剧变"所说",因此,将"恩格斯所说"改为"恩格斯的理论"。

文中"凡尔塞体系"的"塞"字有误,而且不够完整,改为"凡尔赛-华盛顿体系"。

苏联组织批判和围攻南斯拉夫"(中国也是围攻者之一)",括号里的说明,实则一句话说不清道不明,不如不说。

"西方经济在过去的几十年里由于'人权主义'推动实现了新科技革命,而得到了迅速发展"。西方经济的发展,是否为"人权主义"的推动,又是一个课题,需另加研究。所以,删去"由于'人权主义推动'"几个字。

"第十六章 邓小平理论是当代中国的马克思主义"和"第十七章 中国特色社会主义理论体系认识"是书稿的最末两章。其内容与书稿的主题十月革命后苏联的形成、发展直至解体关系不大;将两部书的素材合成一部,用苏联的事再加中国的事,似觉牵强。这两章如何处理,请出版社终审定夺。

另外,责编在一些字上用铅笔做了记号,可能表示疑义。记号之处,原文大都

三、成功励志读物(59—79篇)

无误。如"花刺子模"的"模",p.260"正在基斯洛沃茨克休假"的"休",等等,复审均不再确认。个别有问题的地方,直接修改于原稿。

稿中大量的"作出"改为"做出",可谓无用功。"做出"或是"作出"皆可,不用费那么多神改来改去。

2014 年 12 月 4 日

61.《柏拉图对话录·裴多》(大字版)终审意见

苏格拉底的思想哲理深奥,杨绛先生的翻译本巧妙地避开了哲学术语,呈现出语言生动如戏剧的对话,特别珍贵,书稿质量很好,同意出版。

修改了如下两处:

"智识",根据上下文的语义,抑或"知识"之误,请核查。"智识"一词,另有内涵。

"看瞎了眼睛""灵魂也会瞎的",其中"瞎"字改为"盲"。一般而言,名家的作品尽量保留原文。但我们所从事的是特殊教育,在正常人看来无关紧要的字词,若伤害残疾人自尊心的话,还是应当首先为服务对象着想。所以,我们的版本可以与其他版本有区别。如此,作者是可以理解的。

2012 年 12 月 19 日

62.《培根随笔》(《培根论人生》)(大字版)终审意见

二审主张书名舍《培根论人生》而取《培根随笔》,很有见地。从内容上说,《培根论人生》涵盖不了 58 篇文章的题材,如"谈国家的真正强大""谈建房""谈园林"等;另就形式而言,"随笔"因培根而独树一帜。所以,除却"随笔"便辜负了他在世界文学史上被誉为伟大散文家的桂冠。选题好,稿件质量也好,同意出版。

补充修改一些小错误:

"译本序"里,有几处句号应当为逗号。阿拉伯数字与汉字数字混用,如"五十八篇""58 篇"。错别字,如自已——自己,莫定——奠定。

目录和每节标题序号,现为汉字数字,改为阿拉伯数字更规范,不用拘泥于原版本。

人名后面加括号注明生卒年代,年与年之间不用浪纹连接号"～",一般用一字线连接号"—",例如 p.1 注释"彼拉多(? ～36 以后)",其中的"～",要改为"—"。

87

 编辑审稿录

一审在"声应气求"下画一杠,对该词质疑。"声应气求"来自《周易大传》里的《文言》,"同声相应,同气相求"。该词无误。

一审画出几句涉及穆罕默德的言论,拿不定取舍。这是培根的说法,应当保留原文。

在"觍颜"一词下画杠质疑,此处意思是,厚着脸皮。该词无误。

"上帝把已爱造成了原物,爱人只不过是肖像",其中"已爱"的"已",一审提出疑义,正中要害,"已"是"己"之误。

一审在"嚏根草"的"嚏"字下画杠。原文无误,嚏根草是一种植物。

一审画出新教派崛起的条件和其特性的观点,拿不准如何处理。此乃培根的见解,保留原文无妨。

二审留给终审的问题:文中"谈嫉妒""谈残疾"两个话题,对于我们的服务对象来说,是否敏感。

把握此等问题的尺度在于,区分说观点、讲道理和侮辱人格、嘲笑挖苦生理缺陷之间的界限。该文属于前者,且所论之理颇激人奋进,留之有益。另外,在行文中,涉及生理缺陷以及由此派生的形容词,要从是否会损伤残疾人的自尊心着眼,设身处地为他们考虑,凡属可能产生消极影响者,在不妨碍原意的前提下,一律进行加工处理。

以上仅供参考。

2012 年 12 月 25 日

63.《爱默生随笔》(大字版)终审意见

爱默生的时代,离现今快二百年了,但他的精辟见解和警句格言始终在世界各地传播。究其原因,或许爱默生就是美国精神的代言人。众所周知,美国是多民族融合体,虽然崛起很晚,却一鸣惊人。世间精华被它搜罗无遗,博采众长,发展自己。爱默生没有自己的一套哲学体系,却将古希腊哲学、德国古典哲学、法国折中主义哲学、印度神秘主义哲学及中国的孔孟哲学融会贯通。这比画地为牢、故步自封高出一着。爱默生又是个勇于实践的倡导者,其思想的光彩决不囿于小圈子、任自身灯火阑珊,他不遗余力,用尽媒体,惠施芸芸众生,以至于美国与他同时代及后来的思想家、文学家都文有他的思想烙印。责编选题很有见地,同意以大字本形式出版《爱默生随笔》。

一审和二审对稿件加工认真,仅个别语句需要再改一下。例如:

"之所以反对顺从一些对你来说已经僵死的习俗,就因为这样做分散你的精力。""之所以"用在句子的开头,不合乎语法。拟将其前后调整一下:对你来说,已经僵死的一些习俗,你之所以反对顺从,就因为这样做分散你的精力。

文中"不甚了了"被改为"不甚了解",其实无需改动。"不甚了了"是常用词,在此确当。

"用人"是否为"佣人"之误?

文中"矢言"改为"宣言",按上下文的意思,原文是否为"誓言"?

原文中的"习与性成"下画了一道铅笔杠,想必对此存疑。此言无误,因长期的习惯而形成一定的性格,谓之习与性成。文中说"我们的邪恶却习与性成"与中国古代《后汉书·陈寔传》的一句话契合:"不善之人未必本恶,习与性成,遂至于此。"

文中引用了莎士比亚的《哈姆雷特》第1幕第5场的一句台词:"什么,老田鼠,你钻地钻得好快啊!"这样翻译,本身毫无问题,但此言经由马克思之手,被译为"掘得好,老田鼠!",成了经典名句。马克思在《路易·波拿巴的雾月十八日》里说:"而当革命完成自己这后一半准备工作的时候,欧洲就会从座位上跳起来欢呼说:'掘得好,老田鼠!'"因此,文中的翻译用语,与其一致为妙。

"之所以有虚幻之感,是因为缺乏一连串的心境或目标。"拟调整为:因为缺乏一连串的心境或目标,所以有虚幻之感。

文中"默从现有的体制","默从"二字打上了问号,质疑得好。从文意来看,要阐明的是不得不服从现有的体制,而"默从"一词即使并非杜撰,字面之意也只能理解为:心里承认,口中不言。显然与稿中之旨相左。这里可改为"屈从",表示对外来压力不敢反抗,勉强服从。

文中"使政治、商业、教会都不值价""这些跟人中佼佼的关系",译得不太明快,建议修饰。

"在舞会上还慈的感情",后几个字有疑问,请查原文核定。

2013年8月1日

64.《思想录》(大字版)终审意见

责编建议,将"译后记"调至正文前面,改成"译本序",并撤销专业性很强的导读文章——"《思想录》与思想的消遣"。这个主意比较符合实际需求,何况"译后记"已经点明了自身"导读"的功能(见 p.423 "六"开头所言),再另外加一个导读,确乎没有必要。尚杰的这篇文章,说它是导读,不如说它是哲学解读更准确。它深入

研究了帕斯卡尔,对于读者看罢书后继续思索,是有帮助的。将其与原来的安排对调一下如何？即把该文置于书后,作为附录。

帕斯卡尔的《思想录》前半部分比后面精彩得多。如果需要削减篇幅的话,可以考虑在后半部分删汰。但无论如何,下面几条要保留:

真正的雄辩看不起雄辩。(4)

人们一般容易被自己发现的道理说服,而不太容易被别人脑袋中想出来的道理说服。(10)

文字的不同排列形成不同的意义,意义的不同排列产生不同的效果。(23)

人的一切不幸都来源于唯一的一件事,那就是不懂得安安静静地待在屋里。(139)

唯一能够减轻我们苦难的东西就是消遣,然而它也是我们的最大苦难。(171)

人心自有理性不知道的理由。(277)

我绝不应该从空间,而是从自己思想的规范中寻求我的尊严。通过空间,宇宙囊括并吞没了我,我就像一粒原子;通过思想,我囊括了宇宙。(348)

伟大远不在于脱离中庸,而在于不脱离中庸。(378)。

稿中有几个小问题,可以再处理一下:

"译后记"里多处出现套括号的数字,是纪年,还是页码、章节？不能让人一目了然。应当在括号第一次出现处加说明,告诉读者,其为书中正文的节序号,以证言之有据。

责编订正的错别字精准,有些不易发现的舛误也得到了处理。再补充几点:

"抓瞎了"改为"抓不住"。

文中画杠处,加了几个字,使语句通顺。

"快活地戳瞎我们的眼睛","瞎"改为"盲"。

"五、六个人",五六之间不应加标点。"六、七百年"同。

"眼睛最瞎的人也会看见上帝",改为"盲人也会看见上帝"。

"如果我们不知道自己充满着傲慢、野心……那我们真是瞎了眼"。"瞎了眼"改为"无自知之明"。

融汇——融会。

"瞎了眼"改为"视而不见"。

家缠万贯——腰缠万贯。

同意出版。

2012 年 12 月 27 日

65.《居里夫人自传》(大字版)终审意见

出版大字本的有关居里夫人的传记,太有必要了。居里夫人为科学技术创新的拼搏精神和一步一个脚印的踏实作风,让所有的人都感佩敬仰。时下,与居里夫妇所处的法国社会风气相仿,物欲横流,浮躁虚荣。不思进取者且不说,就连有上进心的人也会觉得想学居里夫妇却来不及。《居里夫人自传》(大字本)无疑能够为转变社会风气尽一份力,鼓励人们安于学习、研究、创新。

书稿本身质量较好,翻译水平高。卷一没有节标题,读之稍觉缺憾。责编根据对内容的理解,分别加上"我的家庭""巴黎求学""婚后生活"等标题;原稿卷二的节标题也不甚理想,责编做了相应的调整,这样一来,就使读者对内容一目了然了;另外,责编还将原书稿附在《居里夫人自传》后面的居里夫人大事年表调至全书最后,作为附录二。责编的这些加工处理十分妥帖,使书稿更加完美了。同意出版。

全书的名称,稿件写的是《居里夫人自传》,实际这只是卷一,卷二是《皮埃尔·居里传》。仅以前者为全书的书名,似乎不完整。是否可以在出版时,将两个传的书名并列放在书皮上?如此,也便于彰显本来就比翼双飞的伉俪。

2013 年 8 月 30 日

66.《大国,由海权而崛起》(大字版)终审意见

"海权论"著作也有三部曲:《海权对历史的影响 1660—1783》《海权对法国革命和法兰西帝国的影响 1793—1812》《海权与 1812 年战争的关系》,其作者阿尔弗雷德·赛耶·马汉是美国海军历史学家、海军战略理论家。选题很有眼力,针对普通中国人缺乏"海权"意识而奋起运作,高涨的爱国热情值得充分肯定。然而,正如责编的审读报告所言,译稿质量较差,这便构成了主观愿望与客观上"存在问题"的矛盾。二审诚恳地指出了五个方面的欠缺,需要逐条落实,稿件只落实了书名一条。该条最易办到,而其他条的前提涉及人力和财力,难以一蹴而就。由此观之,打造一部出版物,仅凭热情无以成事,千万不能把此事小觑了。

文字表述,也要有些功底方可。例如,"导读"结束句"而目前面临的问题是,像黄海、东海和南海这些地方依然存在着比较大的争议……"用词欠当——"这些地方""比较大的争议",导致与日本扩张主义者的某种论调相仿。中国的疆域没有什么可争议的,是斩钉截铁的定论。日本高层有人散布"争议地带"言论,其用意很明

显:以此打开缺口,等有了磋商的余地,再进一步下手,先争后占。"像黄海、东海和南海这些地方",涉及的面很大,容易让人误解。用词欠当造成的不正确观点,倒是"比较大的"误会,作者的本意并非如此。该句可以修改为:"而目前,像黄海、东海和南海的个别地方依然存在着中国的疆域被人觊觎的状况。"像这样的地方,搞出个事与愿违的名堂来,岂不冤枉。做事必须量力而行。

鉴于此,稿件暂时放一放吧。

2014 年 5 月 14 日

67.《用英语说名人名言》(大字版)终审意见

名言警句——翻空出奇,妙得天致,乃达观之人实践与睿智的结晶。书稿将外国名人的真知灼见荟次成帙,中英文两见,很有实用价值。诚如责编所言,此书既便于学习英语,又可让人窥见国外名人思想精华。一审进行了 5 项加工,得到了二审的肯定,并提出了指导性意见,诚挚难得,切于事理。同意出版。

书稿分成 6 个部分,便于查考,但在具体分类时,还不能尽如人意。例如:"四、修养篇",其下为宽容·美德·劝告·智慧·政治。显然,这 5 个分目不在同一个层面上:政治可谓大领域,道德亦然,而宽容、劝告等只是大领域里的一种具体行为,智慧又另当别论。其实,按照平常的言谈话语就不难明白其道理。人们常说政治修养、道德修养,却无人说宽容修养、劝告修养。事已至此,留点缺憾吧,好在本身也算不了多大问题,望再版时注意。由于分类混乱所带来的具体问题还是应当解决的。例如,"五、励志篇"中的"逆境"以及"奋斗"分目,皆收录了拿破仑的名言:The man who has made up his mind to win will never say "impossible". 只不过前者翻译为:一心要获胜的人从来不说"不可能的";后者翻译为:有决心的人从来不说"不可能的"。建议删掉前者。

"事物的美存乎于细致的观察之中。"要删掉"于"字。"乎"用在此处,是介词,就当"于"讲,两者重复,去其一。

"无须靠它维生",这里的"维生"是谋生意,应当改为"为生"。

"留心你的健康,如果你身体很棒,就感谢上帝吧,虔诚地珍惜吧,因为健康是凡人所得到的神佑,是金钱买不到的福祉。"这段话带有宗教色彩,建议删去。

"无论何时家是永远向游子敞开的大门。"在"无论何时"后面加上逗号。

"感谢他让我发现即使是很短的时刻,只要分秒必争、一头钻进工作,积累起来就成为我需要的特别有用的几个钟头。"句子较别扭,并且没亮出新鲜货色来,建议删去。

"爱是就是积极主动关心……"不要两个"是",删一个。

"天才拥有的智慧是与众不同的。一个天才的思维通常不符合逻辑,其思维很跳跃。他从上帝那儿获得知识。"这一段话,前一句颇为精到,最后一句归到上帝,暴露出局限性。可以处理一下,取其精华,保留前一句,删掉后一句"他从上帝那儿获得知识。"和英语"It pulls knowledge from God knows where."

"权力是最猛烈的春药。

亨利·基辛(美国)"

对这一条疏忽大意了。看过英文署名"Henry Kissinger（USA）"才发现"基辛"原本是基辛格。基辛格在中国妇孺皆知,怎么就把大名漏掉了"格"写成"基辛"了呢?这里要提醒的是,发生在公众人物身上的错误,其负面影响一个顶俩,甚至顶十个、百个。鲜为人知的人和事,若有错误,也就随其默默无闻了;而把声名昭著者搞错了,便会成为众人的笑料,动辄被拿来当反面教材。所以,在这一点上,犹当吸取教训。

另外,他的这句名言"Power is the great aphrodisiac."一般翻译为"权力是最好的春药。"其中 great 不译作"最猛烈的",译为"最好的"较流行。

"要达成伟大的成就","达成"与"成就"动宾搭配欠恰切,再考虑一下用词。

2013 年 7 月 30 日

68.《活学活用思移力》(大字版)终审意见

思移力,中国人想必知之甚少。俄国人瓦季姆·泽兰德于 2005 年出版的俄文书《思移力 1－5》里,提出了这一全新的理论。他认为,技术文明已经使整个世界变成了一个矩阵、一个系统,每个人都是系统中的一员,但不是人在操控系统,而是系统在操控人。结果,现实成了人的主宰。人之所以需要思移力,就是为了确定自己不是矩阵中的一员;思移力是支配现实的技术,它让人变成自己命运的主人。稿中所叙之事让人司空见惯,而提升到理论的高度去审视,则鲜有人为,因此它有传播的价值。责编精通俄语,直接与作者联系中文出版事宜,并请到了北大俄语系赵桂莲教授翻译,用责编的话说,"得心应手,把握精准"。尽管如此,作者、译者都不可能替代编辑的剪裁熔铸,从目前的稿件来看,责编各方面的工作做得都很好。同意出版。

"前言"里"不是人在控制系统,而是系统在完全彻底地控制人,让人服从自己",其中"自己"易被误解为"人",也许是按照俄文原作的词翻译的,但为了把作者的意思准确地表达出来可以通融,拟将"自己"改为"它们"如何?

其他的只是在数字用法上进行了一些修改,详见原稿。

2013 年 10 月 14 日

69.《我们是一群智慧的鱼》(大字版)终审意见

工、农、商、学、兵,都干过;文、理、工、医、管,都学过;阅历如此丰富的人真不多见;再加上涉猎古今,横跨中西,理论而实践,理想而现实,传统而现代,民族而国际,科学而艺术,艺术而人生,就更难寻觅。当今竟有这一切共同交织出的一位艺术家——崔自默。林秋璇为其书作序时介绍了崔自默的履历。他的形象太立体、太丰满,其作品可想而知有多么宏富:学术著作、同音字小说、散文随笔、古诗新诗、跨界对话、艺术寓言、书法、篆刻、山水画、花鸟画、人物画、现代水墨、油画、版画、漫画、粘贴、瓷器、雕塑、装置、影像视觉艺术等,无不显出其勤行精进。曾经是编辑的他,在两年间编辑完成了 22 卷本、860 万字的《王朝闻集》,而立之年时即博得了美学界泰斗级人物王朝闻的题签"编辑是作者的老师"。《我们是一群智慧的鱼》,即出自崔自默之手。阅历广,见识深,写人生哲理,注定本书很有价值。

一审、二审加工稿件皆努力,目光敏锐,订正了许多录入错误:自——白,日——日,菜辛——莱辛,目瞪口呆(杲),问——间,扳——板,沽——沾,映——应,竞——竟,如——儒,同——围,干——千,鸳——鸯,无——武,同——固,环——坏,件——性,卜——上,简——简,幌——候,做——坐,量——变,中——种。

这是个大功劳,抓住了此类书稿编辑工作的重点。否则,名人作品,硬伤累累,如何向读者交代,又怎么对得起作者无私奉献版权的功德?质量关把得如此好,可以马上发稿。

以下为所质疑的几处:

"微波摇人""脚拇指""一相情愿""东一榔头"等,原稿无误。

原文"所有操蛋的孙子都会成为伟大的爷爷。今天的胡闹也会成为明天的经典",二审提出似有不妥。此话虽糙,但很经典,可以入选崔自默语录。保留原文。

"活血化淤","淤"改为"瘀",不必。过去有的字典是"活血化瘀",而《现代汉语词典》里即"活血化淤","瘀"字在该词典里未单列,仅作为"淤"的繁体字出现。

"狠以宣泄驰骋的机会",拟改"狠"为"施"。

三、成功励志读物(59—79篇)

"大善若水"改为"上善若水"。

"上竿子没有好买卖",其中"竿"改为"杆"不当,应为"上赶着没有好买卖",此话前文已有过。

"名可名,须非常名,否则取利而益众生。"请核查原文。

原文里的典故与所要表达的主旨脱节,隔了一层:

"噫!人之做事,总不注意生命之本,庄子所谓'不以隋侯之珠弹千仞之雀',大概也是看到人在鹜(有误,应作骛)逐眼前利益和感觉的时候,忘记了保护生命这一根本的东西。"

庄子此言,已为成语"隋珠弹雀",喻处事轻重失当。究竟孰轻孰重,表现出不同的价值观,世人重珠轻雀,成语的意思如是。但庄子随后有句"夫生者岂特隋侯之重哉"。庄子重视生命,哪怕是一只小雀,然而庄子高明的见地反倒被那成语遮蔽了。若不多费些口舌解释庄子的观点,很难让人明白其意。所以,稍作补充修改:"不"要放在庄子引言之外,之后加一句"夫生者岂特隋侯之重哉"。如此,便能捋顺跳跃性思维。

"前晚观动物世界"改为"晚观电视节目《动物世界》"。

"'慎独',之所以指出它的重要",拟改为:"慎独"之所以重要。

删去了稿中几个句首的"之所以"。

"欲有所做为",二审改成"作为",但拿不准。订正准确。

"面向"改为"面相"。

"所以只能说自己的孩子坏",请核查原文。

稿中:"天人本无二,不必言合。"(程颢、程颐《二程遗书》《〈河南程氏遗书〉》卷六)

括号里所注出处太繁杂,也不大准确。二程著作有六种:遗书、外书、文集、易传、经说、粹言。宋元时曾单独刊行,也有前四种的合刊《程氏四书》。明清两代又有六种合刊,称《二程全书》。这些书通常很难见到。20世纪80年代初,中华书局重校,更名为《二程集》,汇集了二程的全部著作。因此,改为(《二程集·河南程氏遗书》卷六)。

"彳亍"是一个词,意为走走停停。该词不要删掉,它与前面的踯躅、彷徨、徘徊、踯躅、踟蹰同义排比。

书稿也有美中不足之处,即许多内容重复,如:谦卑,真的不生气;随意的慷慨有时让人离你更远;不要太认真,因为人家也许根本没把人或事当回事;好为人师;君子与"恬不知耻"的小人,透彻君子,不计较得失;解释"性",讲个性;窗户纸虽薄,不捅不破,风再大也吹不破,等等。可能是写作时断时续所致。文中(见 p.212)谈到:与人交流,一、对话随时可能掉线;二、用语选字一时偶得;三、对方要得意妄言。作者的三点声明,也是本书风格的写照,因此,通常被视为缺欠者,对于《我们是一群智慧的鱼》,反倒成了"断臂维纳斯"。

2014年3月31日

70.《快乐就是不抱怨》(大字版)终审意见

继承和发扬中国传统文化,现今叫得很响,这部书稿恰是用人们司空见惯的事情,解读了一些文化精髓。诚心正义,笃实践行,大道理可化为人人可为的文明行为。选题颇具慧眼,同意出版。

虽然原稿文字表达较好,但由于作者查锡我是香港人,用语习惯与内地有异。为了适合广大内地读者阅览,责编不惜气力,在语法、常用词语、外来语等方面进行了相应调整,使之完全符合内地人的口味而又忠实原作。责编还恰当地处理了个别敏感地方,这点十分重要,并且在文稿的形式上也做了美化。如此一来,图书将更臻完美。再补充点儿意见:

"大都会"改为"大都市"。不改亦可。

需要修改者:

讲电话——打电话

分别心太重——利欲熏心

试过——体验过

甫——刚

以偏赅全——以偏概全

公共屋邨——普通民房

(每个人都有自己的一套)逻辑思维——思维逻辑

"营营役役",广东、香港一带常用,而大部分区域少见,修改见原稿。

"争拗",无误,此处"拗"念 niù。

"团契",无误,源自《圣经》,意思是伙伴关系。

"侍应生",是港语,即服务员。

"并给他们一百元傍身",意即使其身上揣上了一百元。修改见原稿。

"团年饭、年夜饭",两者一样,无须改动。

原标题"坐过山车,你会闭目还是张开眼睛"改为"睁开眼睛,尽情享受过程中的百般滋味"。改得好,但不必要。尽量尊重原文。

p.96 的一大段文字,责编处理得非常好。再补充两处修改:(在国民党)位高权重,改为(在国民党军队)有职有衔。因为"中校团副"算不上"位高权重"。"逃离祖国",删去"祖国"。

"睇",无误。睇视、睇盱,意思是斜着眼看。

2012 年 6 月 1 日

71.《快乐工作——做最满意的自己》(大字版)终审意见

一审报告和二审报告较详细,该交代的事项一字不落。由此可知,书稿是在全国干部职工心理调研的基础上,整合干部职工心理热线中所涉及问题的焦点,择取 9 个方面的问题进行梳理成书的。书稿中提到的 99 个职场问题,来源于大量资料,是很多职场人士目前迫切想要解决的问题。显然,书稿立意,高拔风尘;出发点,求实征信。然而落笔成篇,又现出另一番景象来:可能由于借鉴过多,剑走偏锋,遂与常见的所谓成功励志类图书大同小异,很多故事让人觉得似曾相识;好处是稍细一些,每个问题都分列出"小故事""心理学分析""趣味小练习""点睛"等项目,条贯清宜,运笔健挺。

补充几点修改意见:

文中引用毛泽东语:"打胜仗的关键,是在战略上重视敌人,心理上藐视敌人。"此语与毛主席的观点相左,他的一贯主张是,战略上藐视敌人,战术上重视敌人。请核查原文。

删掉一句:即重点不是"Show me the money"。无故出现英文没有必要。

原文"往昔"下面画了一杠,一审质疑之。稿中此处用得恰当。

书稿引文:识人用人,德才兼顾;知人善任,人尽其才。

——孔子

上述引文,出自哪部典籍?请核实。

"心理学分析"3.有些矛盾不解决比解决好:有一个广为流传的历史故事:一位国王举行晚宴招待群臣时,在突然灯灭时,国王的爱妃被人非礼!……

这则名为"摘缨会"或"楚王断缨"的典故,几乎每部成功励志类稿件都会将其攒在其中,本书稿也选用了,且仍无名无姓,属于笼而统之的粗述,相形之下,是在向攒书者靠拢,降低了自身的档次。建议人云亦云之事删去。

原文:君子有所为,有所不为。

——孔子《论语》

《论语》里有这话吗？请核实。

"小故事"用了较长篇幅叙述中学语文课本上的《触龙说赵太后》和关于刘邦和项羽江山之争成败转折点的《鸿门宴》。

人人皆知的故事，正儿八经地讲述，似觉寡味。书稿里类似的例子不少。最好坚持采用脚踏实地调研而来的事并加以评说，让人真正感受到，每个故事都是针对干部职工心理热线中所涉及问题的焦点进行分析疏导的。那样，本书稿的价值就会大增。当然，书稿的质量目前已经超出了同类题材的图书，随即出版，亦无不可。

2013 年 9 月 3 日

72.《轻松读大师·营销新战略》（大字版）终审意见

本套丛书中的《营销新战略》这一册，言之有物。因其来源于没有硝烟的营销战场，所言的"外包""免费""个人品牌""保健行业"等四种市场前沿阵地，能够为该行业从业人员打开思路，激发其灵感。"新战略"目及的是市场的新动向，教人在实战过程中如何使出散打的招数，而非卖弄几下花拳绣腿。所谓"新战略"，也就名副其实了。

责编的工作非常出色，不仅对由两岸语言习惯不尽相同所带来的阅读障碍进行了有效处理，对主题看板之题目格式错误进行了校正。而且难能可贵的是，从学术层面上指出了稿中的问题：原文认为丰富经济学正在超越稀缺性思维建立的经济，这一提法不当，没有从本质上理解经济学产生的原因。作者把量变视为质变，殊不知，就是因为资源稀缺，才产生了经济学。责编的学识，在此发挥了纠谬补偏的作用。复审补充修改的四个方面，颇具卓识。同意出版。

几个小地方改一下：

译者黄翫，"翫"是"玩"的繁体字，改为简体。

p.115 有一行字距异样，可能与后面的英文书写不宜移行有关，但正式排版时，还是要想办法处理好。

p.136 原文"有志一同"，改为"志同道合"。

2016 年 4 月 11 日

73.《轻松读大师·不一样的苹果 永远的乔布斯》（大字版）终审意见

丛书里，这一本讲述乔布斯科研、发明创造及经营经历，集中扎实，粲然盈瞩。主人公虽然位居世界一流，作者行文却无唯利是观、递相夸尚之弊。同意出版。

修改小疵，记录如下：

两人可以一起合作的"案子"，改为"工程"。

苹果与电脑这两个"字"，改为"单词"。

有趣的"不搭"，改为"搭配"。

商业"企画"书，改为"策划"。

"以偏盖全"，改为"以偏概全"。

摘录名言，署名之后，删去其人头衔。

"宁可与天才级的同事组成小规模团队，也不要空有庞大的员工数目却都是庸才。"句子不够通顺。后面五个字"却都是庸才"，改为"而麇集庸才"。

保密工作，用"极致"形容不太恰切。改为"最大限度"。

"之所以"用于句子开端，不合乎语法。

"空怀若谷"，改为"虚怀若谷"。

"如果你的简报出了状况，就承认错误"。其中，"状况"改为"意外"。

请注意，缺少 p.128。

一审和二审加工皆妥，不赘述。

2016 年 10 月 20 日

74.《轻松读大师·思考力》（大字版）终审意见

由四个板块组成的本册书稿，可读性较强。第一块"思考力"，深婉峻切，它揭示出众人关于思考方面的通病："很少有人正襟危坐地学习如何思考，大部分经理人和领导者的思考方式都来自孩提时代无意间学到的模式和习惯。"稿中认为，熟视无睹的弊端可通过"判断""洞察""自觉"三种方式改进。病根与药方兼得，语正道明。第二块"梦想变真实的 10 层检视"，参之百家，信而有征。第三块"用 20％就能成功"，鼓励创业、创意、创新，精核典实。第四块"你拿什么衡量自己的人生"，所言"家庭文化"，切中时弊，清言破俗。尽管如此，将引进的台湾版本转换成符合要求的版本，工作量很大。责编通读多遍，方下笔疏通语句，修改人名地名、规范词汇及标点用法、调整版式，等等，颇具解剖篇章之功。二审点改补缀，亦有增益。同意出版。

几个小地方，可再增删：

"总目"，只有四个书名，没标页码，当增。

稿中"政治正确"一段："而所谓'政治正确'，意指'一切都是对的'，也就是一个典型的假道学式独断思想意象。假道学的'正确'机制其实是'超道德'的，道德只是一个掩人耳目的幌子，等而下之者甚至沦为掩耳盗铃、睁眼说瞎话的乌龙骗术。"这段所谓"政治正确"，很难让人明白其正确性何在，于一定范围内讨论尚可，但不适合一般大众阅读。建议删去。

译者"黄甄"之"甄"，多涉及此字，曾于前几册提出建议，需改为"玩"。此事当按国家有关文字标准规定施行，无一例外。早些年，几位著名人士牵扯自己名字不情愿用简化字的问题，仅听说周恩来总理做思想工作，未见特批者。

2016 年 4 月 28 日

75.《轻松读大师·决胜职场》（大字版）终审意见

从审读报告知悉，一审不仅针对中文稿件修改误处，而且查阅外文原稿及有关资料，力求确当，使稿件昭然可观。二审与一审互校阙讹，稿件已基本合乎出版要求。同意发稿。这里强调基本要求，毫无苛求高质量之意，主要针对此类外译管理书籍而言。读者能够看明白事理，又基本符合出版规范即可。若按己意精雕细刻，反倒偏离了原著之汁味。

引用中国传统经典作品，那就又需另一番眼光了。譬如，稿中以刘勰自我推荐为例，其叙述有舛于记载，当校勘之。稿中说："《文心雕龙》是作者刘勰苦思完成的文学理论巨著，当时刘勰长期依靠定林寺的沙门僧佑，著作并没有引起太大的反响。"（文中"僧祐"误为"僧佑"）所言有出入。《南史·刘勰传》云："勰早孤，笃志好学。家贫，不婚娶，依沙门僧祐居。"史实是，刘勰少年时期，依靠僧祐生活读书，而非稿件所解读的：刘勰完成了《文心雕龙》，依靠僧祐传播无效。因此，语涉僧祐，节外生枝。可删去"当时刘勰长期依靠定林寺的沙门僧佑，著作并没有引起太大的反响"这一句。稿件下文："沈约在车上认真读了起来，边读边大加赞赏，推崇其为'大重之，谓为深得文理'的巨著，并且经常将它放在几案上备用。"此句文法不通，"大重之"的意思是大加重视它，"推崇其为大加重视它"，显然失之乖剌。此事，《南史》

三、成功励志读物(59—79篇)

和《梁书》均有记载。按《南史》之说:《文心雕龙》"既成,未为时流所称。勰欲取定于沈约,无由自达,乃负书候约于车前,状若货鬻者。约取读,大重之,谓深得文理,常陈诸几案"。稿中此句,直接引用原著最好:"约取读,大重之,谓深得文理,常陈诸几案。"由此例可知,书稿的作者,根本没有接触第一手典籍,只是采自攒抄时文。类似处,在审读过程中尤当细察之。

2016年5月9日

76.《轻松读大师·成功必修课》(大字版)终审意见

人名、地名、书刊名等名目的规范化,责编加工得很细致,有些查对了英文原文。二审提出的目录、图表与正文、人名的一致性等问题的处理,再斟酌一下。主要是目录标题与正文里的标题两者不一致,以哪个为准来统一。现在是以正文里的标题为准,修改目录标题。既然原稿里两者不一致,说明作者拟定的题目尚在粗疏阶段,不定型;就文字概括力来看,不比学生习作强多少。有的标题啰里啰唆一长句,所谈内容却不足一页。把几个标题两相对比,虽说均乏提炼,但可优选其一。标题尽量简洁清爽,不用标点符号,也不必采用完整的句子。

目录标题	正文标题
*清理桌面杂乱的桌面会让混乱的习惯恶化	清理杂乱的桌面
*觉得不知所措,就先休息	不知所措时就先休息
*价值观混淆不清永远都混乱	如果价值观混淆不清,你永远都会处于混乱状态
*工作不合适永远都处于混乱	如果工作不合适,你永远都会处于混乱状态
*力有未逮时,就把项目切割成细项工作	如果觉得自己手足无措就把项目切割成细项工作
*想了解自己舍弃了什么是人之常情	克服混乱是人生的新起点

稿中标题下还设小标题。有几篇,标题下仅一个小标题,可见原稿逻辑之混乱。有的小标题倒比标题精彩。如"如果觉得自己手足无措,就把项目切割成细项工作"标题下四行半文字,接着,列一小标题"蚕食胜过鲸吞",下面说了十行字,本

段结束。其他不论,单就标题而言,何苦写一大串却把"蚕食胜过鲸吞"这么醒目的警句降格做小呢?

以上所列,供再度修改时选择。

同意发稿。

2016 年 5 月 23 日

77.《企业新思维》(大字版)终审意见

优化版式板块、加工文字,责编已属尽心尽力,而其所做还不止于此,责编更进一步对照英文通读全稿,渊渊入微,分项精求。二审在此基础上的润饰,亦属精思巧制。同意出版。

第二部分名为《老板,你在做什么》,下面的三行英文似与翻译出的名字不是太搭界。

The Transparency Edge

How Credibility Can Make

or Break You in Business

第一句的意思是,透明度的优势。第二行和第三行是一句,大意为,职场中的诚意关乎你的成败。无论正名还是副标题,均与书名"老板,你在做什么"相距较远。当然,也不能说一丝不沾。因为"老板,你在做什么"意义宽泛,像个筐,什么都可以往里装,只要职场里的商业行为,无不沾边,却也无不旷荡。是否需要另换书名?请斟酌。

一段文字之下的署名,其人头衔可以删去,以保持全稿体例统一。

两个署名之间,不必用"&",删去。汉语、英语尽量避免混用。

2016 年 11 月 3 日

78.《轻松读大师·未来需要的创意天才就是你》(大字版)终审意见

梳理素材,裒次成集,是对编辑工作的考验。一审报告交出了优秀答卷。稿件本身讲的是创意,一审抓准了这个主旨,并将创意精神寓于稿件的加工处理过程中。从"整体修改方案"和"具体修改方案"便可见其亮点:在"整体修改方案"里,把摆在面前的诸多问题,归纳为"全书结构""人物名称""文法风格""栏目设计"等七个方面,解决每一个问题时皆从实际出发,又处处遵循规范化的要求,不落俗套。"具体修改方案"第二条,采用两种方法处理芜杂的"关键思维"栏目,或改为正文,或规整后统一放置,此举非锐敏特达而不能及。例如,叔本华的名言"所有的真理都会经历三个阶段。首先它会受到嘲弄,接着会遭到激烈的反对,到了最后则会被当成不争的事实",爱因斯坦的名言"你若告诉我,有人从未失败过,那我就告诉你,那个人还不够努力",顶尖曲棍球员说"不出击,你就百分之百打不到球",此类警句,规整在"关键思维"下,很提气。二审对标题级别的完善,使整体结构更加严密。

同意发稿。

2016 年 6 月 15 日

79.《轻松读大师·少做的力量》(大字版)终审意见

才大事简,在中国传统文化里早就有此一说。书稿所持高论,旨在说明少与多、简与繁的辩证关系,属于方法论层面,比起深入到主体性的"才大事简"之命题,浅显了许多。不过,书稿面对经济大潮,有的放矢,还是可取的。

一审的工作,除了编排设计版式外,主要解决语言质量方面的问题,责编将其视为"难点",对照英文原版核查中文译文的准确性,使得流畅的行文中显示出逻辑力量;借助商务印书馆出版的《英语姓名译名手册》等工具书,规范人名、术语、专业词汇。如此花费心力,大见成效,从基础上保证了书稿的质量。二审进一步修改了标题样式、版式和文字,尤其是去掉不必要的英文字母,确系明智之举。汉语里夹杂着英文,是现代汉语还不够成熟的表现。白话文初始,不得不如此,而今除了个别特殊情况外,现代汉语完全能够独自作为交流工具,何必两种语言混用呢?对于不通英文的读者来说,徒增阅读障碍。

补充几点修改意见:

像此类小册子,"目录"之上再设"总目",又有许多空白页,给人字不够、纸来凑,虚张声势的感觉。可以参照《用脑力去赚钱》(大字本)终审意见"进行调整。

稿中"文艺复兴时期佛罗伦斯画家沙托","佛罗伦斯"改为"佛罗伦萨","沙托"可能指的是萨尔托,他是意大利文艺复兴时期的画家,其全名是安德烈亚·德尔·萨尔托,真名为安德烈亚·达克罗,出生于佛罗伦萨。

删掉名字之间的英文字符"&"。

系列名言警句的署名,最好统一格式。大都仅写姓名,而"乔治·桑德"名下加注"法国小说家、女性主义者",这一条有三点缺陷:"乔治·桑德",一般都称乔治·

桑,无"德";说她是"女性主义者",不太确当,可谓女权主义的先驱;加注多余。另一条"幸福的家庭是一样的,不幸的家庭各有各的不幸",落款是"托尔斯泰,俄国作家"。托尔斯泰的这句名言来自《安娜·卡列尼娜》的开头语,比较熟悉他的作品的读者都知道这句话出自列夫·托尔斯泰。还有一个与之同名者——阿·托尔斯泰,也是"俄国作家"。所以,为了区别,也为了与其他姓名条目统一,应写为"列夫·托尔斯泰",并删掉"俄国作家"。还有"汉斯·霍夫曼,艺术家""伊壁鸠鲁,古希腊哲学家""威廉·莎士比亚《威尼斯商人》",皆删掉注语。下同,不赘述。

同意出版。

2016年6月23日

四、古典读物(80—151篇)

80.《孔子传》(大字版)终审意见

  大师就是大师,钱穆先生写的这部《孔子传》,少有出其右者。以"孔子"作题目的书籍,综计宋元明清四代,何止数十百家,而本书中,圣人足迹之凿凿,事理之清晰,诸家瞠长莫及。写作过程亦与众不同,用心于刊落不着笔处,实尤胜过下笔写入处;苦材料之多,患于多舍,斟酌群言,博稽成说,舍其诸非,求其一归于正;非通人不可为。文字简净得无一字可删润,可疑与不可信者不提及,考证辨订之详皆见篇外《先秦诸子系年》等学术著作。通俗流行者观之,免费心力,必取定论而受之,确能起到普及作用;学者研读,可循书中指示参考相类文献,事半功倍。这样的书时下不多见,做成大字本,选题非常好,同意出版。同时,建议将《先秦诸子系年》等作品列入选题。

  "序言"认为,孔子的贡献以自学与教人、政治事业、著述三项为次第,而汉儒尊孔,则不免将此三项事业之重要性首尾倒置。直到宋代儒学复兴,乃始于孔子生平志业之重要性获得正确之衡定:学与教为先,而政治次之,著述乃其余事。那个时代,如此排列孔子贡献,无可厚非。以今天眼光,或许次序拟再颠倒一下:孔子的著述成就高于从政业绩。孔子做官、施仁政,与春秋末年孕育战国时代将至的大环境势必两立,注定搞不出什么名堂来,事实也正如此。所以,孔子的政治纲领,是极度超前的,只能停留在理想上,即使二千五百年后的如今,也难以付诸实践,争取世界大同到来,方能显出绝对高明。就此可以大胆地断言:圣人不可能于从政业绩辉煌。书中坚持自学与教人是孔子最大宗旨的观点,乃是不刊之论。"学而不厌,诲人不倦"是也。著述辅之。

  本书转换为大字本,一审和二审及校对做了大量工作。个别地方再斟酌一下:"惟统改唯",书稿书名页上的这句说明欠妥,不要按此改动,删去。国学大师的文字,千锤百炼,具有楷模性质,不是谁都有资格改动的。对待每一个字,要慎之又慎。拿不准的,不要轻举妄动,更不要听信今人所谓专家的偏执僵化之言。"再版序"里"故写法亦于他书有不同",将"于"改为"与",亦属妄改。此处的"于"字若为介词,表示比较,相当于"比",完全可通;若为连词,相当于"与""和",自然相合。p.45"藉以助晋",将"藉"改为"借"亦不妥。即使《现代汉语词典》里,"藉"字亦与"借"的第二种解释同,但也不能视其为"借"的异体字。所以,现时行文,用"借以""藉以"皆不为误。在《古代汉语词典》中,"藉"字的独立性更强,详细解释,请参阅该词典。

第五章

《左传》定公十年:"兵不逼好"的"逼"字,当作"偪"。"孔子使兹无还揖对","孔子"当作"孔丘"。本段最后一句"齐人来归郓、讙、龟阴之田"与上文不是直接相连的,中间的几句删去了,所以要加删节号。

"齐大夫犁鉏","鉏"要用简体字。

《左传》定公十二年:"鲁公与三子入于季氏之宫",第一个字"鲁"原文无,删去。"子为不知",是说假装不知道,所以"为",原文是"伪"。

"然闵子坚决辞谢""闵子或早知孔子有去位之意",这里"闵子"指闵子骞无疑,审稿者加"骞"字,是否加,要看原稿。古文献里,常用此方式称谓。下文亦有"欲使闵子为费宰",未见添加。

第六章

《左传》定公十五年:子贡曰:"以礼观之,二君皆有死亡焉。君为主,其先亡乎?"夏五月,公薨。

依据原文修改如下:子贡曰:"以礼观之,二君者,皆有死亡焉。……君为主,其先亡乎?"……夏五月,壬申,公薨。

第七章

"折衷",无需改为"折中"。两种写法皆可。下文同。

文中引《左传》哀公十五年:卫孔圉取太子蒯聩之姊,生悝。太子在戚,入适伯姬氏,迫孔悝强盟之,遂劫以登台。卫侯辄来奔。季子将入,遇子羔将出。

这段引文不够规范,原文是这样的:

卫孔圉取大子蒯聩之姊,生悝。孔氏之竖浑良夫,长而美,孔文子卒,通于内。

大子在戚,孔姬使之焉。大子与之言曰:"苟使我入获国,服冕乘轩,三死无与。"与之盟,为请于伯姬。闰月,良夫与大子入,舍于孔氏之外圃。昏,二人蒙衣而乘,寺人罗御。如孔氏,孔氏之老栾宁问之,称姻妾以告,遂入。适伯姬氏,既食,孔伯姬杖戈而先。大子与五人介,舆豭从之。迫孔悝于厕,强盟之。遂劫以登台。栾宁将饮酒,炙未熟,闻乱,使告季子。召获驾乘车。行爵食炙,奉卫侯辄来奔。季子将入,遇子羔将出。

据原文,将稿中引文修改如下:

卫孔圉取大子蒯聩之姊,生悝。……大子在戚,……适伯姬氏,……迫孔悝于厕,强盟之,遂劫以登台。……奉卫侯辄来奔。季子将入,遇子羔将出。

下文亦有改动,详见原稿。

p.105"紧密相联"的"联"改为"连";"涵有"改为"含有"。是否修改,以原稿为准。若非录入误,不必改。

第八章

《左传》哀公十六年,孔丘卒,公诔之,"呜呼哀哉!尼父!无所自律",多一"所"字,删去。

以上供参考。

2015 年 6 月 18 日

81.《〈论语〉读本》(大字版)终审意见

《论语》出版大字本,选取钱逊所著,慧眼识珠。责编下了大功夫,所订正的几处硬伤,很到位。复审工作同样认真。但还要再次赘言:编辑工作不要过度,盯住硬伤是第一要务,其余,当充分尊重作者原稿,包括标点符号,不要按己意妄改。

补充修改几处:

"学而篇第一":"先王之道斯为美,大小由之。"有误,当为"小大由之"。

"公孙长篇第五":"粪土之墙不可杇也",原文无误。将原文的"杇"改为"圬",欠当,恢复原文。

"先进篇第十一":"后进③于礼乐",③是其中注释的序号,但【注释】栏无,删去。

"颜渊篇第十二":【大意】"本质就像文采,文采就像本质",前后颠倒了。据原文"文犹质也,质犹文也",再颠倒过来。

"子路篇第十三":【大意】"乡党之人称赞他弟",其中"弟"在文言里通"悌",可这里不是文言,当用"悌"。

"宪问篇第十四":"邦有道,穀;邦无道,穀",其中"穀"字,尽管有的词典如是,但"穀"是"谷"的繁体,还是应当用简体字"谷"。

"邦无道,危行言孙。"【大意】"国家无道,还要正行,但说话要谦顺。""顺"字被改为"逊",不妥。"谦顺"一词,在这里的分寸把握得最妙。一般情况下,都应谦逊;而"邦无道",则要突出一个"顺"字,否则,祸从口出。

"子路问事君",【大意】"子路问怎样事奉君主",确切无误。而将"事奉"改为"侍奉",则是另一种君臣关系了。不要改动。

"阳货篇第十七":"不有博奕者乎?"其中"奕",被改为"弈",犹可,但许多版本即用"奕",因为"奕"通"弈"。建议,按本稿所用为取舍。

"子张篇第十九":"仕而优则学,则而优则仕。"有误,应为"学而优则仕"。

"是以君子恶居下流",【注释】"下流:地形卑下四面八方水流汇集的地方。"原注确当。"地形卑下"被改为"地势低",亦可,但无必要。

2014 年 7 月 8 日

82.《〈孟子〉读本》(大字版)终审意见

诚如一审报告所言,"责编参考中华书局的版本进行了认真的修改校对,没把握的地方再多方查找其他资料进行核对。社外校对也具有非常深厚的传统文化功底,对原文一些错误之处提出了非常宝贵的修改意见"。如此精心,为保证稿件质量夯实了基础。

再补充几点修改意见如下:

"於牣鱼跃",注释"于牣"条目改为"於牣",但具体注释中的"于"却未改,而且,"於"解释为"句首助词,无义",不及朱熹的《四书章句集注》解释为"叹美辞"。

一审所质疑的注释"魏惠王三十年(前 340 年)""梁惠王后元十一年(前 324 年)",原文无误。

注释:"此处是捐国境之内",其中"捐"字何意?是否"指"字之误?请查原文。

正文:"行者有裹囊也",其中"囊"被疑为"粮"。两字皆可,版本不同。清仿宋大字本作"囊",朱熹本作"粮"。就按原稿所取,不必改。

大意:"为他们的长官死难了",表达不顺,请查原文。

正文:"固国不以山溪之险",其中"溪"字,当为"谿"。

注释:"瘳",有误;该字正文为"瘳",是正确的。

正文:"父兄百官皆不欲",句后加"也"字。此处原文无误,这里只是不同版本的差异,保留原文,不加"也"。

正文:"周虽旧邦,其命惟新",其中"惟"字改为"维",没有必要,亦属版本不同,保留原文。

正文及 p.130 注释:"藁",改为"槀",虽在《现代汉语词典》上能找到根据——"槀"为正体字,"藁"为繁体字,但《古代汉语词典》另有别说:"藁"和"槀"是两个字,而且,在"藁"字条里所举出的例子之一正是《孟子·滕文公上》"盖归反藁梩而掩之",姑从后者,原文不动。

正文:"孔于成《春秋》而乱臣贼子惧","孔于"有误,当作"孔子"。

正文:"安其危而利其灾",这里的"灾"字改为"菑",妥,虽然"菑"与"灾"同。

大意:改"建言"为"谏言",不必。前者比后者范围更大一些,符合原意。保留原文。

正文:"厂"后加拼音,与书中体例不合,应将拼音调到注释栏中。

大意:"公明高是认为",多出一个"是"字。

正文:"帝亦知告则不得妻也",稿中漏掉一个"焉"字,校者补在"则"字后,应当补在"则"字前,即"帝亦知告焉则不得妻也"。

正文:"厄而不悯",落一"穷"字,应为"厄穷而不悯"。

正文:"凡民罔不譈",其中"譈"字改为"憝"符合现今词典规范,而稿中所取则为朱熹的版本,而且多种版本如此。建议,原字不动,注释可作说明,"现作憝"。

正文:"梏之反覆"的"覆",无需改为"复"。不要完全按照现今的规定去取舍,尽量保持原貌。

正文:"非独贤者有是心也",其中"贤者"改为"贤才",不取,保留原文。

正文:"我能为君辟上地","上地"有误,当为"土地"。

正文及注释:"訑訑"(字盘无简化"言"字旁的"訑"),不要把"訑訑"作为异体字,改成现代汉语的用法。古代经典不宜套用此等规范。参见商务印书馆出版的《古代汉语词典》p.1842 把"訑"作为正体字,而且"訑訑"条仅一例便是《孟子·告子下》:"訑訑之声音颜色,距人于千里之外"。因此,保留原文。

正文:"夭寿不二",当作"妖寿不贰",参见《古代汉语词典》p.1826;又据朱熹《四书章句集注》。

正文及注释:"舜视弃天下犹弃敝蹝也",将其中"蹝"改为"屣"不妥。"蹝"和"屣"是两种不同的鞋,前者是草鞋,后者是鞋的泛指。这里包括朱熹《四书章句集

注》在内的多种版本皆作"跬"。

正文及注释:"肆不殄厥愠,亦不殒厥问",其中,"殒"字当作"陨"。参见《诗·大雅·绵》。

注释:"追蠡:追,钟纽。蠡,将要断裂的样子",修改为"追蠡:追 duī,钟纽;蠡 lǐ,啮木虫;夏禹时的钟纽,因虫啮而将要断裂"。

以上仅供参考。同意发稿。

2014 年 8 月 5 日

83.《十三经——尚书开讲》(大字版)终审意见

一审提出:"赵孟頫、梅鷟,頫、鷟是否改为简体字?"当然要改。

二审提出:"关于鲁国国君这个人物,《汉书·艺文志》中称其为'鲁共王',《后汉书·章帝纪》中称其为'鲁恭王'。这里是遵照原书,还是应该统一?建议遵照原书,请三审指正。"问题搞复杂了。首先需要确认,原文无误。问题出在我们对历史和史书不甚熟悉。"鲁国国君"的说法不确,此时是汉代,而非春秋时期的鲁国,所以不是国君,是王。汉代把功臣封为异姓诸侯王,把皇室后裔封为诸侯王,鲁共王便是其中之一。《汉书·艺文志》中称"鲁共王",然而"《后汉书·章帝纪》中称其为'鲁恭王'",就没有那回事了。《后汉书·肃宗孝章帝纪》未曾言及鲁共王。原来看错了原稿,稿中写的是《后汉纪·章帝纪》。《后汉书》是范晔所作,《后汉纪》的作者是袁宏,乃两本不同的后汉史书。两者相形之下,《后汉书》更胜一筹,所以,跟《史记》《汉书》《三国志》合称"四史"。稿中既然引用了《汉书·艺文志》,就没有必要再引用《后汉纪》了。此故事,后者只是对前者的重复,说不定还是剿袭前者,以致造成"鲁共王"与"鲁恭王"之异。其实,古代文字不像如今要求得这么规范,两者均见于史册。例如,同是一部《汉书》,"艺文志"里写作"鲁共王",而"景十三王传"里总述写作"鲁共王"、正文写作"鲁恭王"。不过,唐代颜师古有一条注释:"共读曰恭。下皆类此。"所以,后来就直接写成"鲁恭王"了。《昭明文选》也写作"鲁恭王"。鉴于以上,若是引用原文,不必统一。这里,稿中倒是可以删去所引用的《后汉纪·章帝纪》的那一段话。另外,稿中的"《汉书·鲁恭王传》"也不规范,如同"《汉书·刘歆传》"的毛病一样,鲁恭王无单独的传,《汉书》原文是"景十三王传",鲁恭王只是其中之一。

二审还提出:"全书很多书籍的名称不一致,二审不知以哪个为准,或者是不是就不应该修改。如 p.22 伪《孔传》,p.23、33《伪孔传》,p.93 伪孔《传》;p.35 古文

四、古典读物（80—151篇）

《尚书》、今文《尚书》，p.48《古文尚书》、《今文尚书》；p.52《孔传古文尚书》，孔传《古文尚书》；等。"这的确是个问题，二审真是用心了。以上例子，在学术界常见，潇洒挥笔，自古而然，圈里人也都心知肚明，不以为非。例如有的书上，称司马迁为"马迁"，称荀子为"孙况"，无人见怪，但显然不符合现行的出版规范，此事当酌情处理。影响大的著名典籍，不要轻易改动；一般读物需要保持全文的一致性。具体到稿件如何处理，要先清楚其背景：汉代博士孔安国得到了从孔子宅壁发现的《尚书》，并为其作注解，即"传"；与起先伏生本《尚书》有差异。到了东晋，梅赜向晋元帝献上了一部《孔传古文尚书》，号称就是当年孔安国得自孔家垣墙并为之作注的原本。后来，唐代孔颖达以此为底本作《尚书正义》，成为法定教材，以往的《尚书》自消自灭了。南北宋之交，人们开始怀疑东晋的这个本子，元、明相继，直到清代阎若璩、惠栋等为其定了性——东晋所献乃伪书。弄清了前因后果，就知道该怎样往规范化方向靠拢了。孔安国为《古文尚书》作传，自然书名就是《孔传古文尚书》；后假托孔安国之名，谎称被戳穿，自然要用伪《孔传古文尚书》，简称伪《孔传》。在孔壁之事前，伏生本直呼《尚书》，之后，为区别两者，且又由于所用文字有今古之分，经学有经今文学和经古文学之别，所以分别用《古文尚书》《今文尚书》。顺便说一下，当代学者王葆玹的《今古文经学新论》对今古文经传统的划分标准作出了重要修正："所谓今文经仅限于汉武帝元朔五年或稍迟写定的经书今文写本，除此之外，凡有古文祖本的经学传本，不论是隶体还是古籀，都可能属于古文经的范围。"如此看来，"今文""古文"，从学术流派的角度看，将其置于书名号外，亦不为误，不必勉强统一。稿中有关书名，请责编按以上原则处理。

稿中正文："刘歆《移让太常博士书》"与注释"《移书让太常博士·注》"相异，二审质疑得好。情况是这样的：西汉末年，刘歆提议，将《左氏春秋》及《毛诗》《逸礼》《古文尚书》皆列于学官。哀帝令刘歆与五经博士讲论其义，诸博士置之不理。无奈之下，刘歆以转寄书信的方式指责他们。这段故事载于《汉书》，文中没有给刘歆的信件命名，只说事情的过程："歆因移书太常博士，责让之。"移，书写；移书，即写信。太常，官名，九卿之一，汉代设太常寺，掌管礼乐郊庙社稷事宜。让，责备。那么，此信的标题来自何处？在南朝梁昭明太子主持下一些著名文人编纂了一部文选，名曰《昭明文选》，亦称《文选》，其中选取了刘歆此信，将其命名为《移书让太常博士》，唐代李善为其作注。明了以上，解决稿件所存在的问题就容易了：正文"刘歆《移让太常博士书》"，作为标题，当同《文选》一致，改为《移书让太常博士》。而正文之下的这条注释"见《汉书·刘歆传》"，亦存小疵。刘向、刘歆父子虽然学问大，却无资格独享其传，《汉书》并无《刘歆传》，是把父子俩的事迹列在先祖楚元王名下。所以,此注要改为《汉书·楚元王传》。所引用的原文,个别处也做了订正,见稿。另一条注释"《文选》卷43《移书让太常博士·注》"无误,不要改动。稿件引用的是信中夹注,李善所为。因此,在篇名后又加一个"注"字。既然引用《文选》,就按本书字句,不与《汉书》混淆。因为两者共叙一事,用字却不尽相同。修改见稿。

稿中提及"孙毂《古微书》","毂"是"瑴"的异体字,需订正。两处注释皆引自《四库全书总目提要》。该书作为唯一一篇"附录"被收入"五经总义类"里,所以,首注应加"附录"二字。注释的页码不对,"第866页"当为"第806页"之误。次注"《古微书提要》",将《古微书》和《四库全书总目提要》混在一起了,既然标明"同上注",就可以删掉这个拼凑的书名。正文引用《四库全书总目提要》处,按原书文字,增添了三个字。其余,即使有误,因原文如此,不要改动。

第九章《尚书》赏析,共四节,三节是全篇,唯独第一节"尧典"选取了原文的前半部分,当在标题上加"(节选)"。

胡鸣、郜积意所著的这部《十三经——尚书开讲》堪称《尚书》研究之力作。同意出版。

2015年10月7日

84.《十三经——礼记开讲》(大字版)终审意见

儒学"三礼",随着社会的变迁,各自的地位因时尚而不同。《周礼》一名《周官》,讲些官吏制度,属于政治文化,于今已格格不入。《仪礼》是"六经"之一《礼》的本源,又称《士礼》,教人处世,教人在各种场合中如何做到恭俭庄敬,属于行为文化;当代人厌恶的所谓"繁文缛礼",大抵指此而言。《礼记》则以精神文化为主,在弘扬传统文化的新时期,它的现实性远远超过前两者。刘松来、唐永芬撰写的《礼记开讲》合乎时宜,博采众长,有一定的学术造诣,以时代的眼光审视以往,观点公允。同意出版。

稿中不免有些瑕疵,除一审和二审订正的以外,还有注释乖错违失,需要处理。

个别注释与原文对不上号。p.136正文:宋代另一位著名学者郑樵也对《礼记》颇多非议:"《礼记》一书,《曲礼》论撰于曲台,而不及五礼之大本;……《玉藻》一篇颠倒错乱,且不可以句读。"这段文字的注释:"郑樵:《六经奥论》卷五,文渊阁本《四库全书》经部,五经总论类。"事实上,《四库全书总目提要》卷三十三"五经总义类"《六经奥论》六卷"写得很明确:"今观其书,议论与《通志》略不合。樵尝上书自述其著作,胪列名目甚悉,而是书曾未之及,非樵所著审矣。"这是引用朱彝尊《曝书亭

集》里的书跋,说明朱彝尊已经怀疑该书作者。那么,此书究竟是谁写的呢?余嘉锡《四库提要辨证》卷二"《六经奥论》六卷"更为详尽地考证了该书及其作者。《六经奥论》实为郑樵的从兄郑厚所著。全祖望《鲒埼亭集外编》卷三十四有该书跋,卷四十一有与施东莱论《六经奥论·解沟洫帖》,所考,后人均不能出其范围。此外,稿中冤枉了郑樵,他在《通志》里丝毫没有"非议"《礼记》,在其《艺文略第二·礼类》中,谈到《礼记》时,毕恭毕敬地客观介绍书的渊源及历代研究著作。唯对《小戴礼记》的作者戴圣治家不严、冤枉好人,有所指责:"戴圣为九江太守,行治多不法,何武为扬州刺史,圣惧自免。后为博士,毁武于朝廷,武闻之,终不扬其恶。而圣子宾客为盗,系庐江,圣自以子必死,武平心决之,卒不得死。自是圣惭服。武每奏事至京师,圣未尝不造门谢恩。戴圣为礼家之宗,身为赃吏,而子为贼徒,可不监哉!学者当玩其言而已矣。"从以上可以看出,稿中这里舛误有三:一是郑樵未曾非议《礼记》;二是郑樵未曾撰写《六经奥论》;三是用《四库全书总目提要》作注,恰如其反。因此,稿中涉此者皆删除。

正文:"世衰道微,邪说暴行有作。臣弑其君者有之,子弑其父者有之"。注释"朱熹:《四书章句集注·孟子集注》卷三,文渊阁本《四库全书》经部,四书类"。该注释之弊有二:一是孟子的这段话,不在"卷三"公孙丑章句上,而在卷六滕文公章句下。二是援引《四库全书》没必要。就拿 p.171 的两条注释来说吧:

①朱熹:《朱子语类》卷八十五,文渊阁本《四库全书》子部,儒家类。

②王守仁:《王阳明全书》卷六。

众所周知,南宋的朱熹,明代的王守仁是宋明理学的代表人物。第一条注释援引《四库全书》,第二条注释为什么不循同样的体例呢?王守仁的全书,在《四库全书》里称作《王文成全书》三十八卷,录入《四库全书》卷一百七十一·集部二十四·别集类二十四。《四库全书》同样收入两书,稿中却不能一视同仁。其实,乾隆之前的有影响的著作,除了在清朝统治者看来存在政治问题的以外,大都收入了《四库全书》。注了原作,再注《四库全书》某卷某部,多此一举。此种情况稿中较多。以上两条注释,正文所引只字不差,倒是应当肯定。

注释的格式随意,有些作页下脚注,有些则为文中夹注。有的详细,作者姓名、哪个出版社哪年出版的、多少页,均合规范;有的笼统,仅有书名。即使引用同一部书,也有前后不一致的现象,如"《资治通鉴》卷一""《资治通鉴·周纪一》",实际上,两者所引片段,同在卷一,也就是周纪一。以上所言作为小疵姑存吧,若要全书注释格式完全统一,小疵就变成巨大的工作量了,何况书稿已经在几个出版社出版过了。

113

引文里的"纳喇性德"原文如此,不要改为"纳兰性德"。

"《礼记》由附庸到蔚为大国",其中"蔚为大国"改为"蔚为大观"。

2015年10月10日

85.《十三经——公羊传开讲》(大字版)终审意见

"高水平的学术成果",这样评价本书稿不为过。读后确乎能够达到作者翁银陶先生的预期:"使读者对《公羊传》的内容、思想以及历代公羊学有一较全面、较深入的了解,并进而对公羊学研究产生初步的兴趣。"同意出版。

一审和二审对书稿字斟句酌,精神可嘉。希望继续保持这种严谨的工作作风。仅需提示的是,对于学术著作,若无旗鼓相当之功力的话,不要轻易改动一个字。与当今大量的攒书匠截然不同,搞学术的人,把研究成果视为自己的命根子,写一本书,要花几年、十几年甚或几十年的时间。可以说,每一个字都是他们从头上掉下的一滴汗,从心里渗出的一滴血,遣词造句无不费尽心力。显然,编辑动一个字,就等于作者白付出一滴汗、一滴血。所以,我们作为编辑,首先要学习书稿,吃透其方方面面,再动手加工。如若一时半霎吃不透,宁肯一字不动,被误解为"敷衍塞责",也不要妄改,这里含有对作者的充分信任和尊重。当然,硬伤就不必客气了。再者,汉字的使用较为复杂,尤其是古语,并不是一种规范便可圈定的,判断对错时如未查多种资料,不宜轻率下笔。例如:"案"和"按",在编者按、按语的意义上,两个字皆可。"决不"和"绝不",也不能说哪个对哪个错,均可用在否定词前面。"名符其实"和"名不符实",与"名副其实"和"名不副实",没有是非之论。"蠢才"和"蠢材"无区别。"劝诫"也作"劝戒"。"联贯"同"连贯"。"关连"释为"关联"。"歧异"和"歧义","原义"和"原意",各有所用。文法方面的修改,也大可不必。例如:"自经而死"改为"自缢而死","自经"就是上吊,"经"在这里当绳子讲。"自经"这个词古已有之。有些词,一般词典未收入,可能在大型辞书里会查到。即使工具书里没有,也不一定错,前人书中未必不见。"辞达而已",从另一方面理解,根据文意采撷最适合的字,只要言之成理,便无可非议。由于重新录入的原因,"书稿中出现大量漏字、漏符号的现象",责编细心补苴,此等加工值得称道。至于二审所提出的书稿内容结构问题,以原稿为妥,不去变动。所加工的大小标题序号,统一规范,很好。

个别处补充一下:全书稿除了后面的纪年外,统一使用汉字数字。因此,文中的"两点看法"之类,"1.""2.",改为"其一""其二",或"(一)""(二)"。"①""②",改为"一方面""另一方面"。

另外，补充修改个别字句：

"今年正月"易造成误会，改为"这年正月"。

"麦收在秋季"，改为"麦收在夏季"。

"《春秋》又戴"，"戴"为"载"之误。

补充几点内容：

谈朱熹著作，《朱子语类》当列其中。

鲁定公随意占卜，"自然是不允许的"。改为"犯了《周易》的忌讳，属违规操作"。

文中概括今文经学和古文经学的区别，最后增加一句："要之，古文经学偏向于史学，而今文经学偏向于政治学。"

"前言"："在汉代，公羊学乃是当时最为昌盛的经学流派之一。"其中，"汉代"改为"西汉"。"《公羊传》的思想也曾被当时众多的儒者以及放眼世界的先进人物所推崇，并成为清末戊戌变法的理论指导。"这个说法绝对了一点儿。维新运动的理论基础既有中国传统的思想资源，也有对西方思想文化的学习和借鉴，是中西文化交流的结晶。19世纪末，先进的中国人认识到，封建主义的理论武器是无法与西方列强较量的，"古时丹"救不了中国。于是他们把目标转向西方，向西方寻求救国之道。在向西方寻求真理的过程中，维新派以西学为核心，糅合中国的经世致用之学，形成了"不中不西、即中即西之新学派"，包含了历史进化论的社会发展观点和资产阶级的人权平等学说。形成的一整套资产阶级性质的社会政治理论和哲学思想，从而成为维新变法的理论基础。所以，单独强调公羊学是其"理论指导"说过了头，改为"指导理论之一"。

文中引用周予同先生1928年的言论形容清末民初今文经学的盛况，好像周先生拥戴今文经学。事实并非如此。就在作者引用的书，即《经学历史·序言》上，周先生是这样说的："一直到了清代的中末叶，因为社会、政治、学术各方面趋势的汇合，于是这骸骨似的今文学忽而复活，居然在学术界有'当者披靡'的现象。"显而易见周先生所抱有的是什么态度。所以，稿中应当加上几句话："周予同先生虽然不赞成今文派的许多观点，但对当时学术潮流的介绍是客观的。"

2015年9月7日

86.《十三经——论语开讲》(大字版)终审意见

署名汤化的这部稿件不平常。同是一个出版社出版，同是一类题材，《国学微课堂》系列丛书莫能望其项背。从"前言"开始,便具特色:用黑格尔对孔子的妄评,反倒辨析出孔子的伟大,并且让人进一步会意西方哲人与东方圣人之文化差异,有余音绕梁之感。其于道德与政治的关系,肃括宏深。作书主旨"避开千百年来误入的歧途,切切实实地走进文本,深刻反思,取其精华,去其糟粕"道出了开讲的正确导向。书稿行文,看似洒脱随意,细究每每皆有背后功力的支持,可谓专家运用群众语言的成功之例。对《论语》内容的归纳,也出手不俗:打破原书的次序,按其内容归并组合,使其符合今人的逻辑思维。作为十三经开讲之一,窥一斑而见全豹,想必这一套丛书均可供大雅之观。如是,应首功于选题者。同意出版。

一审二审投入很大,精神可嘉。为尊重撰稿人起见,也不必改得那么细。文无定法,辞达而已,要害在于硬伤。

"总序":"略考十三经之编次,依前儒成例,分别为:《周易》第一,《尚书》第二,《诗经》第三,《周礼》第四,《仪礼》第五,《礼记》第六,《春秋左传》第七,《春秋公羊传》第八,《春秋谷梁传》第九,《论语》第十,《孝经》第十一,《尔雅》第十二,《孟子》第十三。本丛书的编纂,即以此为序。"十三经排序十分清晰。既然重视排序,那么前文就需斟酌了:"先秦时代,我国有六经之书,即孔子授徒所用的《周易》《尚书》《诗经》《礼经》《乐经》《春秋》六部典籍。秦始皇'焚书坑儒'之后,《乐经》亡佚,故西汉复兴经学,仅立五经博士。"先秦时代,六经之书与后来的排序不同,《诗经》第一,是不争之论。宋代王应麟《困学纪闻·经说》开篇便道:"'六经'始见于《庄子·天运篇》【原注】孔子曰:'《诗》《书》《礼》《乐》《易》《春秋》六经。'""后汉翟酺曰:'文帝始置一经博士。'考之汉史,文帝时申公、韩婴皆以诗为博士,五经列于官学者,唯《诗》而已。景帝以辕固生为博士,而余经未立。武帝建元五年春,初置五经博士。"另外,"秦始皇'焚书坑儒'之后,《乐经》亡佚",也不尽然。沈约称《乐经》亡于秦,却无考证。《四库全书总目提要》说了一番道理,可参考:"大抵《乐》之纲目具于《礼》,其歌词具于《诗》,其铿锵鼓舞则传在伶官。汉初制氏所记,盖其遗谱,非别有一经为圣人手定也。"近人朱舜徽先生在其《中国文献学》里,对秦始皇焚书亦有所见,"俱成灰烬""扫地无余"这一类的话,自不免过于夸大。"即以秦始皇焚书而论,当日明令不烧的书,反没有一卷流传后世;而那些限期焚绝的经典,经汉代学者搜求修补,反而一部分恢复了旧观。"据以上,将"总序"所言修改为:"先秦时代,我国有六经之书,即孔子授徒所用的《诗》《书》《礼》《乐》《易》《春秋》六部典籍。汉人以《乐经》亡,仅立五经博士。"

"卫灵公与南子乘车外出,竟让孔子与宦官一同陪车而招摇过市。"其后,需要补充一句:"当然,此事真假难辨,儒学大师们各有其说。"否则,便成定论。钱穆就

坚定地认为:"此皆无他证而断不可信。"(参见《孔子传·疑辨十三》)

引《孟子》语:"天将降大任于斯人"之"斯",当为"是"。见郑玄等注的《十三经古注·孟子》。

稿中根据司马迁《史记·孔子世家》谈到孔子之于《易》的补充整理。此事难说,历史上许多学者持异议。例如,钱穆经考证认为,皆不可信。"孔子以礼乐射御书数六艺教,而汉人易以诗书礼乐易春秋为六艺。又称孔子叙书传,删诗,订礼正乐,作《易十翼》与《春秋》。汉儒谓六艺皆孔子整理。""孔子于正乐外,又作《春秋》,为晚年一大事。"因此,需要补充一句:"关于孔子对《易》的贡献,有学者认为皆不可信。"

第一章结束语中加一句:"孔子学院遍布全世界。"

第三章《史记·孔子世家》的裴集解",录入时漏掉"骃"字。裴骃是南朝宋代人,为《史记》作集解。

第六章《左传·昭公二十年》引文修改三处:"晏子待于遄台",其中"待于",当为"侍于"。"故《诗》曰:'亦有和羹,既戒且平'",当为"既戒既平"。"若琴瑟以专一",其中"以",当为"之"字。

"成为儒家最重要的道德修养工夫",这里"工夫"二字万不可删。宋儒讲究"工夫",《朱子语类》里比比皆是。古人对于"学问"一词,不轻用,非通人不敢称之,平常只说"工夫"。作者于此处用"工夫",足见其工夫。

"树立与养成跟他人和谐相处、同社会协调一致的观念和行为",其中"与养成"及"和行为"被删;"养成"是伦理学中的专用名词,原文严谨无疵,不要随意删改。

重复注音者,可处理之。如【9.9】"子见齐衰(zī cuī)",【10.9】"见齐衰(zī cuī)"。后者注音可删去。

2015年6月26日

87.《十三经——孝经开讲》(大字版)终审意见

罗萤、黄黎星二位先生所著稿件,渊渊入微,博观精析。同意出版。一审二审加工细致,好多可取之处。但也不必修改过度,只要不见硬伤,能不改者则不改。补充意见如下:

前言:"《孝经漫谈》的写作,也就是在这方面作出我们的尝试和能力。"此言乃稿件原本《孝经漫谈》的痕迹未灭,删去。

诸侯章第三:"《诗》曰",当为"《诗》云"。

卿大夫章第四:"非先王之法言,不敢言",当为"不敢道"。

五刑章第十一:"非圣者无法",当为"非圣人者无法"。

广要道章第十二:"所敬者寡,而悦者众",当为"敬者寡而悦者众。"

第二章 《孝经》的作者

"南宋学者王应麟的《困学纪闻》曾引宋人冯椅的话说:'子思作《中庸》,述其祖之语'","述"字前加"追"字,应为"追述其祖之语"。

"《朱子语类》中,有朱熹论《孝经》作者的一段话",所引与《朱子语类·孝经》卷第八十二只是相类,却不是原文,原文仅三页,引文不合原文。或引自别处,未注明。

第三章 《孝经》的传授与研究

"儒家的经典,开始时只有'六经',即为《诗》《书》《礼》《易》《春秋》《乐》",将《乐》置《礼》后。

第六章 其他儒家经典中的孝论

《礼记·祭义》引文:"先承父志",当为"先意承志"。"战陈不勇",当为"战陈无勇"。"喜而弗忘",当为"嘉而弗忘"。

《梁惠王章句上》之类,原著本如此,岂能妄改?不过,这段引文"今也不幸至于大故"的"干"改为"于",值得赞扬。

"百官族人可,谓曰知。"断句不妥,改为"百官族人,可谓曰知"。

第八章 孝道——家庭伦理的孝

引用《礼记·内则》误两处:"禾",当为"黍";"衹",当为"祇"。

《尚书·大禹谟》:"祇载见瞽瞍,夔夔齐慄。"其中,"齐"乃"斋"之误。

《礼记·祭义》:"飨者,向也;向之然后能飨焉。"其中"向",当为"乡"。

2015 年 6 月 30 日

88.《十三经——尔雅开讲》(大字版)终审意见

书稿小毛病不少,抑或重新录入所致。这次做成大字本,得益于一审和二审的订正,如原书"河南济源县内"误为"县此";"河堤"误为"河提";两地接境处,误为

"接坯处";"幼虫"误为"动虫";"纽扣"写作"钮扣";"大蛤蜊"写作"大哈蜊",等等。这些硬伤的订正,使其质量进一步提高。应当说,马重奇、李晓春二位先生撰写的这部书稿,较全面地搜集了有关资料,对于尔雅学的研究者来说,提供了给力的帮助;作为十三经中的《尔雅》开讲教材,也非常适宜。同意发稿。

"前言"最后一段,问题挺多,原书出版即如此,经我社之手,需要理顺。这一段文字本来有无皆可,因为"目录"上已经表现得明明白白,"前言"里这么一写,把本来明白的事搅成了一锅粥。为说明问题,录"前言"原文如下:

本书共分九章:第一章阐明《尔雅》的名义,第二章阐明《尔雅》的作书及成书年代,第三章介绍《尔雅》的内容分类,第四章阐述《尔雅》与古代社会文化,第五章介绍《尔雅》的编撰方法和体例,第六章论述《尔雅》的经学地位,第七章介绍《尔雅》的研究成果,第八章是《尔雅》版本简介,最后一章是阐述《尔雅》的研究方法论问题。

请对照一下"目录":

第一章《尔雅》的名义

第二章《尔雅》的作者及成书年代

第三章《尔雅》的编撰方法和体例

第四章《尔雅》的内容分类

第五章《尔雅》与古代社会文化

第六章《尔雅》的经学地位

第七章《尔雅》的训诂学地位

第八章《尔雅》研究说略

第九章《尔雅》版本简介

第十章《尔雅》的研究方法论

两相比较,"前言"所述,除了第一章和第六章无误之外,余者不是错位,就是不确。本书明明分为十章,"前言"本段上来就说"本书共分九章"。第二章"作书"应为"作者"。第三章《尔雅》的编撰方法和体例,误为第五章。第四章《尔雅》的内容分类,误为第三章。第五章《尔雅》与古代社会文化,误为第四章。第七章《尔雅》的训诂学地位,用"研究成果"替代不了,后者范围较广,所有关于《尔雅》的论文、书籍都是研究成果。第八章《尔雅》研究说略,"前言"未言。第九章《尔雅》版本简介,误为第八章。第十章《尔雅》的研究方法论,"前言"说是"最后一章"倒也不错,而前者为第八章,最后一章是第九章了,所以不错也错。修改见原稿。

第一章中引郭璞《尔雅》序,有一"辨"字,"豹鼠既辨",原文为"辩"。"靡之钦玩耽味",其中"之"应作"不"。"别为音、图",指的是郭璞的两本书《尔雅音》和《尔雅

图》,所以当加书名号。这段文字在第八章里重复引用大部分,可相互对照。

第二章"《西京杂记》旧题汉刘歆撰,实出晋葛洪之手"的"注释"言:"余嘉锡《四库提要辨证》。"此处把事说反了。余嘉锡辨证的是《四库全书总目提要》,而《四库全书总目提要》上说:"旧本题晋葛洪撰。""则作洪撰者自属舛误",认定出自刘歆之《汉书》一百卷。余嘉锡不以为然才辨证,根据史料断言:"盖其书题为葛洪者本不伪,而洪之依托刘歆则伪耳。"修改见原稿。后文重复此论以及注释,删除。

《四库全书总目提要》是书的正名,稿中有时写作《四库总目提要》,有时写作《四库全书总目》,需要统一。

第三章中引王国维《尔雅草木虫鱼鸟兽释例》,标题漏了一个字"名",当是《尔雅草木虫鱼鸟兽名释例》。第二次引用的是《尔雅草木虫鱼鸟兽名释例》下篇,正文已明示,而注释却标为"(上篇)"。

第八章中介绍"刘歆(?—23),汉注释家"。刘歆的生年在宣帝甘露元年至元帝初元元年之间,即公元前53年至公元前48年之间。说他是"注释家",概括不了其辉煌成就,与文中具体叙述的他的各门业绩相比尤显偏狭,所以,不如改为"汉代的大学问家"。

"郑樵《尔雅注》三卷"一节,改了两个字:一个是繁体字要改为简体字,另一个"朕"字误为"联"。

2015年11月6日

89.《先秦史》(大字版)终审意见

历史书对于低视力读者十分重要,而一般的历史书容量大而字体小,低视力者阅读起来很吃力。根据需求,为这一读者群量身定做,采用大字本的形式出版这一套历史丛书,将会深受欢迎。重要的是,把"中国大百科全书名家文库"之精华转让过来,以此为底本加工,于是,字大行稀的版面搭配全国一流史学家的论述,达到内容与形式的完美统一。

本册《先秦史》分六部分。

传说时期(刘起釪)。"釪"字要简写,通常字盘上没有其简体,排版时注意。该部分末尾作者的署名漏掉了,补之。有两幅插图需要重排一下位置:"黄帝"插图及说明文字,如稿中设计,容易与正文混读,将其移至"西王母"前。"《楚辞》中的古帝",移至《楚辞》插图前。数字用法要统一。"春秋战国前期的古史传说"一节分出的六段,皆由阿拉伯数字改用汉字数字。

"《汉书·律历志》所载《世经》,有一中国古史最完备的按五德相生顺序编排的帝王系统:太昊炮牺氏→共工→炎帝神农氏→黄帝轩辕氏→少昊金天氏→颛顼高阳氏→帝喾高辛氏→帝挚→帝尧陶唐氏→帝舜有虞氏→伯禹夏后氏→商汤→周文王、武王→秦伯→汉高祖皇帝。"这段文字与《汉书·律历志》稍有出入。"太昊炮牺氏",改为"太昊帝炮牺氏"。"共工"当删去。《汉书·律历志》上说:"炎帝《易》曰:'炮牺氏没,神农氏作。'言共工伯而不王,虽有水德,非其序也。以火承木,故为炎帝。"因此,共工不能列入这一系统。"少昊金天氏"改为"少昊帝金天氏"。"颛顼高阳氏"改为"颛顼帝高阳氏"。"帝喾高辛氏→帝挚"删去"帝挚"。"帝尧陶唐氏"改为"唐帝尧陶唐氏"。"帝舜有虞氏"改为"虞帝舜有虞氏"。"商汤"改为"成汤商殷"。"周文王、武王"删去"周文王",改为"武王周室"。之后,补上"春秋"和"六国"。"秦伯"后加两个字"始皇"。综上所述,帝王系统如下排列较为符合《汉书·律历志》:太昊帝炮牺氏→炎帝神农氏→黄帝轩辕氏→少昊帝金天氏→颛顼帝高阳氏→帝喾高辛氏→唐帝尧陶唐氏→虞帝舜有虞氏→伯禹夏后氏→成汤商殷→武王周室→春秋→六国→秦伯始皇→汉高祖皇帝。

夏(安金槐)。该部分末尾作者的署名漏掉了,补之。有一幅插图需要重排一下位置:"三苗"介绍移至下页。

商(胡厚宣)。"商代世系表"字号太小,不符合大字本方便低视力者阅读的要求。改用大一些的字号。

西周(李学勤)。有两处文字排版不合适,见原稿。"玁狁"改用简体字,常用字盘没有"玁"的简体字,可用"猃狁"。

春秋(吴荣曾)。"执鍼"的"鍼"是繁体字,"金"字旁用"钅"。"公子小白"的介绍文字字号太小,要大一点。

战国(吴荣曾)。湖北云梦秦墓发掘,正文写的是 1972 年,"云梦秦律"介绍文字里写的是 1975 年。后者为是。

2015 年 9 月 17 日

90.《三国两晋史》(大字版)终审意见

田余庆、周一良两位先生是当今史学界的权威人士,《三国两晋史》的撰写者,署的是两位之大名。从行文风格、章法结构来看,不似大手笔所为,疑他人捉笔。稿中人物专栏和制度介绍专栏与正文内容重复者有;事件专栏之间迭出者有;人物专栏先后顺序的布局与历史进程不同步者有;这般瑕疵,虽非重大问题,但觉整体

稍欠精细。修改如下：

正文："屯田民是国家佃客，以四六分（用官牛的）或对分（不用官牛的）向国家缴纳地租，但不负担另外的徭役。一部分屯田用军士屯垦，称为军屯，屯田者的生产有政府保障，其劳动生产率比郡县的自耕农民高，在短期内屯田即能保证军粮的需要。"这段文字与前面介绍"屯田"制度专栏重复，可以删去。

稿中写有"夷陵之战"，而其前已有"陆逊火烧连营"，大同小异，根据稿中具体的结构情况，删去前者为宜。所删文字记录如下：

"陆逊火烧连营

蜀汉章武元年（221），刘备为报荆州被夺、关羽被杀之仇，率大军进攻吴国。吴国大将陆逊为避其锋，坚守不战，双方形成对峙之势。蜀军远征，补给困难，又不能速战速决，加上入夏以后天气炎热，锐气渐失，士气低落。刘备为缓解军士酷热之苦，命蜀军在山林中安营扎寨以避暑热。陆逊趁此大好时机，命士兵每人带一把茅草，到达蜀军营垒时，放火猛攻。蜀军营寨的木栅和周围的林木为易燃之物，火势迅速在各营蔓延。蜀军大乱，被吴军连破四十多营。陆逊火烧连营的成功，最终决定了夷陵之战（猇亭之战）蜀国大败、吴国大胜。"

"益州郡（仅云南晋宁东）"，同一页文字括号里的说明两次出现，累赘。后者删去。

稿中人物介绍栏目，前后次序有点儿乱，需要调整。钟繇是三国时期曹魏的人物，稿中在西晋五胡十六国中才出现，不妥。将其提前，置于东汉末年华佗之后。

十六国之一的前赵皇帝刘曜，本是刘渊的族子。他们是匈奴人，刘渊是汉国的创建者。稿中却将刘曜置前，近二十页文字后才出现刘渊，不当。修改见原稿。

"宋武帝刘裕"专栏，置于"西晋"标题之前，犹觉碍眼。此专栏写道："南北朝时期政治家、军事家。南北朝时期宋王朝的建立者。……"刘裕既然是南北朝时期的开创人物，为什么要将其穿插在西晋里介绍？删掉为好。

"郑玄"专栏，置于"西晋的文化"标题之下，亦欠妥当。专栏里，第一句便介绍郑玄说："东汉末年经学家。"显然，东汉末年的人物，在"西晋的文化"里大讲，文不符题。删去。

介绍人物的生卒年，中间用的浪纹连接号，改为一字线连接号。如"魏武帝曹操（155～220）"，其中"～"改为"—"。

同意出版。

2015 年 11 月 20 日

四、古典读物（80—151篇）

91.《南北朝史》（大字版）终审意见

周一良及黄惠贤、卢开万所著《南北朝史》，脉络清晰，事简文约，却不空疏。通常，人们对于挂在口头上的一些名词概念，说起来头头是道，究其根底，赧然结舌，犹如鹦鹉学舌，不知腠理。唐人杜佑撰有大部头的《通典》，但一般人谁去为一个无关紧要的细节而开卷呢？稿件不同于它书，突出的一点，即将这类人们司空见惯却不知所以然的点点滴滴，细说端详，传道解惑。所谓深入，就在于具体，一具体，就深入。抓大不放小，处处透露出大家风范。同意出版。

稿中"谱牒"一节，介绍"中国古代最早的谱牒是《世本》，记黄帝以来到春秋时列国诸侯大夫的氏姓世系，已亡佚"。删去这句话的最后三个字。此书已亡佚不假，那是宋代的事，散佚不传。可是，到了清朝，王谟、孙冯翼、陈其荣、秦嘉谟、张澍粹、雷学淇、茆泮林、王梓材等对《世本》辑佚，连同最初汉代宋衷的注释，各自做出辑佚本。1957年商务印书馆将以上八家辑本汇印成《世本八种》出版。所以，笼统说"已亡佚"，不确，现在还能找到有关资料，又有书为证，应当避免为读者提供无效信息。

关于郦道元《水经注》，文中说，郦道元"纠正了《水经注》的许多错误"，当为"纠正了《水经》的许多错误"。

北朝史在末尾已有卢开万的署名，中间部分文字之后不用署名，当统一体例。

2015年10月31日

92.《唐史》（大字版）终审意见

隋末李渊起事缘由，稿中多从褒扬角度叙述："李渊素有大志。""他左右的裴寂、刘文静及次子李世民亦纷纷建议起兵以举大事。""觉得时机成熟……正式宣布起事。"《资治通鉴·隋纪七》卷一百八十三，不同于此说：李渊兴兵，乃为李世民和刘文静所逼。《旧唐书·本纪第一》也说"太宗与晋阳刘文静首谋，劝举义兵"。《新唐书·本纪第一》载：李世民与刘文静谋举大事。"计已决，而高祖未之知，欲以情告，惧不见听。"李渊其人，难能称善。遭隋帝怀疑，"闻之益惧，因纵酒沉湎，纳贿以混其迹焉"。范文澜在《中国通史》第三册里直言了当："唐高祖爱好酒色，昏庸无能。""裴寂是佞人，私送宫女给他"，"起兵后又送宫女五百人"。"通昼夜赌博饮酒。他过着荒淫生活，根本不理会太原城外的战事，当然更不曾想要反隋自做皇帝。"历史人物,不去贬损,可以理解。不过,牵扯到玄武门之变是否理所当然的问题。李渊若如稿中的评价,那么,李世民杀兄杀弟,又逼父让位,岂不成了不忠不孝不悌不友的恶人?事实上,自相残杀的根子全在李渊。而且,假如没有李世民,仅凭李渊等,李唐在中国历史上或许不会存在。李渊"用佞人,忌功臣,就是他治国的方针"。"他立长子李建成为太子,李建成爱好酒色畋猎,亲近赌徒恶霸,同他一样是个纨绔无赖子。他的第四个儿子李元吉,尤其凶险。李建成、李元吉勾结宫中宠妃们,协力谋害唐太宗。""上(唐高祖)每有寇盗,辄命世民讨之,事平之后,猜嫌益甚。"范文澜的这些叙述,是根据《资治通鉴》等史料而来的,可信度较高。诚然,稿中同样褒扬了李世民,不失公允。作者胡如雷是研究唐史的大家,对这段历史了如指掌不在话下,只是泛仁广善的良好愿望人人都好,以此介绍历史人物和事件,恐怕难以自圆其说。

以上仅为个人看法,尊重原稿,不作任何改动。好在全书稿仅限于此,属于最高统治集团内部的是是非非。整体而言,闪耀着历史唯物主义的光芒。同意发稿。

尚有小疵:

王昌龄的诗《从军行》夹杂在"兵制"的叙述里,让人觉得莫名其妙,删去。

稿中说到唐朝史学的最大成就是刘知几撰成《史通》和杜佑撰成《通典》。接下来介绍《晋书》《梁书》《陈书》《周书》《北齐书》《隋书》《周礼》。问题出在最后一部《周礼》上,它是经书而非史书,且又不是唐人所作。将其删掉。

稿中说李白是"蜀中绵州昌隆(今四川江油南)人"。可能李白大约五岁时才跟随家人迁居到此地。他祖籍陇西成纪(今甘肃秦安)。李白的家世和出生地至今还是个谜,专家们众说纷纭:陈寅恪说李白是胡人;胡怀琛说李白是突厥化的中国人;郭沫若、詹锳、松浦久友、周勋初等又各有其说。李白的出生地,有条支说、中亚碎叶说、焉耆碎叶说、长安说、蜀说等。可参见上海三联书店1989年出版的郁贤皓、倪培翔的《建国以来李白研究概述》(《李白学刊》第二期)。

2015年9月29日

93.《五代十国史》(大字版)终审意见

历史学家王曾瑜先生在一篇文章中说:从中国现代史学研究的实践出发,用马克思主义研究历史的能力,掌握尽可能丰富而准确的史料的能力,即拥有尽可能丰富而准确的历史细节知识,以及文字表达能力,可说是治史成才的三要素。本稿件《五代十国史》的作者张泽咸先生可谓这三要素之典范。在隋唐史领域,原有陈寅恪和唐长孺两位最有代表性的名家,是公认的。近几十年,以马克思主义治史的最有代表性的人物，应是胡如雷和张泽咸两先生。以对马克思主义译著的精熟程度而论，胡先生更胜；而以对汉唐间史料的精熟程度而论，则张先生又胜过胡先生。张先生是20世纪30年代末出生的，在这个年龄段的治史者中，博览群书、对史料所下的苦功夫，没有第二个人能与之相比。张先生本人则反复强调自己是个笨人："语言能力差，至今乡音不改；马列的书还是读的，马恩全集前47卷、列宁全集37卷、斯大林全集13卷，全都一页一页地读过，但理论水平确实有限。"如是大家，如今健在的不多了，出版此书，是我社的荣幸。

稿中专栏有两处标题为"雕版印刷"，前者主要解释印刷技术，可以加一个"术"字，即"雕版印刷术"；后者在"五代十国的科技文化"的大标题下，属于文化传播的介绍，所以改为"文化传播"。

专栏"《花间集》"，笼统介绍也就够了，稿中选了唐后主李煜的一首《虞美人》，将全词录入文中，没有必要。与五代十国历史的整体布局不协调，史料繁多而篇幅简短，当无暇虑及诗词个案，割爱吧。

同意发稿。

2015年11月23日

94.《清史》（大字版）终审意见

戴逸先生是清史研究的权威，书稿不仅史料翔实确凿，而且贯穿了马克思主义历史观。多年来有一股歪风：贬损历史上的农民起义，为封建统治阶级歌功颂德。最典型的就是全盘否定太平天国运动，自始至终地夸赞为清朝效命、残酷镇压太平天国运动的曾国藩。这段历史处于晚清，用什么样的观点来评说，是撰写《清史》者回避不了的。稿中不仅没有放弃马克思主义有关阶级和阶级斗争的理论，反而运用自如，对两大阵营的代表人物进行恰如其分的叙述，令人折服。这一点很重要，因为有些人口口声声坚持马克思主义，一遇到具体问题，便将其置之脑后。学术权威的导向作用，一般人不可企及，既为我们树立了榜样，又可以使迷茫者找到依据。歪风的另一种表现是，认为清末帝国主义列强侵华有理论，为生产力低下、经济全面落后的中国输入了新文明，百般美化对外执行妥协投降方针的李鸿章。稿中立场鲜明地站在中华民族的根基上，让事实说话，客观地讲述每个重大事件的始末，喝过迷魂汤的人读此书可以自己教育自己。

同意发稿。

2015年9月30日

95.《林汉达中国历史故事集·春秋故事》
（大字版）终审意见

林汉达先生的这部大作，转换成大字本，正应当前普及传统文化之需，是青少年低视力者的福音。中国历史几千年，总括万殊，包吞千有，而其文献全用文言写成，奥博高古，一般人难以阅读，更不要说低视力的中小学生了。《林汉达中国历史故事集》的出现，缩短了这批读者与中国历史知识的距离。该书自出机杼，综核古事，借事明义，妙趣横生。本于史书而不泥古，生动活泼而非戏说，行文质朴，格调高雅。同意出版。

本集在故事安排的次序上，有点儿小毛病。最后的六个故事，"混出昭关""鱼肚藏剑""掘坟鞭尸""夹谷之会""石屋养鸟""卧薪尝胆"，有五个故事与伍子胥相关，无论他的角色是主是次，都是他把这段历史串联了起来。孰料却于中间插上了"夹谷之会"，另起炉灶，说起了孔子，使得原来以伍子胥为线索的故事截为两段。建议将"夹谷之会"置于篇末。该故事的结尾，犹能托住全书：孔子"编了几本书，其中最主要的一本叫《春秋》，记载从鲁隐公到鲁哀公十四年，就是公元前772年到公元前481年的大事。后来，这一段两百多年的时期，在中国历史上就叫'春秋时期'"。以孔子编《春秋》的几句话结束春秋故事，何等精彩的"豹尾"！

2015年11月26日

96.《林汉达中国历史故事集·战国故事》
（大字版）终审意见

"悬梁刺股""攻守同盟""合纵抗秦""连横亲秦"，四个故事组成了一个小系列，讲的是苏秦、张仪纵横家之始末。故事虽然让人读起来津津有味，但关键处与新发现的史料相抵牾。原版的处理方式是加注说明；转换为大字本，就不一定采取作注的方式。本部故事集出现了两个【注】，责编将其中一个"【注】"字删了去，处理妥当。接下来还要继续做一些工作：可以把【注】改换成另一种形式——编者按，置于这一系列故事的开端。理由如下：《林汉达中国历史故事集》是一套丛书，要求体例统一。其他集子没有注释，偶有几条注释与整体不协调。再者，注释一般用小字，稿件用的是5号字，给低视力者阅读造成了困难。假若注释也用小2号字，与正文一样，版面会显得呆板。而这条注释又很重要，必须向读者交代清楚，这也是体现

四、古典读物(80—151篇)

中国少年儿童出版社所出原版的编辑水平的地方。所以,在四个系列故事之前,加编者按,拟文如下:

本书关于苏秦和张仪的故事,主要依据《史记》等史书的记载编写。20世纪70年代,在长沙马王堆汉墓的发掘中,出土了《战国纵横家书》等文献,与《史记》的记载有很大不同。据有关记载,苏秦和张仪不是同时期人,也不是同学。张仪在前,苏秦在后,二人并无交往,相关事迹和结局也有不同。此事在史学界尚有争论。本书作者林汉达于1972年去世,没有看到新发现的史料。为保留其讲述风格,此处仍按其原样排出。读者可以参照其他文献和记载了解相关史实。

另一条注释:"苏秦之死的另一种说法是,苏秦为帮助燕国,到齐国设法削弱齐国,又引发五国伐齐,使齐国遭受重大损失,后被齐宣王的儿子齐湣王车裂处死。"这条注释也可以删去,处理方式采用正文加括号,即把注释的这句话提到正文中,加上括号。如此,让丛书不出现注释。

文中有几处使用"到了儿"的句式,容易造成文意模糊。例如,"到了儿他死在赵国"。此句前,说的是乐毅的儿子。"到了儿"指的是乐毅还是乐毅的儿子,不能一眼分清。再如,吕不韦"到了儿叫他自杀了事",从这里才理解"到了儿"用的是儿化韵,"儿"为后缀。其实,用于口语,一听即明;而用于书面语言,就得费点儿心思琢磨。为了便于阅读,前例若去掉后缀"儿",也容易误读为"到了(le)",所以改为:"最终,他死在赵国"。后例因为句中已有"了事",再说"到了儿"显得重复,干脆删掉这三个字,仅"叫他自杀了事"。

同意发稿。

2015年11月27日

97.《林汉达中国历史故事集·西汉故事》(大字版)终审意见

张良拜师

"拣起那只鞋",责编改为"捡起那只鞋"。"拣"字,一种意思是挑选,另外同"捡"。所以,本来不错,改的也不错,最好不改。在审读报告里说改了此字,而稿中未改。"揭竿而起"篇,倒是在正文里将"拣"改成"捡"。上述原则,此处同样适用。

暗度陈仓

审读报告:"'暗渡陈仓'应为'暗度陈仓'。"这样改正确,《现代汉语词典》《成语熟语词典》都用"度"字;同为商务印书馆出版的《俗语词典》却用"渡"字。此例或许能够启发我们,答案不是唯一的。

四面楚歌

霸王歌词注释,可按前例,用正文加括号的形式。

李广射虎

本篇里套了一个小故事——东方朔救汉武帝的乳母。这个故事版本不一。责编于文中删去了一个"儿"字,原文汉武帝"马上免了她儿的罪",去掉"儿"字,就是"免了她的罪"。究竟谁有罪?故事开头:"因为汉武帝的奶妈儿子犯了罪,汉武帝要处罚她。"就是说,儿子有罪,母亲受责。故事结局却说"免了她儿的罪"。可能正因为前后逻辑关系不缜密,责编才删去了"儿"字。从字面来说,这样处理已难能可贵,若再深入探讨的话,问题不是一个字所能了结的。《汉书》对东方朔高看一眼,单独作传,即卷六十五《东方朔传第三十五》,然而,文中却未提到此事。《史记》不单没有为东方朔单独作传,就连明标名姓的合传里也没有他的份,仅忝列于《滑稽列传第六十六》之中,而这段故事又与之不相干。有一点联系的倒是《史记》里介绍东方朔之前,恰巧就是写的这个故事:"武帝时有所幸倡郭舍人者,发言陈辞虽不合大道,然令人主和说。武帝少时,东武侯母常养帝,帝壮时,号之曰'大乳母'。……乳母家子孙奴从者横暴长安中,当道掣顿人车马,夺人衣服。闻于中,不忍致之法。有司请徙乳母家室,处之于边。奏可。"下面就是稿中接此叙述的故事了。从《史记》看出,犯罪的是仗势欺人的乳母子孙的家奴,起初,武帝不管,有司判案,让乳母全家迁到边远地区。武帝圈阅同意。综上所述,根据《史记》记载,有两点能够确认:一是犯罪的不是乳母,也不是她儿,是其家奴。二是为乳母出主意的是郭舍人,而非东方朔。那么,故事里的人物为什么张冠李戴呢?有可能是因为,郭舍人只是个俳优,其他又乏善可陈,姓名自然被淹没了,而东方朔聪明伶俐又玩世不恭,善于玩这类把戏;《史记》里此故事讲完紧接着说的是东方朔,粗心者很容易将本来不搭界的两码事说在一块儿。更为重要的是,小说有一条创作原则,即情节是人物性格发展的历史,讲求艺术的真实,不拘泥于生活的真实,重在突显人物性格。东方朔个性很强,是天生的艺术创作的对象,这段故事放在东方朔身上,简直是量体裁衣。

所以,作为小说的《世说新语》就径直写道:"汉武帝乳母尝于外犯事,帝欲申宪,乳母求救东方朔。"《世说新语》前后的几种书,涉此者雷同。回到稿件上来,这段故事整合了《史记》和《世说新语》的描述,既然是讲故事,用不着去细究。稿中的一头一尾改几个字罢了:乳母"儿子犯了罪",改为"子孙家奴犯了罪";"处罚她"改为"处罚她家";"免了她儿的罪",改为"免其罪",如此,便可以蒙混过关了。

同意发稿。

2015 年 12 月 1 日

98.《林汉达中国历史故事集·东汉故事》(大字版)终审意见

绿林好汉

"咱们还是合计合计,找条活路才好哇!"该句本来为"核计核计",审读报告认为"'核计核计'应为'合计合计'",改错了。"合计"是合起来总计;"核计"是算算账,掂量掂量。所以,此处的"核计"不能改为"合计"。

审读报告:"'琅邪'应为'琅玡'。"《古代汉语词典》上有"琅邪"词条,标的拼音是"lángyé","郡名。秦始治。治所在今山东诸城市一带"。正是稿中所述的一带。所以,原文无误。另外,该词典还有一条说明:"邪 yá 通'玡'。地名用字。秦置琅邪郡,也作'琅玡'。"《现代汉语词典》未收这一词条,而在解释"玡"字里说:"琅玡,山名,在山东。"由此可见,琅邪、琅琊、琅玡,说的都是一个地方,汉字用法并不那么整齐划一。

昆阳大战

稿中"巨毋霸"注,删去,其内容提到正文,用括号。
同意发稿。

2015 年 12 月 2 日

99.《林汉达中国历史故事集·三国故事》(大字版)终审意见

审读报告:"'呆到死'应为'待到死'"。其实,两者皆可。"呆"字的一种词义即为"待",读音为阴平。原文无误,不要改。"'陪笑脸'应为'赔笑脸'"。也不尽然。古汉语中"陪"通"赔",赔偿。"赔"字的一种词义为道歉,认错,《红楼梦》里用的就是"陪笑"。原文无误,不要改。"'嗡刺刺'应为'呼啦啦'"。不见得。"嗡"同"呼",象声词。《红楼梦》里,袭人"拿了一领斗篷来替他盖上,只听'嗡'的一声,宝玉便掀过去,仍合着眼装睡"。"刺刺"也是象声词,而且比"啦啦"更有来历,唐代李商隐诗《送千牛李将军赴阙五十韵》云:"去程风刺刺,别夜漏丁丁。"原文无误,不要改。

文中"派人把孙弘请到自己府上","府上"一词用得疏忽了,改为"府邸"。

正文"他当皇帝的什么也管不了,还赔老陪着笑脸儿",后半句里把"赔"字去掉。

p.172 有漏字处,请据原稿补之。

同意发稿。

2015 年 12 月 4 日

100.《曾文正公嘉言钞》(大字版)终审意见

成功励志的图书,这些年可谓泛滥,书里众多的榜样人物,曾国藩大约能挂头牌。而曾国藩究竟干了些什么事,好事还是坏事,说了些什么话,写了些什么书,宣扬者未必清楚,读者也就更难昭昭了。其实,时间上溯一个世纪,梁启超先生早已将曾国藩著作里的名言警句辑录成《曾文正公嘉言钞》。梁先生之于曾国藩拳拳服膺,"曾文正者,岂惟近代,盖有史以来不一二睹之大人也已;岂惟我国,抑全世界不一二睹之大人也已"。曾国藩天资较差,被认为最钝拙;其一生得力在立志,自拔于流俗,而困而知,而勉而行,历百千艰阻而不挫屈;不求近效,铢积寸累。他的撰著,字字皆得之阅历而切于实际,"非唐宋以后儒先之言所能逮也"。有志之士,欲乞灵典册,得片言单义而持守之,《曾文正公嘉言钞》即是一本难得的书。以自鞭策,自夹辅,自营养,杜防堕落而渐进于高明。梁先生所作,才是货真价实的成功励志书,选题非同凡响。但也必须指出,曾国藩毕竟是封建统治集团的大员,为清王朝的苟延残喘卖尽了力气,其阶级立场应当分清楚。

责编的功夫下在校勘上,竟与所依版本一字不差,难得啊难得!但难得无误却也把其缺陷原封不动地移植了过来。

《附:曾文正公国史本传》与《曾文正公嘉言钞》是关于曾国藩的两类书,不可混为一谈。稿中《附:曾文正公国史本传》的书眉,单页标"附:曾文正公国史本传",双页标"曾文正公嘉言钞"。显然表明《附:曾文正公国史本传》是《曾文正公嘉言钞》里的一部分。实际非也。《附:左文襄公嘉言钞》和《附:胡文忠公嘉言钞》更与《曾文正公嘉言钞》无涉,其书眉同样出现"曾文正公嘉言钞"。需要进行处理,在稿中已作了删除符号,请责编细化。

所依版本,个别繁体字和异体字混在文中,作以下处理:

积翫——积玩;讐——雠。

稿件还有一个大漏洞:所选择的版本,为避版权之累而暗度陈仓却未能首尾相顾。《附:左文襄公嘉言钞》和《附:胡文忠公嘉言钞》把所依版本的"简体版编者按"亦全然照录,人家写于2012年,版权是非岂不昭然若揭?而且,原文未必无懈可击,我们无需蹈袭其辙,因此,这两个编者按要自己写。形式可采取单页括号说明。拟文如下:

左宗棠,字季高,一字朴存,号湘上农人,谥文襄,后称左文襄公。湖南湘阴人,生于嘉庆十七年(公元1812年11月10日),卒于光绪十一年(公元1885年9月5日)。著名湘军将领,历任闽浙总督、陕甘总督、东阁大学士、军机大臣;与曾国藩、李鸿章、张之洞,并称"晚清四大名臣"。曾力排李鸿章等海防派重臣之议,抬棺西行,收复新疆,抗御外侮,青史留名。办洋务而不丧权辱国,有利于国计民生。他曾率湘军围剿太平天国运动,也曾残酷地屠杀陕甘回民中反清的百姓。有《左文襄公全集》行世。

——本书出版者

胡林翼,字贶生,号润之,谥文忠,后称胡文忠公。湖南益阳县泉交河人。生于嘉庆十七年(公元1812年7月14日),卒于咸丰十一年(公元1861年9月30日)。湘军重要首领,湖北巡抚。他曾率湘军围剿太平天国运动,与曾国藩、左宗棠、李鸿章等被并称为"中兴名臣"。著有《读史兵略》《胡林翼集》。曾绘制《大清一统舆图》,为我国早期较完整的全国地图。

——本书出版者

此外,"目录"里"o 书札"是什么意思?如果没有特殊凡例,"o"应当删去。

书的文字不多,有多少就是多少,在版面设计上,无需用空白页充数。

同意出版。

2014年11月4日

101.《李鸿章传》(大字版)终审意见

但凡知道一点戊戌变法的人,都晓得有两位著名人物——康有为和梁启超,其人学术上的建树,知之者就不多了。李鸿章也是人们熟知的另一类著名人物。著名人物因何事而著名?怎样正确看待他们的所作所为?人们大都道听途说。责编把梁启超写的《李鸿章传》作为大字本的选题,弘扬国学,从人们略知一二的人物入手,以此引起读者的兴趣,颇具智识。

梁启超的学问汪洋浩博,史学研究尤为突出。他的《中国历史研究法》及其《补篇》、《中国近三百年学术史》、《清代学术概论》均为学术界必读书。他写了一系列人物传记,亲自为《中国历史研究法补篇》所论"人的专史"之方法树立了典范。梁启超认为,中国旧文体,凡记载一人事迹者,或以传,或以年谱,或以行状,类皆记事,不下论赞。其有之则附于篇末耳。然夹叙夹论,其例实创自太史公,后人短于史识,不敢学之耳。他在传记"序例"里谦虚地说,"著者不敏,窃附斯义"。他对李鸿章的评价极其公允且见地深邃:"自李鸿章之名出现于世界以来,五洲万国人士,几于见有李鸿章,不见有中国。一言以蔽之,则以李鸿章为中国独一无二之代表人也。""现今五十岁以上之人,三四品以上之官,无一可以望李之肩背者。""现在政府失一李鸿章,如虎之丧其伥,瞽之失其相。"他又非常敏锐地揭示了"李鸿章不识国民之理,不通世界之大势,不知政治之本原,当此十九世纪竞争进化之世,而惟弥缝补苴,偷一时之安,不务扩扬国民实力,置其国于威德完盛之域,而仅撷拾泰西皮毛,汲流忘源,遂乃自足。更挟小智小术,欲与地球著名之大政治家相角,让其大者,而争其小者。非不尽瘁,庸有济乎?"他得出精辟的结论:"李鸿章有才气而无学识之人也,有阅历而无血性之人也。""吾敬李鸿章之才,吾惜李鸿章之识,吾悲李鸿章之遇。"入木三分有于此,大手笔名不虚传。同意出版大字本。

一审提出:"文中蓝笔为二审所改,但与中华书局版不符,故一审否定,当否?请三审定夺。"以中华书局版作为底本,一审选择有眼光。二审所改的字,有几种不同情况:"藉"字不必改为"借","驩"不必改为"欢"。而"和坤"改为"和珅",补充修改"孟子日"为"孟子曰","中弹贯胸卒,遗命以中国衣冠敛"的"敛"改为"殓","肉薄"改为"肉搏","太千少保"改为"太子少保"等,功不可没。

文中"汉光武、宋艺祖之待功臣,优之厚秩,解其权柄"。其中"宋艺祖"未曾闻也,据此语推测是否"宋太祖"之误?请查原文。

"拿破仑窜死于绝域之孤岛",其中"窜死"无此一说,想必"瘐死"之误。请核查原文。

"而各华舰避匿于威海卫,逍遥河上"。是"河上",还是"海上"?请核对原文。

2013年10月31日

102.《章太炎传》(大字版)终审意见

章太炎的名字是章炳麟,太炎是号。为其作传作文的是他的弟子门人,不敢直呼其名。对于局外的读者来说,还是实名制好,所以建议书名用《章炳麟传》。

目录附录二名家纪念文章的细目应在目录里出现,以便查阅。可以把文章作者的名字前置,例如,鲁迅:关于太炎先生二三事。

代序"时末师掌教惠州求是书院""末师前卒于民元前二年",这两处"末师"指的谁?何以称"末师"?岂不有辱人格?错误来自东方出版社版本,乃"宋师"之误,原文当是"宋师",说的是宋恕。

代序"为求一纳牖者",审稿人据东方出版社版将"一"改为"二",非也。纳牖,语出《易》,坎卦"纳约自牖,终无咎"。程颐解释为:纳约,谓进结于君之道;牖,开通之义。室之暗也,故设牖,所以通明。自牖,言自通明之处,以况君心所明处。纳牖谓导人于善。

正文四章,每章标题之下设有本章提要。此种形式大可不必。因为提要没有高度概括出本章的主要内容,只是重复篇内的只言片语,显得特别冗赘。尤其是第一章的提要,仅与正文相隔数行,同样的文字又来一遍,让人大倒胃口。东方出版社版本如此,不足效法。建议将四章的提要全部删掉。

"中华民国"国名的解释绝大部分引用章太炎的著述,最后的引文标注"(太炎《文录·别录卷一》)",这就有点蒙人了。现存的几个出版社的版本皆如是,不应该。《章太炎全集》由上海人民出版社于1982年陆续出版,共8册。这一段文字,在《章太炎全集:太炎文录初编》一册里。该册收录章太炎早年诗文,以及学术论文、政论文,共分《文录》二卷、《别录》三卷以及《补编》一卷。稿件标注"文录·别录卷一",显然在说明该文出自"别录卷一"中的"文录";但事实上,"文录"和"别录"各自一体,并不兼容。

鉴于稿件里尚存许多似是而非之处,建议以上海人民出版社版的《章太炎全集》为校本,再度审读。

2014年9月25日

103.《国学概论》(大字版)终审意见

对于的、得、地,他、它、她,唯、惟,吧、罢,息、熄等错别字以及标点符号,责编花的精力非常多。但这些规范的用法,是针对一般出版物的,绝大多数应当如此,而该书稿却在通例之外。太炎先生是鲁迅的老师,瑰伟绝特,罕其俦匹;曹聚仁亦非等闲之辈,乃中国现代文学史上赫赫有名的大家,他们手下的文稿不可随便更改。作品出现于20世纪20年代初,白话文刚刚兴起,使之规范化不现实。所以,出版那个时期的文稿,重在原封不动地保留原貌,拿当今的各种关于出版物的管理规定、法规要求去套用,可谓削足适履。因此,编辑出版这类书稿,工作重点与众不同,功夫应当下在校对原文上,力求一字不差,标点如旧。当然,若将繁体字竖排更新为简体字横排,要进行规范化加工。除此以外,修改每一处,都要慎之又慎。目前,稿件加工过度,暂勿发稿。

2013 年 7 月 23 日

104.《国学读书指南》(大字版)终审意见

梁启超"草斯篇","顷独居翠微山中,行箧无一书","专凭忆想所及"。再版时,编辑工作的重点就要放在书中介绍的书名正误上。中华书局版,未举"他日更当补正"之功,尽数累陈,其失也,袭于舛。本次刊发大字版,不能再覆其辙。

稿件除上述问题外,打印过程中又添鲁鱼亥豕之弊,好在已为一审和二审纠谬。如:服席——服膺;王懋兹——王懋竑;宣读——宜读;遗满——遗漏;邠雍——邠雍;……而且,还纠正了中华书局本个别误处,如《外戚世家》——《外戚世家》;细绎——紃绎;等等。值得赞许。

录入错误,再补充纠正几条:

"赵翼《二十二史割记》"当为《二十二史劄记》。

《韩非子·难四篇》"故身死为俘"当为"故身死为僇"。

"潜王为俘矣"当为"潜王为僇矣"。

"卢文船"当为"卢文弨"。

"智没不曜"的"智",当为"昬"。

"以其记所问多明于札",其中"札"当为"礼"。

稿中需要"补正"而中华书局本未及者,记录于下:

王先谦"《荀子注》",当为《荀子集解》。此误二见:p.7及p.229。

"王先谦《韩非子集释》",当为王先慎《韩非子集解》。王先谦和王先慎,是兄弟二人,不可当作一人。

"朱子年谱附朱子论学要语",依照字面,读者会觉茫然:书名耶?题目耶?应当表述清楚:《朱子年谱》(附朱子论学切要语)。其中的"要语"之前还有一个"切"字,原文漏了,补上。

"《王临川集》",去掉"王"姓,根据《四库全书》改为《临川集》。王安石的诗文,出版很纠结,用詹大和的话说,"雠正之难,自非刘向、扬雄莫胜其任"。《四库全书》所述,又被余嘉锡辨证。总之,至今无善本。历史上有《临川集》一百卷,《临川后集》八十卷。闽、浙皆有刊版,临川独无,后重刊。瞿镛《铁琴铜剑楼藏书目》卷二十记,"《临川王先生文集》一百卷,宋刊本"。史料说明,书名"临川"前皆不带"王"姓。

"国语春秋左氏传",两本书不要写在一起。

责编质疑"佳什",原稿无误。这里,"什"泛指诗篇。

对于几页原稿标点的修改,越位了。不要改动,恢复原文。吾辈自有多少斤两,胆敢修改梁启超著、中华书局出版的典籍。妄以己意裁断,乃编辑之大忌。为接受教训,此处重言相戒。

原稿"右",用于竖排版。现改为横排版,所以责编将"右"改为"上"。这样处理不失为一种办法;还有一种办法是加文字说明;再者,保留原文,读者自然心领神会。取后者为上,何况后文"右"并未通改为"上"。

同意发稿。

2014年7月2日

105.《国学微课堂——大学 中庸》(大字版)终审意见

秋霞圃丛书大字本,建议付梓前统一样式,包括每本书都不留空白页。本册稿件翻过16页才得见正文,而全书共150页。还有一个问题值得重视,大字本大在哪里?稿件的注释和译文是大字号,原著用小字号,正好搞颠倒了,表现出世俗之倾向——轻本逐末。读原著之障碍,这等细节亦需整改。

原书"概述"里介绍《大学》《中庸》:"影响达七百年之久"。南宋淳熙年间(公元1174—1189年)成书,首印于绍熙元年(公元1190年),自此付梓不断,至今八百年还多出二十多年,怎言"七百年之久"?不知抄的哪本书,稍一查史料,便不至于百年忽略不计。又说"《大学》《中庸》两书的版本和分章,均采用朱熹的《四书章句集注》。为了便于注释和阅读,本书为每章选取一凝练的标题"。这两句话暴露了两个问题。其一,朱熹的《四书章句集注》在其生前已刊印过,死后八百多年版本不可胜计,究竟用的何种版本未见明言。其二,只为注释和阅读方便,竟有胆量妄加标题,令人汗颜。再说,所加标题许多与该章主旨若即若离。例如:第三章命题为"其命维新",而朱熹认为"释新民"。第四章命题为"知其所止",而朱熹认为"释止于至善"。第五章"无讼知本",而朱熹认为"释本末"。还有,章序号自相矛盾。稿件第六章,引用朱熹所补阙文:"右传之五章"。究竟是第五章还是第六章,笔者没有搞清楚。可见,并未理解朱熹对《大学》的整体架构。此外,书的编次亦觉可笑,置自拟"概述"于正文之前,而真正的编纂注释者朱熹的"大学章句序"却作为"附录"附骥文尾。必须拨乱反正:朱熹的"大学章句序"当然要在正文之前。"概述"拟改为"编后记"放在篇末。所加的每章标题一律撤销,经典之作经我们之手决不能人为地掺杂任何衍字赝文。版本问题无从谈起,鉴于版权已有合同,只能如此了。好在有似中华书局本,原文一字不差。从全书稿可以发现,书稿对《大学》《中庸》缺乏基本常识,连二手货也不足称,剽袭伪劣次品而已。

《大学》分章,原不是稿件的分法,将全文分为十一章,平铺直叙,未显轻重。数量不错而序次不合朱熹原意。朱熹所分的十一章,用作注释讲解,并没有将其混入正文。他视全书为两个部分,第一章为第一部分,只有二百零五字,却提到了"经"的高度来对待。其余为第二部分,共一千五百四十六字,另分成十章,为经作传。即第一章是经,后十章是传。

"物有本末,事有始终,知所先后,则近道矣。"【注释】"本末",仅注"根本和末节",等于没注。关键在于,哪是本,哪是末。需要点明"明德为本,新民为末"。【释文】"知所先后":"所有的事情都有终结和开始",也等于没说。问题在于,孰先孰后。需要点明"明德在先,新民在后"。

【注释】"诚其意:使自己的意念真实无妄,合乎德的要求"。此话仅凭想当然。朱熹注:"诚,实也。意者,心之所发也。"《大学》后文的传:"所谓诚其意者,毋自欺也。如恶恶臭,如好好色,此之谓自谦,故君子必慎其独也。"据此,这条注释改为:"诚,实。意,心之所发。诚其意,毋自欺。"

【注释】"致知在格物:致,达到,求得。格物,推究事物的原理。其大意是求得知识需要探究事物真理的认识过程。"解释似是而非。根据朱熹所注,改为:"致,推极。致知,推极自己的知识,欲其所知无不尽。格,至。格物,穷至事物之理,欲其极处无不到。"

【译文】涉及以上注释者,作相应修改,见原稿。无注释而译文不当者,改动一

四、古典读物(80—151篇)

处:"先正其心"。译文解释为"需要先使自己的心端正不邪"。使心端正,无疑;但"不邪"则多余了。《大学》后文的传:"所谓修身在正其心者,身有所忿懥则不得其正,有所恐惧则不得其正,有所好乐则不得其正,有所忧患则不得其正。心不在焉,视而不见,听而不闻,食而不知其味。此谓修身在正其心。"列举四项不得其正之例,无一"不邪"之说。因此,将"不邪"删去。

【注释】"壹:一切,全部。"有误,读破了句。当为"壹是:一切,全部"。

以上因为是经,所以要尽量准确,以免误人子弟。又因时间有限,难能缝制全套嫁衣,下面的传,基本保持原稿之貌,只修改个别硬伤。

【注释】"康诰:周公封康叔作。"这样说,意味着此文作者是周公。古书不题撰人,乃基本常识。周公不是文章作者,《康诰》是周王朝册封周公的小弟时的诰辞,记载了周公对康叔说的话。诰辞和"作"有区别。所以,改为:"册封康叔的诰命,记载了周公对康叔说的话。"

"克明德","明,崇尚"。不贴切。《康诰》原文:"惟乃丕显考文王克明德慎罚",说的是:你的伟大父亲文王最能勉勖德行和慎施刑罚。从上下文不难理解,"明"非"崇尚"之意,而通"勉"。

"克明峻德",【译文】空洞。孔颖达在《五经正义》里说:"言尧之为君也,能尊明俊德之士,使之助己施化,以此贤臣之化,先令亲其九族之亲。九族蒙化,已亲睦矣,又使之和协显明于百官之族性。百姓蒙化,皆有礼仪,昭然而明显矣,又使之合会调和天下之万国。"说的是尊明俊德之士,从事经世外王的事业。

"《大甲》",二审改为"《太甲》",两者皆可,就不必改了。问题不在此,而在"《大甲》:《尚书》中的篇名"。《尚书》里28篇是公认的先秦古书,《大甲》不在其内,属晚出的伪古文。所以注释当添一"伪"字,"伪《尚书》"。

《中庸》分章与《大学》同病。具体说,朱熹把全书分为三十三章,与《大学》同一目的,仅为理清全书结构,便于注释讲解,绝不混在正文里。朱熹认为:第一章,首明道之本原出于天而不可易,其实体备于己而不可离;次言,存养省察之要,终言圣神功化之极。为一篇之体要。其下十章引孔子言论,以明首章之意。自第十二章起,为另一部分。该章申明,道不可离,立了一个分论,其下八章,杂引孔子之言以明之。前三章,以其费之小者而言;第十六章,兼费隐、包大小而言;此后三章,以其费之大者而言。第二十章,小结,道不可离之意,之中诚者为此篇枢纽。第二十一章,承上文孔子天道、人道之意立言。以下十二章,反复推明此章之意。朱熹煞费苦心,使其理论体系具备较严密的逻辑性。朱熹对《四书》注释"四十年理会",直到七十一岁临终前一天还在修改《大学》"诚意"的注。今人做书却胡乱拟个标题便招摇入市，只会产生搅浑水的负面影响。这样说可能严厉了，请把书稿所拟的三十三章标题与以上对照，但凡有点学术良知的人怎能不无地自容。

"天命之谓性，率性之谓道，修道之谓教。"这十五个字奥博高古，概括了先秦时期儒学统一的内圣外王之道。自汉魏以后，一千多年来真正读懂《中庸》者未有一人。直到宋代，张载在范仲淹的劝导下钻研《中庸》，初亦未读懂，转而从佛道二教，毫无所获之后又回到儒学，终于在《周易》的研究过程里，弄通了《中庸》。得知"天命之谓性，率性之谓道"是儒家关于心性之学的基本命题。第一句讲的是世界观，第二句讲的是人生观，第三句话"修道之谓教"讲的是由内圣开出外王，由心性修养扩展到经世致用。张载把他一生为学的宗旨用四句话概括："为天地立心，为生民立命，为往圣继绝学，为万世开太平。"此乃四项研究课题，来自《中庸》这十五个字："为天地立心"是对"天命之谓性"的研究，属于世界观领域；"为生民立命"是对"率性之谓道"的研究，属于人生观领域；"为往圣继绝学"是讲如何继承内圣心性之学，"为万世开太平"是讲由内圣心性开出经世外王。书稿对其【注释】【译文】隔靴搔痒，浅陋而不及膝理。可以断言，举着朱熹《四书章句集注》的旗号，实则未见此书。或曰，为少儿读者"力求简明扼要，通俗易懂"，当然，深入浅出最好。而从【注释】【译文】发现，只不过拾荒于大路边，还没摸到门边，糊弄小孩子而已。朱熹在"大学章句序"开宗明义："《大学》之书，古之大学所以教人之法也。"可见，原不是要求小学生读懂的。既然事隔千年，宋儒读懂了《大学》《中庸》，经过近千年后的今天，再回到"使其君子不幸而不得闻大道之要，其小人不幸而不得蒙至治之泽，晦盲否塞，反覆沉痼"的境况，有愧于弘扬传统文化的时代。

二审质疑："在文言的通假字中，'某字同某字'与'某字通某字'是同一意思，还是有区别？若是同一意思，是否应全书样式统一，统改为'通'。"

先说"统改"，对于书稿的排版形式方面较为适用，而对内容慎重为宜。因为汉语的每个字都是一个独立体，均有其本身的内涵，统一用哪个字，看似规范，实则僵硬，把活的语言限制成死的模式了。于此也要中庸，既须规范又尊重个性。再说"同"与"通"，肯定有区别。古汉语家王力把不同形体的字分为三类：古今字、异体字、繁简字，通假字不在其列，而置于音韵学中。所以，在他的注释里，大都用"同"，即"某字同某字"，很难找到"通"，即"某字通某字"。另一位古汉语家许嘉璐把通假字与古今字、异体字、繁简字并列，都放在文字学里。所以，就有"某字同某字""某字通某字"之别。通假字用"通"，余者用"同"。具体到稿件，将"同"一律改为"通"，与语言学家们的主张相悖，原文无误，不要改。

既然丛书的学术委员会名流如云，名牌大学的出版社业已出版，我们也不必保留一管之见,发稿吧。

2015 年 2 月 13 日

106.《国学微课堂——诗经选读》(大字版)终审意见

本套丛书,《诗经选读》在稿件质量方面堪称佼佼者。每句诗,每个字,都不含糊其辞。例如,《陈风·月出》里"舒幔受兮"的"幔受",选字、注音就非同一般。中华书局近年出版的本子,为"忧受",不苟同。"幔"和"忧"是两个字,不是繁体字和简体字的关系,两者的读音也不同。"幔"在此处读上声,而"忧"只能读平声。再如《大雅·生民》里的"诞"字,中华书局本注释:"诞,犹'当'。"宋代大学问家洪迈在《容斋随笔》里有一段文字很值得借鉴:《生民》之诗曰"诞弥厥月"。毛公曰:"诞,大也;弥,终也。"……《生民》凡有八诞字:"诞寘之隘巷""诞寘之平林""诞寘之寒冰""诞实匍匐""诞后稷之穑""诞降嘉种""诞我祀如何",若悉以诞为大,其义亦不通。他如"诞先登于岸"之类,新安朱氏以为发语之辞,是已。……今称圣节曰降诞,曰诞节,人相称曰诞日、诞辰、庆诞,皆为不然,但承袭胶固,无由可革,虽东坡公亦云"仰止诞弥之庆",未能免俗。书之于此,使子弟后生辈知之。稿件注释"诞:发语词,有叹美的意思"正合乎洪迈苦口婆心示知后人的意愿。稿件忠实于经典原著,未见错误之处和硬伤。注释力求严谨,既有根据,又明白易懂。译文不离原意,畅达明快,文采斐然,并且讲究诗韵,语言生动活泼。易于被中小学生接受。

《大雅·生民》修改一处。"先生如达"【注释】"如达":达:羊子。母羊生产,连胞而下,这里是说后稷出生时,藏于胞中,形体未露,犹如羊子之生。故言"如达"。中华书局本对此的"评析"值得参考:"如达"之释,沿袭于清代学者,认为羊出生则连胞衣而下,分娩独易。事实上,羊出生并非如此,通常先出前蹄后出头,属于难产。因而这个"达"字恐不一定指羊羔,或是黄土高原一带,对小孩子的昵称,犹如"蛋"。所以,其注释"达","蛋"之转音,意为生了个肉蛋。这种解释不失为一家之言。但毕竟是推理,难能就此定论,却可以启发,无须涉及羊。林庚、冯沅君先生主编的《中国历代诗歌选》注释:"如",同"而"。"达",滑,指胎儿生得很顺利。取此说最为稳当。修改措辞详见原稿。

《商颂·烈祖》"约軝错衡","軝"字右下无"、",排版时请注意。

一审尽责,二审尽职。二审质疑两处:"娱悦"是否应该改为"愉悦"?改得好。另一处质疑,一审已修改得当,不赘述。同意发稿。

2015 年 4 月 9 日

107.《国学微课堂——礼记选读》(大字版)终审意见

"概述"需要修改一下。稿件原文:"编者依照刘向《别录》中对《礼记》篇目的分类,共列通论、制度、丧服、吉事、祭祀、其他六章"。这样写,对于介绍自己的小册子并无毛病,问题是会让读者误认为刘向的《别录》原本就是分成这六章。而《别录》实则分为十一类,却不是六章。因此,修改为:"本书以刘向《别录》中对《礼记》篇目的分类为基础。《别录》共列十一类:通论、制度、丧服、祭祀、吉事、吉礼、明堂阴阳、明堂阴阳记、世子法、子法、乐记。由于本书的读者是中小学生,属于普及阶段,所以大都从前五类中选取篇目,后六类冠以'其他'选取少数篇目。这样,全书共分六章。"

学记

"教也者,长善而救其失者也。"其中"长善"需加注释注音。这里的"长"字,很容易读成长短的长,应当读为生长的长。"长善":发展优点。

"微而臧"其中"臧"字三读,当加注音 zāng。

缁衣

"小民惟曰怨。资冬祁寒,小民亦惟曰怨。"其中的两个"曰"字,郭店楚墓竹简以及上海博物馆藏战国楚竹书,均作"日",指太阳,借日喻君。据此,加上一条注释。

【注释】"《君陈》:相传为周公旦之子君陈所作。"主要应当说明白它的出处:《尚书》篇名。补充之。

礼器

"礼,时为大……《诗》云:'匪革其犹,聿追来孝。"【注释】"出自《诗经·大雅·文王有声》。"《诗经》原文为"匪棘其欲,遹追来孝"。意思是:不急于实现私欲,而是追继祖先之德行。书稿无误,《礼记》的原文引用的诗句与《诗经》有异,需稍加说明。

丧服

曾子去世,在周考王(姬嵬)五年,亦即鲁悼公(姬宁)三十二年,当为公元前

435 年,而不是稿中的公元前 432 年。订正之。

月令

"是月也,天气下降"以及第二段"是月也,命乐正入学习舞"。无头无尾。"是月也",【注释】和【译文】都未解释究竟是哪个月。而月令的主旨是,十二个月不同的生活内容。稿中节选的是"孟春"里的两段,所以,应当在【注释】中说明,并在【译文】里直接说"正月"。

内则

"鸡初鸣,咸盥漱",其中"盥漱",【注释】和【译文】都说成"洗脸刷牙"。两千多年前的古人,早晨起来刷牙吗?使用何种牙刷,什么品牌的牙膏?这里的"漱",只是漱口而已。

书稿有失于目的性不明确。《礼记》内容驳杂,可以说是一部用儒家的观点汇编成的关乎"礼"的文集。面对中小学生,哪些是他们所急需的?今天我们培育和践行社会主义核心价值观,到古老的传统文化里探源,哪些是古今相续、需要继往开来的?如此等等,编者并未动脑子。从整体上看,书稿选取六章,除却一头一尾的一些篇目,中间四章:制度、丧服、吉事、祭祀,或许对殡仪馆的从业人员有教益,大都与现代社会不相干,更不要说面向少年儿童了。《礼记》的精华《大学》《中庸》被程朱抽走了,单独成书,另当别论,而剩下的还有许多至宝,例如《学记》,亦可谓难得的精华,尤其是对学生太重要了,书稿反倒选了其中的一点点。还有《乐记》《礼运》《王制》等,也比现有的重要。木已成舟,点到为止。

同意发稿。

2015 年 4 月 17 日

108.《国学微课堂——左传选读》(大字版)终审意见

每章之下的标题,原版有些独创,但因为是经典,还是尽量取前贤所拟。第三章 僖公"晋献公假途伐虢",改为"宫之奇谏假道"。本节"颠蹎",要用简体字。【注释】"盟府:收藏封赏记录和誓词的档案库"改为"盟府:主管盟誓典策的政府部门"。"故《周书》曰:'皇天无亲,惟德是辅。'又曰:'黍稷非馨,明德惟馨。'又曰:'民不易物,惟德繄物。'"【注释】"此处三句《周书》引文都不见于现存的《尚书》"。改为:"'皇天无亲,惟德是辅。'见伪古文《尚书·蔡仲之命》。'黍稷非馨,明德惟馨。'见

伪古文《尚书·君陈》。'民不易物,惟德繄物。'见伪古文《尚书·旅獒》。"

本章之一,标题"晋公子重耳的流亡",二审改为"晋公子重耳之亡",从二审。"今君即位,其无蒲、狄乎?"【注释】"现在您当了国君,难道没有像浦人、狄人那样让您讨厌的人吗?"二审认为,"似不妥"。确乎不妥。修改为:"现在您当了国君,浦人、狄人还一如既往将其挂在心吗?"

"其出也窃藏以逃,尽用以求纳之。"【注释】"是说晋文公出逃的时候,头须偷了仓库的财物跑了,现在又献出这些东西想让文公接纳他。"此说有出入,没搞明白原文。头须偷了财物"尽用",而非现在又献出这些东西,他没有自己挥霍这些财物,而用于接纳重耳回国。实际上,重耳误会了头须。修改见原稿。

"晋楚城濮之战":

"谓之京城大叔",【注释】"把他叫做'京城大叔'。"这里的"大",同"太",应为"京城太叔"。

"晋师三日馆、穀","穀"可用简体字"谷"。

【注释】"孟著之麋:孟诸沼泽的水草地。河神的意思是,你把玉饰献给我,我保佑你打胜仗。"基本意思如此,但失之粗疏。这四个字上关下联,必须搞清楚。改为:"孟著之麋:指宋国的土地。孟诸,宋国地名,在今河南商丘东北。麋,通'湄',沼泽的水草地。河神的意思是,你把玉饰献给我,我保佑你战后赏赐得到宋国孟诸的水草地。"

第四章宣公,其一标题"昏君晋灵公",二审改为"晋灵公不君",甚好。

其二"晋楚邲之战",没头没尾。开头应加一条注释,极简练地介绍战争的背景,起码谁和谁打,在什么地方打,让读者知道:"邲:郑国的土地,在今郑州市东。宣公十二年,楚子围郑。晋师救郑,晋楚战于邲。"结尾也要加删节号。因为最后一段前原版用过删节号。这就是说,本篇中间有删节,结尾不是原结尾,删去了一大段,所以也要加删节号。还有一种处理方式,即一律不加删节号。全书文中大都选取一段,要加删节号的地方太多了。【注释】"韩厥:《秦晋韩之战》中的韩简的孙子。"原版根本未选《秦晋韩之战》这一篇,哪里来的孙子?"韩穿:不详。"既然不详,就不必注释。

第六章襄公中的标题"张骼、辅跞挑战楚军",二审改为"张骼、辅跞致楚师"。甚好。

"子产不毁乡校",【注释】错位,正文"郑人游于乡校"加注,而【注释】注的是"然明:郑国大夫"。订正之。这条注释还要加以说明,然明是郑国大夫鬷蔑的字。"崔杼杀齐庄公"里也有位鬷蔑,注释为"齐国大夫"。要说明的是,鬷蔑同姓同名,两人

四、古典读物(80—151篇)

而非一人。

第七章昭公中的标题"专诸刺吴王",二审改为"鱄设诸刺吴王",鱄,可用简体字;最后再加一"僚"字,吴王有多位,刺的是王僚。"(隐公元年)",录入有误。原版(昭公二十七年)准确。【注释】"鱄设诸:即专诸。"标题改了,此注无意义,删去。

第八章定公中的"吴楚柏举之战"原文:"子沿汉而与之上下",其中"沿"字,用此字即可,不用另选其异体字。"夫槩王","槩"是"概"的异体字,可用正体字"概"。"鍼尹固","鍼"要用简体字。"鑢金"中的"鑢",要用简体字。

二审质疑:"在文言的通假字中,'某字同某字'与'某字通某字'是同一意思,还是有区别?若是同一意思,是否应全书样式统一,统改为'通'。"参见《国学微课堂——大学 中庸》终审意见。

同意发稿。

2015年3月30日

109.《国学微课堂——老子庄子选读》(大字版)终审意见

《老子》

首先要把章标题全部删除,第几章的"第"字也同时删除。例如:"第一章 道可道,非常道",只保留"一章"。"第八十一章 信言不美",只保留"八十一章"。一定要净化文本,一字不差地尊重原文。还嫌以往的杂质少吗?搞一个本子就掺一点私货,多少年下去,让人分不清哪是真经。历史的教训绝不要在我们手里重演!

"一章"之前,加两个字——上篇。因为《老子》一书,别名谓《道德经》,一章—三十七章为道经;三十八章—八十一章为德经。鉴于学术界有不同说法,可分为上下篇。

一章:"无,名天地之始;有,名万物之母。"因为有的学者着眼于"有生于无",于是认为"无名""有名""天地""万物""始""母"都是生与被生的关系,因此这样断句。宋代学者王应麟指出,首章以"有""无"字断句,自王介甫始。就是说,从王安石开始才如此断句。1973年长沙马王堆三号汉墓出土的帛书《老子》甲、乙两种本都为"无名天地之始;有名万物之母"。"无名"和"有名",描述的是空间和物质的状态。王弼对此句的解释是:"凡有皆始于无,故未形无名之时,则为万物之始。及其有形有名之时,则长之、育之、亭之、毒之,为其母也。"从中得知这句话的意思是:没有具体形象、不可名状的原始空间状态,谓之无名;当已生成具体事物后,万物得到像经

过母亲呵护一样的生长养育并且被人们认知,谓之有名。

"故常无,欲以观其妙;常有,欲以观其徼。"

《朱子语类》第一二五卷说到此处言:今读《老子》者亦多错。如《道德经》云:"名非常名",则下文"有名、无名",皆是一义,今读者皆将"有、无"作句。又如"常无欲,以观其妙;常有欲,以观其徼",只是说"无欲、有欲",今读者乃以"无、有"为句,皆非《老子》之意。

根据朱熹以及许多学者的观点,此句应当断为:"故常无欲,以观其妙;常有欲,以观其徼。"意思是:人若无欲,便可凭此洞察空间及天地万物的微妙精深;人若多欲,仅可看到所见事物的表象。

如果按照上述解读,原版需要改动的地方太多,牵扯到对《老子》基本概念和基本理论的认识理解之根本性问题。所以,保留原貌,也不失为一家之言。

二章:"有无相生……前后相随,恒也。"最后二字"恒也",为诸多版本所无,从众,删去。"万物作而弗始,生而弗有,为而弗恃,功成而弗居。夫唯弗居,是以不去。"丛书用的何种版本,"概述"未言,此乃关键,该"述"的未述。从稿件字句来看,疑似从网上下载而成。以上文字,好的版本无此一说。清代学者钱大昕说:"景龙碑本为初唐所刻,字句与他本多异。……皆从古字,以为远胜他本。"严可均说:"世间真旧本,必以景龙碑为最。其异同数百事,文谊简古,远胜今本者甚多。"根据远胜他本的景龙碑本,将以上文字改为:"万物作而不辞,生而不有,为而不恃,功成不居。夫唯不居,是以不去。"

五章:"不若守中",改为"不如守中"。

九章:"功遂身退,天之道也。"去掉"也"字。

十章"载营魄抱一"【注释】:"载:助词,相当于'夫'。"想当然,无根据。《册府元龟》载唐玄宗天宝五载诏云:"顷改《道德经》'载'字为'哉',仍隶属上句,遂成注解。"清代学者孙诒让在其《札迻》中说,毕沅、钱大昕、武亿、王昶考录《御注》,"咸莫能证核"。修改见原稿。"涤除玄鉴",王弼注以"极览"释"玄览",强调"览"不得借为"鉴"。因此,改为"涤除玄览"。稿中【注释】:"玄鉴:比喻心灵深处明澈如镜。"文意理解反了,既然心灵深处明澈如镜,如何还要"涤除"?近代学者奚侗在其《老子集解》里说,"玄"借为"眩"。《淮南子·主术训》说,"心有目则眩"。"玄览"犹云妄见。"涤除玄览",即涤除妄见,使心中无目。心无目则虚一而静,不碍于物。所以,《淮南子·泛论训》说:"故目中有疵。"

十四章:"绳绳兮不可名",删去其中的"兮"字。

十五章:"涣兮其若凌释",景龙碑本、英伦本、唐玄宗本均为"涣若冰将释"。河上本、王弼本作"涣兮若冰之将释",下三句皆有"兮"字。稿件"涣兮其若凌释",在众版本里未曾见也。鉴于稿件与王弼本接近,此句及下文皆采纳王弼本。"孰能安以静之徐生",其中的"静",不是版本问题,是稿件的硬伤,当为"动",王弼本为"久动"。修改见原稿。

二十章:"我独泊兮,其未兆;沌沌兮,如婴儿之未孩",其中"沌沌兮",当在下文:"我愚人之心也哉!沌沌兮!"此段文字,众版本虽然有异,但"沌沌兮!"皆在"我愚人之心也哉!"之后,未见在"我独泊兮,其未兆;沌沌兮,如婴儿之未孩"之中。调整之。请责编随其调整注释的顺序。"澹兮其若海","澹"可用简体字"淡"。"飂兮若无止","飂"可用简体字。

三十一章:"夫兵者,不详之器","夫"后还有"佳"字。"佳"字怎讲,众说纷纭。【注释】拟为:"佳,一说作'唯'。"

三十七章:"吾将镇之以无名之朴。镇之以无名之朴,夫将不欲。"第二个"镇之以",众版本无,即当为"吾将镇之以无名之朴。无名之朴,夫将不欲"。删去第二个"镇之以"。

三十八章之前,加两个字——下篇。

三十九章:原文的最后一句"是故不欲琭琭如玉,珞珞如石",众版本无"是故"二字,删去。

四十一章:"上德若谷;广德若不足;建德若偷;质真若渝。大白若辱",语句颠倒了。主要是"大白若辱"位置不对。众多版本中,只有敦煌本将其置于"上德若谷"之前。其余版本,皆为"上德若谷,大白若辱,广德若不足,建德若偷,质真若渝",少有像稿件这样的原文,只见网上如是。纠正之。

四十五章:"静胜躁,寒胜热。"网上如是,但正经版本无此一说。"躁胜寒,静胜热",有之;"躁胜塞,静胜热",有之;姑取前者。意思是:"炉火可以御寒,清水可以胜热。"将此意置换于【释文】中。删去最后两条注释。

四十九章:"圣人在天下,歙歙焉",众版本"歙歙"有之;"怵怵"有之;"惵惵"有之;"惔惔"有之;"淡淡"有之;而只有刘师培在"歙歙"后加"焉"字,被认为"非也";傅本"圣人之在天下,歙歙焉"被认为"之""焉"字皆增字。所以删去"焉"。

五十章:"虎无所用其爪","用"改为"措"。

五十八章:"孰知其极?其无正也。"诸本无"也"字,删去。

六十一章:"大邦者下流""故大邦以下小邦,则取小邦;小邦以下大邦,则取大邦。""大邦不过欲兼畜人,小邦不过欲入事人。"其中"邦"字均改为"国"。

六十三章:"大小多少,图难于其易",两句之间,尚有"报怨以德"。增之。

六十六章:"江海之所以能为百谷王者",多一个"之"字。【注释】"百谷王:百谷所归附。"如此,"王"便作"领袖"讲,不合老子的主张。其实,"王",往也。百谷王,百川所归往。修改之。

七十九章:"和大怨,必有余怨;报怨以德,安可以为善?"其中"报怨以德"为众版本所无,仅以网上所载为是,删去。

八十一章:最后一句"人之道,为而不争"当是"圣人之道,为而不争"。有的版本无"圣"字,被认为非《老子》本谊。

以上仅就《老子》原著订正误处,至于注释、译文,倘若再修改,便成另一本书,如此罢了。

《庄子》

《庄子》后面当加"(选)"。因为稿件《老子》是全部,《庄子》只是原书较少的一部分,若不加"选"字,会误导读者,错以为所列的三节就是《庄子》的全书。稿中三个标题:"庄子·逍遥游""庄子·齐物论""庄子·养生主",都可以把标题前的"庄子·"删去。

逍遥游

"以八千岁为春,八千岁为秋,此大年也。"其中"此大年也",正经版本所未见,删去。

"且举世誉之而不加劝,举世非之而不加沮。"此句少了两个"而"字。当为:"且举世而誉之而不加劝,举世而非之而不加沮。"

"何不虑以为大樽,而浮于江湖",其中"于",当为"乎"。

"立之涂,匠人不顾",其中"人",当为"者"。

齐物论

"女闻地籁而不闻天籁夫",其中"不",当为"未"。

"可行已信"的"已",当为"己"。

"及其至于王所,与王同筐休",最后一字"休",乃原稿硬伤,当作"床"字。【译文】倒是译出了床的意思。

养生主

庖丁解牛一节,如下繁体字需要改用简体字:騞、譆、軱、閒、謋。"閒"无需注解作"间",直接用"间"字即可。

从稿件质量上看,《庄子》优于《老子》。

四、古典读物（80—151篇）

同意发稿。

2015 年 4 月 7 日

110.《国学微课堂——楚辞选读》(大字版)终审意见

一定要重视原著！稿件排版主次颠倒了，注释用大号字，原著用小号字。所谓大字本，就要大在原著上，不要喧宾夺主。鸡蛋里仅能挑这么一丁点儿骨头。这只是排版，形式上的问题。对于内容，从原文到注释包括注音及音调，还有译文，竟然与秋霞圃原版一字不差，太难得了！足见责编及所有参与者工作之精细。

下面就原版的一些问题谈点看法，与我们的编辑无涉。

离骚

原版"荃不揆余之中情兮"，其中"揆"字当作"察"。

"余既滋兰之九畹兮，又树蕙之百亩。畦留夷与揭车兮，杂杜衡与芳芷。"译文："我已栽培九畹的兰草一类的人啊，并且还种植百亩的蕙草一类的人才。我一垄一垄地培植留夷与揭车一类的人才啊，其间有穿插植养那些杜衡与芳芷一类的人才。"二审提出："原文虽是比喻人才，但字面意思还是说种植芳草之类的。如果硬翻译成人才，似乎不妥，有违原意。"二审高见，译文确实有点儿笨拙。删去四处"一类的人才"。

重复注释注音无必要。"姱""謇"，两页前已注，p.18 注可删去，p.29 亦可删去。

原版"襍芙蓉以为裳"的"襍"，是"集"的异体字，直接用"集"即可。

"薋菉葹以盈室兮"【注释】"薋菉葹：三种恶草名。薋，又名蒺藜。"需要做点儿补充。《说文解字·艸部》："薋，草多貌。"草多的样子。一说薋为草名，即蒺藜。按照《说文解字》，薋不是一种草，而是形容草多，引申为堆积。所以删去"三种恶草名"。为"薋"注音 zī，有此一说，但《古代汉语词典》注音 cí。

"结幽兰而延伫"，为"延伫"注释，与前文"延伫乎吾将反"为"延伫"的注释重复，后者删除。

原版"举贤才而授能兮"，多一"才"字。

"吾令丰隆乘云兮"【注释】"丰隆：云神。"有此一说，但大都认为丰隆是雷神的名字。存两说。

"解佩纕以结言兮"【注释】"佩：佩带。"此处的冷僻字是"纕"，应为此字作注。改为"纕：佩带"。

"见有娀之佚女"【注释】支离没讲清楚。稿中"有娀:有娀氏,传说为古代部落名。佚女:美女。此处喻指楚国的仕于他国之士。佚,美好,美丽"改为"有娀:国名。佚,美好,美丽。佚女:美女。'有娀之佚女',指帝喾的妃,名简狄。她是商代祖先契的母亲"。顺便指出,中华书局近年出版的《楚辞》注释"有娀:传说中的古国名。殷始祖契之妃简狄,即有娀氏女"将契的母亲简狄,说成"契之妃"(疑是笔下误),不可苟从。

"雄鸠之鸣逝兮"【注释】"鸠:恶鸟名。"去掉"恶"字。

"理弱而媒拙兮"【注释】"理:媒人。"与前重复,删掉。

原版"岂惟是其有女",其中"惟"改为"唯"。

"皇剡剡其扬灵兮"【注释】增加"扬灵:显示灵验"。

原版"苏粪坏以充帏兮",有误,"坏"当作"壤"。

"何琼佩之偃蹇兮"【注释】"偃蹇:盛丽的样子。"此处与前文不同,改为"高尚不凡,美盛的样子"。

原版"时缤纷以变易兮",其中"以"当作"其"。

"又欲充夫佩帏"【注释】"佩帏:佩戴的香囊。"重复前注。删去。注释"干:干求"还是不易明白,其实"干"就是钻营。补充之。

"又况揭车与江离",注释重复前文。删去。

"惟兹佩之可贵兮"【注释】"惟:同'唯',只。"不必。

"芳菲菲而难亏兮"【注释】增加"亏,减少"。

"朝发轫于天津兮"【注释】"发轫"重复前文,删去。

原版"麾蛟龙以梁津兮",其中"以"当作"使"。

原版"腾众车使径待",最后一字"待",众版本为"侍",【注释】"待,通'侍',侍卫。"建议原文直接取"侍"。

原版"国无人兮莫我知兮",中间多了一个"兮",删去。

湘君

原版"期不信兮告予以不间",最末一字"间"当作"闲"。

"采薜荔兮水中"注释"薜荔",前文刚为其作过注,删去。

湘夫人

原版"登白蘋兮骋望""鸟萃兮蘋中",其中"蘋""蘋"都应用简体字。"鸟萃兮蘋中",为其注释应作"鸟何萃兮蘋中",既如此,可同其他版本一样,直接加一"何"字便了,删去注释。注释"帝子"也没有必要引经据典,因为是普及的书,其他地方均直接解释,此处在无争议的情况下引故注,有些突兀。删去。

原版"糜何为兮庭中",其中"为",从众本改为"食"。

原版"匊芳椒兮成堂",其中"匊"字,不同版本字不同,解释亦异。但用"匊"不妥,因其不是正体字。可采用《文选》之说,直接用"播"。

国殇

"天时怼兮威灵怒",【注释】"天时怼:此处指日暮黄昏。"闻一多如是说。李一泯则认为"怼"与"怒"对称,天时怼是描画战场上杀得天昏地暗的一种战争景象。李一泯是经历过战场的人,深有感触,可从李说。修改见原稿。

原版"子魂魄毅兮为鬼雄",有误。单从句式上看,也不齐整。全篇"兮"前均为三个字,唯独该句四个字。其他版本或"魂魄毅兮为鬼雄",或"子魂魄兮为鬼雄",未有如是者。选择"魂魄毅兮为鬼雄"。【译文】"你们的忠魂",改为"威武不屈",主要在于把"毅"字体现出来。

天问

原版"冥昭瞢闇""明明闇闇",其中"闇"字当用简化字,包括注释。

"应龙何画?何尽何历?""应龙何画?"有此一说。但游国恩在《天问纂义》里认定其为错简倒乱,当作"河海应龙"。从其说。与此相应,【译文】改为"天下的河海很多又离着很远,应龙怎样亲身都到过呀?"

原版"坠何故以东南倾",其中"坠"字有误,误在"坠"的繁体字"墜"与"墬"形似,错把"墬"当成"墜",又取其简体,便误为"坠"。其【注释】:"坠:'地'的古字","地"的古字应为"墬",而非繁体字"墜"。此处直接用现今的正体字即可。修改之。后文"何感天抑坠",同此。

原版"南北顺橢",最末一字是"椭"的异体字,改为正体。其【注释】"橢:同'椭',狭而长"不太准确,椭即椭圆,长圆形。修改之。

原版"羿焉彈日",第三个字是繁体字,当用简体字。

原版"鹿何以膺之",多了一个"以"字。删去。

"惟浇在户,何求于嫂?何少康逐犬,而颠陨厥首?女歧缝裳,而馆同爱止。何颠易厥首,而亲以逢殆?"【注释】和【译文】:"女歧:浇的嫂子。""亲:亲身,此处指浇。""传说少康派汝艾刺探浇,汝艾派人晚上袭杀浇而错杀了女歧的头。"所言需要商榷。闻一多《天问疏证》引证《左传·哀公元年》、姜亮夫《屈原赋校注》、方孝岳的

文章《关于屈原〈天问〉》等,皆考证:女歧,即女艾(非"汝艾")。可见女歧与女艾是一个人而非两人。亲,指的是女艾,而非浇。

【注释】"汤谋易旅":"汤:商汤,古代贤君。"据专家考证,"汤"为"康"之误,当指少康。这两句皆言少康之事,非商汤所为。

【注释】"舜闵在家,父何以鱞?":"闵:忧患。""父:舜的父亲,瞽叟。"这样注释,多年前就被人讥为望文生义,凭空把"闵"解作"忧"。"闵""昏"古音同部,所以通用。这里"昏"是"婚"的古字。"父"读"夫",发语词,不是舜的父亲瞽叟。原文的意思是,舜婚配在家,为何说他独身?修改见原稿。

原版"厥萌在初,何所意焉?"其中"意"字,多版本为"亿"。从之。这一句及下文"璜台十成,谁所极焉?登立为帝,孰道尚之?女娲有体,孰制匠之?"的译文中的人物关系不太对路:"人类最初出现的情形,又怎么能猜度出来它?"如此一扯,成了大而无当的空命题。赋中本段诗句始终说的是舜,而非空言"人类":舜当初为民时,又怎么能够料到将来登基?"登立为帝,孰道尚之?"还是说的舜。而【释文】却道"女娲登位称帝,谁谄媚推举他?"这个"他"又与女娲性别不符。"女娲有体,孰制匠之?"【译文】"女娲具有形体,谁制造出来它?"解释得让人莫名其妙。改为"女娲形体变化无穷,谁造就了她?"

原版"后嗣逢长",中间有个"而"字,"后嗣而逢长"。加之。

原版"夫何皋尤",如【注释】所示:"皋,'罪'的古字。"直接用现今的正体字。

原版"夫何周流?"中间有个"为"字,"夫何为周流?"

原版"齐桓九合",【注释】"九会",两不相符。改正文"九合"为"九会"。

【注释】"伯林雉经":"伯林应作'柏林',地名。"《尔雅·释诂》:"林,君也。"伯林指纣,不是地名。修改之。

原版"蠭蛾微命",可直接用正体字"蜂"。

涉江

【注释】"伍子:伍子胥,春秋时期吴国大臣,因屡谏忠言而被迫自尽。"这条注释没有抓住人物的主要亮点,事情的来龙去脉不清楚,让人误认为伍子胥本是吴国人。修改为:"伍子:名员,字子胥,春秋时期楚大夫伍奢之子。因其父兄被楚平王杀害,逃到吴国,为吴国大臣,带兵攻入楚都,为父兄报了仇。后因吴王夫差听信谗言,迫其自尽。"

四、古典读物（80—151篇）

哀郢

【注释】"夏浦：地名。"改为："夏浦：即夏口，今汉口。"

"憎愠愉之美修兮"，"愉"字应简写。"愠"字注音 wěn，原版所取极是。中华书局本仍注 yùn，不从。

橘颂

"参天地兮"【注释】"参：合，契合。"这里的"参"即"三"。指与天地相配，合而成之。修改之。

九辩

"怆怳懭悢兮"，"懭"注音音调为四声，应当是三声。

"心怵惕而震荡兮"，"荡"字直接用正体字"荡"即可。并且，也用不着注释。

"见执辔者非其人兮"，注释"辔"，重复前一页。删去。

"四时递来而卒岁兮"，注释需要补充"递(dì)：同'递'，交替，轮流。"

"灭规榘而改凿"，"榘"，可直接用正体字"矩"。

"淼廱蔽此月""卒廱蔽此浮云兮"，两处的"廱"字，可直接用正体字"壅"。

"纷忳忳之愿忠兮"，"忳忳"需要加注音 zhūnzhūn，因为之前的一句"忳郁邑而愁约"的"忳"，念 tún，两处字同音不同。

仅供参考。同意发稿。

2015 年 3 月 24 日

111.《国学微课堂——史记选读上下》（大字版）终审意见

据一审报告：逐字核对原书，译文部分逐句核对古文意思，并通读全稿，仅做个别修改。二审意见写道："通读全部书稿，并且与中华书局版本一一核对"，做了修改。足见一审、二审用功之勤，书稿质量有所提高。在此基础上，补充如下意见：

轩辕黄帝

"艺五种"，二审提出应当改为"蓺"，确当。【注释】亦随之修改，并补充"五种：五谷"。

"迎日推策"，二审提出"策"应当改为"筴"，确当。

编辑审稿录

大禹治水

"祗台德先,不距朕行。""祗"不能改为"只",这里是"敬"的意思,原文无误。【注释】"台(yí):通'怡'。"解释不通。改为"台:我。"郑玄语:"其敬悦天子之德既先,又不距违我天子政教所行。"说的是:诸侯必须将尊敬我的德行放在首位,不许违背我行事。【译文】修改见原稿。

约法三章

"召诸县父老豪杰","杰",二审认为当用"桀",然。"余悉除去秦法"的"余"字,无需修改。

初汉三杰

"高祖置酒洛阳南宫",二审拟改"洛阳"为"雒阳",可。"给馈饷",原文无误,不要改。

缇萦救父

正文"盖闻有虞帝之时","有虞帝"当为"有虞氏"。

耳食之论

二审提出,文中的《诗》《书》《秦记》,去掉书名号,不必。版本不同,不要改动。

强干弱枝

"秉其陒塞地利",其中"陒"是"厄"的异体字,选用正体字"厄"。其余原文无误,不要改。【注释】"陒(ài):险要之处。"注音有误,当为"è",改为"厄(è)"。

亡国之音

正文"商乱则捶","捶"字乃"搥"字之误。据徐广注,《礼》作"陂"。断无"捶"者。订正并修改注释,加注音"搥(duī)"。

灵公害盾

正文"示眯明"的"示",二审提出当为"亓?",确当。【注释】加注音"亓(shí)。"

四、古典读物（80—151篇）

卧薪尝胆

"勾践",改为"句践"。

陶朱公

"范蠡事越王句践,既苦身戮力",二审提出"戮力"应为"勠力",然。原作正文里此后还有"苦身戮力",两者不尽相同。

一审提出："天下称陶朱公"与下文"故范蠡三徙",此二段组合成一篇,中间省去了若干,所以之间应当用删节号。甚妥。

贫贱骄人

"洛阴"改为"雒阴"。

招摇过市

稿件掐头去尾,自"灵公夫人有南子者"始,至"于是丑之,去卫,过曹",选择尤精,突出主题。不必再在前后添过场文字。

篝火狐鸣

"发闾左适戍渔阳","适"不必改为"適","适"是"適"的简体字,无误。但"适"字多音多义,要在注释里讲清楚。所以,【注释】"发闾左"当扩充为"发闾左适戍渔阳"。补充解释"适",为其注音 zhé,通"谪",惩罚。

萧规曹随

标点的问题,不要太遵一为是。按原稿不变。
"来者毕欲有言","毕"改为"皆";"间侍"改为"闲侍",有根据,妥。

黄石兵法

"良尝间从容步下邳圯上",其中"间"字改为"闲"。

借箸代筹

"莫不向风慕义""南向称霸",两句中的"向"字,改为"乡",可。
"发巨桥之粟","巨桥",改为"钜桥",可。相关的注释、译文共五处,也应随之改动。

穰苴执法

问军正曰："军中不驰，今使者驰，云何？"一审拟改为"驰三军法何？"此处牵扯到《史记》的版本问题。南朝宋裴骃作《史记集解》、唐司马贞作《史记索隐》、唐张守节作《史记正义》，以上三家注于北宋时合为一编，却失传。南宋的黄善夫刻本，是现存最早的版本。上文"军中不驰，今使者驰，云何？"正是出自黄善夫版本。"驰三军法何？"是中华书局本，它的底本是清朝同治年间金陵书局刊行的《史记集解索引正义合刻本》。稿件"概述"里说："本书以中华书局1959年版《史记》为底本"，矛盾出来了，其底本此处为"驰三军法何？"，而非"军中不驰，今使者驰，云何？"。因此，同意一审的勘正。

三令五申

"乃设铁钺"，"铁"改为"铁"，然。

围魏救赵

"是我一举解赵之围而收弊于魏也。"其中"弊"字，不要改为"毙"的异体字，可用其正体字"毙"。此字改动据司马贞索隐："是一举释赵而毙魏"。

奇货可居

"庄襄王所养母华阳后"，其中"所养母"，改为"所母"，妥。司马贞索隐："刘氏本作'所生母'，'生'衍字也。今检诸本并无'生'字。"由此可证，"生"字被否，而"养"字古来未曾有过。

左提右挈

"岂欲为卿相终已邪？"其中"已"字，不要改为"己"。根据今人韩兆琦译注："终已，终了，到头。今通行本作'终己'，误，今正。"

勇士樊哙

稿件"欲击沛公，项伯常（肩）[屏]蔽之"，这种文字表达方式不当，"（肩）"和"[屏]"，二者必定其一。黄善夫本原作"肩蔽"。《项羽本纪》作"翼蔽"，与"屏蔽"义同。《汉书》作"屏蔽"。如何选择，以所据版本为基点。如上所述，稿件以中华书局

四、古典读物（80—151篇）

本为底本,所以,这里应当选择"屏蔽"。

陆贾诗书定天下

"陆生时时前说《诗》《书》",这里的书名号不必改动。可在注释里加一句:"用以代指儒家典籍"。倒是下文"号其书曰'新语'","新语"用引号不妥,当用书名号——《新语》。

巧诊难症

"家在于郑","郑"改为"鄚",并加一条注释:[10]家在于鄚(mào):通行本原文为"扁鹊者,渤海郡郑人也。"裴骃《集解》引徐广曰:"'郑'当为'鄚'。鄚,县名,今属河间。"司马贞《索隐》:"渤海无郑县,当作鄚县,音莫,今属河间。"现今河北任丘城北40里有鄚州镇,存扁鹊墓及药王庙。

"皆五脏蹶中之时暴作也。"其中"蹶"不要改为"蹙",这是两个字。古本此处写作"厥",是"蹶"的异体字,而"蹙"音cù,外形与之相似,是另外一个字。

"有闲,太子苏。"其中"闲"改为"间",确当。古汉语里,"閒"是"间"的异体字,二字常常通用,易混淆。简化字分得清楚,这里必须用"间","有间",即过了一会儿。

匈奴未灭　无以家为

"塌鞠"改为"蹋鞠",订正得好。

文君当垆

标题改为"文君当卢"。可参见《汉书·司马相如传上》:"文君当卢"。郭璞曰:"卢,酒卢。"颜师古曰:"卖酒之处累土为卢以居酒瓮,四边隆起,其一面高,形如锻卢,故名卢耳。"《史记》原文用的是"垆",无需改动。鉴于"文君当卢"已成为熟语,所以这里参照《汉书》。

儒生源流

"故因史记作《春秋》,以寓王法",其中"寓"字改为"当",符合稿件所据版本。这里"当"字是"当作"的意思。而从文意解,"寓"字更贴切于"春秋笔法",且【注释】"以寓王法",颇具说服力。就按稿件所取吧。

"夫齐鲁之间于文学,自古以来,其天性也。"其中"间"字当为"闲"。若用"间"

字,指的是地域范围,也能讲得通。但所依版本原文用的是"闲"字,通"娴",熟悉意,语义非常明确。修改之。

优孟衣冠

"抵掌",【注释】"今作'抵掌'。"这两个词皆古文所用。《战国策·秦策一》:"(苏秦)见说赵王于华屋之下,抵掌而谈。"此处"抵掌"也作"抵掌"。现代汉语以及口语里,用此词者少见。所以,将【注释】里的"今作"改为"也作"。

"后十世不绝。"【译文】"自此以后,十年没有断绝。"不合文意。"十世"是十代人的意思,而非仅仅十年。订正之。

同意发稿。

2015 年 6 月 11 日

112.《国学微课堂——汉魏六朝文选》(大字版)终审意见

《上林赋》

"亡是公听然而笑曰",其中"听"的注音,音调不是阳平,当为 yǐn,上声。"乐乐胥"的注释出自《诗经·小雅·桑扈》郑玄笺,引文略有小疵,多了两个字——"也""智"。"王者乐臣下有才智,知文章",郑玄笺的原文是"王者乐臣下有才知文章"。修改之。

《归田赋》

【注释】"蔡子""唐生",文字无病,但绕弯,两人的业绩亮点相互交织,容易张冠李戴:"蔡子:指战国时燕人蔡泽。慷慨:悲叹,指壮士不得志于心。"如此,给人的印象便是,蔡泽仅是个不得志的壮士而已。事实上,他后来入秦,代范雎为秦相。注释把蔡泽的发迹写在"唐生"名下,其实,唐举仅为蔡泽看过相罢了。修改见原稿。

《洛神赋》

【注释】"车殆马烦":"殆:危险。烦:疲乏。马疲乏故车危殆。"这样一说,诗味儿全无。殆,通"怠",懈怠。不存在什么危险。【译文】里的"人困马乏"倒是非常贴切。正文"迺援御者"的"迺",改为简体字"乃"。正文"髣髴兮若轻云之蔽月","髣髴"可直接用"仿佛",不加注。【注释】"托微波而通辞":"微波:一说指目光,亦通。"

不通。"一说"相对两说或多说而言,仅此一说,文意不通;微波指目光,未见有此解者,亦不通。自来"微波"两说,一指水波,一指月光,两说皆可通。修改见原稿。【注释】"申礼防以自持":"防:障。"没讲清楚。防,礼防,指的是礼仪中的男女之大防。修改见原稿。

《芜城赋》

"重关复江之奥"的"奥",《昭明文选》为"隩",从之。【注释】"廛闬扑地":"廛:市民居住的区域。闬:里门。""廛"的解释,现代了一点,改为"城邑中百姓住宅"。"闬"字虽有"里门"之意,但此处当作民户讲,与"廛"同一个意思。原文"阶斗廔䉤"的"廔",其正体字是"廪"。订正之。【注释】"伏暴藏虎":"暴:猛兽。""暴"字本身无"猛兽"之意。原文此字来历较为曲折,古本为"虥",是"暴"的古字。唐代李善注的《昭明文选》认为,"虥或为hán"("虎"字右边加一"甘"字),《尔雅》释为"白虎"。清末梁章钜《文选旁证》认为,"当依《说文》作mì"("虎"字右边加一"日"字)。所以,此处不能写作"暴",于文不通。取李善说。【注释】"鱼龙爵马:古代杂技的名称。爵:通'雀'。"这样解释需商榷。颜师古注:"鱼龙者,为舍利之兽,先戏于庭极,毕乃入殿前激水,化成比目鱼,跳跃漱水,作雾障日,毕,化成黄龙八丈,出水敖戏于庭,炫耀日光。"可见,鱼龙是单独一种玩法。"爵马",《文选考异》指出:"'爵'当作'百',此因正文云'爵马'而误",实为"白马同辔"之技艺。"南国佳人"的"佳","岂忆同辇之愉乐"的"辇",《昭明文选》分别为"丽""舆",从之。

《别赋》

【注释】"帐饮东都:西汉疏广、疏受告老还乡,公卿大夫古旧数百人为其践行于长安东都门外。帐饮:于郊野张帷帐设酒食践行。"注释所涉,源于《汉书·隽疏于薛平彭传》,但注者未查原著,用的二手材料,不完全合乎本事。修改为:"西汉疏广、疏受叔侄俩分别为太子太傅、少傅,功遂身退,告病还乡,公卿大夫古旧送者车数百辆,为其饯行于长安东都门外。帐饮:于郊野设帐宴饮送别。"修改"帐饮",是因为"饯行"本意即设酒食送行,这样解释语义重复,而且"践行"有误,当作"饯行"。

【注释】"送客金谷","时征西将军祭酒王诩当返回长安,石崇携众人与其帐饮于金谷园"。用二手材料,囫囵吞枣。前一句出自石崇《金谷诗序》,他人作注,完全用当事人的口吻,使读者摸不着头脑。修改见原稿。

【注释】"韩国赵厕",据《战国策·赵策一》:"入宫涂厕,欲以刺襄子。襄子如厕,心动,执问涂者,则豫让也。"增"赵,指赵国,厕,指厕所"。"智氏"改为"智伯",

有确切的名,何必用"氏"。删去"欲刺死"的"死"字,因为几次刺杀未果。

【注释】"尊,同'樽',酒器。"该字《昭明文选》为"鐏",现在则被视为"樽"的异体字,不取也罢。但是,"尊"和"樽"并不同。前者为古代酒器,后者指酒杯。

【注释】"湄:水边。"据《尔雅》"水草交为湄"改为:"岸边水草交接之地。"

《小园赋》

(节选),节选不当。全篇绝大部分选了,只差开头一小段,使得经典作品未能全龙现身。

【注释】"《玉杯》:书名。"改为"董仲舒著作《春秋繁露》里的一篇"。

赋中"非夏日而可畏,异秋天而可悲。"【译文】"不怕炎热的夏日,不悲萧瑟的秋天。"意思理解反了。改为"不是炎热的夏日也觉太阳可怕,不是萧瑟的秋天也感到悲凉"。

【注释】"葛洪","有医术",需扩展一点:"以炼丹术著称,有《肘后备急方》医书传世。"

【注释】"京房",要补充"《易》学家"。【注释】"魏颗之命:春秋时晋人魏颗,父死,不从父命让父亲之妾殉葬,而是让她嫁人。"与本事有出入。魏颗的父亲魏武子,对于自己死后爱妾的出路曾两次立下遗嘱:初为改嫁,后为殉葬。魏颗为其选择改嫁。魏颗如此处理,不能说"不从父命"。魏颗本人的解释为:"人病重时则昏乱,我从父清醒时的遗命。"据此修改见原稿。

【注释】"通德:共同遵守的道德,这里指他的祖父虞易为齐征士,如汉之郑玄。"这条注释有些糟乱,庾信的爷爷不姓庾而姓"虞",成了"虞易"。"齐征士"又是什么?还要注上加注。齐征士能与郑玄相提并论吗?通德是共同遵守的道德吗?修改如下:"门有通德:指东汉大经学家郑玄积学有盛德,为其扩建大门,号'通德门'。用该典故意在彰显自家。作者的祖父庾易、父亲庾肩吾以及远祖,世代业儒,德盛名高。"

《琴赋》

"序(节选)"。稿件将《琴赋》之序全部选了,应该把"(节选)"删去。原稿有几处错误。正文"所奉之主,即太尉鲁武公",【译文】"太宰鲁武公"。"太尉""太宰"相抵牾,后者为是。正文"逮世祖武皇帝",漏下一字"事",当为"逮事世祖武皇帝"。正文"亲疾辄去官"后面尚有"免"字,当为"亲疾,辄去官,免"。正文"岳自弱冠",应无"岳"字。"乃作闲居之赋",改为"乃作《闲居赋》"。以上所及,有的可能是不同版本的问题,但以《昭明文选》做底本,当无非议。

《列异传》

原稿其标题、作者如下:

列异传(节选)
宋定伯

不就内里的读者自然会认为,《列异传》的作者是宋定伯。非也。宋定伯乃《列异传》里的主人公,也是这个故事的题目。《列异传》的作者大都认为是曹丕。

《搜神记》

原稿其标题、作者如下:

搜神记(节选)
三王墓

其失同上。《搜神记》的作者是干宝。三王墓是《搜神记》里的一个故事题目。改为:

搜神记·三王墓
干宝

《世说新语》

未标明作者,增之——刘义庆。

书稿还有一弊,作者为哪朝哪代,有的标明,有的未详。应当统一。全都标明朝代最好。

一审、二审的修改意见甚当。同意发稿。

2015 年 4 月 28 日

113.《国学微课堂——颜氏家训选读》(大字版)终审意见

选读本,首先是如何选择。书稿于此较有见地,既囊括颜之推的七卷二十篇又从各篇采撷精华。读者得窥全豹而撮其要义。至于"概述"和"目录"里所分的章,还是以原著的形式为宜,"章"改为"卷"。"概述"中"《颜氏家训》全书共二十篇,按内容多少大致均分为七章,多的有五篇成一章的,少的则单篇成一章。每篇的内容紧紧围绕篇名展开,篇与篇之间相互独立",这样介绍或恐与当初成书的情况不尽

相符,删去。书稿的正文、注释、译文还都存在一些问题,一审和二审已修改了许多处,均妥。再补充一些具体意见如下:

卷一

序致第一

"递相模斆",后一个字应取其简体。

兄弟第三

加一条注释:"连业:业,古代书写经籍的大版。连业,指弟弟念哥哥用过的经籍。"【译文】把"连业"说成"一起上学",大而化之,改为"所学经籍也哥弟相传"。

原文"失敬于兄者,何其能多而不能少也""失恩于弟者,何其能疏而不能亲也",【注释】:不能敬重自己的兄长,"怎么能多一些感情呢?"不能疼爱自己的弟弟,"怎么能如此疏离而不亲近呢?"二审认为"据上下文,似不通。"

【译文】确乎不通,没写明白。修改为:不能敬重自己的兄长,"为什么他能和多人相处融洽却不能善待自家几个兄长呢!"不能疼爱自己的弟弟,"为什么对外人能结好却对亲人薄情呢!"

后娶第四

对于"前妻之子,每居己生之上"的【译文】"前妻的孩子,常常领先于自己的孩子",二审提出异议。

【译文】中的"领先于",过于笼统。修改为:"年龄地位一般都在自己的孩子之上"。

治家第五

二审提出:"妻子节量"译为"却让妻子和孩子牟利其中",似不通。实在不通。不仅这四个字,整段译文都没有抓住要害,让人有些误解。原文:"世间名士,但务宽仁,至于饮食饷馈,童仆减损,施惠然诺,妻子节量"。【译文】"世上的名人志士,只知道要宽厚仁煦,随意馈赠他人食物,被童仆私扣家财,轻易答应给予别人恩惠,却让妻子和孩子牟利其中"。这样解释,乱了套,连名士施惠的意图及方式都要令人怀疑了。其实,要害在于名士"但务宽厚",疏于家庭管理。【译文】修改为:"世上有些名士,只知道要宽厚仁煦,日常饮食以及馈赠他人之物,童仆竟敢私扣;答应给予别人的财物,妻子和孩子从中减量"。

二审提出:"卖女纳财,买妇输绢"译为"为嫁妆娶妇",似不通。然。后由一审

四、古典读物（80—151篇）

改好。

二审提出：（"吾每读圣人之书"）"不敢秽用"译为"是不敢放到污秽的地方去看或当作其他用途的"，似不通。改为"不敢随便用于污秽处"，可通。

卷二

风操第六

二审提出："北人至岁之日，重行吊礼"译文似不妥。译文为"对在冬至和立春日办丧事的人家，这两天要比平时更隆重地前往吊丧"。译文尚可，原文"重"字，不是"重新"的意思，译文所说"更隆重"合乎本意。不必改动。

【注释】及【译文】对"江南轻重，各有谓号"，析之有失："轻重：指礼仪轻重。"；其译为"江南地区的称呼，按照礼轻礼重各自分别"。这里所谓轻重，指的是社会地位，而非"礼轻礼重"。地位低者为轻，地位高者为重。修改见原稿。

正文"三曲而哀"，"《孝经》云：'哭不哀'"，其中"哀"字有误，当作"偯"。随之，【译文】亦对此误解："服大功丧的人的哭声，曲折尽哀"；"《孝经》说：'不要哭得让人感到哀伤'。"鉴于此，应当增加一条"偯"字的注释："偯（yǐ）：哭的尾声迤逦委曲。"修改【译文】，前者为"服大功丧的人的哭声，要一声三折，拖长尾音"。后者为："《孝经》说：'哭得像是要断了气，哭声不拖腔拖调，不绵延曲折'。"

慕贤第七

二审提出："傥遭不世明达君子"译为"不愿意出世"似不妥。确乎不妥。"不世"是世间少有的意思，而非"不愿意出世"。理解为"稀世"或"罕见的"合乎其意。修改之。

卷三

勉学第八

【注释】"及至婚冠"里，说"古代男子到了三十岁，可以娶亲，举行婚礼"。【译文】也说："到了二三十岁的年纪"。后文"世人婚冠"也译为"二三十岁"。看来"三十岁"娶亲并非笔误，实误。古时没有哪个朝代规定男子三十岁娶亲。倒是汉代规定女子三十岁为出嫁的上限，三十不嫁，要受罚。从实际情况看，古代男子少有三十岁才娶亲者，除非家贫，三十岁偶有机遇。因此，对"婚冠"的解释，修改为"成年后"。

二审提出:"多见士大夫耻涉农商,羞务工伎"译文似不妥。

【译文】"时常见到士大夫不齿于农业和商业,又羞于没有擅长的技艺"。主要在后面四个字"羞于工伎",有的版本为"差于工伎",意思是"缺乏手工艺方面的本事"。二审将整句修改为"时常见到士大夫耻于从事农业和商业,又羞于从事工匠之业"。较之【译文】顺畅多了。

正文"长鞘强弓"的"鞘",是"槊"的异体字,改为正体。【注释】"鞘:弓"有误,当为"马上用的长矛"。【译文】"带弓用箭",改为"手持长矛,肩挎强弓"。

【注释】"分剑追财","典出《太平御览》卷六三九引《风俗通》。"一看便知所用不是第一手资料。《太平御览》乃北宋初期的类书,《风俗通义》乃东汉应劭所著。注解典故出处,不直截了当引用源头,却绕了个弯儿。《风俗通义》共十卷,无此一典。典出于后代学者为《风俗通义》搜集的佚文《折当》篇里。这一典故,不仅仅为后来的《太平御览》所引,《书抄》《折狱龟鉴》《棠阴比事》《困学纪闻》等都引用过。所以,删去"《太平御览》卷六三九引",直接说明"典出《风俗通·佚文·折当》"。

【注释】"不问而情得"讲西晋陆云的故事,没有必要扯进其兄陆机。删之。

二审提出:"忌盈恶满"译为"嫉恶如仇"似不妥。真的理解歪了。这里的"恶",不是作恶多端的"恶",而是厌恶的"恶"。二审改为"厌恶积累巨大财富",较合本意。

"如此以学自损",【译文】"如此以学问损害自己",其中"学问"改为"学习"。"学问"一词,古人视之神圣,即使饱学之士,亦不敢自诩有学问。刚读了数十卷书更谈不上"学问"二字,学习而已。

正文"世人婚冠学",落下一个"未"字,应为"世人婚冠未学"。这是转让版本身的问题,并非重新录入之误。以下正文里的舛误皆为转让版本身的问题,不再一一说明。

"性既顽鲁,亦所不好云。"【译文】"我天性冥顽鲁钝,对道家并不喜欢"有扭曲原意之嫌。原文没明确说不喜欢道家,针对的是不务实际、玄谈空论的学风。因此,改为"对此学风不感兴趣,亦无所受益"。

【注释】"照雪","典出《初学记》引《宋齐语》。"《初学记》是唐代类书,晚于《颜氏家训》。《宋齐语》图书市场找不到,注释何用?这个典故最早见于《昭明文选》卷第三十八"表下"任彦昇撰写的《为萧扬州荐士表》:"至乃集萤映雪,编蒲缉柳。"唐代李善注:"《孙氏世录》曰:孙康家贫,常映雪读书,清介交游不杂。"据此修改注释,见原稿。

"《书》曰'好问则裕。'"【注释】"语出《尚书·商书·仲虺之诰》","仲虺之诰"属于《尚书》里作伪的部分,应说明"当为伪《尚书》"。

【注释】"徐邈:三国魏人",与东汉至三国时期的同名者搞混了。两人相距一二百年,不同朝代,不同籍贯,不同业绩。改为"晋代文人"。

【注释】"褚诠:事迹不详。"补之:"南朝人,曾官梁中书舍人。"

"专徐、邹而废篆籀",【注释】单注"徐",而对"邹"置之不理。补之:"邹:南朝梁邹诞生,撰有《史记音》三卷。"

【注释】"小学:……汉代以后,小学作为文字训诂学的专称。""汉代以后"没有下限,意味着直至今日皆如此。其实,隋唐以后,小学便是文字学、训诂学、音韵学的总称。补充之。

卷四

名实第十

【注释】"祖考:祖先。考,父亲。"考,特指死去的父亲。要讲明白,否则,让人误用,闹出笑话来。《礼记·曲礼下》:"生曰父曰母曰妻,死曰考曰妣曰嫔。"

涉务第十一

"人性有长短,岂责具美于六涂哉?"【注释】"涂:途径,反面,通'途'。"注中"反面",想必是"方面"之误。修改之。

正文"故难以应世经务也",落下一"可"字。当为"故难可以应世经务也"。

卷五

诫兵第十四

正文"皆陷身灭族之本也",句前有一"此"字,应为"此皆陷身灭族之本也"。

卷六

书证第十七

正文"郑《笺》云:'施施,舒行儿也。'"其中"儿",当作"貌"。

正文"待人不得,又来迎修",最后一字"修",乃"候"之误,应为"又来应候"。

该节有两处字需要加引号,后文亦有几处需要加引号,已笔于原稿,排版时请莫遗漏。

《古乐府》歌词,"近代文士,颇作《三妇诗》,乃为匹嫡并耦己之群妻之意,又加郑、卫之辞，大雅君子，何其谬乎？"【译文】"近代的文士，很多都写有《三妇诗》，这里的'妇'是指自己婚配的妻妾的意思，再加上一些淫词艳语，对于那些讲求高雅品位的君子来说，是多么荒唐啊！"没有解释清楚。《古乐府》说的是三个儿子、三个儿媳妇孝顺公婆。近代文士却把"三妇"理解成匹配自己并缔结良缘的众多妻妾。这是问题的关键。修改见原稿。

卷七

音辞第十八

"而河北学士读《尚书》云好生恶杀。是为一论物体，一就人情，殊不通矣。"【译文】"然而河北地区的读书人念到《尚书》的'好生恶杀'的'恶'时，用了形容事物精粗的音，而不是人情的好恶，真是说不通啊。"没有解释清楚。其间需用拼音声调才能讲明白。改为："然而河北地区的读书人念到《尚书》的'好(hào)生恶(wù)杀'时，读成'好(hǎo)生恶(è)杀'。'好恶'二字，各有两种读音，一是评论物体质地的，一是表现情绪的，将两者混淆，真是说不通啊。"

杂艺第十九

"乃右军年少时法也"，这里的"右军"当加注释。补充之："右军：王羲之曾是右军将军，所以称他王右军。"
【注释】"反支"，说了许多，没说到点子上。补充："以反支日为禁忌之日"。
正文"省于梁初"，"省"字乃"洎"字之误，当为"洎于梁初"。

终制第二十

正文"随力所至，勿刳竟生资"，其中"竟"当作"竭"。
同意发稿。

2015 年 5 月 15 日

114.《国学微课堂——唐宋文选》(大字版)终审意见

目录里，每篇标题之后加上作者名。二审提出的这条建议很好，请一审落实。文中注释，介绍作者，不注生卒年，是个缺憾，姑且如此吧。

大字本用的版权转让过来的口袋书，其"概述"未说明它源于何种版本。与常见的清代吴楚材、吴调侯所编的《古文观止》各篇相比，许多地方不一致。譬如骆宾王的《代李敬业传檄天下文》,可能用的是《骆临海集笺注》。古典作品,不说明所用底本,会造成很多麻烦,又是一个缺憾,同样姑且如此吧。下面对一些具体问题谈点意见:

王勃:《秋日登洪府滕王阁饯别序》

【注释】"紫电青霜:皆宝剑名。"非也,紫电是宝剑名,青霜是形容词。崔豹的《古今注》上说:"吴大皇帝(孙权)有宝剑六,二曰'紫电'。"《西京杂记》卷一:汉高祖刘邦斩白蛇剑,刃上常若霜雪。说的就是"清霜"。有的版本作"青霜",不如"清霜"好讲。所以,正文"紫电青霜",改为"紫电清霜"。

【注释】"邺水朱华"仅说"曹植曾在这里作《公宴诗》,其中有'朱华冒绿水'的诗句"是不够的,"朱华"究竟何物,没说。补充:"朱华,芙蓉,即荷花。"

【注释】"睇眄:极视。"原文"穷睇眄于中天","穷睇眄"解释为"极视",可以;"睇眄"本身没有"极"的意思,只是流观,环视。修改见原稿。

王维:《山中与裴秀才迪书》

"猥不敢相烦"的"猥",【注释】为"谦词,鄙贱的意思"。前几年中华书局出版的《中国文学作品选注》里亦注为"自谦之词"。不大合适。"猥"有谦词之义,但这句话已有谦词"不敢",同时用两个谦词无必要。《广雅》:"猥,顿也。"顿,是"猝"的意思。所以,这里的"猥",意即仓猝间。此句是说,仓猝间没能邀请同往。

"麦陇朝雊",单注释"雊:雉鸣",还不够,"朝"字两读,易出错,最好一并注"朝雊:清晨雉鸣"。

"因驮黄蘗人往","蘗"字是"檗"的异体字,要改过来,文中统一用正体字。【注释】"黄蘗(niè)"注音有误,当为 bò。这句话仅注"黄檗",读者不一定明白,要加上一句:"该句是说,因为有载运黄檗的人出山,托其带信。"

韩愈:《原道》

正文有三个字欠当,需订正:"足乎己而无待于外之谓德",多了一个"而"字,删去。"土处而病者","者"当为"也"。"效焉而天神假",其中"效"乃"郊"之误。

【注释】"熙熙:恩惠。"不确切,改为"和乐的样子"。

杜牧:《阿房宫赋》

正文"蠢不知乎几千万落",其中"乎"字当为"其"。

陆龟蒙:《野庙碑》

正文"疾病死丧,不曰适丁其时也",后半句前落下一个"矻"字,该句应为"疾病死丧,矻不曰适丁其时也"。

范仲淹:《岳阳楼记》

【注释】"滕子京:欧阳修的朋友。"欧阳修的朋友与本文作者范仲淹何干!张冠李戴。该篇被指定为中学生必背之文,如此马虎从事,恐为孺子窃笑耳。改为"与范仲淹同年举进士"。

正文"嘱予作文以记之","嘱"当为"属"。

欧阳修:《秋声赋》

"商声主西方之音,夷则为七月之律。商,伤也。"【注释】加在后面的"商"字上:"商:宫商角徵羽五音之一,五音与四时、五行相配,商属秋,属金,主西方之音。"这种注释,显然偏颇。单单解释了"商",那么"夷则"是什么意思?为什么说它"为七月之律"?两句话同等重要,都需要解释。因此,加一条注释:"夷则:十二律(黄钟、大吕、太簇、夹钟、姑洗、中吕、蕤宾、林钟、夷则、南吕、无射、应钟)之一。律本是正音器具,后配十二月,以占气候。七月,正相当于十二律中的夷则。"

正文"万物劳其形"的"物"改为"事"。

苏轼:《与谢民师推官书》

"所示书教及诗赋杂文",【注释】"书教:书信。"欠当。改为:"书教:书,写给上级的'上书';教,写给民众看的文告;书教,公事文件的通称。"

"屈原作《离骚经》,盖风雅之再变者",其中"风雅"分别用书名号。

正文"或僧欲有所记录",当为"或僧有所欲记录"。

苏辙:《墨竹赋》

书稿之谓《唐宋文选》,文选者,首先其体裁是"文",即散文,以区别诗赋、戏剧、小说。苏辙的《墨竹赋》之体裁,当属诗赋一类,不应选在"文"中。它与欧阳修的《秋声赋》虽均名为"赋",但不可同日而语。欧阳修的《秋声赋》,在文学史上是一个创造,对骈赋、律赋的铺陈排比、骈词俪句以及设问答对,进行了改革,既有所保留,又不走老路,可以说,扬弃了排偶、限韵,代之以单笔散体行文。所以,《秋声赋》属于带有赋味儿的新散文。而苏辙的《墨竹赋》不是散文,是赋,不应该列入本书稿。既已选取,如此罢了。

李清照:《金石录后序》

"钱癖与传癖何殊",这里的"传",指《左传》,所以要加书名号。

"便有饭蔬衣练",【注释】"练:这里指粗糙的丝帛。"原作"练",后据清乾隆二十七年雅雨堂本《金石录》改为"綀"。如是,正文与注释一并修改。【注释】"綀:粗麻布。"

二审质疑文中的"分香卖屡","屡"应为"履"。所言极是。

【注释】"远:李远,李清照的弟弟。"应为"堂弟"。

"有题跋者五百二十卷耳",当为"五百二卷"。

朱熹:《大学章句序》

"三代之隆,其法浸备",其中"浸"字当为"寖"。

陈亮:《中兴遗传序》

【注释】陈亮,应加上一句:"人称龙川先生"。因为他的著作以此命名为《龙川文集》。介绍他是"南宋理学'永康学派'的创始人",不能说不对,朱熹批评他和叶适便说:"若永嘉、永康之说,大不成学问!"永康指的就是陈亮,以其家乡代指学术流派。然则关键不在地域,而在于学术观点。陈亮非常厌恶南宋理学家们空谈阔论道德性命以自夸耀显誉,揭露儒士面对金人入侵时"皆风痹不知痛痒之人也,举一世安于君父之仇,而方低头拱手以谈性命",主张即事以尽道,强调大道流行于日用之间。所以,陈亮的学术派别应谓之"事功学派"。说其为"创始人"也无不可,他与叶适观点一致,又是同时代人,要说创始,叶适也有一份,此外旗下再无声名卓著的人了。该学派既不留情面地抨击理学,又囿于理学。其影响无法与理学相提并论,可以看作是理学大宗里的一极。因此,改为"南宋'事功学派'的代表人物"。

一审二审加工得当,同意发稿。

2015 年 5 月 25 日

115.《国学微课堂——唐诗选读》(大字版)终审意见

讲唐诗,原书所列的五章标题为:大雅重振——初唐诗;诗国高潮——盛唐诗

（上、下）；走向反思——中唐诗；余韵别唱——晚唐诗。这些标题，将唐代诗歌发展的四个时期分别冠名，使之成为颇具特色的品牌，创意尚好，看起来形式活泼，却不耐琢磨，实则为其定了性。在唐代诗歌发展的四个时期里，说初唐诗是"大雅重振"，"大雅"显然指的《诗经》里的"大雅"，初唐诗继承了"大雅"的传统，并无特殊之处，对于"小雅""国风"的继承恐怕不少于"大雅"，自李世民的贞观以后，逐渐贵族化。书稿的首选之作是虞世南的《咏蝉》，虞世南在唐之前的隋朝已经编写了应制咏物所用的类书《北堂书抄》。入唐后，为了将诗进一步宫廷化，李渊下令欧阳询等编写《艺文类聚》，将其视为宫廷诗人的作诗工具，以便其从中撷拾辞藻、引经据典。事实上，这个阶段的诗歌受南朝文化影响很大，而非来源于"大雅"。之后，诗风由"上官体"过渡到"四杰"，反对纤巧绮靡，提倡刚健骨气。才子们独抒怀抱，雄杰自负，气概慷慨，更非"重振大雅"之景观。接下来的"诗国高潮"，可谓大实话，诗到盛唐，确乎掀起了高潮，但以"诗国高潮"这样的大实话来概括，反觉语平淡常，远不及人们熟悉的"盛唐诗"更有味道。说中唐"走向反思"，让人莫名其妙。"反思"一词来自于黑格尔哲学概念，用在此处，对象是盛唐诗的内容耶？形式耶？还是诗歌发展的整个路程？如果针对"安史之乱"所导致的社会衰退而言，"大历十才子"写的诗，确实没有了精神头，气骨虚弱，寻求淡泊闲静，冷漠清雅。但此时处于盛唐之末，中唐的前奏，这种诗风不足以显示中唐的成就。真正代表中唐气象的大有人在，著名清朝史学家、诗人赵翼在《瓯北诗话》里有两句话点得妙："中唐诗以韩、孟、元、白为最。韩、孟尚奇警，务言人所不敢言；元、白尚坦易，务言人所共欲言。"李贺、刘禹锡、柳宗元众人尚未包括在内。中唐诗可以说是整个唐诗的第二高峰，诗人们创作的路数并未以"反思"为走向。至于晚唐"余韵别唱"，倒也不离大格，但太空泛，可以放在每一个朝代的末期。因此，这四个标题加上去，显得轻浮浅陋，不宜进入少儿课堂。对于小读者，扎实准确是第一要务。建议将其全部删掉，就用初唐、盛唐、中唐、晚唐，这样最地道。若此意见可行，则不要忘记删掉书眉中的有关词语。

"目录"只有篇名，没有作者名，查阅不方便。建议每一首诗的篇名之前加上诗人的名。格式见原稿。

王维：《出塞作》

"汉家将赐霍嫖姚"，将"嫖姚"二字解释为"武将的一种名称"欠当。《汉书》卷五十五《卫青霍去病传第二十五》："大将军受诏，予壮士，为票姚校尉。"东汉经学家服虔注："音飘摇。"唐初经学家颜师古解释："票音频妙反。姚音羊召反。票姚，劲疾之貌也。荀悦《汉记》作票鹞字。去病后为票骑将军,尚取票姚之字耳。今读者音飘遥,则不当其义也。"这段话说得很明白,包括正确读音是什么。霍去病18岁跟随他的舅舅大将军卫青征讨匈奴,立了大功,"以二千五百户封去病为冠军侯""去病侯三岁,元狩二年春为票骑将军"。原书【注释7】"霍嫖姚":"因其受封为嫖姚校尉,故名。嫖姚,武将的一种名称。"若说嫖姚是汉代的武官名号,毫无问题。因为霍去病初上战场时官衔为校尉,不够"武将"级别,已称"嫖姚",那么,嫖姚何以是"武将"名称?而且,单独解释嫖姚,应当定位在该词的本义上。根据《汉书》及经典注释,原书的这句话改为"因其受封为票姚校尉,后为票骑将军,尚取票姚之字,故称其为票姚。票姚,轻锐劲疾的样子"。把原稿的"嫖姚"改为"票姚",并不因为此字错误,史书上"票姚""嫖姚""剽姚"以及"骠骑将军"通用,诗歌的不同版本亦如此。取"票姚"主要是与《汉书》一致。

高适:《别董大》

【赏识】"此时诗人与友人在野外握手分别",唐时不兴握手礼,送别多以拱手行礼,所以将"握手分别"改为"相揖而别"。"握手"于古代是另一种风俗,《仪礼·士丧礼》:"握手用玄纁,里长尺二寸。"指的是死者的殓具,用布做成袋子套在手上,叫握手。

杜甫:《除架》

【注释2】"贬华州司军参军","司军参军"当为"司功参军"。杜甫的生平介绍不够完整,只说到他当"检校工部员外郎"最后的官职。其他篇目的作者介绍,亦有同样的毛病,基于官本位。对于诗人来说,仅此颇觉欠缺。由于依照原书做大字本,除了硬伤,不便改动了。

秋霞圃书院所辑这本唐诗选篇目,似有特意躲避人们熟知的佳作之举,虽然有失于代表性,但弥补图书市场俯拾皆名篇而乏于扩大视野之缺欠,还是值得推重的。一审和二审意见都好,同意发稿。

2015年1月26日

116.《国学微课堂——宋词选读》(大字版)终审意见

选了四十八首词,十二首是唐五代的作品,正好占总量的四分之一,叫《宋词选读》怎么解释也说不过去。建议书名改一下,去掉"宋"字,《词选读》更有特色。一审提出目录加上作者名,完全同意。

李白:《忆秦娥》

【注释】"秦娥:此处泛指秦地美貌女子。""娥,古代秦国、晋国的美貌女子都被称为娥。"说"泛指"未必符合原意。词的开头即"箫声咽",紧接着便是"秦娥梦断秦楼月"。箫(萧)娥本是伉俪,这里用的是典故。《列仙传》载:秦穆公有个女儿,字弄玉,嫁给了善于吹箫的萧史。萧史教弄玉吹箫,声似凤鸣。秦穆公为他们筑起凤凰台,两人住在台上。后来,萧史弄玉随凤凰飞升而去。南北朝时的庾信也曾用此典于《春赋》——"吹箫弄玉之台"。因此,秦娥并非泛指而实指弄玉。修改见原稿。【赏析】"这首词写秦地的一位美貌思妇独处闺中,思念着远方的游子或是征人。"此说不着边际,删去。

敦煌曲子词:《菩萨蛮》

【注释】"即:同'则'。"网上如此。林庚、冯沅君主编的《中国历代诗歌选》(人民文学出版社 1964 年版)注释:"即,今。"

张志和:《渔歌子》

【注释】"西塞山:位于今浙江湖州西。"可以再具体一点:"指今浙江吴兴慈湖镇的道士矶。"

温庭筠:《菩萨蛮》

【注释】"鹧鸪:一种水鸟。"鹧鸪主要栖息于低山丘陵地带的灌丛、草地、岩石荒坡等无林荒山地区,有时也出现在农地附近的小块丛林和竹林中。辛弃疾的词句"山深闻鹧鸪",怎么成了水鸟?改为"一种类似鸡的鸟"。

皇甫松:《梦江南》

【注释】"兰烬:此处把烛火比喻为兰。"网上如是说,不取。改为:"兰,兰膏,拌入香料炼成的油脂,用来做烛。参见屈原的《招魂》:'兰膏明烛华容备些'。"

李煜:《浪淘沙》

原词"春意将阑"有此一说,但不及"春意阑珊",取后者。【注释】"将阑"改为:"阑珊:叠韵联绵字,残尽。"

四、古典读物（80—151篇）

宋祁:《玉楼春》

【赏析】流于俗说。该词即景写情,当别有一番滋味在心头。作者官居尚书,官场上的得失直接关乎身家性命。此词很可能是他在政治生活中,阴霾初晴、光风霁月时有感而发,并非闲来赏春,无病呻吟,更非醉生梦死、及时行乐之叹。整个词隐藏着一种艰难过去、好事刚来而又担心其稍纵即逝的压抑着的兴奋。词开头"东城渐觉风光好",一语道破天机。水暖鸭先知,春自东来,东城最为敏感。"风光",也不单指客观景致,包括社会环境和人际关系甚至政治动向。"觉"字点得好,逐渐感觉到这一切往有利的方面转化。下句的"迎"字很提神,暗示了再度被重用,备受欢迎。然而且住,老树新芽,枝叶刚刚黄而将绿,藤缠蔓绕,如烟似雾,应深知其外寒气虽轻而未尽除。好在大环境改善了,生机盎然,红杏闹春。第3句的"晓"字,尤其是第4句的"闹"字真真独具匠心。所以,【赏析】既要注意到字面的表层意思,又要尽可能地渗透到创作主体意识里挖掘深层的意蕴。词的下片抒发感慨,"浮生长恨欢娱少,肯爱千金轻一笑"较难用一两句现代话语解释透,弄不好,很容易理解歪了。【赏析】写道:"点明词人携妓游春时的心绪。"这样一说,便下了及时行乐之道。其实,这两句词或许是有来由的。杜甫在《曲江》诗里写道:"细推物理须行乐,何用浮名伴此身。"众所周知,杜甫是爱国忧民、社会责任感极强的诗人,这两句诗只能看作为事业奔波、疲惫不堪时的感慨,用以自嘲,兼带点儿牢骚,并非真的是人生价值观改弦易辙的宣言。宋祁这首的词意与杜甫的诗心是相通的,感叹毕生才华仅图经世致用,很少欢娱。然而,两人的处境大相径庭。此时的尚书时来运转,难得高兴,颇有潇洒走一回的劲头。词到此未了,更进一步深入:机遇来之不易,且喜还忧,殷切希望掌握命运者能"留"住"晚照"。以上只是对创作意图的一种揣测,实际如何,不得而知。所以,这里只说个人理解,不改动原稿。

柳永:《八声甘州》

【注释】"红衰翠减:花草凋零。红、翠,指代花草树木。"说的只是花,与草无关,与树木更无涉。改为"红衰翠减:红,指花。翠,指叶。""颙望:抬头远望。"不甚确切。改为:"殷切地盼望。颙,向慕,仰望。"

王安石:《桂枝香》

一审删去文内"后庭""后庭花"不当。陈后主作《玉树后庭花》曲,简称《后庭花》《后庭》。因为是作品名,当加书名号。原文无误,不要改。

苏轼:《水调歌头》

原文"我欲乘风归去,又恐琼楼玉宇,高处不胜寒。"【注释】"琼楼玉宇:美玉砌成的楼宇,指想象中的仙宫。""不胜:经受不住。"需要补充。"我欲乘风归去"句,用《列子·黄帝篇》典故。据列子说,他从老商氏学道,最后做到忘物忘我,"心凝神释,骨肉都融,不知形之所依,足之所履,犹木叶干壳。意不知风乘我邪?我乘风乎?"用此典,暗含忘掉一切。"琼楼玉宇",用典见《酉阳杂俎》,壶史说:翟乾祐与弟子数十人在江岸玩月,有人问月中有什么,翟曰:"可随吾指观之。"遂见月中"琼楼金阙"。"高处不胜寒",亦用典故。《明皇杂录》载:八月十五夜,叶静能邀明皇游月宫。临行,教他著皮衣。到月宫,他果然冷得难以支持。

贺铸:《青玉案》

【注释】"锦瑟华年",补充一句:"采用李商隐《锦瑟》句:锦瑟无端五十弦,一弦一柱思华年。"

李清照是北宋与南宋相交时期的人物,虽然生于北宋,但她作为文学家成熟于南宋。她的词应归到南宋。

《渔家傲》【注释】"转:《历代诗余》作'曙'",改为"欲转:长夜将晚,众星与天河转移方向"。"鹏"加一句"取庄子《逍遥游》'鹏之徙于南冥也……'意"。

《醉花阴》【注释】"瑞脑:一种香料,俗称冰片。"改为"一种香名"。

岳飞:《满江红》

【注释】"贺兰山:贺兰山脉,位于宁夏回族自治区与内蒙古自治区交界处。"它关系到岳飞的这篇气贯长虹的大作真伪的问题。多年来,词学研究者以及胡适、余嘉锡、夏承焘等大学者,都曾怀疑《满江红》并非岳飞之作。因为词里的"贺兰山"地处宁夏,古时为西夏,而岳飞的战场是在与此地毫不相干的相距千里之遥的河北磁县一带。因此,许多专家认为《满江红》是明代在西夏打败鞑靼人的王越及其幕僚的伪作。前些年,有的学者经过考证,发现了河北省磁县有座贺兰山,这一带恰是岳飞当年练兵的地方。在宋代,磁县是兵家必争之地,岳飞预计要在贺兰山同金兵决战,便写下《满江红》一词,来抒发在抗金大战中血洗肉搏的悲壮情怀。"驾长车踏破,贺兰山缺",是岳飞想象里的战斗境况。

"三十功名尘与土:三十年来,建立了一些功名,但是很微不足道。"需修改。作者此时年方三十,不是已经有三十多年的功名。岳飞就义时尚不足四十岁。"八千里路云和月:形容南征北战路途遥远,披星戴月。"这句注释较妥。著名诗人臧克家认为:"尘与土——风尘奔波之谓,非视功名如尘土也。'三十功名'是纵写,'八千里路'是横写也。"此说得到著名宋史专家邓广铭的认可,他幡然改变了此前从众的一般解释,赞赏臧说:"你对'三十功名尘与土'的解释,确实是至当不易之论。是你从自己的创作实践中体会得来,不但发前人之所未发,也将是后来人所无法摇撼的。"据此,可以把这两句解释为:"三十年光阴未虚度,于风尘奔波之中建功名,云遮月照,转战八千里。"【赏析】进行了相应修改。原稿:"南宋词从整体上来说,主要风格还是婉约细密的,而不是岳飞《满江红》这一路抒发豪迈激越悲壮感情的风格。但之所以把这首词放在南宋的第一首,是因为在那个南北宋之交的年代里,这首词中的英雄之气慷慨淋漓,挺起了中华文化的脊梁。"最后一句很好,可作为赏析的开头语,之前的那些话删去。因为牵扯到整个南宋词的主要风格问题,所以下面稍微详细地阐述理由。"婉约细密"南宋词有之,却代表不了主流。起码,豪放派与雅词派双峰对峙,而历史上流传下来的词以豪放派为胜。张元干可被视为南宋初始的首位词人。他是位赤胆忠心的爱国者、主战派,南渡后,不屑与奸佞同朝,弃官而去。在高宗向金拜表称臣,被罢相的李纲上书反对,高宗置若罔闻的情况下,张元干作词寄给李纲,义愤填膺,对其抗金主张坚决支持,对其遭遇深表同情。枢密院编修胡铨上书反对和议,要求斩秦桧、王伦等卖国奸臣,结果被革职谪迁,途经福州时,张元干又作词为其送行。向子諲是有政治节操的人,词作亦有名。李纲是徽宗、钦宗、高宗三朝元老,抗战重臣,曾官居丞相,因对收复河山坚定不移,屡遭投降派打击,而从未动摇过赤诚的爱国之心,写词言志。赵鼎与张元干不同,张是南北宋之交比较有名的词人,而赵鼎则以中兴名臣青史流芳。他因反对秦桧和议被罢相,流放到海南岛。在秦桧的迫害下,绝食而终,词作悲壮。汪藻、陈克都是主战派官员,其政治立场在所选词里皆有表现。江西诗派的吕本中、陈与义、曾几也都在抗战过程中积极向上。李清照后期的作品,诉述了作者的故国之思和沦落之悲。一百多年后,宋室覆亡,爱国词人刘辰翁读李清照词,潸然泪下。胡铨是著名主战派人物,年龄要比张元干等小得多,但这位青年满怀一腔爱国热血,是非分明的正直品格赢得了时人的钦佩,曾在词中骂秦桧。接下来才是岳飞,前面的爱国词篇已层层铺垫。其后的韩元吉也是有名的爱国词人。陆游是南宋诗人领袖,他的词有很高的价值,唱出了时代的强音,表达了御侮救国、恢复中原的激情雄心。杨万里的词忧国忧民。范成大在官场和文坛上都是名人,他是奉公爱民的清官;还曾以资政殿大学士的身份为"祈请国信使"使金,做好了"不返之计",正气凛然,连敌方都感叹不已。还有尤袤,接近范成大。张孝祥与张元干一样,他们的词起到了由苏轼到辛弃疾的发展过程中的桥梁作用。张孝祥是位坚定的主战派领袖人物,是具有坚强斗争性且颇有政绩的政治家。他的文学成就较高,曾被誉为"当代独步"。他的词作气势豪迈,境界阔大。辛弃疾词是宋词几经流变发展所达到的最高峰,词到辛弃疾,从内容到艺术形式可以说已经完美,荣臻极致。辛弃疾是一位反抗侵略、爱国主义深入骨髓的军事家、政治家,他不以文学创作为职志,他的词是从豪杰壮士的心底流出来的,是英雄的血和泪的结晶。封建社会中,爱国主义英雄精神与醉生梦死、腐朽庸俗的社会现实之间的矛盾,在他的词里体现得最深。陈亮是辛弃疾的挚友,也是位著名的爱国主战词人。杨炎正的人品气节、词作格调也近似辛弃疾。刘过也是辛派词人。姜夔是新婉约派的旗手,却也并非搞"纯文学",他具有关注现实的爱国倾向,只是词比别家更注重音律,尚工巧,讲究章法结构,声韵谐婉,沿着北宋周邦彦的路子行进而又有新的发展。史达祖词,随姜夔之后。戴复古身处江湖之远则忧其君,常在诗词里指斥国政,反映民瘼,其词属辛派。刘克庄属江湖派,在江湖派里,官高寿长成就大,被视为领袖人物;也是辛弃疾词派中的佼佼者。他对山河破碎具有较强的忧患意识和危机感,许多词以国家命运为念。陈人杰英年早逝,26岁就离开了人间,他的词里散发着浓烈的阳刚之气,是对漠视国事、萎靡麻木的芸芸众生当头的棒喝。还有文及翁、陈人杰、邓剡。人人皆知的文天祥压卷。由此可见,说"南宋词从整体上来说,主要风格还是婉约细密的,而不是岳飞《满江红》这一路抒发豪迈激越悲壮感情的风格"与史实不符。

稿件所选的作家作品顺序不尽如人意。大体上是按照历史的流向和作者年龄为先后,但也有些随意性。在无其他主旨的情况下,还是序齿规范。请一审进行一些调整。

进行以上修改后,同意发稿。

2015年2月17日

117.《国学微课堂——千家诗选读》(大字版)终审意见

"目录上标题后,是否加上作者名,包括所属朝代?"一审报告最后补充的这条意见,正好与刚刚审过的《唐诗选》所提出的建议一致,可谓所见略同。具体操作可以采取如下形式:

原书为

送郭司仓……………6

拟改为

四、古典读物（80—151篇）

（唐）王昌龄：送郭司仓……………………6

这本《千家诗选读》所列篇目与《唐诗选》未见重复，很好。因为同是秋霞圃书院的系列丛书，总要统筹安排。

做书留空白页是一种浪费，应当杜绝。一本200页的小书，翻了快20页才得见正文，读者感觉可想而知。版面设计可再简洁一些，让人一眼看到真货。

文中介绍"钱起（约720—约782）"，与众多学者说法不一，不知从何而来。钱起的生卒年月确乎没有准确记载，但学者从旁考证，大约为722—780，在无新研究成果的情况下，当从众说。

孟浩然：《临洞庭》

【注释8】"圣明：皇帝圣哲贤明。"不太明白。【赏析】里说"圣明时代"，比较明确。改为"圣明：圣明之世"。诗中"耻圣明"的意思是，有愧于圣明之世。当然，此为明言，实则正如【赏析】所说"流露出诗人对圣明时代竟弃贤才不用的暗讽"。

杜甫：《曲江·其二》

【注释4】"古来稀：又称古稀，古人七十岁的代称。"字面意思无误，但如此解释，让人觉得诗人在引用典故。实际上，杜甫以此诗成为古稀代称七十岁的创始人。之前及之后多年，未曾见过以古稀代称七十岁者，直到苏东坡的诗句"令阁方当而立岁，贤夫已近古稀年"才流传开来。可以说，杜甫是创始者，苏东坡是传播者。因此，该注释改为："古来稀：古人活到七十岁已经很稀罕了。后来，古稀成为七十岁的代称。"

《秋兴·其三》注释"刘向传经心事违"一句，不得要领。文中写道："刘向：字子政，汉朝经学家。历事汉宣帝、元帝、成帝三朝，曾上疏言事，未被重用。传经：宣帝时，刘向奉命传授《谷梁传》，在石渠阁讲论五经（儒家的五部经典，即《周易》《尚书》《诗经》《礼记》《春秋》）。成帝即位，诏刘向领校中五经秘书。后来，其子刘歆受诏，与父刘向领校秘书。哀帝时，刘歆复领五经，卒父前业。"刘向的重大贡献不在于讲授过几天五经，而且他的一生也并非"曾上疏言事，未被重用"。刘向出身皇族，《汉书·楚元王传》："楚元王交字游，高祖同父少弟也。"楚元王刘交是刘邦的小弟弟，乃刘向的四世祖。刘向本名更生，十二岁就当官，后来"会初立《谷梁》《春秋》，征更生受《谷梁》，讲论《五经》于石渠，复拜为郎中、给事黄门，迁散骑、谏大夫、给事中"。成帝即位，"向以故九卿召拜为中郎，使领护三辅都水。数奏封事，迁光禄大夫"。其后，"向遂上封事极谏"，"书奏，天子召见向，……以向为中垒校尉。""居列大夫官前后三十余年,年七十二卒。"《汉书》上说得很明白,他久居高位,是朝廷重臣,虽然几度因事下狱,那是年轻时,老来一直受到成帝垂青。刘向和其子刘歆的巨大贡献是校书,写成《七略》。书中综合了西周以来主要是战国的文化遗产,并作出学术性的总论和分论,爷俩为此工程干了二十余年。是刘向、刘歆奠定了中国的文献学、编辑学、目录学、校雠学的基础。可惜,《七略》原书亡佚了,好在班固的《汉书》以"艺文志"的形式保存了其基本内容。古书由此流传下来,刘氏父子的功劳彪炳千秋。在西汉史学史上,司马迁的《史记》和刘氏父子的《七略》可谓双系星座,所以杜甫说"刘向传经"。若非父子共同校书,注释也不必牵扯出刘歆,文中介绍刘歆的一句话,倒是《汉书》原文。根据史料,【注释6】改为:"刘向:字子政,西汉后期的大博学家、编辑家;出身皇族,官居高位多年。成帝即位,诏刘向领校中《五经》秘书。后来,其子刘歆受诏,与父刘向领校秘书。哀帝时,刘歆复领《五经》,卒父前业。经过二十余年的努力,由刘向创始、刘歆完成了《七略》,对古代文化的流传作出巨大贡献。传经:即指此。"

【赏析】最末"(《好诗共欣赏》)"什么意思?是证明挪用自己的文章,还是掠美于他人留下了尾巴?无论哪种情况,皆有违书稿体例。应当删去。

纵观全部书稿,质量较好。一审和二审报告所言皆妥。同意发稿。

2015 年 1 月 29 日

118.《国学微课堂——诗词格律》(大字版)终审意见

第一章　五言绝句

第三节《听筝》(李端),讲"联句对仗"时提到"诗词格律中有一条规律叫'一三五不论'"。这不是一条规律,而且在五言绝句里讲解律诗的规则也不合适("第三章　五言律诗"又重复此说,那还不合适,要讲,七言律诗最对路)。可参考王力先生的说法:关于律诗的平仄,相传有这样一个口诀:"一三五不论,二四六分明。"这是对七律(包括七绝)来说的。意思是说,第一、第二、第三字的平仄可以不拘,第二、第四、第六字的平仄必须分明。至于第七个字呢,自然也是要求分明的。如果就五言律诗来说,那就应该是"一三不论,二四分明"。这个口诀对于初学律诗的人是有用的,因为它是简单明了的。但是,它分析问题是不全面的,所以容易引起误解。这个影响很大。既然它是不全面的,就不能不予以适当的批评。先说"一三五不论"这句话是不全面的。在五言"平平仄仄平"这个格式中,第一字不能不论,在七

四、古典读物（80—151篇）

言"仄仄平平仄仄平"这个格式中，第三字不能不论，否则就要犯孤平。在五言"平平仄平平"这个特定格式中，第一字也不能不论，同理，在七言"仄仄平平仄平仄"这个特定的格式中，第三字也不能不论。以上讲的是五言第一字、七言第三字在一定情况下不能不论。至于五言第三字、七言第五字，在一般情况下，更是以"论"为原则了。总之，七言仄脚的句子可以有三个字不论，平脚的句子只能有两个字不论。五言仄脚的句子可以有两个字不论，平脚的句子只能有一个字不论。"一三五不论"的话是不对的。再说"二四六分明"这句话也是不全面的。五言第二字"分明"是对的，七言第二、四两字"分明"是对的，至于五言第四字、七言第六字，就不一定"分明"。依特定格式"平平仄平仄"（五言）来看，第四字并不一定"分明"。又依"仄仄平平仄平仄"来看，第六字并不一定"分明"。又如"仄仄平平仄"这个格式也可以换成"仄仄平仄仄"，只需在对句第三字补偿一个平声就是了。七言由此类推。"二四六分明"的话也不是完全正确的。

王力先生分析到家了。据此删去稿中的如下文字：为什么是第二和第四个字呢？因为在诗词格律中有一条规律叫"一三五不论"，诗句中第一、第三、第五个字的平仄是可以通融变化的。所以对格律的很多规定是针对第二和第四个字的。

第四节《听鼓》（李商隐），讲"联句对仗"时提到"失粘"与"失对"。稿中举例："即便是诗仙李白的作品，也经常会出现这种情况。比如我们非常熟悉的《静夜思》：'床前明月光，疑是地上霜。举头望明月，低头思故乡。'它的格律是：'平平平仄平，平仄仄仄平。仄平仄平仄，平平平仄平。'根据'粘对'的规则，我们可以看到，前两句中第四个字'失对'，后两句中第二个字也'失对'，且第三句和第二句'失粘'。所以，虽然李白的诗歌飘逸潇洒，但并不是学习诗词格律最好的范本。和他相比，杜甫的诗歌更讲究格律规则。所以，从诗词格律的角度来看，我们可以多阅读杜诗。"以上针对《静夜思》所作的具体分析合乎规则，但结论却有些问题，知其一未知其二。绝句分两种，律绝和古绝。律绝和律诗规则一样，而古绝不受律诗格律束缚。律绝是律诗兴起后才形成的，古绝早在律诗之前就出现了。古绝不像律绝规则那么多，可以用仄韵，不用律诗的平仄，不粘、不对，不足为奇。李白的《静夜思》属于古绝，而非律绝。稿件拿律绝的规则套用古绝，可谓方凿圆枘。修改见原稿。

第二章 七言绝句

举例："比如黄鲁直《答龙门秀才见寄》"。稿中皆用诗人的名，而此处用字称之，不统一。"黄鲁直"改为"黄庭坚"。

第三章　五言律诗

稿中讲律诗对格律的要求:"首先,律诗要求诗句字数整齐划一,像'鹅,鹅,鹅,曲项向天歌'这样的诗句是不合要求的。"骆宾王童年写的这首诗,谁也没说它是律诗。如此评论与上述逻辑相同,只不过前文因缺乏常识,而此处就有些苛责前贤了。稿中的这句话应当删去。

本章没完没了地解说"一三五不论,二四六分明",于理不通。第一章里提出:"诗词格律中有一条规律叫'一三五不论'"。本章又说:"这句口诀虽然简单明了、容易记住,但描述得不够准确,对五言诗尤其如此,对此我们要引起注意。"既然这样,怎么称得上规律呢?又为什么老是围绕它去说道呢?当然,本章的这个说法是符合实际的,作为常识,有这一段话足矣。其余所言,皆须删掉。

第四章　七言律诗

稿中:"虽然有些绝句,比如我们熟悉的'锄禾日当午,汗滴禾下土,谁知盘中餐,粒粒皆辛苦',押的是仄声韵,但它属于特例,近体诗一般是押平声韵的。"它属于什么特例?没有讲清楚。这首诗不是律绝,是古绝。古绝押仄声韵,理所当然。修改见原稿。

律诗的形式美,也体现在排版上。王勃的《送杜少府之任蜀州》,稿中排版不讲究:

城阙辅三秦,风烟望五津。与君离别意,
同是宦游人。
海内存知己,天涯若比邻。无为在歧路,
儿女共沾巾。

表现律诗的形式美,基本上只有如下两种排版方式。其一:

　　　　　　城阙辅三秦,
　　　　　　风烟望五津。
　　　　　　与君离别意,
　　　　　　同是宦游人。
　　　　　　海内存知己,
　　　　　　天涯若比邻。
　　　　　　无为在歧路,
　　　　　　儿女共沾巾。

其二：

　　　　　　城阙辅三秦，风烟望五津。
　　　　　　与君离别意，同是宦游人。
　　　　　　海内存知己，天涯若比邻。
　　　　　　无为在歧路，儿女共沾巾。

第五章　词

苏轼的《水调歌头·明月几时有》，文中"何事偏向别时圆"，二审感觉其中的"偏向"似为"长向"。质疑得好，绝大多数本子都用"长向"，"偏向"少见。所以二审所改，可以敲定。

改版需要首尾相顾，面面俱到。"后记"删去了原出版社的情况介绍，很有必要，但紧接着下文说的是"这套小书"——口袋书的方便，与改版成的大字本正相反，也须删改。当然，最好另写一个改版说明。

一审、二审意见均好，同意发稿。

2015 年 3 月 11 日

119.《大学》（大字版漫画）终审意见

台湾漫画家蔡志忠很有创意，把传统文化里的一些经典著作用漫画的形式再现，可以说是普及教育与市场效益双丰收。本书稿《大学》是系列作品之一。要特别注意这类漫画形式的出版物与文字书稿的差异性。起码有如下几点：首先，画本的文字说明必须忠实于原著，选择好的版本，使之完整地再现。其次，画图能够体现经典著作的基本精神，不离大格。再次，漫画以线条勾勒出的人物和社会的、自然的背景很美，让人赏心悦目。最后，每幅画的文字解说要精准简洁，一语中的。本书稿在这些基本面上做得比较好。书稿将《大学》分为两部分，"经"和"传"。"经"统共二百零五个字，又分为六个小标题："大学之道""定静安虑得""物有本末""欲明明德""物格而后知至""修身为本"，如此构思，非谙熟原著、深研朱子不能为也。"传"的部分，列十个小标题，皆为《大学》之精华。画图笔力遒劲，文字说明与其搭配，相得益彰。同意出版。

责编提出，《大学》和《中庸》由于各自的篇幅都较短，可以合为一本。此议妥。

2015 年 9 月 8 日

编辑审稿录

120.《中庸》(大字版漫画)终审意见

与《大学》相比,《中庸》所分列的部分及标题离朱熹的学说远了一些,但具体解释仍然不失原著本意。同意出版。

个别地方修改:"博学之"节,最后一句"天下没有免费的午餐!"删去。"叫作",二审改为"叫做",切当。有几处未改,补充之。"今夫天"节,"由天地山水得知天地之道是博厚、高明、悠久而成其大且久,则人的德行应效法配合,才能做到天人合一。"删掉后半句"则人的德行应效法配合,才能做到天人合一",改为"周文王纯于天道,无二无杂,无间断先后"。"唯天下至圣""唯天下至诚","唯"字无误,不要改为"惟"。该节"溥博如天""渊泉如渊"先后次序当遵原著,稿件的这两幅画,位置颠倒了。

2015 年 9 月 8 日

121.《孔子说·论语》(大字版漫画)终审意见

孔子的一生

稿中"孔子生于鲁国昌平乡"后面加"陬邑"。

"我想把泥溪的田封给孔子。""尼溪之田"是一个整名,不能翻译成"泥溪的田"。这话是齐景公在征求晏婴的意见。画面上两个人,一个是齐景公,另一个是谁,没有说明。应补:"齐景公对晏婴说"。下一个图则补:"晏婴答道"。

八佾第三

稿中标题:获罪于天,无所祷也。

其文:王孙贾问孔子说:"与其祈祷奇迹,不如祈祷神明的赐福,是什么意思?"(孔子回答:)"两者都不对。如果犯滔天大罪,怎么祈祷也没有用。"这段解释文字与原意有些出入,主要是对原文"与其媚于奥,宁媚于灶,何谓也?"的理解。王孙贾是卫国的权臣,他劝导孔子不要太清高太较真,又不直说,用祭祀的主次表达言外之意,即自结于君,不如阿附权臣。而孔子认为,这不是媚奥媚灶的问题,天即理,逆理而行,祈祷什么也没有用。修改见原稿。

"天将以夫子为木铎",译为"老天要你们的老师成为天下的圣人",关键词"木铎"没能表达出来。可以加一个形容词"振聋发聩","成为天下振聋发聩的圣人"。

公冶长第五

子曰:"由也好勇过我,无所取材。"稿中译为子路"缺乏才能",不确。"材",与"裁"同,"无所取材"是说不能裁度事理。修改见原稿。

子曰:"臧文仲居蔡,山节藻棁",稿中译为"臧文仲建造宗庙",误矣!"居蔡",是为了养龟用而筑室。居,是藏的意思;蔡,蔡国出产一种大乌龟,蔡代指大龟。修改见原稿。

雍也第六

冉有替公西赤的母亲求粮。"与之庾",稿中译为"二斗四升",一庾当为十六斗。订正之。

述而第七

"窃比于我老彭",稿中"老、彭"成了两个人,原文指的是一个人。

先进第十一

"师也过,商也不及。"稿中释为:"子张超过了一些,子夏又稍嫌不足一点。"含含糊糊,没有说清楚。改为:"子张才高意广,而好为苟难,处事过了头;子夏笃信谨守,而规模狭隘,又稍嫌不足。"

"鸣鼓而攻之",释为"敲锣打鼓地去声讨他",不合事理。敲锣打鼓一般是办庆典等活动使用,古代列阵进军以鼓为令。所以,鸣鼓,只是击鼓,而非敲锣打鼓。

稿中小标题:柴也愚 参也鲁 亿则屡中

原著:"柴也愚,参也鲁,师也辟,由也喭,回也其庶乎,屡空。赐不受命,而货殖焉,亿则屡中。"稿中小标题与原著对照,显然有所阙漏。因为这段话是孔子对每一个学生的点评,谁也代表不了谁,所以,小标题当把漏者补足:"师也辟,由也喭,回也其庶乎","亿则屡中"前加"赐"之名。稿件此处的问题还有,颜回和端木赐的画图各两张,小有差别,实则重复,且与上述每人一幅图,体例相左,需将重复者删掉。

宪问第十四

南宫适,稿中误为"南宫括"。该字读"括",而不可写作"括"。

微子第十八

丈人曰："四体不勤,五谷不分,孰为夫子?"稿中释为:"我四体不勤,五谷不分,哪知道谁是你的老师?"此处不必为圣人讳,实则丈人责备子路不事农业而从师远游,认为"四体不勤,五谷不分"的人哪能称得上老师。

子张第十九

"士见危致命",稿中释为"一个士,临难不避而死",不通。改为"一个士,临国难不避死"。

"执德不弘,信道不笃,焉能为有?焉能为亡?"稿中释为:"拥有德性却不弘扬,精通道义却不实践。这种人存在或不存在都不会改变世间。"释义没有把握好度,"信道",只是有所闻而信之,离"精通道义"远得很。修改为:有德性而守之太狭,所闻道义而信之不笃,这类执德信道,有无均可,不足为轻重。

"仕而优则学,学而优则仕。"稿中释为:"官当得好,则应该去学习。学习得好,则应该去当官。"大致尚可,但没有把关键词"优"说到位。"优"不当"优异"即"好"讲,而是行有余力的意思。因此,修改为:"做官有余力,则应该加强学习。学习有余力,则应该去当官。"

尧曰第二十

"谨权量,审法度,修废官",稿中释为:"谨慎地审查计量,周密地制定法度,修缮废官"。几个词没有译出,修改为:谨慎地审查度量衡,周密地制定礼乐制度,恢复废弃了的官职。

《论语》原文,不要作为"附录",以避亵渎经典之嫌。本书毕竟是漫画,《论语》原文置于书后亦可,但要去掉"附录"二字,以"《论语》"为标题。

2015 年 11 月 17 日

122.《孟子说》(大字版漫画)终审意见

开篇:头三行文字,本照《史记》的说法,既如此,就该与《史记》相符。稿中"学成后游说诸侯不能被晋用,退而与弟子万章序《诗书》",改为"学成后游事齐宣王,宣王不能用,到梁,梁惠王认为他迂远而阔于事情,退而与弟子万章序《诗》《书》"。

绘图部分:"君子有三乐"后提到"得天下英才而教育之",稿中将"英才"解释为

"英俊贤才",不如"杰出的人才"更贴切。

附录:《孟子》原文。

公孙丑:"北宫黝之养勇也,不肤挠",最后一个字"挠",稿中误为"桡"。"恶,是何言也?"之前,当有"曰:"。

滕文公:"长幼有序","序"字,稿中误为"叙"。

离娄:"不以规矩,不能成方员","员"字乃原著所用,不要写成"圆"。稿中下文"规矩,方员之至也"其中"员"则按原著,应如是。"道在迩而求诸远,事在易而求之难"。此语上句为"求诸",下句为"求之",而非稿中上下皆"求诸"。

同意发稿。

2015 年 10 月 29 日

123.《老子说》(大字版漫画)终审意见

绘图说明文字,与文章行文有区别,一幅幅画之间相对独立,不需要连接词。稿中第三页介绍老子的生平,第一幅图上的文字:"而道家学派的创始人便是'老子'",改为"道家学派的创始人是老子"。第二幅图上的文字:"老子姓李,名耳,字聃。于西周末年,武丁朝庚辰二月二十五日卯时,诞生于楚国苦县厉乡曲仁里。"老子的生卒年代、姓氏、身世等,学术界各执一词,没有定论。有学者根据《史记》《元和姓纂》《通志·氏族略》等史料分析认为,老子姓"老","李"是老子的氏。在先秦,没有人说老子姓"李",秦汉以后才姓氏不分。老子的出生时间,稿中写得如此精确,这也是专家们未曾研究到的,不知有何依据。出生地标以"楚国",乃《史记》之误会。裴骃的《史记集解》说:"《地理志》曰:苦县属陈国。"《元和郡县图志》卷七记载:"鹿邑县,本汉郸县地,春秋时鸣鹿邑,属陈国。""真源县,本楚之苦县,春秋时属陈,后为秦所并。"鹿邑县和真源县相邻,由于行政区不断改变,老子的故乡与这两个县皆有缘。在老子生活的年代,这两个县都属于陈国。此地在老子过世后才被楚国占领。所以,尽管许多人迎合《史记》的成例,但是说老子是楚人,不太合乎事实。据此,这幅绘图的文字改为:"老子生平不详,大约早年入周为官,辞官后,回家乡陈国苦县一带讲学。"稿中第三幅图上的文字:"周武王为西伯时,曾召他做守藏室的史官。"这种说法就更离奇了。周武王约在公元前 11 世纪,老子与之相距至少五百年。而且,此说直接与上一幅图解"于西周末年,武丁朝庚辰二月二十五日卯时,诞生……"抵牾。"武丁"乃商朝的帝王,比周武王早得多,"西周末年",比周武王讨伐商纣王、建立周朝晚几百年,而学者们所定的上限是春秋末期,又晚了几百

年。所以这两段文字把年代搞得乱七八糟。只有把"西周末年""武丁朝""周武王"等字眼去掉，才清楚一些。第三幅图上的文字改为："据说，他曾在周朝做史官。"

"老子其犹龙乎"一节要套上括号做说明：（以下三节取材于《列仙传》神话故事）。除本节外，还包括"道家宗师"和"老子化胡"两节。其中，最后一页上的唐朝那幅画，应当按照历史的顺序，置于东汉之后，移至篇末。

由于版本的关系，再加上文字处理不够精细，《道德经》里的许多字有出入。这里，以中华书局版本为底本，参校其他版本，修订如下：

道经

四章"渊兮，似万物之宗……湛兮，似或存。"句子之间，用删节号不当。漫画之与经典，只是为了激发孩子们熟习传统文化的兴趣，重在经书本身。所以，必须保持《道德经》文本的完整性，不可删掉原著字句。此处删节号改为删去的十二个字："挫其锐，解其纷，和其光，同其尘。"

十章 把省略的文字补齐："生之蓄之。生而不有，为而不恃，长而不宰，是谓玄德。"

十五章"孰能浊以久静之徐清"，多一个"久"字，删掉。

二十章"儽儽兮"，改为简化字"傫傫兮"。"俗人察察，我独闷闷……"删去的十个字当补上："澹兮其若海，飂兮若无止。"

三十一章"杀人之众，以哀悲泣之"改为"杀人之众，以悲哀泣之"。

德经

五章 需补足原作："人之所恶，唯孤、寡、不毂，而王公以为称。故物或损之而益，或益之而损。人之所教，我亦教之，强梁者不得其死，吾将以为教父。"

十八章"未知牝牡之合而全作"，"全"改为"朘"。有的版本为"全"，不取。

十九章"知者不言，言者不知。"后面落下一句"塞其兑，闭其门，"补上。

二十三章与第二十四章 搞颠倒了。两章的内容需要对调。

二十六章"为无为，事无事，味无味"之后补上删掉的一句："大小多少，报怨以德。"

二十七章 补足删掉的两段文字。其一，"为者败之，执者失之。是以圣人无为故无败，无执故无失。"其二，"是以圣人欲不欲，不贵难得之货，学不学，复众人之所过；以辅万物之自然而不敢为。"

三十章 补足删掉的开头两句："天下皆谓我道大，似不肖。夫唯大，故似不肖。

若肖,久矣其细也夫。"

三十六章 补足删掉的一句:"是以圣人犹难之。"

四十章 补足删掉的章末一句:"是以圣人为而不恃,功成而不处,其不欲见贤。"

该稿与丛书其他稿件相比,尚觉粗糙,经此修改,可以发稿。

2015 年 9 月 15 日

124.《庄子说》(大字版漫画)终审意见

漫画的说词中有一些地方需要修改。书稿一开始总述庄子的理想人格时提到,庄子认为"人必须自觉人的存在",不太通顺,意思也不够明确。接下来便是"人不要从他人而画自己"等五个"不要",不乏庄子精神,但终究偏于解读,当有庄子的原话统摄。因此,补充如下:庄子认为"至人无己,神人无功,圣人无名。人必须直觉'坐忘',成为'真人'"。

箫声吹出五线谱的画面,不合乎中国古代之乐理。

尧问

画面有尧和舜两人。"尧问舜说"放在了舜的身后,人物关系颠倒了。应当把解说词移到尧的脸前。

王倪知道不知道

"人睡在潮湿的地方会得关节炎",这是根据原文"民湿寝则腰疾偏死"来的。"偏死"的意思是半身不遂,不是"关节炎"。

饮冰的人

叶公子高将出使齐国,向孔子讨教。画面是两人对话,解说词只提到叶公子高,请教的是谁,没提。补"向孔子讨教"。

"藏天下于天下"的结尾一句:"这便是师法自然的大宗师。"庄子没有说过"师法自然",老子也没有说过"师法自然",老子说的是:"人法地,地法天,天法道,道法自然。"庄子在"大宗师"篇,讲的是真人体道的境界,大宗师是宗大道为师。其中,人和自然的关系,人和宇宙一体化,只是大宗师里的一部分。因此,结尾一句修改为:"这便是真人体道的境界,宗大道为师。"

自然的友

第一句:"师法大自然的智慧的至人,他的教化……"如同上述,问题也出在"师法大自然"之命题上,不够简确。庄子讨厌所谓"智慧",他欣赏"至人"。于"至人"之前,加两个并非庄子思想的定语,画蛇添足,因此,这句话缩为四个字即可:"至人教化"。

黄帝遗失玄珠

除了"离朱"外,三个人名与原著不符。"智慧""声闻""无象",分别应是"知""吃诟""罔象"。黄帝遗失的是玄珠,稿中说黄帝"遗失了大道","大道找到了"。虽然庄子意在用玄珠比喻大道,但抛弃了标题,对玄珠只字不提,欠当。

甘泉先竭

《庄子》:"孔子围于陈蔡之间,七日不火食。"稿中"七十天没有炊饭"。改"七十"为"七"。

凡国不曾灭亡

《庄子》:"楚王与凡君坐。"稿中为"凡侯与楚王坐"。不可称"凡君"为"凡侯"。唐代成玄英的《庄子疏》:"凡君:凡僖侯。"

知识和大道

稿中"知""无所谓""狂屈"三个名字都加引号。庄子这里虽是托名,但毕竟作为名字出现,文中姓名不必加引号,所以去掉引号。"无所谓"有误,当为"无为谓"。

心无旁骛 大司马家的捶钩工匠回话说:"臣有守"。稿中写为"我是有道"。清代王念孙训"道"字,古读若"守",故与"守"通。但在庄子看来,真正得道之人并不多。一个工匠对主子自称"我是有道",似与情理稍背。因此,"臣有守"译为"我有所守持"较合适。稿中本节末句为"就能达到至善之境"。至善是善的极致,仅捶钩一事说成至善,拔高了。改为"才能发挥所长"。

生活为贵 名位为轻

这则标题里的"生活"改为"生命"。本节出自《庄子·杂篇·让王》,要旨阐述重生思想,生命可贵而轻视利禄名位,体现杨朱学派的观点。所以用"生活"不确切,这里强调的是"生命"。

颜回不做官

稿中"我城里有五十亩薄田""我城外还有十亩地"。原著是"郭外之田五十亩""郭内之田十亩"。

同意发稿。

2015 年 10 月 14 日

125.《韩非子说》(大字版漫画)终审意见

"管道"改为"渠道"。"砂金",责编改为"金砂",但尚有未改者,补之。"宋襄公之仁",一般都说"宋襄之仁",可去掉"公"字。"木鸢不如车輗",原稿"輗"字的"车"字旁简写为"车",是规范的,不要再改为繁体"車"字旁。"儿说是宋国的雄辩家","儿说",责编注明"人名,正确"。不太正确。"儿"是"兒"的简化字,为通常用法,但作为姓,没有姓"儿"的,必须写作"兒",它不是"儿"的繁体字了,读"倪"。兒说骑白马过关,图解"收门票"不切,改为"收过路费"。"矛盾"一节,最末一幅图解文字稍作修改,见原稿。

同意出版。

2015 年 9 月 23 日

126.《孙子说》(大字版漫画)终审意见

把握住了原著的主要论说,质量好,同意发稿。"九地篇",第一幅图的解说词,属于概说,当有九类地形,而只列出八类,漏掉了"交地",补之。"用间篇"里的一幅图解:"所以英明的君主,贤能的将帅,之所以能一出兵就战胜敌人,就是能先了解敌情。"删掉"所以""之所以""就"之类,改为:"英明的君主,贤能的将帅,一出兵就战胜敌人,因为能先了解敌情。"间谍的赏赐丰厚,与将士的待遇对比的那幅图,两者手里拿的是美钞,太现代化了。建议此图稍作修改,间谍可手持元宝,将士可手持铜钱。

2015 年 9 月 11 日

127.《列子说》(大字版漫画)终审意见

第一卷天瑞"生为徭役 死为休息"

稿中"看到一位近百岁的老人",应当根据原著交代老人的名字叫林类。

第三卷周穆王"迷惘的是谁"

稿中"秦国一个人得了迷惘症"。据原著改为"秦国逢氏有个小孩很聪明,长大以后得了迷惘症"。

第四卷仲尼"用心去玩"

这一段故事,开始没交代是谁对列子说话,补上"列子的老师壶丘子对他说"。

第五卷汤问"不射的神箭"

前半段故事是有原著根据的:"于是二子泣而投弓,相拜于涂,请为父子,克臂以誓,不得告术于人。"该节到此便结束了。之后的部分,述说纪昌的老师飞卫,又介绍,他向自己的老师甘蝇学艺,属于演义了。原著上说:"弟子名飞卫,学射于甘蝇,而巧过其师。"此时的飞卫,既然已超过老师甘蝇,怎么会再介绍自己的学生去拜自己的老师甘蝇学射呢?而且原著没有下文了。处理时,可以保留稿件既成的故事,但应当加以说明。

第六卷力命"贪生怕死"

故事结尾,齐景公"举酒自罚,也罚史孔和梁丘据"。前后应当照应,为什么"也罚史孔和梁丘据",因为在晏子看来,他俩是谄谀之臣。所以,故事开头要点出他俩的名字。

同意发稿。

2015年10月27日

128.《史记》(大字版漫画)终审意见

建议书名稍作修改。《史记》是中国通史,包罗万象,时间跨越上下几千年,怎么可能通过一本小画书得以展现?所以要根据画册的实际内容,缩小范围,取名

《〈史记〉战国四大公子的故事》较为贴切。

稿中的文字,有些地方修改如下:"司马迁的一生"节,开篇道:"汉景帝中五年,公元前一四五年,司马迁生于龙门。""生于龙门",是其自述,无误。但时过境迁,具体在哪个县?王国维在《太史公行年考》(《王国维手定观堂集林》卷第十一)里说:"(唐张守节)《正义》引《括地志》云'龙门山在同州韩城县北五十里。'……然公自云'生龙门'者,以龙门之名见于《夏书》,较少梁、夏阳为古,故乐用之,未必专指龙门山下。又云:'耕牧河山之阳。'则所谓龙门,固指山南河曲数十里间矣。"另外,司马迁的生卒时间并无确切的纪年;还有,纪年的写法也不规范。修改为:"司马迁字子长,汉左冯翊夏阳(今陕西韩城县)人,生于汉景帝中五年(公元前145年),或更后一些。"第二幅图"父亲司马谈于建元元年(公元前一四〇年)任太史令",改为"父亲司马谈于建元(公元前140—135年)初年任太史令"。第三幅图"三十公里"改为"六十里"。因为用"公里"与中国古代之事不协调。pp.3~4 五幅图中,删去一些虚词。一幅图的文字:"司马迁十岁开始跟老师孔安国诵读古文经书。"这样说太绝对,好似孔安国一直是司马迁的老师,非也。司马迁仅从孔安国那里学习《尚书》,又从董仲舒那里学习《春秋》。司马迁的学术造诣,很大程度上受益于父亲司马谈,其父学天官于唐都,受《易》于杨何,习道论于黄子。所以,修改为:"司马迁十岁开始诵读古文,曾从孔安国学习过《古文尚书》。"一幅图里说司马迁"养成不羁之才",改为"少负不羁之才"。司马迁二十岁外出游历,稿中画有七幅图,而"讲业齐、鲁之都,观孔子之遗风",当是其主要活动,却未进入作者视野。只能以文字补之。详见原稿。

这一节倒数第三幅图里,有两个字必须改:"尧舜"改为"五帝"。这两个字很关键,稿中说《史记》"从尧舜开始",读者会嘲笑作者和出版者未看过《史记》。《史记》"五帝本纪第一"开头语:"黄帝者",是从黄帝开始。"五帝"有几种说法,《史记》中的五帝按《大戴礼记·五帝德》之说依次为:黄帝轩辕氏、颛顼帝高阳氏、帝喾高辛氏、帝唐尧、帝虞舜。无论哪一种说法,都不是"从尧舜开始"。

下面是列传故事,属于文艺创作,可以添枝加叶。只修改个别处,详见原稿。

同意出版。

2015 年 9 月 18 日

129.《世说新语》(大字版漫画)终审意见

刘义庆编撰《世说新语》与一些挂名的主编大不相同,《宋书》上说他"为性简素,寡嗜欲,爱好文义",业余时间,一心扑在文案上。成书当然与其社会地位有关系，他是南朝宋武帝刘裕的侄儿，袭封临川王，官至尚书左仆射、中书令。为书作注的刘孝标同样功夫匪浅，引用古书四百余种，后人不仅把玩书中故事，有心者可窥见散佚的古籍。《世说新语》及注共计有一千五百多个人物，上至帝王将相，下到布衣隐士，魏晋时代但凡露名者均网罗其中。这部小说的艺术特色亦可于世界小说之林中独树一帜。明代胡应麟的《少室山房笔丛》卷十三曰："读其语言，晋人面目气韵，恍忽生动，而简约玄澹，真致不穷。"鲁迅在《中国小说史略》里点到："记言则玄远冷隽，记行则高简瑰奇。"冯友兰在《三松堂学术文集》里说它是一部魏晋风流故事集，其人格美在于玄心、洞见、妙赏、深情。

稿件忠实于原著，经得起学术考查。同意出版。

修小疵如下：

席不暇暖

陈中举"登车揽辔，有澄清天下之志。"原文如此，稿中将"志"写成"概"，幸得二审订正。

以简对烦

高坐和尚为什么要悼念周顗（"顗"应简写），稿中未言，显得突兀，事情有尾无头。这个故事在《世说新语》里只有一句话："高坐道人不作汉语，或问此意，简文曰：'以简应对之烦'。"稿中故事得以丰富，可能来自《高坐别传》："周仆射领选，抚其背而叹曰：'若选得此贤，令人无恨。'俄而周侯遇害，和尚对其灵坐，作胡祝数千言。"所以，解说词应当补充几个字："仆射周顗曾赞扬过他"。

贪者不与廉者不求

"庾法畅"本是《世说新语》原著里的名字，稿中依从原著，但原著该姓有误，当为"康"，即康法畅。余嘉锡考证《高僧传·康僧渊传》："晋成之世，与康法畅、支敏度等俱过江。"考晋代沙门，无以庾为姓者。康为西域胡姓。

郑玄拜师

郑玄学成回家，遭其师马融追杀一事，不实。许多学者认为，裴启的《语林》不免矫诬，《世说新语》亦失于轻信。刘孝标的注释，斥其为委巷之言，不亦宜乎。因此，应当注明"（此故事未必真实）"。

2015 年 10 月 15 日

130.《六朝怪谈》(大字版漫画)终审意见

《六朝怪谈》不见于魏晋南北朝文坛,可能是今人比照彼时志怪小说攒出来的。但稿件没有任何交代,不明来历。正经做书,应当有个郑重其事的说明。

魏晋南北朝承继了东汉道教兴起、佛教传入的意识形态,民间形成了许多神仙方术、佛法灵异的传说。文人们搜集有关素材,创作出志怪小说。有的作者本身就是宗教徒,用小说宣传教义。宗教迷信思想在社会上广泛传播是其产生的根源。鲁迅在《中国小说史略》里指出:"中国本信巫,秦汉以来,神仙之说盛行,汉末又大畅巫风,而鬼道愈炽;会小乘佛教亦入中土,渐见流传。凡此,皆张皇鬼神,称道灵异,故自晋迄隋,特多鬼神志怪之书。"了解了时代背景,对这类作品性质如何,就有了底数。六朝志怪大致有佛法灵异、鬼神怪异以及地理博物三种题材。本稿件属于鬼神怪异之流,却借题发挥,剔除迷信,讥讽腐儒,倡导基本的道德准则,亦不乏情趣,撷取的是此类作品的精华部分。同意出版。

《李寄》篇里结尾部分,李寄斩了蛇,察看蛇洞:"洞里这些骨头就是被吃掉的九个女童吧。"不合实情。蛇吃食物的方式是吞食,并非剔骨取肉。它不像其他野兽那样将大型猎物撕咬成块咀嚼,而是整体囫囵吞咽,在体内逐渐消化。蛇吃人也一样,先将人缠住,使其窒息,再整体送入口中,慢慢下吞,至腹部,数日经月,全部化为自身所需。所谓吃人不吐骨头,即指蛇而言。稿中所画的人头骨、骨头及相应的文字,请责编再处理一下。

《胡博士》引文个别处有误。稿中《大学》中的"在止于善",当为"在止于至善"。"物格而后知致,知致而后意诚"其中两个"致"字皆应为"至"。

2015 年 10 月 19 日

131.《唐诗说》(大字版漫画)终审意见

李白的一生

书稿大致依据《新唐书·列传第一百二十七·李白》拟文。这里存在两个问题,一是没有完全按《新唐书》的说法;二是《新唐书》关于李白的身世的说法未必真实。李白的身世太复杂了,千百年来,多少学者耗费精力却始终未能达成共识。这与李白本人不愿意将自己的一些秘密公之于众有很大关系,因为他的言行,一涉及到此事，常常相互抵牾。解决问题的办法，除从众外，当以不把话说满为宜。稿中说李白"陇西成纪人，是梁武昭王李嵩的九世孙"。李白祖籍陇西成纪，没有多少争议。梁武昭王李嵩的后裔，就不成定论了。《新唐书》自相矛盾，《新唐书·列传》里记载曰："兴圣皇帝九世孙"（即梁武昭王李嵩的九世孙，"兴圣皇帝"是后来对李嵩的追封）。而《新唐书·宗室世系表》里没有李白这一支家族的名字。唐玄宗曾下令诏，序皇室族属，李白也未曾入籍。于是，异说种种。既然没搞清楚，就不要说。稿中介绍："他的祖先因罪被谪放至西域。神龙元年，他的父亲李客带着家人潜回，侨居于四川绵州彰明县青莲乡。"其先祖流寓碎叶，因为什么，不得而知。神龙初，李白五岁，随家人定居绵州昌明县，也不知其故。其父之名客，同样不是真名，真名叫什么，不知道。李客，显然是姓李的客户之意。因此这段文字改为："他的先世不知何种原因曾流寓碎叶。神龙初，他五岁那年，父亲带着家人潜回，侨居于四川绵州昌明县青莲乡。"稿中说："李白自幼学道术，五岁诵六甲。""五岁诵六甲"是他自己说的，"自幼学道术"，为时尚早，可以改为"受到很好的教育"。稿中"十五好剑术"也是出自其诗句"十五学剑术"，改"好"为"学"。补充"少年时代受到道教的深刻影响"。稿中"二十岁时于岷山之阳跟东严子学道术"，据专家考证，李白大约十八岁时，隐居岷山之阳，即戴天大匡山读书。读的什么书，有道术，也有纵横术等。据考，东严（"严"上面还有山字头）子可能就是赵蕤。赵蕤博学，读百家书，也是唐代杰出的纵横家。稿中说"竹溪六逸""在兖州的徂徕山"，有误，徂徕山离兖州远了一点，应属泰安。稿中谈到玄宗垂青李白，是道士吴筠通过贺知章推荐的，此乃新旧《唐书》之见。还有说是玉真公主举荐。今人郁贤皓有篇文章《吴筠推荐李白说辨疑》，认为吴筠推荐可能性不大。但稿中有史书依据，姑且存之。李白废弃出宫，许多年来，宦官高力士背了黑锅。史书记载，加上极富有戏剧性，此事在民间流传不断。实际上，根子在唐玄宗，他并非真正重视李白，只以俳优蓄之而已。而李白认为其出宫是奸人谗毁所致。当然，这里面不乏嫉妒，却不是决定因素。修改见原稿。稿中"永王璘以父在蜀城，兄在灵武，便想拥兵自立"。永王起兵讨伐安史之乱，奉玄宗于普安郡制置诏，并非私自"拥兵自立"。稿中说，永王兵败身亡，李白被捕，"幸得郭子仪鼎力营救"。此为《新唐书》之言，但后来人多不提及，认为事实是被长流夜郎，遇大赦东还。《新唐书》作"寻阳"，一般为"浔阳"。修改见原稿。

王维的一生

到山东济州做"司曹参军"，应为"司仓参军"。稿中"晚年他隐居辋口的别墅中"，不确，应为"辋川别业"。篇中有"终南别业"一首，终南别业即辋川别业，位于终南山蓝田县的辋川之地。

李贺的一生

"回到洛阳时,大文豪韩愈和洛阳名士皇甫湜登门来访",这事搞颠倒了。韩愈比李贺大22岁,为朝廷命官,又是大文豪,怎能屈尊去拜访一个初出茅庐的小青年?事实上,李贺18岁那年带着自己的诗作去拜谒韩愈。修改见原稿。

同意发稿。

2015年10月23日

132.《唐诗三百首》(大字版漫画)终审意见

开篇便是"蘅塘退士简介",那本书无疑是以清代蘅塘退士选编的《唐诗三百首》为底本了。但是,本书实与底本相异:其一,书稿仅有百余首,在数量上不到三百首的一半。其二,体例与底本差别很大。底本按照"五言古诗""七言古诗""五言律诗""七言律诗""五言绝句""七言绝句",间有"乐府"先后排列。而书稿以作者序齿为次,最后还来了个"每人一首"。其三,书稿所收篇目与底本不同。本书第一个作者是王勃,《唐诗三百首》仅选了王勃的《送杜少府之任蜀州》一首,而本书上来就选了他两首,除上述外还有《山中》。第二个作者是张九龄,其人以"感遇"为题共写十二首诗,《唐诗三百首》选两首,书稿选的是《唐诗三百首》之外的三首。后面这样的例子比比皆是。所以,本书见不到蘅塘退士《唐诗三百首》的影子,不如不提蘅塘退士所编《唐诗三百首》之事。鉴于此,建议书名循系列画书它本的名例,改为《唐诗说》;删去第一节"蘅塘退士简介"。

唐玄宗:"经邹鲁祭孔子而叹之",删去其中的"邹"字。

王昌龄的生卒年"六九八—七五六"不能肯定。有学者认为"约六九四—约七五七"。都是大约,所以,原稿加上"约"字。

李白《将进酒》:"但愿长醉不复醒","复"字当为"愿"。

岑参《奉和中书舍人贾至早朝大明宫》:"阳春一曲和皆难",插图解说"阳春曲高"之前采用五线谱表示音符,太洋了,改为"工尺"。

韦应物的卒年"七九二"前加"约"字。

卢纶生年,一般确定为七四八年,而稿中为"约七三九",不知有何根据。应从专家说。

韩愈《山石》:"岂必局束为人靰","靰"字有误,"革"字旁右边当作"几",

而非"兀"。

白居易《放鱼》,稿中遗漏了两句:"一时幸苟活,久远将何如";李绅的第二首诗,亦遗漏两句:"四海无闲田,农夫犹饿死"。皆由责编补上了,值得赞扬。否则,便是重大失误。

杜牧《寄扬州韩绰判官》:"玉人何处教吹箫",画的不是箫,好似西方乐器单簧管,而且吹出的音符是五线谱。画不宜改动,音符可去掉。

同意出版。

2015年9月25日

133.《宋词说》(大字版漫画)终审意见

书名为《宋词说》,正文七十页是"宋词",附录"唐、五代词"及"宋诗"占近五十页,又不是宋词无物可言,有这样做书的吗?词选得也难说得体,柳永不置一词,可见失之偏颇。柳永是宋代第一位专业词人,为宋词昌盛奠定了根基。柳词从内容到形式对宋词的贡献很大。当时,"凡有井水饮处,即能歌柳词",其影响是广泛而深远的,传播之广,远到西夏高丽;益人之深,后来的婉约、豪放两大流派,无不惠及其人。还有像南宋的姜夔、吴文英等只字不提,也是较大缺陷。另外,榜上有名的词人,很多代表作未入选,却让边边角角者登堂,亦觉憾事,在此不能细说了。

李清照的卒年不确定,"一一五五"要加"约"字。

选文天祥的一首词,弘扬民族气节有见地。但排序有差。稿中皆按年龄先后,却将南宋末年的文天祥置于南宋中兴词人辛弃疾之前,不当。

李之仪是北宋词人,排在南宋词人之后,更不当。

康与之生卒年虽然不详,但也有个大致时间段,当在陆游之前。将其置于篇末,亦不当。

以上问题,请再作调整。勉强出版,亦可。

2015年9月28日

134.《菜根谭》(大字版漫画)终审意见

翻翻《菜根谭》,于成人不无裨益。不过,天天昂扬向上的孩子们学多了这类说教,恐怕未必能奋进。这里面消极的东西不少,其书问世以来四百余年不登大雅之堂,是有其自身原因的。前些年忽然热了起来,应当看到,与人们的某些情绪有一定关系。当然,只要抱有正确的态度,长些见识也不是坏事,出版可以,但不要把它捧得太高。

2015 年 9 月 22 日

135.《小窗幽记》(大字版)终审意见

作者反馈一审和二审提出的问题,并说道:"本书编辑先生的认真、专业,水平之高,令本人感动,肃然起敬。在此表示深深的敬意;对于给编辑先生带来编辑上的麻烦,也表示深深的歉意!你们出版社的编辑们个个都是好样的。"如此评价真让人由衷地高兴,后继有人了!

审稿者已经对照本书的底本字字校勘,应无大误。同意出版。还有点儿小毛病,再修改一下:

前言

"其格言玲珑剔透",玲珑剔透形容语言,不太确切,删去。

小窗幽记序

"词愶"的"愶",当用简化字。

卷一 醒

"形骸非亲,何况形骸外之长物"。【注释】"长物",引《世说新语·德行》"睨其坐六尺簟,因事恭",所引有误。"睨"字当用简化字,又该字此处不好讲,原本应为"见"字;"事"字应为"语"字。原本全句为:"见其坐六尺簟,因语恭。"意思是说,王大见王恭所坐的簟,想要,便向王恭说。

【注释】"丞相"句:《汉书·公孙弘传》"(公孙)弘起徒步",这样引用与原文不符。原文为"弘自见为举首,起徒步"。因此,要把"公孙弘"移到引号外,即:公孙弘"起徒步"。

【注释】"一杯酒"四句:《世说新语·任诞》:"张季鹰纵任不拘,时人号为'东步兵'。或谓之曰:'卿乃可纵适一时……'。"此引语两处有误:"东步兵"当为"江东步兵";"卿"当为"乡",乡大夫的略称。

卷二 情

"仙缘未合,空探游女珠光"。【注释】"《文选·江赋》引《韩诗内传》……"。这样注释不太清楚,牵扯到三本书外加一个注者:最直接的是《韩诗内传》,介绍了这一典故;《江赋》是晋代郭璞的作品,其中一句为"感交甫之丧珮";该文收入《昭明文选》;唐代李善为该书作注,注释《江赋》,引用《韩诗内传》所言及的典故。由此可见,直截了当说"据《韩诗内传》"最简洁。若说《文选·江赋》的话,那就要多些笔墨:《文选》里的《江赋》篇"感交甫之丧珮"句,李善为之注释时引《韩诗内传》……

【注释】"广绝交论:与朋友断绝来往的论说。如晋嵇康《与山巨源绝交书》等。"此说不切。广绝交之论,当指南朝齐梁间文人刘孝标(刘峻)写的《广绝交论》。该文取主客问答的形式,循着东汉朱穆的《绝交论》的思路写成。《广绝交论》突出了对"利交"的揭露及"利交"种种表现形式,不只应像朱穆所示的那样"绝交",而且还要广绝交,从而扩大了朱穆的观点。修改见原稿。

【注释】"鲁氏之戈:《淮南子·冥览训》:'鲁阳公与韩构难,战酣日暮,授戈而挥之。'"此注有三误:"冥览训"当为"览冥训"。"授"当为"援"。"挥"当为"撝"(简化字)。

卷三 峭

【注释】"豫章掷之水中"引《世说新语》"殷洪乔不能作致书郎","致书郎"当为"致书邮"。

卷五 素

【注释】"鲛室:张华《博物志》'南海水有鲛人,水居如鱼,不废织绩,其眼能泣珠'。又'鲛人从水中出,……'"该注释的前一部分是《博物志》里所记,错一字,"水"当为"外",即"南海外有鲛人";后一部分,《博物志》里没有,删去无碍于理解原文。

卷七 韵

【注释】"田舍儿:《世说新语·文学》乃云:'男舍儿强学人作尔馨语。'""田舍儿"误为"男舍儿"。

四、古典读物(80—151篇)

卷八 奇

【注释】"不必为枯鱼以需西江之水",语出《庄子·外物》:"我且南游吴越之王","王"当作"士"。"吾失吾常,与我无所处",标点不当。"常与"是一个词,意思是常相与,谓鱼水常相亲。所以断句"吾失吾常与,我无所处"。

【注释】"金河四句"引《汉书·苏武传》"匈奴与汉和帝",应为"匈奴与汉和亲"。"后汉复使至匈奴",应为"后汉使复至匈奴"。"言武在某泽中",应为"言武等在某泽中"。

卷九 绮

【注释】"分果"引《韩非子·说难》,小疵三处,修改见原稿。

【注释】"捉刀",崔琰的字季珪,非"季圭"。修改之。

卷十 豪

【注释】"管宁与华韵曾同席读书","华韵"改为"华歆"。

【注释】"王丞相枕周伯仁膝,指其腹曰:'此卿此中何所有?'"所言不通,删掉第一个"此"字,当为"卿此中何所有?"

【注释】"胡宗宪,明名臣,绩溪",只"绩溪"二字,作何解?胡乃绩溪人,"绩溪"后面要加"人"。

"梁公实荐一士于李于麟",【注释】"梁公实:……与谢榛、李攀龙等结称'五子''七子'。李于麟,明代文学家李攀龙,与谢榛等号为'后七子'。"讲得不清不混。文中与谢榛毫无关系,他又不是"后七子"的首领,而且后来被摈出团体,两处提到谢榛,把文意搅浑了。再者,梁公实曾是"南园后五子"之一,也是"后七子"之一,后者的影响比前者大得多。而谢榛、李攀龙不曾为"五子"成员,属"后七子"。况且,史上没有笼统的"五子""七子",明代有"前七子"和"后七子"之分。因此,这段注释改为:"梁公实……与李攀龙等七位文人号称'后七子'。李于麟即李攀龙,字于麟。"

【注释】"少封侯骨",引《史记·李将军列传》错误两处:"广尝与望气王朔燕语",其中"五朔"当为"王朔",是人名。"岂吾相不尝侯邪?"其中"尝",应为"当"。意思是说,岂不是我的面相不当封侯?

卷十二 倩

【注释】"黄鹤楼",引《世说新语·容止》庾亮"使吏殷浩、王胡之之徒登南楼"。

原文为"登南楼理咏。"据原作补之。

"羡子猷之高情可赏",【注释】故事出处为《世说新语·巧艺》,非也,实则《世说新语·任诞》第四十九条。

以上供参考。

2015年5月29日

136.《围炉夜话》(大字版)终审意见

清朝作家王永彬的作品,成书于咸丰年间。与明朝洪应明《菜根谭》、陈继儒《小窗幽记》并称处世三大奇书。作者虚拟了一个冬日夜拥火炉,与至交好友畅谈文艺的情境,使得大道理变成了知心话。"安身立业"是其主旨,详析修身养性、为人处世、持身立业、读书立志、安贫乐道、济世助人、持家教子、忠孝节义、为官执政等事理。全文由221则语录组成,可读性强,被视为珍品。

通过版权转让,做成大字本。所依版本,难以让人放心,仅从《围炉夜话》的条目上看,就与通行本相差很大。稿件184则,而通行本如上所述221则。请责编用通行本校一遍,之后,再进入审稿程序。

2015年5月6日

137.《金刚经》(大字版)终审意见

版权转让过来的这个注本,胆子较大,但未必对《金刚经》把握到位。经文"应无所住而生其心",一语道出了《金刚经》的真谛——扫相破执,缘起性空。全部经文看不到一个"空"字,却处处不离"空"之宗旨。先说众生空,后说法空,终结于"一切有为法,如梦幻泡影,如露亦如电,应作如是观"。逻辑上运用非此非彼、有无双遣、重重否定的方法,看似平易,实则深奥。对此,稿件也都基本明确,问题在疏于精细。

一审、二审的加工,对于提高其质量有成效。有一点,"执著"无需改为"执着"。"执著"本来就是佛教用语。"执着"只是同"执著"。下面再补充几点修改意见:

前言

"让罗什住长安道遥国",有误,当为"逍遥园西明阁"。稿中"罗什一生译经35部294卷",此乃《出三藏记集》所载,《开元释教录》列为74部384卷,各有其说。

以实际现存为准,则是 39 部 313 卷。稿中"把《金刚经》分为 32 品,并冠以品目",此举不妥。原本为"分",非"品"。修改为"《金刚经》在翻译成汉语时,并没有分章分段,分为 32 分,并冠以标题",(再接原稿)"乃南朝梁昭明太子萧统所为"。因此,"目录"也要做相应修改。如"第一品法会因由分"改为"法会因由分第一"。以下直至第三十二,均请责编修改,包括正文各分以及书眉。

大乘上宗分

标题搞错了,当为:大乘正宗分。

正文"诸菩萨,摩诃萨",其间不能用逗号。"摩诃萨"是"摩诃萨埵"之略,"菩萨"或"大士"的通称。假若某人到工厂作报告,开场称呼"各位工人,师傅",显然不得体。稿中加的这个逗号,其弊同此。相关的注释也要修改,见原稿。"庄严净土分第十",即写为"诸菩萨摩诃萨"。从一个词前后需要统一的角度看,也当如此。

【注释】"无色:指非生命、非物质的实体。"不尽然。改为"指没有男女之欲与物质形体,但仍存有识心"。

【注释】"无想:指既无形体也无思想活动,完全入定状态的众生。"形体是有的,理解为"无形体",非也。改为:"指全无想念之状态。或指入灭尽定,证得无想果者。念想尽灭,仅存色身及不相应行蕴。"

【注释】"非有想非无想:指谈不上有无思想活动的众生。"这样解释也不尽然。首先要给"众生"定位,改为"指住在无色界的众生。没有下界众生粗想的烦恼,便是非有想。然则尚存细想的烦恼,故谓非无想"。

妙行无住分

【注释】"于法:此指修行佛法。"如此,便把"法"当成法术。实则不是这个意思。"法"笼统地说是指物。所以不能注释"于法",只能单注:"法:一切事物,无论大小、有形无形,都叫做法;有形者谓色法,无形者谓心法。"

正信希有分

经文:"若取法相,亦无非法相。"书稿在"前言"里已经说明,以流传最广的鸠摩罗什译本为底本,但该版本此句为"若取法相,即著我、人、众生、寿者",而非稿件所取。修改之。

依法出先分

又把第八章的这条标题搞错了,当为:依法出生分。

一相无相分

经文"佛说我得无净三昧"中的"净"字,当为"诤"。【注释】同步修改,"无净:即'无诤'"。"无净"改为"无诤","即无争"之解说也就没有必要了,删去这三个字。

庄严净土分

此分应为第十,稿中写作"第九",订正之。目录不误。

尊重正教分

"当知是人成就最上、第一、稀有之法",将语中的两个顿号去掉。

【注释】"尊重弟子:可尊可重的弟子。"需要补充:"此处指受天、人、阿修罗等尊重的佛的大弟子舍利弗、目犍连、阿难等。"

离相寂灭分

经文"我于往昔节节肢解时","肢解"改为"支解"。

"菩提应离一切相","菩提"改为"菩萨"。

"若有善男子、善女人能于此经受持、读诵,即为如来。以佛智慧,悉知是人,悉见是人皆得成就无量无边功德。"断句有问题。"若有善男子、善女人能于此经受持、读诵,即为如来。"如来后面用句号,意味着:如果有善男子、善女人能对这部经信受奉行和诵念受持,那他们就是如来。显然,扭曲了经义。这句经文的意思应当是:如果有善男子、善女人能对这部经信受奉行和诵念受持,如来会以佛的智慧悉知这些人,悉见这些人,一定能成就他们无量无边的功德。这段经文的标点改为:"若有善男子、善女人能于此经受持、读诵,即为如来以佛智慧悉知是人,悉见是人,皆得成就无量无边功德。"亦可参见"持经功德分"经文:"若有人能受持、读诵,广为人说,如来悉知是人,悉见是人,皆得成就不可量、不可称、无有边、不可思议功德。"

持经功德分

经文倒数第四行,"则于此经不能听受、诵读","诵读"当为"读诵"。

【注释】"信心不逆:相信而不指责毁谤。"稍嫌疏阔。关键点在"信心"与平常所说有何不同。所以单独解释"信心"即可。改为:"信心:信受所闻所解之法而无疑心,亦即远离怀疑之清净心。"

能净业障分

经文里几个字需要修改:"应随恶道","随"是"堕"之误,当为"应堕恶道";"先世罪业即为消灭",其中"即"改为"则";"若复有人到后来世能受持",其中"到"改为"于","来"改为"末"(下一句同);"当知是经文不可思议",不是"经文",而是"经义"。

究竟无我分

经文"然灯佛即不与我授记",其中"即"改为"则"。

法界通化分

经文"若福德实有","实有"乃"有实"之误。

福智无比分

经文"若三千大千世界所有诸须弥山王","大千世界"后落下一"中"字。下一句的"诵读",当为"读诵"。

威仪寂静分

标题又错了。当为"威仪寂净分"。

经文"是不解我所说义",落下个"人"字。该句应是"是人不解我所说义"。

一合理相分

经文最后一段"所以者何",当作"何以故"。

应化非真分

经文"一切世间天人阿修罗",其间应加顿号:"一切世间天、人、阿修罗。"此前的经文,该句都用过顿号。顺便提及,稿件在使用标点符号方面也不够严谨,除上述外,前后不一致的地方还有。

《金刚经》的最后四个字又搞错了——"信奉受行",经文当为"信受奉行"。

同意发稿。

2015 年 5 月 4 日

 编辑审稿录

138.《坛经》(大字版)终审意见

"前言",文字简短却不得要领。惠能的《坛经》,史称"六祖革命",它是唯一由中国僧人撰述的佛典,把佛学儒学化了;反过来,又催生了后来的宋明理学心性本体论的建构,使中国传统文化大转折。惠能创立的禅宗一派,与传统佛教有着明显的区别。传统佛教崇拜真如佛,强调修禅静坐、佛度师度、出世求解脱;而《坛经》变革为心性佛,即心即佛,注重自性自度、道由心悟、即世求解脱。经文传教变成了无字经。如此,便使佛教人间化、生活化,佛性心性化、人性化,世间法和佛法得到统一。"即心即佛""顿悟见性""自性自度"是《坛经》的佛性论、修行观和解脱方法的基本思想。"前言"于这些关键点少有涉及。对于《坛经》的撰述者惠能,"前言"的介绍也不够味儿,旁生枝节。其人最具传奇色彩的得传法衣故事,没有被纳入。惠能年少时砍柴为生,当初参拜五祖弘忍大师时,只是"行者"身份,在碓房舂米。弘忍为了嗣选法弟子,命寺僧各作一偈。地位很高的上座神秀的偈语为:"身是菩提树,心如明镜台,时时勤拂拭,勿使惹尘埃。"主张渐悟。惠能不识字,口述作偈请人代笔写下:"菩提本无树,明镜亦非台,本来无一物,何处惹尘埃。"主张顿悟。结果,弘忍赏识惠能,密授法衣,后来惠能成为六祖。惠能的身世,在经文"行由品第一"中述说详尽,若将其摘要于"前言"的话,更具特色。

写"前言",一般来说,当在有限的篇幅之内推出本书的亮点,信息量要大,讲清楚其于所属领域的地位;对作者的简介要求具体生动,个性鲜明,能给读者留下较深的印象;所注依据的版本一定要言之凿凿,不可含糊其辞,语焉不详。稿件在这些方面还不够理想,若修改的话,无异于重写,保留原样也罢。

"目录"分为五十七节,不知以何为据。这就牵扯到版本问题。《坛经》版本有人最多列出近三十种,五个版本较具代表性:一、敦煌本,是惠能的弟子法海记录其师讲法的整理本,所以又称法海本,是现存最早的版本。二、惠昕本,大约成于晚唐或宋初,上下两卷分十一门。三、契嵩本,宋代高僧契嵩改编,成书于宋仁宗至和三年(公元1056年),共一卷分十品。四、德异本和曹溪原本,源于契嵩本,元代末年僧人德异刊印本,亦一卷十品。五、宗宝本,元代僧人宗宝改编,成书于元世祖至元二十八年(公元1291年)。这个版本加工较大,用三个版本合校成新版本,字数大幅增加。仍为一卷十品,不过,品的组合有调整,品名也由古本中的四个字改为两个字。宗宝本几乎成了明代以后唯一的流行本。

回到稿件分为五十七节的问题,这种结构与以上版本不搭界,其他版本亦未见

如此者。莫非注者杜撰？没有根据地妄断经文,罪过啊罪过。请责编核查,但愿三审孤陋寡闻。稿件之经文,与当今佛学界达成共识的宗宝本不同处太多,仅以开篇所说的听众为例：宗宝本"僧尼、道俗一千余人"；稿件"僧尼、道俗一万余人"。稿件十倍于流行本,骇人听闻,也吓得不敢继续审读。有个省事的办法：稿件业已出版过,我们按照版权交易规定,原封不动放大成大字版,你好我好都好,了了。

佛经翻译有潜规则,审稿时可参考,提供如下：

五种不翻：

一、多含不翻（如佛之尊号）。

二、秘密不翻（如神咒）。

三、尊重不翻（如般若等）。

四、顺古不翻（如阿耨多罗三藐三菩提等）。

五、此方无,不翻（如庵摩罗果等）。

四例翻译：

一、翻字不翻音（般若二字及一切神咒等）。

二、翻音不翻字（"般若"是梵语,意为"智慧"。若直接译成智慧,往往会被理解为聪明,失却"般若"二字的殊胜意义。因此,沿用原音）。

三、音字俱翻（完全译成汉语之经典）。

四、音字俱不翻（非但音不翻,字亦不翻）。

2015年5月6日

139.《山海经》(大字版)终审意见

《四库全书》把《山海经》归于小说家类,贬低了该书的价值。稿件将其定位于"最古地理书",是合理的。然则"古"到什么时候,稿件的说法就不敢苟同了。"前言"介绍："旧说本书为夏禹时作,不可信,大约出于周秦间人的记载；成书非一时,作者亦非一人。"稿件正文的第一篇便是刘歆的《上〈山海经〉表》,明言："《山海经》者,出于唐虞之际。""禹别九州,任土作贡,而益等类物善恶,著《山海经》。"刘歆与其父刘向校书二十年,整理古文献功大无比,学术成就在西汉仅有司马迁与之并驾齐驱。刘歆上奏皇帝的表,尚"不可信",那么,论年代之远近,见识古书之多少,学问之大小,均望尘莫及的后人就可信吗？况且没有任何史料考证刘歆的"不可信",只是"大约",又未注明此言由何而来。根据凿凿却不从,偏取无稽之谈。诚然,《山海经》在流传过程中,情况复杂,虽有秦、汉之地名,不能否定其为三代以前之书。

可参见颜之推的《颜氏家训·书证》,有些文字"皆由后人所羼,非本文也"。章学诚的《文史通义·言公》,余嘉锡的《古书通例》皆有详论。这里为说明问题录其一二:秦、汉以前人纯朴,故于官制地理,多用当时之名,以期合乎实用。六朝以后,渐趋浮华,故多用古代之名,以求益其色彩。故秦、汉以前书,点窜以从今,六朝以后书,模拟以赝古。而后之考据家撷拾字句之间以求之,从而定其著作之时代,何异于刻舟求剑。古人以学术为公器,古人之著作皆不署名。读书时,题识、眉批或有所发明,传抄者遂从而抄入,不问其何人之笔。故不以此为嫌。另外,稿件 p.188【注释】(42)也是一条佐证。毕沅注:"自此天地分壤树谷者已下,当是周秦人释语,旧本乱入经文。"郝懿行注:"今按:自禹曰已下,盖皆周人相传旧语,故管子援入《地数篇》,而校书者附著《五藏山经》之末。"毕沅、郝懿行说得很明白了,《山海经》里的这段文字是周秦人释语,羼入进去的,原作当然早于周秦。稿件引用清代专家注释,抄抄而已,囫囵吞枣,并未思考,致使说词前后抵牾。因此,将"前言"里的上述文字进行修改。

毕沅《山海经新校正·篇目考》说:"《山海经》有古图,有汉所传图,有梁张僧繇等图,十三篇中,海外、海内经所说之图,当是禹鼎也;大荒经已下五篇所说之图,当是汉时所传之图也。"《山海经》本因《九鼎图》而作。《左传》叙说九鼎:"贡金九枚,铸鼎象物,百物而为之备,使民知神奸。故民入川泽山林,不逢不若,魑魅罔两,莫能逢之。"稿件 p.192【注释】(11)对于书的来历也是重要的一环:"先有图画,后有文字;文字为图画之说明"。p.204【注释】(1)毕沅:"知此经是说图之词。"

卷一南山经:"猨翼之山"上的"蝮虫",郭璞注:"蝮虫,色如绶纹,鼻上有针,大者百余斤,一名反鼻虫,古虺字。"而"非山之首"上的"蝮虫",注释为:"毒蛇的一种。"不同山上的"蝮虫"不同耶?抑或同一种"蝮虫"两注耶?

卷二西山经:【注释】(33)"樗:臭椿,树名。"改为"樗:臭椿树"。(38)"盼木:不详。"注释的目的是给读者解释清楚,既然注释者不明白,与不明白的读者同样,注释何用?注等于未注,不如藏拙不注,删掉该条注释。卷三 p.64【注释】(2)"华草:不详。"同此,二审提出"不妥",非常赞同。(41)与(62)均注释正文的同一句话"臭如蘼芜"。前者注"蘼芜:古书上指一种香草";后者注"臭:味道"。将(62)并入(41)。(58)"菁蓉:树名。"菁蓉是草,非树。改为"草名"。

西次二经:【注释】p.34(2)"杻橿(jing)"。p.27(28)"杻橿(jiāng)"。注音不一。

p.35(20)"麢羊:羚羊"。p.30(72)"麢":"郭璞注:'麢似羊而大角细食,好在山崖间。'"一字两注,需统一。

卷四东山经:p.104 正文"臭如蘼芜",【注释】(14)"臭:味道。蘼芜,古书上指芎芜的苗,也作'蘪芜'。"与前文注释"臭如蘪芜"有出入,需统一。(18)"薄鱼:鱼名。"注释无意义,删去。

卷五中山经:【注释】"桑封,即桑主之误,藻圭。"正文"桑封者,桑主也",怎能断言其误?删去注释中间一句"即桑主之误"。

卷六海外南经:【注释】引《淮南子》,误为《淮南方》。

卷七海外西经:【注释】引《淮南子》,错误多处。(1)毕沅注:"《淮南子·坠形训》云,自西北至西南方,起修股民、肃慎民,此文正倒。"《淮南子·坠形训》,当为《淮南子·地形训》。修股民、肃慎民,是民族的名称,"起"字何意?毕沅引用的原文应为:"《淮南子·地形训》云,自西北至西南方,有修股民、天民、肃慎民……"。后面的"此文正倒",是毕沅的话。修改见原稿。(37)、(52)、(53)、(56)、(57)、(59)把《淮南子·地形训》均写成《淮南子·地形篇》。

卷八海外北经:【注释】(6)、(7)、(13)、(21)、(23)、(25)、(39)、(52)把《淮南子·地形训》均写成《淮南子·地形篇》。(31)夸父逐日,"逐"注音 zhòu,此乃郭璞所注。而今应注音为 zhú。(58)《吕氏春秋·不广篇》,原文无"篇"字,删去。

卷九海外东经:【注释】(1)《淮南·坠形训》,该书无"坠形训"当为"地形训"。(32)引高诱注《淮南子·地形训》:"玄股民,其股黑,两鸟夹之。见《山海经》。"这条注释,谁注释谁,搞颠倒了,是在用《山海经》为《淮南子·地形训》作注,因为《淮南子·地形训》原文仅有"玄股民"三个字。删去该条注释。

卷十海内南经:【注释】《淮南·泛论训》",当为《淮南·氾论训》。其中"泛"字虽与"氾"通,但原文用的是"氾"。

卷十一海内西经:【注释】(3)"窫窳:一作猰㺄、猰貐等。"之前的《海内南经》【注释】(27)"窫窳"与之不同。可把本条注释与之前者合并。

本卷【注释】(18)"流沙出钟山"郝懿行引高诱注"《吕氏春秋·本味篇》云:'流沙在敦煌郡西,八百里。'"其实,《吕氏春秋·本味》原文仅有"流沙"二字,"在敦煌郡西,八百里",原文没有此说,那是后来人注释之语。因此,该条注释应在最后说明:高诱所引《吕氏春秋·本味》并非原文,是后人的注释。(46)引用《吕氏春秋·本味篇》:'菜之美者,寿木之华。'"中间漏掉一句。当为:《吕氏春秋·本味》:"菜之美者,昆仑之蘋,寿木之华。"

卷十五大荒南经:【注释】(12)引郝懿行注《吕氏春秋·谕大篇》云:'地大则有常祥、不庭、不周。'"原文"不周"之前还有文字,所以此处改为《吕氏春秋·谕大》云:'地大则有常祥、不庭……不周。'"引郝懿行注中又引《大戴礼记》,是断续截取原文,所以修改标点,见原文。

卷十六大荒西经:【注释】(12)"玺(tāi):郭璞注:音胎。""玺"字,一般读xǐ,该条注释注音异常。原文"稷之弟曰台玺",是否注音"台"而非"玺"。请核查。(19)引郭璞注释,引证《世本》云"颛顼取于滕墳氏,谓之女禄,产老童也。"滕墳,宋衷注释为国名。稿件"墳"字,因与繁体字"墳"类似而有误,当为"坟"。其实,该条注释是引《山海经》注《世本》。(70)"寿麻之国:郭璞注:'《吕氏春秋》曰:南服寿麻,北怀阘耳'。"郝懿行指出,郭璞所引"南当为西字之讹"。的确如是。此仅误一。"阘耳"也不对,《吕氏春秋·任数》的原文是"西服寿靡,北怀儋耳。"所以,"阘耳"乃"儋耳"之误。"儋耳"是古代传说中的北极之国。(76)郝懿行注,引《大戴礼记》"老童产重黎及吴回",原文是:"老童娶于竭水氏,竭水氏之子,谓之高緺氏,产重黎及吴回。"引《史记·楚世家》:"帝喾诛重黎而以其弟吴回为重黎,后复居火正,为祝融。"断句有误,文意不通。据原文改为:"帝喾……诛重黎,而以其弟吴回为重黎后,复居火正,为祝融。"

卷十八海内经:【注释】(51)引郝懿行注:"《汉书·地理志》云:'蜀郡旄牛,若水出徼外,南至大莋入绳。'"古人引经据典,与今有别。现在要求引文准确规范。《汉书·地理志》原文是这样的:"蜀郡,户……,口……。县十五:成都,……旄牛,鲜水出徼外,南入若水。若水亦出徼外,南至大莋入绳。"显然,原文与引文差别很大。因此,需要利用标点符号,规范引文。修改见原稿。(67)菌狗:郝懿行注:"菌狗者,《周书·王会篇》载《伊尹四方令》云:'正南以菌鹤短狗为献。'疑即此物也。"也存在上述问题,且书名亦不确切。所引应为《逸周书·王会解》;《伊尹四方令》,应为《商书·伊尹朝献》,其文"四方令"曰:"正南瓯邓、桂国、损子、产里、百濮、九菌,请令以珠玑、玳瑁、象齿、文犀、翠羽、菌鹤、短狗为献。"据此,修改原注。因为原注是郝懿行所作,仅订正硬伤,余者用标点修补。

稿件注者对《山海经》研究未深,皮毛而已,其本意及历代名家注释,意犹未逮。责编和复审尽了心力,修改意见均妥。由于时间有限,只能这样了。同意发稿。

2015年3月6日

140.《茶经》(大字版)终审意见

仅以稿中《陆羽传》为例,取于《新唐书·隐逸列传》而无一字差错;并且,找出全书二十误处,可见审稿功夫了得。如果挑毛病的话,注释还有些问题,但注释达到这等水平已经难能可贵了。

个别注释不太准确。例如"(132)《江氏家传》:《新唐书·艺文志》著录有《江氏家传》7卷,似为江统始写,江氏子孙完成。"《新唐书·艺文志》于此共有八个字:"江氏家传七卷江饶",显然,作者是江饶。《旧唐书·经籍志》于此共有九个字:"江氏家传七卷江统撰"。新旧唐书于此书作者互异。《隋志》称"江祚等撰",江祚为江统之父。《晋书》卷五六《江统传》:"父祚,南安太守。"后来宋朝晁公武的《郡斋读书志》、郑樵的《通志二十略》,以及再后的《四库全书》均未曾检见该书。所以,在当今看不到原书又不能确认作者的情况下,只注明史书载有目录即可。具体言之,这段注释当把"似为江统始写,江氏子孙完成"删去,补充《旧唐书·经籍志》"。

注释里,人物生卒年,稿中用波纹连接号,卒年后加"年"字,如"傅咸(239~294年)";规范的表示法应当如是:傅咸(239—294)。请把稿中有关地方再处理一下。

注释的体例不太统一,是注者的疏漏。例如"七之事"节,有的人物注得颇为详细,生卒年、表字、哪里人氏、职务、著作,甚至生平亮点;有的只说姓名了事。如"刘司空琨:即著名诗人刘琨",可以按一般体例补添:"(271—318),字越石,中山魏昌(今河北无极县)人,曾任并州刺史等职。"还有的,稿中注释说"生卒年不详",也不尽然。如"江洗马统:即江统(生卒年不详)",生年不详,而卒年是知道的,310年。所以,"(生卒年不详)"当改为"(?—310)"。

若照此等规格加工,工作量太大,取代了注释者,不可为也。只是感到书稿美中尚有不足,举几个例子而已,不必再一一细究。同意发稿。

2015年11月3日

141.《三字经》(大字版)终审意见

文中讲述黄香的故事,夹杂着笔者的感想和议论,大可不必。删去两段这等文字。

孔融让梨典故里,说"后被曹操作用"。二审提出"此句何意"。原文有误,其中"作用"当为"所用"。

二审删去了一大段节外生枝的文字,删得好。

《论语》一节,二审删除得当,可再删两句,并加上"汉武帝以后,被列为经书"。

《孟子》一节,加上"入宋,《孟子》一书正式升格为'经书',成为'十三经'之一"。

"《孝经》在唐代被尊为'经'",不对了。汉武帝以后,就将《论语》和《孝经》先后升格,增列为经,与孔子整理的《五经》并列,合称"七经"。对原文进行改动。

"秦始皇焚书之后,《乐经》就已经失传"。实际上,《乐经》失传与秦始皇焚书没有关系。甚至有的学者认为,《乐经》本来有经无字,早就无人知晓。删掉焚书语。

 编辑审稿录

诚如二审所言,按梁灏的生卒年月计算,与82岁中状元,确实相差悬殊。但根据文中的解释,足以令人理解其中抵牾所在,二者必有一误。原本就有疑义,保留原文无以为害,反倒会启发孩子们进行独立思考。

同意出版。

2012 年 10 月 29 日

142.《百家姓》(大字版)终审意见

"导读":主要通过介绍姓氏来源、历史名人等来演说中国源远流长的姓氏文化。对姓氏起源的介绍,可以扩充孩子的历史、地理知识,让其了解我国独特的姓氏文化。演说每个姓氏中的历史名人,亦可以为孩子们提供学习的榜样,激励孩子们树立正确的人生目标。

从以上可以看出,编书的初衷非常好,把"孩子们"作为读者群的定位也十分明确。问题的关键在于,小觑了这件好事的难度——它需要深入浅出。浅出的前提是深入,就目前的稿件而言,这个前提还不具备。中国姓氏文化,包括"导读"所言"姓氏来源""每个姓氏中的历史名人"等课题,复杂得很,甚至有些大学问家的研究成果也被诟病,很多学者抑或望而却步,何况我们!就凭书稿所选择的《百家姓》版本,也会让人觉察该课题尚缺乏缜密的思考。这个版本的《百家姓》仅从"赵钱孙李"到"东郭南门",很多姓被拒之门外,还不如随便在网上看看来得全。另外,既然是面向孩子们,为什么不加注音?当初,《百家姓》就是用来做识字课本的。这一点,也不如查查网上的,那上面有注音。再者,《百家姓》原文统共几百个字,竟还错了两个。版式排得逼逼仄仄,很不起眼。可见,书稿轻视了文本。当然,这一问题解决起来很容易,一点即明,一改即成。难的是姓氏文化。就目前稿件来看,作者尚未接触第一手资料,编辑审稿时以近几年出版的《中国姓氏大辞典》《百家姓溯源》等为参校书,也远远不够,下面提供部分资料,供进一步深入研究时参考:

古者族系掌于官,故《周礼》小史定世系,辨昭穆,周末法犹未改。秦、汉以下,开始私人记录。自《世本》以下纂述不一。流传到今天的,惟林宝、邓名世、郑樵三家,余者作为整部书皆佚失,但可在其他书里考见。

《史记·五帝本纪》采《国语》而有"黄帝二十五子,其得姓者十四人"之说。崔述曰:"姓者,生也,有姓者,所以辨其所由生也。苟同父而各姓其姓,则所由生者无可辨,有姓曷取哉?自《国语》始有一人子孙分为数姓之说,而《大戴记》从而衍之,《史记》又从而采之,遂谓唐虞三代共出一祖,而帝王之族姓遂乱杂而失其真矣。然

四、古典读物（80—151篇）

则诬古圣而惑后儒者,皆《国语》为之滥觞也。"《史记·五帝本纪》又说:"自黄帝至舜、禹,皆同姓,而异其国号,以章明德。故黄帝为有熊,帝颛顼为高阳,帝喾为高辛,帝尧为陶唐,帝舜为有虞。帝禹为夏后而别氏,姓姒氏。契为商,姓子氏。弃为周,姓姬氏。"(上下文自相矛盾:"黄帝二十五子,其得姓者十四人""自黄帝至舜、禹,皆同姓。")帝禹的国号曰"夏后",改姓姒。梁玉绳曰:"姓"一定而不易,虽百世而弗改;"氏"迭出而不穷,即再传可变。史公承焚燹之余,谱学已紊,"姓""氏"遂混。有以姓为氏者,如夏之姒、商之子,姓也,非氏也,而连氏于其下,曰姒氏、子氏。有以氏为姓者,如秦之赵、汉之刘,氏也非姓也,而加姓于其上,曰姓赵、姓刘。契的国号曰商,姓子。弃的国号曰周,姓姬。

汉朝宋衷撰《世本》,是重要的史籍,原本早已佚失,历代学者根据有关史料对其辑注,清朝八人在以往工作的基础上汇集、校勘、排印,整理出了《世本八种》。

汉朝有《邓氏官谱》。又有应劭《风俗通义》姓氏一篇,与《广韵注》多同,而不及《广韵注》之详。《永乐大典·通字韵》中有载。还有颍川太守聊氏《万姓谱》。

晋、宋、齐、梁各有《百家谱》。徐勉又有《百官谱》。宋何承天撰《姓苑》,与后魏《河南官氏志》,此二书尤为姓氏家所宗。梁元帝萧绎撰《古今同姓名录》两卷,唐朝陆善经续而广之,其本皆不传。元人叶森增补,辗转附益,已非其旧,幸其体例分明,不相淆杂。后两者所缀入者,皆一一标注,可考见元帝之原本。类似之书,是编最古。刘知几在《史通》里曾讥弹司马迁不知有俩子我、俩公孙龙,以致其人相混、其事相淆,语皆失事。该书发凡起例,为推轮之始。

姓氏之学,最盛于唐。唐太宗命诸儒撰《氏族志》一百卷。柳冲撰《大唐姓系录》二百卷。邵思撰《姓解》。马总撰《意林》五卷,原本已成残璋断璧,据《永乐大典》里《风俗通义·姓氏篇》,题曰出自马总《意林》,而今难以找到原文了。

唐朝林宝撰《元和姓纂》,其论得姓受民之初,多原于《世本》《风俗通义》。其他如《族姓记》《三辅决录》以及《百家谱》《英贤传》《姓源韵谱》《姓苑》诸书,不传于今者,赖其征引,亦皆班班可见。但林宝以二十旬而成书,援引间有讹谬。且当矜尚门第之时,各据其谱牒所陈,附会攀援,均所不免。以《白居易集》自叙家世为例,白居易把白乙丙认作先祖,而说出自白公胜。颠倒时代,悖谬显然,其他可知。洪迈《容斋随笔》指责《元和姓纂》诞妄最多,不无道理。然而,林宝姓氏学名家的地位是不可动摇的,《国史补》就曾推举"姓氏则林宝",于唐人世系则详且核矣。清朝中叶,被誉为名状元的洪莹刊刻《元和姓纂》,孙星衍作序,此本仍盛行于今日。罗振玉曾取姓氏书以校《元和姓纂》,亦不能尽也。章定《名贤氏族言行类稿》于每一大姓之下,历代名人言行之前必先引《元和姓纂》。北京大学藏有旧抄本《古今姓氏遥华韵》，从甲至癸，凡九十六卷，系巴陵方氏碧琳琅馆所捐，署临川布衣洪景修、进可编，序题至大元年。序中自言参用章定《类稿》，以校《元和姓纂》，时有创获。《余嘉锡论学杂著》里有一篇巴陵方氏藏书志序言及有关探讨。余嘉锡于庚申岁，曾取《名贤氏族言行类稿》《古今姓氏遥华韵》《古今姓氏书辨证》《翰苑新书》以辑《元和姓纂》佚文，得《元和姓纂校补》八卷。同时，有岑仲勉校雠《元和姓纂》。

宋朝邓名世撰《古今姓氏书辨证》十四卷，吏部尚书胡松年评价：学有渊源，辞亦简古，考订明切，多所按据。于是，诏引见殿上。邓名世被放归山樊寓临川后，借《熙宁姓纂》《宋百官公卿家谱》稽考参订之。及将易箦，谓其子邓椿年曰：《姓氏》未成全书，死不瞑目。邓椿年乃尽哀手泽遗篇断稿，又取宋名公文集行状墓志订证次序之，厘为四十卷。朱熹在其《朱子语类》中称道名世学甚博，姓氏一部，考证甚详，盖不虚也。

宋朝郑樵撰《通志》，其中《通志二十略·氏族略》篇幅仍长达二百多页。此书认为，帝王列国世系之次本之《史记》，实建国之始也，诸家世系之次本之《春秋世谱》，实受氏之宗也。此书的开篇"氏族序"曰：三代之前，姓氏分而为二，男子称氏，妇人称姓。氏所以别贵贱，贵者有氏，贱者有名无氏。古之诸侯，诅辞多曰"坠命亡氏，踣其国家"，以明亡氏则与夺爵失国同。三代之后，姓氏合而为一。凡言姓氏者皆本《世本》《公子谱》二书，二书皆本《左传》。然左氏所明者，因生赐姓，胙土命氏，及以字、以谥、以官、以邑，五者而已。今则不然，论得姓受氏者有三十二类。五帝之前无帝号，有国者不称国，惟以名为氏，所谓无怀氏、葛天氏、伏羲氏之类。至二帝而后，国号唐、虞、夏、商，虽有国号，而天子世世称名。至周而后，讳名用谥，由是氏族之道生焉。秦灭六国，子孙皆为民庶，或以国为氏，或以姓为氏，或以氏为氏，姓氏之失自此始，姓与氏混而为一。《氏族略》分六个部分，绳绳秩秩，各归其宗，使千余年湮源断绪之典，粲然在目。

宋朝章定撰《名贤氏族言行类稿》六十卷，所列凡一千一百八十九姓，内单姓一千一百二十一，复姓六十八。有宋一代纪述颇详，其人其事，往往为史传所不载，颇足以补阙核异。故在宋时不过书肆刊本，而流传既久，遂为考证者所资。

宋朝王应麟撰《姓氏急就篇》，仿效史游《急就篇》体，以姓氏诸字排纂成章，以便记诵。该书记录姓氏为主，而胪列名物，组织典故，意义融贯。篇中凡单姓皆无重字。每句之下，各注其受氏之源与历代知名之士，必一一标所据之书，尤为详密。篇末有自跋一章，亦作韵语。

宋朝马令撰《南唐书》三十卷，内有《世系谱》一卷，叙李氏所自出。该卷出自唐吴王恪。

四、古典读物（80—151篇）

南宋《锦绣万花谷》《合璧事类》各有类姓一门。

元朝有《排韵氏族大全》。

明朝方以智撰《通雅》五十二卷，书中分四十四门，其中有姓名，分姓氏、人名、同姓名等。方以智在明代考证家中，可谓卓然独立。穷源溯委，词必有征，迥出同时代杨慎、陈耀文、焦竑之上，遂使清初名家顾炎武、阎若璩、朱彝尊等沿波而起。

方中履（方以智之子）撰《古今释疑》第十卷，专门论氏族姓名。

明朝王鏊撰《震泽长语》，分十三类，姓氏为其中之一。

明朝凌迪知撰《万姓统谱》一百四十六卷、《附氏族博考》十四卷，以古今姓氏分韵编次，略仿林宝《元和姓纂》，以历代名人履贯事迹案次时代，分隶各姓下，又仿章定《名贤氏族言行类稿》，名为姓谱，实则合谱牒传记而成一类事之书。其合元人而下诸家之书勒为一帙，人称赅备。庞杂抵牾，均所不免。辽、金、元三史姓氏，音译失真，然搜罗既广，足备考订。书前有《氏族博考》十四卷，大旨皆本《氏族略》。

明朝余寅撰《同姓名录》十二卷，南朝梁元帝开始诸有《古今同姓名录》一卷，见于《隋书·经籍志》。唐朝陆善经、元朝叶森适相增益，其后渐佚，惟《永乐大典》有此书，而庋置禁庭，世无传本。余寅上据经史，旁摭稗官，起自洪荒，讫于元代，先成四卷。周应宾以其未备，搜而广之，著有补录一卷。此后，余寅又自续八卷，凡周应宾所不欲载者，悉掇拾无遗。此书捃摭详备，足裨考证。

明朝杨信民撰《姓源珠玑》六卷，以《洪武正韵》分隶诸姓，而各系古之名人于姓下。分为八十一类，体例丛脞，乖舛尤多。

明朝陈士元撰《姓汇》四卷，其说谓姓氏之源由来已久，因推本于五帝，分列世系，兼综而条贯之，然大概抄撮《氏族略》之文，鲜有考订。陈士元又撰《姓觿》十卷，捃摭姓氏诸书，依韵编辑，按平、上、去、入以及外藩姓、不入韵中为序。征引寡陋，且多疏舛，又在凌迪智《万姓统谱》之下。

明朝夏树芳撰《奇姓通》十四卷，以杨慎所辑《希姓纪录》未备，因复考之上古，下迄于明，取姓氏不经见者，分韵编次，复姓则另编于后。

明朝李日华（旧本题）撰《姓氏谱纂》，所列姓氏，一依黄周星所编《百家新笺》，以"朱王万寿"为句首。广引人物，非滥即漏，殆出伪托。

清朝《类姓登科考》六卷（作者不详），取明一代登进士者以姓类从，而各注乡贯科分甲第于名下。又唐林宝《元和姓纂》以四声分编，宋朝谢维新《合璧事类》所列诸姓故实，则以乡塾所诵之百家姓诸字为纲，百家姓所不载者，则附录于第六卷末。

清朝单隆周撰《希姓补》五卷。明朝杨慎撰《希姓》两卷，单隆周以其尚有阙误，撰此补之，亦仍以四声编次，每韵先列原编，次列补人补姓以及订误。自唐以后，谱

211

学失传,讹异日增,纪载难遍。

清朝熊峻运撰《氏族笺释》八卷,取百家姓氏,以文义别为篆次。凡四百六十八姓,每姓各缀以四六俪句,略注事状,以备应酬寻检之用。于氏族源流。未尝有所考证。

清朝《历朝人物氏族会编》十卷(作者未署名)。以《重编百家姓》孔氏东鲁、孟席齐梁诸句为纲,而杂引历代人物列其下,然舛谬百出,不足据为典要。

清朝崔勉撰《千家姓文》一卷,以村塾所传《百家姓》语无文义,因就史传详加翻阅,得复姓三十四,单姓九百七十二,计千余六姓,联属其文,较原书为雅驯然,不及王应麟《姓氏急就篇》典核有据。

清朝李绳远撰《姓氏谱》六卷,杂抄《万姓统谱》而成。

清朝王廷灿撰《同姓名录》八卷,引梁元帝及明余寅《同姓名录》而广之。余寅书止于金、元,本书则兼及明朝。

2013 年 4 月 16 日

143.《千字文》(大字版)终审意见

"十二律(律吕调阳)"的介绍,与律吕的注释内容有些重复,两者需整合。

"盖此身发,四大五常。恭惟鞠养,岂敢毁伤。"四句讲的是人的原生态。"四大"引证的是佛教观念:地、水、火、风,由此而生世界万物,包括人。"五常"引证的是儒家学说,万物由金、木、水、火、土构成。因此,这里的"五常",可理解为"五行"。因为"五常"这个概念较宽泛,有时指五种道德,如文中所示;有时指五伦:君臣、父子、兄弟、夫妇、朋友之间五种伦理关系;有时指仁、义、礼、智、信;有时指五行,《汉书·艺文志》"五行者,五常之形气也"。因此,"五常"理解为"五行",才顺理成章。因为下文"女慕贞洁,男效才良……"才开始讲人进入社会的言行修养。以上仅一己之见,未考诸家说,供参考。

"似兰斯馨",二审确定"馨"字,正确。

"慎终宜令"的"令",于注释补"美好"。

"甘棠遗爱",没有必要引经据典,再绕到解释诗经上去。《千字文》是为蒙童使用,而非学术训诂,不能搞得太复杂。所以,该段文字拟删去。

注释姜太公,其后应加他的名——吕尚。否则,下文介绍"姬昌见吕",令人莫名其妙。

原文"落叶飘飘"有误。《千字文》是用一千个不重复的字撰写,所以,不可能

"飘飘"连用。第二个"飘"应作"摇"。

译文:"史鱼秉性刚直"即可,删掉"直言进谏"。有这一句,反倒冲淡了史鱼的尸谏典故。

二审对"妾御绩纺,侍巾帷房"译文"妻妾婢女……"提及婢女有疑。可删之。

文中说蔡伦为"湖南来阳县人"有误,应为"耒阳"。

一审、二审修改妥当。同意出版。

2012 年 12 月 3 日

144.《初中古文精粹》终审意见

全书稿在文章编排方面尚需调整,或以题材论前后,或以作者序齿。建议拟选后者。

p.2【注释】1 介绍《论语》,拟增"十三经"字样,如此,可以让学生增加信息量。

p.7《孟子》同上。

p.12【注释】8 拟增加"是人:这个人"。因为在许多文章和书刊里,常常引用孟子此语为"故天将降大任于斯人也",为"是人"加注,能起到纠正"斯人"之误的作用。

p.21 拟增"《礼记》是'十三经'之一"。

p.27"儵"字有误,当作"儵";而"儵"是"鲦"的繁体字。

"者:语气词,表示提顿","提顿"当是"停顿"之误。订正之。

p.29"指鹿为马"改为"狡辩取胜"。对于初中生来说,"指鹿为马"这个典故仍需解释,而且,在文中用此典尚觉绕弯儿,不如直接定论。

p.31 拟增《左传》"被列为'十三经'之一"。

p.32"齐国的军队攻打我国","我国"改为"鲁国"。

p.36 介绍郦道元,应写明他是哪个朝代的人,补上"北魏时"。

"魏晋时代无名氏所著的《水经》",不成共识。《四库全书总目提要》卷六十九史部二十五地理类二《水经注》四十卷(永乐大典本):"《水经》作者,唐书题曰桑钦,然班固尝引钦说,与此经文异。道元注亦引钦所作《地理志》,不曰《水经》。""……未及晋代。推寻文句,大抵三国时人。"据此进行修改。

p.44 诸葛亮的《出师表》开头有"臣亮言"三字,稿中当录之。

p.48 "增补缺失"改为"弥补缺失"。

p.49 "庶竭驽钝"释为"愚笨的才能"不太诚恳,有暗藏自高之嫌:"愚笨"是虚,"才能"是实。因此,将"才能"改为"拙力"。p.47 一并改之。

p.54【注释】11"髫:老人和孩子",误矣。"黄发垂髫",指老人和孩子。单一个"髫"字,不能如此解释。订正之。

p.67 原文"衹辱于奴隶人之手",其中"衹"是"只"的繁体字,应将"衹"改为"只"。【注释】3 为"衹"所作的注,换成"奴隶人"。

p.76【注释】5 拟加"浩浩汤汤"条。因为"汤汤",在这里读 shāngshāng,与常不同。

p.80 "之所以"用于句子开头,不合语法。删去。

p.83 介绍欧阳修是唐宋八大家之一,有必要,但其他人也不可遗漏。应在"韩愈"条补上。

p.100 文章的最后"如何哉",改为"何如哉"。

p.102 同上。

p.109 "大雪数尺"句,应加一"深"字,即"大雪深数尺"。

"寓逆旅,主人日再食"。该句有两种断句方式。稿中为其一种,但必须给"食"字注音 sì,意即给饭吃。另一种则为"寓逆旅主人,日再食"。供责编选择。

p.110 "坐大厦之下而诵《诗》、《书》",应去掉其中的书名号和顿号。这里是泛指读书,而非仅诵二经。

该页还有一个严重问题,宋濂的这篇《送东阳马生序》原文最末一句遗漏了,理当补苴:谓余勉乡人以学者,余之志也;诋我夸际遇之盛而骄乡人者,岂知余者哉?

请作者连同【注释】【翻译】【赏析】【练习】一并贯通。

p.114 原文"论辩"不宜翻译成"辩论",还是用"论辩"为妥。

p.117 改动了原文两处的标点,见稿。

【注释】1 拟增"所以称'谢中书'",并说明"这段文字是原信的一部分"。

p.120【注释】2 张岱的籍贯山阴,应按全稿体例,后面加"(今浙江绍兴)"。

原文里"余拿一小船"的"拿"字,改为"挐"。这个字有点儿复杂,在繁体转换为简体的时候,"挐"写作"拿"不为误,《现代汉语规范词典》里,"挐"作为"拿"的异体字。而在《现代汉语词典》里,"挐"字单列,注为"牵引""纷乱"。这两种字形、注音、释义用于该处,均未得其本意。另有一说,"挐"读 ráo,通"桡",船桨;此指用桨划。这就契合了。采纳此说,【注释】做相应的改动。

p.121 文言文里,"两三粒"转换成现代汉语"两三"的规范用法应为"二三"。

"更有痴似相公者"的"更"字,在翻译时要体现出来。

修改后,同意出版。

2012 年 11 月 20 日

四、古典读物(80—151篇)

（以上"三审意见"，蒙责编重视，提出当面商榷，并写有一文掷下。由于做编辑工作多年，这种情况尚属首例，感到是在提醒自己"学而时习之"，重温近半个世纪前读过的书，也不失为一件好事。所以，愿意公开讨论学术，以期得到专家和同仁的教诲，避免误人子弟。下面全文照录责编的商榷文章。）

与牟老师商榷：

1.鲦字，初中语文课本九年级下册，用的是"鯈"。

2.者，《王力古汉语字典》p.974解释为"提顿"非"停顿"。

3.我国改为鲁国不妥，原文为"齐师伐我"，"我"当翻译出来，而"我"的译文与"鲁"不对应，故改为：我国(鲁国)。

4.初中课本九年级上册，《出师表》没有"臣亮言"三字，此书是给中学生看的，所以不必加。

5.驽钝：比喻才能平庸(见《辞海》)。庶竭驽钝，为自谦之词，并无暗藏自高之嫌，也与诚恳无关。言外之意与词义无涉，将言外之意，作为词语的解释，是注释的大忌。可参看词汇学的相关理论，如董志翘的《〈汉语大词典〉散论》，李尔钢《词典与词典释义》。驽钝是指才能，与"力"无关，况愚笨和拙力，无法搭配，不符合语言习惯。九年级上册教师用书解释为：低下的才能。驽指劣马，钝是钝刀，比喻人的才能低下，本与"力"无涉。《名家精译古文观止》译为：竭尽自己低下的才能。

6. p.67 非是"祇"，而是祇，祇字有两个意思两个读音，一个读 qí，一个读 zhǐ，只，仅仅义。此处是后一个义。

7.坐大厦之下而诵《诗》《书》，此处不是一般的诗书。《诗经》和《尚书》是十三经，科考必读之书籍。而且人民教育出版社出版的教师用书，加了书名号。

8.拿和挈之辨，非是不知，此本依据人教版八年级上册用"拿"。

9.更为还义，非是比较。所以译作比……更，错误。

10.两三粒，此处译为两三个，不能译作二三个，因为"二"不能和量词"个"搭配，这是现代汉语语法法则，非是杜撰。人教版教师用书作两三个。

其他已经遵照牟老师的意见改正，谢谢指教。

学习上文心得：

1.鲦字，初中语文课本九年级下册，用的是"鯈"。

是耶，非耶？鯈，是鲦的繁体字，无论哪本字典词典都写得清清楚楚，没有什么可争议的。既然书稿皆用简体字，为何"鲦"字非用繁体字不可？

2.者，《王力古汉语字典》p.974解释为"提顿"非"停顿"。

本人当年读的是中华书局1963年出版的《古代汉语》，确乎如文中所言，书里解释"者:提顿"。不仅读过他的书,而且听过他的学术讲座,对王力先生当然非常敬重。但是,敬重不等于胶柱鼓瑟。"者"解释为"提顿",那是白话文初始期的说法,现在用"提顿"者,常人少见,尤其是拟出版的该书,读者对象是初中生,"提顿"是什么,还得再注上加注,最终,不外乎"停顿"。

3. 我国改为鲁国不妥,原文为"齐师伐我","我"当翻译出来,而"我"的译文与"鲁"不对应,故改为:我国(鲁国)。

"齐师伐我","我国"改为"鲁国"的前提是,春秋时代小国林立,翻译成"齐国的军队攻打我国","我"是谁? 译文要明确,所以改为"鲁国"。"不对应"吗? 看来用括号把"鲁国"套起来,就对应了。

4. 初中课本九年级上册,《出师表》没有"臣亮言"三字,此书是给中学生看的,所以不必加。

与第 1 条相同,让人更加明白了,"初中语文课本九年级"是本书稿的唯一标准。既然字字句句都有唯一标准,那么,出版本书稿的意义何在?

5. "庶竭驽钝"稿件释为"愚笨的才能",感到不顺,就稿件的释文改了两个字。此时的诸葛亮已非初出茅庐,作为功绩卓著的丞相上表,对象不是先帝爷刘备了,乃庸碌无为的二代刘阿斗。君臣礼仪,上表行文有必要自谦,但却应当分寸适度。"庶竭驽钝"翻译成"愚笨的才能",似难能表达出晚年诸葛亮的心境,他呕心沥血为蜀国谋划,用现在的话说,竭尽全力了,虽然愚笨,却不惜力气。说到这里,不由想起中央编译局的专家韦建桦同志与北京大学教授黄枬森先生的一段对话,谈在翻译工作中的深切体会:译者必须透彻地理解经典作家的原意,然后设法用严谨规范、明白晓畅的中文将这种原意表达出来,使读者阅读译本就像阅读原著一样;用恩格斯的话来说,就是使读者能够"按照作者写作的原样"去把握原著的核心内容和整体风格。这真正是一项"代圣人立言"的工作。原著及其表达的思想都是一种客观存在,理解、解读原著,就是一种认识。朱光潜先生认为,以经典翻译与经典研究相比较,前者对学养、学力、学识和学风的要求更严。研究工作要求的是"得其要义",而翻译工作除此以外还要做到"纤悉无遗"。他们讲的是翻译外国经典著作,实际上,与翻译中国古代经典著作的精神是相通的。

至于商榷文中所示"言外之意与词义无涉,将言外之意作为词语的解释,是注释的大忌。可参看词汇学的相关理论……"这种"理论"本身殊相缪戾。谁人把言外之意作为词语"解释"进而又变成了"注释"? 注释词语与释文两个项目是怎样搅缠在一起的? 又是怎样将两者搅缠为标靶而放矢? 上面各自原文昭然,不必浪费笔墨。这里特别需要留意的是,某词语之义与该词的言外之意无涉,不知从何典而来施以传授。所指定的两本参考书,能否如是解读。漫说解释词语之义与该词的言外之意骨肉难分,就连所谓"训"者,也有超出训释古字古言之先例:现存《淮南子》二十一卷,除了最后一卷"要略"作者的自序,也是全书的纲要之外,所有二十卷的卷名都加一"训"字,如"原道训"等。这部经典的"训","泛采而文丽"(刘勰《文心雕龙》评语),"训"道,就"训"出了道家的宇宙生成论以及道家生命学说。《要略》里特地指出:"总要举凡,而语不剖判淳朴,靡散大宗,则为人之惛惛然弗能知也,故多为之词,博为之说。"(案:中华书局近些年出版的三个版本——何宁撰《淮南子集释》、刘文典撰《淮南鸿烈集解》、陈广忠译注《淮南子》里皆为"惽惽然"。后者【注释】惽惽 hūn 然:糊涂的样子。根据注音、释义,尤其是原本文意,改"惽惽然"为"惛惛然"。)汉末高诱《淮南子注》里也说,"其义也著,其文也富"。总之,其体辞多说博,其旨阐微著隐,着眼在说解义理。《淮南子》这部秦汉文中典范倒是殷鉴。

6.这一条的最终结论与"终审意见"无两样,应当改为"只"。

7.坐大厦之下而诵《诗》《书》,此处不是一般的诗书。《诗经》和《尚书》是十三经,科考必读之书籍,而且人民教育出版社出版的教师用书加了书名号。

此处加了书名号的不仅有人民教育出版社出版的教师用书,还可以补充许多名牌大出版社出版的权威人士的书,此处也加了书名号。问题在于,人云亦云的从众法,作为判明学术是非的唯一法则,在界内人士看来,恐怕难以认可。正确理解原文原意是最重要的,其前提是必须了解彼时彼地的背景情况,而不是一说到太学生便想当然地与皓首穷经联系起来,一提诗书,必称《诗经》《尚书》。宋濂《送东阳马生序》写于洪武十一年,马生就读于南京国子学。那时学了些什么呢?《明史卷六十九·志第四十五·选举一》:"所习自《四子》本经外,兼及刘向《说苑》及律令、书、数、《御制大诰》。每月试经、书义各一道,诏、诰、表、策论、判、内科二道。每日习书二百余字,以二王、智永、欧、虞、颜、柳诸帖为法。"科考又考些什么呢?《明史卷七十·志第四十六·选举二》:"初设科举时,初场试经义二道,《四书》义一道;二场,论一道;三场,策一道。中式后十日,复以骑、射、书、算、律五事试之。后颁科举定式,初场试《四书》义三道,经义四道。《四书》主朱子《集注》,《易》主程《传》、朱子《本义》,《书》主蔡氏《传》及古注疏,《诗》主朱子《集传》,《春秋》主左氏、公羊、谷梁三传及胡安国、张洽《传》,《礼记》止用陈澔《集说》。二场试论一道,判五道,诏、诰、表、内科一道。三场试经史时务策五道。"因此,"三审意见"里提出:"坐大厦之下而诵《诗》、《书》",应去掉其中的书名号和顿号。这里是泛指读书,而非仅诵二经。这样解读是根据史料断定的。原文"今诸生学于太学,……无冻馁之患矣;坐大厦之下而诵诗书,无奔走之劳矣"。强调学习条件之优越,作者追昔抚今,勉励后生主观

努力,奋发读书学习。宋濂是朝廷大员、大学问家,虽老迈却不至于孤陋寡闻到不谙太学生的学习课业和科考范围,唯能记住《诗经》和《尚书》是十三经,科考必读;闻其一,不识有二。另外,以行文而论,这里"诵诗书"若非泛指读书学习,而特别提出诵《诗经》《尚书》却又无其他寓意,那便横生枝节了。此处加上书名号,是为文章徒添瑕疵。

8. 参见"4."及三审意见 p.120 第二自然段。

9. "终审意见"关于张岱的《湖心亭看雪》文中一句"更有痴似相公者"里的"更"字,在翻译时要体现出来。商榷文斥之曰"更为还义,非是比较。所以译作比……更,错误"。既是犯了错误,理应严肃对待,办法只有一个,查阅典籍。《尔雅》未收"更"字;《康熙字典》收有该字,却未详解;段玉裁《说文解字注》:"改也,更训改,亦训继。不改为继,改之亦为继。""今人分别平去二音,非古也。"文中未涉及"更"读去声时的释义。商务印书馆 1937 年 3 月初版《国语辞典》(新中国成立后重印更名《汉语词典》)上解释"①再。②愈甚。"《现代汉语规范字典》(首席顾问吕叔湘、主编李行健)、《汉字规范字典》(魏励主编)中"更"字亦此两解,只是解说文字增多了一些。上海辞书出版社 1986 年出版的《汉语大词典》(主编罗竹风)释"更"字较详,作为副词,列出了 7 条。其中,⑴另外。⑵再;又。⑶更加;愈加。⑺犹绝。表示程度。其例有:宋杨万里《读陶渊明诗》诗:"极知人更贤,未契诗独好。"商务印书馆 1998 年出版的《古代汉语词典》与上基本相同,解释"更加"时,举例王安石《孤桐》诗:"岁老根弥壮,阳骄叶更阴。"由此看来,犯这等"错误"者,不胜枚举。"更为还义,非是比较。"上述引证的"愈甚""更加""犹绝。表示程度",不经过比较,没有任何参照物,程度从何谈起? 这般说道,不禁想起《老残游记续集遗稿》里的一句话来:"后来细细察看,知道那发议论的,大都知一不知二,为私不为公,不能算个才子。"

10. 两三粒,此处译为两三个,不能译作二三个,因为"二"不能和量词"个"搭配,这是现代汉语语法法则,非是杜撰。人教版教师用书作两三个。

这话针对三审意见:文言文里,"两三粒"转换成现代汉语"两三"的规范用法应为"二三"。

且不说"商榷文"连"二"和"二三"之间的区别都搞不清,究竟哪一个不能和量词"个"搭配,单说这条"终审意见",确也"非是杜撰"。可查国家技术监督局 1995 年 12 月 13 日发布的《出版物上数字用法的规定》(本标准从 1996 年 6 月 1 日起实施):

9 概数和约数

9.1 相邻的两个数字并列连用表示概数,必须使用汉字,连用的两个数字之间不得用顿号"、"隔开。

示例:二三米 一两个小时 三五天 三四个月……

国家发布的标准文件,"二三"用法恰恰与"示例"之首对号入座。对国家发布的标准文件不屑一顾,唯遵个人所见的现代汉语语法法则,不足取也。

2013 年 5 月 13 日

145.《高中古文精粹》终审意见

全书稿在文章编排方面尚觉不伦不类,将苏洵《六国论》排在苏轼《石钟山记》之后,不知何意。若说讽谏为一组,其间独插入《石钟山记》,若说以先后为序,却又子在父前。其他类似编排者,不复赘述。

一审报告中说"删去的篇目……《项脊轩志》",而稿件实际并未删去,其原文、注释、赏析、练习、翻译等,一应如同它篇。

荀子的《劝学》是节选,段与段之间空一行为宜,否则,会让人误认为原文便是两段相接。

原作"蟹六跪而二螯",其中"六跪",文无误而实有误,蟹腿实际是八条。今据清卢文弨校改。

荀子生卒年不可确考,文中所注的卒于"前 238"不过是其一说,另有几说:前 217,前 298;均未定论。因此,在"前 238"后加"?",以免读者持此为据。

庄子的《逍遥游》原文:"彼其于世,未数数然也。此虽免乎行,犹有未树也。"录之有误:"此虽免于行",应作"虽然"。

庄子的生卒均不可确考,当在大约的年后加问号。文中取卒年公元前 286 年,仅是一说,还有另说公元前 295 年等。

《庄子》一书的作者介绍:《内篇》七篇为庄子所著,《外篇》十五篇为其弟子所记录,《杂篇》是庄子的后学所作。这样叙述层次清晰,但未成定论,不要把话说满,在前面加几个字:"学者多以为"。

【注释】31 冥灵:树名。此仅据一说,另有一说可供参考:冥灵:溟海灵龟。宋末罗勉道:"麟、凤、龟、龙谓之四灵。'冥灵'者,溟海之灵龟也。"(《南华真经循本》)陈鼓应认为,罗说是,李颐注"木名",非。

《荆轲刺秦王》【赏析】"本文选自《战国策》。"不够具体,而且所选并非全文。当改为:本文节选自《战国策·燕策三》。还有个问题很重要,《战国策》统共 460 章,前几年中华书局出版的《战国策》共选了 105 章,未及该篇;相继出版的《中国文学作品选》也未收入;《古文观止》未列此文;人民教育出版社出版的《古代散文选》亦同。为什么《荆轲刺秦王》未受青睐?这篇佳作不仅《战国策》有之,《史记》亦然,并且在其《刺客列传》里,叙述五个刺客,而把五分之三的篇幅给了荆轲。两者笔法皆精湛,无与伦比。如此说来,文章虽然精彩夺目,众家未收,原因昭著。那便是文学艺术不单有审美功能,还要视其教育功能,权衡它为读者接受后将会产生怎样的社会效果。本书稿作为学生必背古诗文的内容,青少年熟诵之,不见得不对刺客好奇。模仿是未成年人的一大特点,无需过分估计,若有几例当代荆轲,祸就惹大了。况且,中央一再强调保持社会稳定,大力贯彻宣传中央精神尚觉不足,何必添此一乱。

《廉颇蔺相如列传》,应注明"(节选)"。

原文"秦王斋五日后,乃设九宾礼于庭",其中"庭"字应作"廷"。

《苏武传》原文(见 p.78):"反欲斗两主,观祸败。"之后"南越杀汉使者,屠为九郡;宛王杀汉使者,头县北关;朝鲜杀汉使者,即时诛灭。独匈奴未耳。"应当补阙。此语晓以"杀汉使"之恶果,是苏武免遭杀害的原因之一;显示了苏武作为汉朝使者的底气和机警;再者,未加任何说明便阉割这段文字,误人子弟否?后面还有对原文的许多删节,亦应在【赏析】里说明,并于该篇标题《苏武传》后加"(节选)"字样。

【注释】3"栘(chí)",注音有误,应作 yí,汉宫有栘园,栘园中马厩,故名"栘中厩"。

《张衡传》应标明"(节选)"。"张衡字平子",《苏武传》"武,字子卿",同为两传,介绍名和字,而句读不一。诚然,断句各家自有其说,但同一书中两传而异撼,不可取。

《过秦论》稿中"执敲扑"的"扑",应作"朴"。敲朴,刑具,短的称"敲",长的称"朴"。

【赏析】"《过秦论》共三篇,本文为第一篇。"原本并非如此简单。据王应麟《汉书艺文志考证》卷五及刘台拱《汉书拾遗》,班固之掇五十八篇之文,剪裁镕铸,煞费苦心。余嘉锡认为:"《过秦论》亦贾生所上之书,且为以后诸篇之纲领。""此为所上书之第一篇",而非《过秦论》里的第一篇。应劭《汉书注》亦于《过秦论》下注"贾谊书第一篇名也"。《汉书·陈涉传赞》应劭注云:"贾生书有《过秦》二篇,言秦之过。"卢文弨据宋建本、潭本,校正明刻诸本,刻入《抱经堂丛书》。其自序云:"今世所行本……《过秦》有三篇,而唯载上下两篇。"卢氏又于《过秦》中篇自注"建本作《过秦》下",诸本多同。可见,《过秦》有两篇和三篇两说,且三篇说认为,该文为中篇。

《陈情表》【赏析】"本文的突出特点不在思想内容上,而在写法上。"这个结论未必恰当。李密若无慈孝之心,徒以玩弄笔杆为术,绝出不了如此佳作。作相应修改。

《游褒禅山记》【注释】1"浮图:出家人,和尚。"这样注亦可,但让人不知根底,信息量不够。改为:梵语(古代印度语),也写作"浮屠"或"佛图"。有时指"佛"或"佛教徒",有时指"佛塔"。这里指僧人。

《阿房宫赋》【赏析】里需要补充对阿房宫的简单介绍。根据最新考古成果,阿房宫并未建成。杜牧描写的阿房宫,出于艺术想象。

《石钟山记》【注释】郦元,仅说"郦道元"不够,重要的是,他为《水经》作注。

曾国藩《求阙斋读书录》里有一段关于《石钟山记》的话可供知晓。他的兵将曾在湖口驻防,"石钟山之片石寸草,诸将士皆能辨识。上钟岩与下钟岩,其下皆有洞,可容数百人,深不可穷,形如覆钟……乃知钟山以形言之,非以声言之,郦氏、苏氏所言皆非事实也"。

《项脊轩志》,应在【赏析】里说明"项脊"来历。补充"作者自称项脊生,其书房因以为项脊轩"。

以上供参考。

2012 年 11 月 30 日

146.《唐宋婉约词赏析》(大字版)终审意见

温庭筠《更漏子·玉炉香》"不道离情正苦",其中"情"字当为"愁",即"不道离愁正苦",也作"思"。"情",不足取。

李璟《摊破浣溪沙》"多少泪珠无限恨","无"字,当作"何":"多少泪珠何限恨"。改之。

柳永,稿中"生卒年不详"。虽然柳永的生卒年迄今没能定论,但大体还是有时间段的。根据唐圭璋《柳永事迹新证》推算,当出生于 987 年前后,卒于 1053 年前后。有这个参考年限,比"生卒年不详"研究起来方便多了,所以进行修改。

晏殊,词作有"濛濛",是否改为"蒙蒙",并无定论。商务印书馆出版的词典说法不一:《古代汉语词典》把"濛"作为"蒙"的异体字,而《现代汉语词典》将两个字均定为正体字。"濛濛"同"蒙蒙";"蒙蒙"也作"濛濛"。由语言学家们说去吧,原文不动为上。

毛滂,稿中"生卒年不详"。他生于 1064 年,卒年不详。

刘一止《喜迁莺·晓行》"不是不曾经着",最后一字,当作"著"。

《燕山亭·北行见杏花》"淡着燕脂匀注","着"当作"著"。

史达祖《双双燕·咏燕》注释"诗经"误为"请经"。

吴文英,稿中"生卒年不详"。虽无确考,但大约还是有数的。谢桃坊《词人吴文英事迹考辨》认为,其生卒年为1207？—1269？。夏承焘《唐宋词人年谱·吴梦窗系年》定其生于1200年前后,卒于1260年左右。陈邦炎《梦窗生卒年管见》推断他生于1212年,卒于1272—1276年之间。将不同说法介绍给读者有好处,可为其鉴赏乃至研究提供线索。修改见原稿。

周密(1232—1308),卒年另有说法:1298年。

王沂孙,稿中"生卒年不详",改为1240？—1290？。

蒋捷,稿中"生卒年不详",改为1245？—1310？。

稿件质量尚好。责编处理的五点,亦好。复审进入了词境,每一个字都用心体会,纠正了不少录入之舛误;不仅如此,有的意见达到研究层次,如对李清照《永遇乐》中"铺翠冠儿"的解释。编辑当如是。同意发稿。

2015 年 3 月 13 日

147.《三国演义》(大字版)终审意见

规避侵权行为,最佳途径是使自己的版本在学界认可的前提下,千方百计为阅读提供方便。比如,注释人名,在其第一次出场时即加注,既给读者留下印象,又合乎故事情节发展的逻辑。具体说,"蹇硕"在书中 p.2 就第一次露面,而直到 p.21 才为其作注。这是其他出版社的版本,我们则可以把这条注释移到 p.2。这条注释"蹇(jiǎn)硕——人名"的作用很明显,让读者知晓"蹇"的读音,同时不至于把人名误为别的词语。读者在人物一出场即认识这个字,是最合乎阅读情理的。p.2"段珪"同上,其注释在 p.28,亦可调至 p.2。这是第一点。第二点,重复注释不可取。长篇小说,文字繁多,作者往往会忘记前文已经对某词语作过注释,后面遇到类似的词语时会再次加注。此类现象应当杜绝。第三点,有的字词没有必要注释。如今的读者几乎都是中学以上的文化水平,一般的字词注释过多,反倒影响阅读的连贯性。普通阅读,不会顾及个别字的读音;而志在精读的人,自然会查阅字典。低估读者的水平显得迂腐。第四点,注释一定要准确,注释里的注音,必须全面权衡,仅拘泥于一两部时下常用字典词典是不够的。要着眼于字的历史沿革,广泛查考有关典籍。第五点,中国历史上的三国争斗,主要表现在政治和军事方面,因此,政治军事地图可以帮助读者弄清当时的局势,从而比较形象地弥补仅靠文字表现力

四、古典读物（80—151篇）

的不足。做到这一条并非难事，这里顺便提供线索：谭其骧先生是我国著名的历史地理专家，他主编的《中国历史地图集》(中国地图出版社出版)具有权威性。据正式规定引用几幅三国时期的几场重大战役的军事地图，定会为本书稿增色。第六点，原文及标点无差错，这是最重要的一环，也是吃功夫的一环。选择一两家权威出版社的版本进行反复对校，固然是最基本的途径，但还要据多方面的资料考证其中的疑点以及相异之处。譬如，p.64"诸公既仗义而来，操之初意，欲烦本初引河内之众，临孟津；酸枣诸将固守成皋"。而中华书局 2009 年 10 月版则为"……临孟津、酸枣，诸将固守成皋"。中华书局简体字本《二十四史》的《三国志》里反而与人民文学版同，即稿件所取。再如，p.74 末、p.75 开头，说到"军吏桓阶"，中华书局版却作"桓楷"；人民文学版即"桓阶"；中华书局版《三国志》亦作"桓阶"。由此断言，误在中华书局版，稿件是正确的。看起来做了一些无用功，然则经此一番稽考，心里就踏实了。以上六点，若处理得恰如其分，那么，此书便有了特色，久之会成为自己看家的版本。

责编在处理这部稿件的过程中，对于最重要的原文一环非常重视，据一审报告，稿件比照原版本已经对校勘误三遍，包括读校。这样做，非常可贵。但要把书的各个方面都搞得比较精细，难啊。下面以页码为序补充一些具体意见，作为深入一步的提示：

p.65 注释"乔瑁（mào）——人名"，此人在 p.64 即出现，若为其作注，p.64 即应注释，延至出现几次再注，弊病如上所述。再者，这种注释格式稍显稚嫩。明摆着是人名，只为不常见的字注音而已。尤其是有的书中明明介绍姓甚名谁，再注释为"人名"更显得多余。譬如，p.104 注释"糜竺（zhú）——人名。"从这条注释上看，其意义仅在于"竺"字的读音，至于所解释的"人名"，本回开头已交代得很清楚，"姓糜，名竺"。再作注释，显然重复。只有在人名容易和地名以及常用作副词、形容词混同的情况下，注释说明此乃人名，才适当。譬如：有一本稿件里的"也先"，在句子里很容易当作一般副词之类，注释人名，避免误会。

p.96 注释"麾下"并为"麾"字注音。p.8 注释"麾"字时已为其注过音。

p.99 注释"荀彧"，可删去。这个注释只为读音而已。此前，"彧"字已出现，未注。此后再注稍逊事理。

p.111 注释"鄄城"，"今山东省菏泽市"，有误。鄄城是菏泽市管辖的一个县，是两个地方，而非一地二名。所以，注释改为"今属山东省菏泽市"，要加一"属"字。

p.119 注释"黄劭"，意在"劭"字读音。而此前于 p.10 则有"许劭"，并未作注。所以，该注释可删去。

p.121 注释"许褚",亦可删去。

p.127 注释"渠魁:古代统治阶级称敌对方面的首领"。这样说不太严谨。其概念的内涵并不限于"阶级",同为统治阶级而内部各自利益集团的争斗,亦包括在其中。因此,注释拟修改为"渠魁:旧称武装反抗集团或敌对方面的首领"。

p.210 注释"急",不必要,可删去。

p.228 注释"翊卫",并为"翊"字注音。前文 p.71 注释"孙翊",已为"翊"字注音。

p.299"颐""韬略",两个常见词不必注释。

p.302 注释"谮"可删去,前文已有。

p.326"馋隙""踵",两个常见词不必注释。

p.353"器宇不凡",平常词语,不必注释。

p.354 注释"落魄(tuò)不偶",其注音并非唯一,"落魄"的"魄"字,可这样读,亦可读作 pò 或 bó,此乃现代汉语的念法。而古代汉语中通常就念落魄(pò)。陆游《东屯高斋记》:"及落魄巴蜀,感汉昭烈、诸葛丞相之事,屡见于诗。"汉昭烈说的正是刘备。《古代汉语词典》"落魄"的注音,即 luòpò,并无其他念法。所以,此处这样注音,会误导读者认定"落魄"只此一读正确。不如不注。

注释②为"謇"字注音,可删去,该字 p.21 已注音。

p.374"彤云密布",不必注释。

p.377 注释"陵替",与前文注释重复。

p.376"抚掌大笑",常用词,前文已出现多次未注,此处不必再加注释。

p.379"光阴荏苒"一词常见,不必注释。

p.384 两条注释"厄""尔时",皆可删去。

p.385 注释"败绩",可删去。

p.386 注释"晦日""衔",可删去。

p.388"柞"字,前文已注释过,此处不必再注。

p.389"未知黄祖胜负如何",中华书局的版本不是"未知",是"不知"。就按稿件所述吧。

p.401"狎侮",不必注释。

p.402"次第""病入膏肓",不必注释。

p.433"杨雄"有误,应作"扬雄"。

p.447 正文"伏孔明之计""计伏孔明"两处里的"伏"字,是否"服"之误?因为文言中,"伏"字是屈服、顺从之意,而"服"字才是制服、使服从的意思。这里可将"伏"

四、古典读物(80—151篇)

字改为"服",异于人民文学版。

　　p.470 注释"偏怀浅戆(gàng)",稍作修改。戆,按注释中的读音,仅用于方言,戆头戆脑,傻愣之意。而此字的正读,应作 zhuàng,取其愚直之意。据原文所述,当用后者为宜。释为"愚蠢",一并改为"愚直"。

　　p.532"妙龄",不必注释。

　　p.534 注释"直恁(nèn)",注音需商榷:《现代汉语词典》是这样注音,《现代汉语规范词典》也这样注音,并且特地标示不读 rèn,但两者的前提皆为方言。而《古代汉语词典》中该字的注音为 rèn,且是正读,而非方言。罗竹风主编的《汉语大词典》所注该字读音与《古代汉语词典》同。所以,后两者为是。

　　p.542"睡觉",前文已作注释,此处可删去。

　　p.592"博闻强识",不必注释。

　　p.560 注释"相侔"并为"侔"字注音。重复前文注释、注音。

　　p.619"九泉",不必注释。

　　p.624 注释"髡钳为徒隶","髡"字前文已注释、注音。

　　p.634 注释里的后半部分可删掉,因为"社"字前文有注;而"豚:猪、小猪",p.611 已注为"豚:小猪、猪"。

　　p.650"恁",已在 p.534 注音,此处不必再加注释。

　　p.654 第三次注释"陵替"。删掉。

　　p.661 注释"愆德隳好"条,其中"隳"字已于 p.229 注释注音,该条注释可删去重复的部分。

　　p.681 两条注释皆可删去。其一,"步骘",前文早已出现;其二,"会当",不必注释。

　　p.682 后两条注释"钟繇""出警入跸"可删去。前者,前文早已出现;后者,前文 p.132 已作过注释。

　　p.758"安堵",重复前文 p.655 所注。

　　p.761 注释"揲蓍成象",p.379 已注释。

　　p.764 注释"俎豆",为"俎"注音。前文 p.216 注释已有"樽俎",并未注音,此处再注音,不妥。

　　p.766"不爽",不必注释。

　　p.783 曹植"煮豆燃豆萁"诗,人皆知之,不必注释。

　　p.785 注释"愆戾",无必要,"愆"字于 p.661 已注释。

　　注释"范蠡",重复 p.342 注释。

p.818"仇儷",不必注释。

p.869"渠魁",重复 p.3 注释②。

"大王如何能勾回来?"句子中的"勾"字,可以改为"够",虽然早期白话中"勾"字同"够",但中华书局版此处直接用"够",想必因为尽量靠近现代语为首选。

p.903"貔貅",前文 p.183 已注释过。

p.965 注释"如左——如下"稍觉简单,易误会左即下。拟增加几个字:旧时著文竖写,自右而左,如左即如下。

p.986 注释"引慜",可删去"慜:过失"一句。其重复前文 p.661 所注。

p.1028 注释为"劭"字注音,前文多处涉及。

p.1105 该页正文有三处需商榷:

"维收兵退屯于钟提",其中的"钟提"(亦见 p.1107),人民文学版如是,而中华书局版作"钟堤",中华书局《三国志》里作"钟题"。文言里"题"通"提"。而"堤"却与此不相干。三个版本用了三个不同的字。以谁为准?谭其骧主编的《中国历史地图集》解决了疑难问题。其"三国"分册的地图上就明确标有地名——钟提。稿件所取为是。

"讨贼犹思奋虎威",其中的"奋",人民文学版如是,而中华书局版作"旧"。这里根据文意用"旧"字较好。

"不知此番北伐如何",其中的"不",人民文学版如是,而中华书局版作"未"。拟按后者处理。

p.1113 文中"州泰",不同版本各有其说。人民文学版如是,中华书局《三国志》亦作"州泰",而中华书局版作"周太"。拟暂按稿件所述。

p.1144 注释"荀"存在三个问题:其一,稿中所取是"勖"的异体字,无论哪个版本,都应当采用正体字。所以,此字应作"勖"。p.231 已订正。况且,后文 p.1187 亦写作"荀勖"。其二,p.1143 最末则是"荀勖",而为什么等到几行文字过后,p.1144 该名再次出现才注释? 其三,此字前文 p.231 已作过注释。

p.1149 注释"争些儿"可删去,p.207 注释"争"已涉及。

p.1171 "不知姜维以何策破艾",其中的"不",人民文学版如是,而中华书局版作"未"。拟按后者处理。

由于注释有删节,请责编在有关地方,调整注释序号。若使书稿达到尽满人意的程度,尚需时日,就此出版亦可。

2013 年 12 月 16 日

四、古典读物(80—151篇)

拟稿:"出版后记"

本书以华夏出版社出版的《三国演义》作为底本,又学习借鉴人民文学出版社、中华书局等版本,只有一个目的,即更好地为低视力朋友们的阅读服务。为了帮助读者弄清中国历史上三国争斗的局势,比较形象地弥补文字表现力的不足,从谭其骧主编的《中国历史地图集》(中国地图出版社出版)里选取了几幅政治军事地图,以飨读者。这里,和读者一起对出版同仁表示衷心感谢!

本书在录入原文过程中,进行了几种版本的对校,择优选取。譬如,文中"诸公既仗义而来,操之初意,欲烦本初引河内之众,临孟津;酸枣诸将固守成皋"。而中华书局2009年10月版则为"……临孟津、酸枣,诸将固守成皋"。中华书局简体字本二十四史《三国志》里反而与人民文学版同,即稿件所取。又如,文中"维收兵退屯于钟提",其中的"钟提",人民文学版如是,而中华书局版作"钟堤",《三国志》里作"钟题"。文言"题"通"提",而"堤"却与此不相干。三个版本用了三个不同的字。《中国历史地图集》解决了疑难问题,其"三国"分册的地图上就明确标有地名——钟提。取之。

注释尽量简约。如今的读者几乎都是中学以上的文化程度,一般的字词注释过多,反倒影响阅读的连贯性。低估读者的水平显得迂腐。

与此相应的注音,也应避免复沓冗杂。普通阅读,不会顾及个别字的读音;而志在精读的人,自然会查阅字典。凡是注音,都全面权衡,不拘泥于一两部时下常用字典词典,而着眼于字的历史沿革,广泛查考有关典籍。譬如,"直恁(nèn)",《现代汉语词典》和《现代汉语规范词典》等这样注音,后者特地标示不读 rèn,但前提是方言。而《古代汉语词典》该字的注音为 rèn,是正读,而非方言。罗竹风主编的《汉语大词典》所注该字读音与《古代汉语词典》同,取之。

编辑出版中国古典小说名著,我们经验不足,希望专家和读者不吝赐教。

牟国胜
甲午年孟春

148.《西游记》(大字版)终审意见

录入、核校很细致,未发现自误,稿件一些地方用字欠考究,属于底本本身的问题,应当纠正,力求保持原作原貌。

关于第八回与第九回之间插入"附录"作为回外回的问题,异于许多版本。此乃人民文学本1980年版的一个创意,要从《西游记》的诸多版本了解其意。现存最早的是金陵世德堂"新刻出像官板大字《西游记》",刻于明万历十二年(1592年)。明崇祯年间刊"李卓吾批评《西游记》",是接近世德堂本的较早刊本。清代有六种刻本,其中《西游证道书》为最佳,是清初著名学者黄周星和书商汪象旭合作,润饰修改百回本所出的成果。"晋省书业公记"本《新说西游记》有两种,差别较大;都属于世德堂本系统,但多有刊漏,亦有改动。余者皆世德堂本的删节本。本稿件照录了华夏出版社本,该本未说明出自何种版本。从书中可以看出,所据乃人民文学出版社的版本。人民文学本以摄影世德堂本的胶卷为底本,用明崇祯本校核,参校清代六种刻本进行校订整理而成(初版于1955年,再版于1980年)。"附录"是人民文学本1980年再版时的新创,既弥补了世德堂本唐僧出身不明以及有关情节前后欠照应的缺陷,又因其笔力平庸难与原作融洽而保持距离。如此处理,其他版本望尘莫及。也因此可以得知,目前流行的新书中,采用"附录"者,必与人民文学本相关联。

注释要有一个大致尺度:其一,同类人和事要掌握平衡,需要注释者,前后皆注,避免偏执。其二,个别处需要补充注释。其三,重复注释必须杜绝。其四,一些形容词及生活中的惯常用语,无需注释。其五,民间语言,生动活泼,用规范的书面语言难以解释得精确透彻,而且,同样的口语,在不同场合和情境里,又有不同含义。小说用来记述民间语言的文字,可以理解为记音符号,这一点可以从现实生活里观察出来,过去的许多文盲,虽然不能识字断文,但却将口语运用得十分娴熟精彩,他们的表述人人明白。运用民间语言,刻画个性化的人物,是小说的一大特色,为其注释,往往会遮蔽本来的绝妙,最好留待读者意会。所以,对稿件涉及乡音俗语的注释大量删汰。总之,注释简约为上。

稿件里回数采用阿拉伯数字,不合乎规定,也与正文不协调,一律改为汉字数字,包括正文、书眉及目录。回中分段及标点符号,是后人整理所为,这方面不必过于拘泥。每回篇幅不长,可采取不分段、不留空行的形式。文中有些词的排版当遵循词的特殊要求。具体处理如下:

四、古典读物（80—151篇）

p.1 开场诗第一句"混沌未分天地乱，茫茫渺渺无人见"，其中"乱"字与所形容的境况相抵牾，据中华书局本改为"眩"。

p.9 正文"桔"，应作"橘"。"桔"字不是"橘"的简体字，这是两个字，读音和字义都不同。

p.11 词一般分上下阕，排版时之间空两格。本页就是樵子吟诵的《满庭芳》词牌。

p.15 注释"一进进"，删去。

p.16 正文"赔个礼"的"赔"，据原作为"陪"。

p.19 注释"懵懂"，删去。

p.20 "揲蓍"，后者注音阴平，妥。人民文学本作去声，不取。

p.21 注释"一行"，删去。

p.26 注释"孤拐面"，删去。

p.28 注释"体段"，删去。

p.30 注释"闪"，删去。

正文"玩耍"的"玩"，据原作为"顽"。稿件下文用的也是"顽"。

p.31 注释"绰"，删去。

p.33 注释"挦""抬鼓弄""攒盘""不意"，删去。

p.35 注释"认此犯头"，删去。

p.37 注释"麂"，下文不常见的动物有许多，单独为此作注，不平衡。"点卯"，已成口头语。"榔槺"，口语。皆删去。

p.39 注释"委的""敢莫是"，删去。

p.41 注释"聒噪"，删去。

p.42 注释"可可的""每""挹"，删去。

p.43 正文"余程"的"余"字，在古汉语里，通常表示第一人称"我"；在现代汉语里，"馀"是"余"的繁体字，在"馀"和"余"意义可能混淆时，《简化字总表》规定仍用"馀"。所以，尽管稿件用的是简化字，但"余""馀"还是要区别使用。何况原作泾渭分明。需改"余"为"馀"处，还有 p.259、316、324、347……

p.44 注释"敁""朦胧"，删去。

p.45 注释"抟"，删去。

p.46 注释"蹱踵"，删去。

p.47 注释"拘唤"，删去。

p.50 注释"觌面"，删去。

p.53 注释"扎草",删去。

p.54 注释"同僚",删去。

p.55 注释"一体",删去。

p.56 注释"结束",删去。

p.57 正文"龇牙",按原作为"咨牙"。

p.58 注释"扢扠",删去。

p.60 注释"演""恁的",删去。

p.61 注释"不期",删去。

p.62 注释"天壤",删去。

p.63 注释"坐罪",删去。

p.67 注释"睺睺睁睁",删去。

p.68 注释"氤氲",删去。

p.69 注释"酕醄",删去。

p.71 注释"俫嘴",删去。

p.72 注释"说不了",删去。

p.73 正文"玩"改为"顽"。

p.78 注释"的实",删去。

p.81 注释"叵耐",删去。

p.84 注释"行要""见机""蹭蹬",删去。

p.85 注释"法""只情",删去。

p.86 注释"淬""花""木木樗樗""拢傍",删去。

p.87 注释"弄喧",删去。

p.92 注释"壁厢""燉",删去。

p.95 注释"匜",删去。

p.96 注释"村野",删去。

p.98 注释"庄尊",删去。

p.100 注释"走斝传觞",p.43 已注释过"斝觞",重复。

p.101 注释"申谢",删去。

p.104 第八回开篇是《苏武慢》词,上下阕之间要空两格。

p.105 正文"一把爬住"的"爬"字有误,误在华夏本,应作"抓"。

p.106 "今值孟秋望日",注释"孟秋","望日"也当注释。补充如下:天文学上指月圆的那一天,通常指农历每月十五日;月圆有时是十六日或十七日。

四、古典读物(80—151篇)

p.114 注释"把""可",删去。

p.115 注释"倒踏门""瞻身""嗑",删去。

p.121 注释"合当",删去。

p.122 注释"须索",删去。

p.123 注释"匡持",删去。

p.125 文中"禀阴阳而资五行",单独注释"阴阳"。这句话牵扯到中国传统文化的一些概念和观点,不是一个注释所能说明白的,不说也罢。

p.127 正文"法常上",有误,误在华夏本,应作"法堂上"。

注释"听你""分俵",删去。

p.130 注释"靦",删去。

p.132 注释"事体",删去。

p.134 注释"荇",删去。

pp.134—136 文中的词《蝶恋花》《鹧鸪天》《天仙子》《西江月》《临江仙》等五首,每首上下阕之间皆空两格。(本回 p.144 词中间有空格。)

p.135 注释"茆舍""沽",删去。

p.136 注释"棹""待漏",删去。

p.137 注释"狎""缯",删去。

p.139 注释"意懒",删去。

p.142 注释"掉嘴口",删去。

p.145 注释"丹墀",重复 p.51 注释。

p.149 正文"不提",应作"不题",误在华夏本。(p.153 作"不题"。)需要修改的还有 p.178、182、244、259、272、307、354……

注释"折辩",删去。

p.150 注释"着然",删去。

p.151 注释"结束",重复注释,删去。

p.159 注释"拃",删去。

p.160 注释"用度""超生",删去。

p.163 注释"潽""打跌""痴痴哑哑",删去。

p.166 注释"彩女",删去。

p.170 注释"害黄病""花里狐哨""妆奁",删去。

p.178 注释"有几贯村钞",删去。

p.179 注释"头踏",删去。

p.180 注释"笤",删去。

p.182 注释"讽",删去。

p.185 注释"失瞻",删去。

p.186 注释"璎珞",删去。

p.188 注释"物事",删去。

p.191 注释"促趣""山门",删去。

p.193 注释"夯""谕",删去。

p.194 注释"啯啅""唊",删去。

p.195 注释"大缘大分""人事",删去。

p.196 注释"迍""艾叶",删去。

p.197 注释"膂力""哏",删去。

p.199 注释"浼",加注音。

p.200 注释"呢呢痴痴",删去。

p.203 注释"袂",删去。

p.205 注释"那",删去。

p.207 注释"薅草",删去。

p.209 注释"自在",删去。

p.213 注释"些儿",删去。

p.214 注释"撞祸",删去。

p.215 注释"白客""是""绪口舌",删去。

p.216 正文"定心真言"及"紧箍儿咒",改引号为书名号。与下文的书名号统一。

p.218 注释"闪",删去。

p.220 注释"坐定""奈何",删去。

p.222 注释"阜",删去。

p.223 注释"不济""哏哏",删去。

正文"哪"字,古汉语里皆作"那",保留原字。涉此者还有 p.224、225、226、230、233、271、273274、275、279、280、281、282、286、289、292、295、297、300、301、306、307、309、311、313、314、316、318、319、321、322、323、324、327、330、334、340、343、346、351、353、354、355、356、357……

p.224 注释"当值""海口",删去。

p.225 注释"嗇""端的""犯对""急",删去。

四、古典读物(80—151篇)

p.226 注释"难搪""草料""咋""当坊""孤拐",重复注释,删去。

p.227 注释"侮手",删去。

p.229 注释"赤尻""作做",删去。

p.233 注释"乖",删去。

p.237 注释"木鱼",删去。

p.238 注释"钟杵",删去。

p.241 注释"斗富",删去。

p.242 注释"疏虞""管整",删去。

p.244 注释"一骨鲁",删去。

p.245 注释"就里""相应",删去。

p.246 注释"调嘴",删去。

p.251 注释"焜耀",删去。

p.253 注释"罴",删去。

p.254 正文"旁门外道"的"旁",原作为"傍"。

p.259 正文漏字——"襕"。

p.260 注释"管情",删去。

p.262 注释"绰着经儿",删去。

p.266 注释"了劣",删去。

p.267 注释"赘见""计较",删去。

p.271 注释"愿心儿",删去。

p.272 注释"区分",删去。

p.274 注释"老""纥剌星""拿法""营生",删去。

p.276 注释"干净""家怀""小价""老拙",删去。

p.277 注释"罄",删去。

p.280 注释"哼哼唧唧""掼",删去。

p.287 注释"行止""竭绝""馕""夯货",删去。

p.290 注释"软""捣碓",删去。

p.291 注释"泼折",删去。

p.299 注释"赃埋人",删去。

p.300 注释"厌钝""别颏腮""俊刮",删去。

p.301 注释"愆""踢天弄井",删去。

p.302 注释"跄""面恶人善",删去。

233

p.303 注释"汤",删去。

p.304 注释"哈话""骨都都",删去。

p.305 注释"亲面",删去。

p.306 注释"案酒",删去。

p.307 注释"架子""苦盖""摄",删去。

p.308 注释"馔""劣蹶",删去。

p.309 注释"芊芊",删去。

p.310 注释"许大",删去。

p.311 注释"起倒""欺心",删去。

p.313 注释"对命",删去。

p.314 注释"羸瘦""鐏",删去。

p.315 注释"争些",删去。

p.317 注释"翳翳",删去。

p.319 注释"明杖",删去。

p.321 注释"漫",删去。

p.325 注释"迓""捽",删去。

p.328 注释"滑辣",删去。

p.330 注释"椰杭",删去。

p.333 注释"彻",删去。

p.334 注释"善",删去。

p.336 注释"荡",删去。

p.338 注释"济渡",删去。

p.341 注释"头直上",删去。

p.343 注释"逐日",删去。

注释"嗳""达迤步""围圜",删去。

p.345 注释"过当的",删去。

p.348 注释"呆呆挣挣""打仰",删去。

p.349 注释"家缘""者者谦谦""载人",删去。

p.350 注释"杀""活着些脚儿",删去。

p.351 注释"拿班儿""嗒嗒嗞嗞""跄路""奈上祝下",删去。

p.352 注释"尴尬""撒欢",删去。

p.353 注释"牵马",删去。

p.354 注释"者嚣""赳赳",删去。

p.355 注释"盖头",删去。

p.356 注释"柱科""嘑",删去。

p.357 注释"懞直",删去。

以上意见若无不妥,请责编和二审继续审读下文,根据上述先例,详加厘定。

2014 年 3 月 7 日

149.《水浒传》(大字版)终审意见

一审报告提出:"华夏出版社的版本书名为《水浒全传》,我们改为《水浒传》可否?"问题提到了点子上,但没能追根求源,只是跟着感觉走。解决这个问题,绝非随意增删一个字那么简单,需要从版本入手。《水浒传》主要有七种不同回数的版本,概括地说,分繁本和简本。繁本有三种:七十一回本、一百回本、一百二十回本。简本有四种:一百二回本、一百十回本、一百十五回本、一百二十四回本,另外,简本中也有一百二十回本和不分卷本,等等。简本是繁本的节本,而非相反,像华夏本"前言"说的那样,繁本"改增"简本。简本阉割了繁本诸多充分体现小说艺术的精彩描写,反倒保留平田虎、平王庆事,所以,不及繁本受欢迎。繁本系统,据《宝文堂书目》《万历野获篇》等记载,明代嘉靖间武定侯郭勋有家刻一百回本《忠义水浒传》,时称"武定板",已佚。万历三十八年(1610 年)容与堂刊《李卓吾先生批评忠义水浒传》,也是著名的较早百回本。另外,万历己丑(1589 年)天都外臣(汪道昆)序的《忠义水浒传》百回本,有些争议,有学者认为,它是"容与堂本的一部很不忠实的复刻本"。总之,百回本不存在平田虎、平王庆的内容。那些故事是繁本中杨定见序题名《忠义水浒全传》一百二十回本所增撰的。明代万历间有《新刊京本全像插增田虎王庆忠义水浒传》,明标"插增",其故事的时间地点相互抵牾,笔力不逮。1975 年,上海人民出版社"为了开展对《水浒》的评论和讨论,批判《水浒》研究中阶级调和论的观点,我们出版了这部一百二十回的《水浒全传》"。使用的底本,则是杨定见序本的排印本。此外,影响较大的要属明末金圣叹本,题名《第五才子书施耐庵水浒传》,将一百二十回本腰斩成七十回本,砍去了大聚义后的情节,伪造了卢俊义的噩梦,用意在于把草莽英雄斩尽杀绝。它的优势是保存了原书的精华部分,文字练达。人民文学出版社1974 年据其 1954 年整理本重版印行,所采用的底本就是金圣叹批改的七十回本。不过,最后一回即第七十一回,由"惊噩梦"恢复为一百二十回本里第七十一回的"排座次",书名写作《水浒》,既非《水浒传》,又非《水浒全传》。运掉自如,特为创格。1997年版是以容与堂为底本的一百回本,流传甚广。从以上内容不难看出,书名带不带"全"字,是由版本决定的,一百二十回本谓《水浒全传》。与此相应的版本孰优孰劣问题,也显山露水了。简言之,若把目前掌握的水浒版本也排座次的话,百回本上佳,七十回本亦具特色,一百二十回本不敢恭维。所以,本稿件要在去掉书名中的"全"字的同时,删汰稿中二十回,即九十一回至一百十回,最终成为百回本。传承中华优秀文化,择取精华理所当然。这是本书稿的问题之一。

问题之二,"每部名著都经过一遍与原版本的对校勘误、一遍读校和一遍与人民文学出版社版本的对校勘误,但同时又尽量规避对人民文学出版社的侵权行为。"这个问题更加严重!

以三页"引首"为例,便有六条互串。其一,稿件:"百姓再见天日之面一般。那时西岳华山……"。华夏本如是。人民文学本及中华书局本:"百姓再见天日之面。不则这个先生吟赞,那时西岳华山……"。其二,稿件:"天下太平,自此定矣。传位与御弟太宗。"人民文学本及中华书局本如是,而后面还有"即位"二字,稿件没有。华夏本:"天下太平,传位与御弟太宗。"其三,稿件:"自言能止太子啼哭"。华夏本如是。人民文学本及中华书局本:"能治太子啼哭"。其四,稿件:"这两个贤臣,出来辅佐。"人民文学本及中华书局本如是,而华夏本无此语。其五,稿件:"这朝皇帝,在位四十二年,改了九个年号。"华夏本:"这两个贤臣,出来辅佐这朝皇帝,在位四十二年,改了九个年号。"人民文学本:"这朝皇帝,庙号仁宗天子,在位四十二年,改了九个年号。"中华书局本同。稿件里的这一句话,异于以上所有版本,无来历,令人汗颜。其六,稿件:"嘉佑三年上春间"。人民文学本及中华书局本如是。华夏本:"嘉佑三年春间",无"上"字。这六段文字证实了一审报告所言,稿件将几个版本剪裁连络,目的是"尽量规避侵权行为",岂不知犯了古籍整理之大忌。只因为历史上一拨又一拨的攒书匠与书商合流,将珍贵的原本妄加点窜,使得名著版本扑朔迷离,搅浑了源头的一汪清水。现今不得不接受教训,整理古籍过程中,编辑无权将名著的原文按当代版本相互剥缀;与所依底本异样者须出校记,标明据何种版本改动何处。华夏本尽管在选取底本方面拟商榷,但坚守底本不越轨是训练有素的。华夏本"前言"里绕开了它所使用的底本,但据其细枝末叶,可以推断用的是上海人民出版社1975年版的《水浒全传》,连"引首"置于目录前都完全一样。从一而终,是整理古籍的一条重要原则,就此而言华夏本规矩。

问题之三,注释参考《西游记》三审意见:其一,同类人和事要掌握平衡,需要注释者,前后皆注,避免偏执。其二,个别处需要补充注释。其三,重复注释必须杜绝。其四,一些形容词及生活中的惯常用语,无需注释。其五,涉及乡音俗语的注释大量删汰。总之,注释简约为上。

问题之四,稿件里回数采用阿拉伯数字,不合乎规定,也与正文不协调,一律改为汉字数字,包括正文、书眉及目录。回中分段及标点符号,是后人整理所为,这方面不必过于拘泥。每回篇幅不长,可采取不分段、不留空行的形式。

问题之五,"引首"是全书的有机组成部分,华夏本将其置于目录前,不妥。本稿件有所纠正,排进了正文,处理得好,但还留了个尾巴,即页码也当按正文计,不再独列。

下步工作的三点建议:

一、重新校勘一个百回本的《水浒传》。有迹象表明,中华书局本与人民文学本同而未明示,拟作为底本,其他版本里的一个字也严禁掺和其中。

二、注释在华夏本的基础上取舍。既然买了华夏出版社的版权,可以用它的注释做"原料"。

三、排版及数字用法等,可按上述操作。

2014年3月12日

150.《红楼梦》(大字版)终审意见

尚存十个问题需解决:之一,稿件原文错误不少。错误的来源,主要由沿袭华夏出版社版本所致,其次是自误。除此以外,还有不同版本的选择问题,稿件在其范围内选择无可挑剔;但选择得恰到好处,却十分吃功夫。注释存在的几个问题,按序,问题之二,《红楼梦》里佛教的术语、教义很多,要读懂《红楼梦》,佛教的一些基本常识必须入门。显然,这副担子要压在注释的身上。换句话说,注释理所当然地要准确地具体地解释佛教的诸多术语。因此,一些有关的注释需要建立在较为全面的考察之基础上,帮助读者理解作品的真谛。之三,关于书中提到的人物,何人该注,何人不必注,也要有一个基本尺度,大致平衡,不可随意取舍,顾此失彼。譬如,p.5注释"潘安、子建、西子、文君",既如此,之前出现的"班姑、蔡女"也应该加注释,之后出现的"红娘小玉"同样要加注。之四,许多雅趣,字里行间藏而不露,若视若无睹,便辜负了曹雪芹的才气和一片苦心。应当在注释里提示。之五,所注释的词语,应当在文中第一次出现的时候即加注,不要读者过了几遍眼才姗姗来迟。之六,有的地方需要增加注释。之七,个别注释不够精审,需加工。之八,注释过于繁杂。乡俗俚语运用得精妙绝伦,是《红楼梦》的一大特色。生动鲜活的民间语言,需要的是细品玩味,读者即使一眼未看懂,上下文连起来琢磨,便会恍然明了,审美愉悦尽在其中。于大众语上加注释,意在导向,实则坠秽,好似于文质彬彬的幽境中,糊上了一贴又一贴的小广告,来宣示普通语、规范化,把好端端的天然朴真,转换成千人一面,万语一腔。再者,有些形容词,用不着详加解说。因此,稿件的注释,无需秉承华夏出版社及其他出版社的先例,应当大量削减。客观上,减少了篇幅,降低了成本,两得。总体来说,关于注释要有一个基本原则,可以概括为十六个字:释疑解惑,抉摘幽隐,精核典实,语无重出。另外,属于出版规范及版式方面的问题,按序,之九,数字用法,全书正文皆用汉字数字,为什么回数单独用阿拉伯数字?包括目录的回数、正文的回数以及眉题的回数都应统一用汉字数字。之十,版式方面,每一回正文,原作并未分段落空行。有些版本如此,是后来整理者所为,又各自分法相异,不必拘泥。并且,一回篇幅都不太长,再分段空行,稍嫌零碎。另因大字本用纸量多,节省一行是一行。文中的格律诗排版应当讲究形式美,不要随意而为。(最后两个问题,除个别需要说明之外,一般不再涉及,请责编按稿件上的标志处理。)以上十点,是从稿件尚存的诸多问题中梳理出来的。为了对照原稿方便起见,以页码为序,具体情况如下:

p.1 正文"余",当作"馀"。

注释"茅椽蓬牖蓬蒿为窗、茅草为椽的草屋"。根据该词本身的顺序,改为:草屋以茅草为椽、蓬蒿为窗。

p.1 最后一句及 p.2 第一自然段,稿件所录,其版本并非优选。文中"此回中凡用'梦'用'幻'等字,……是此书立意本旨",上句说"此回",下句扩大为"此书",有碍逻辑性。遂按照程伟元乾隆壬子活字本(通称"程乙本")修改为"更于篇中间用'梦''幻'等字,却是此书本旨",详见原稿。

注释:大荒山无稽崖——《山海经》:"大荒之中有山名曰大荒之山。"无稽崖,作者虚拟,寓"荒诞无稽"之意。

青埂峰——作者虚拟,寓"情根"之意。

这两条注释,企图指点迷津,然而未必能够得到红学家的认可。红学家周汝昌指出:"大荒山,人皆以为是荒唐言而已,实则也有来历。一是辽东之北部从古即有大荒之称,见于《辽志》。有人见过古地图,在铁岭与抚顺之间即有一大荒镇。二是晋代石崇的爱妾绿珠,原籍古越郡,其地即有山,名曰大荒。"曹雪芹的祖籍与前者有缘,书中林黛玉题诗又与后者关联。"假作真时真亦假",真真假假纵横交织,是网状的、立体的、多侧面的、多线条的、多色调的,绝非单一线性思维所能解说透彻,弄不好还会误导。因此,类似之处,无需置喙。欣赏《红楼梦》,要给读者留有余地,

四、古典读物（80—151篇）

它考验着列位看官的审美力。

p.3 正文"美中不足，好事多磨"八个字，其中"磨"字，所依版本有误，当作"魔"。

p.4 正文里的七言绝句首句"无材可去补苍天"，各版本大都如是，而2010年版《周汝昌校订批点本〈石头记〉》将"去"字订正为"与"字。理由如下：一首绝句用两个"去"字（末句"倩谁记去作奇传"），悖于格律，诗家所忌。"去""与"两字草书形似，易混讹。苏联列宁格勒藏《石头记》古钞本得以佐证，可参见《石头记会真》校勘记。

注释"劫——佛教用语，指极为久远的时节"。这种解释似觉疏阔，其实尚在门外徘徊，瞅不见殿内光景。拟改为："劫—— 梵文意为极为久远的时节。源于印度婆罗门教，印度教因之；佛教虽亦沿用其说，但说法不一。一般分为大劫、中劫、小劫。谓世上人的寿命有增有减，每一增一减，各为一小劫，合一增一减为一中劫。一大劫包括'成''往''坏''空'四个时期，通称'四劫'。一大劫包括八十中劫。婆罗门教认为，世界要经历许多劫，其中一说：一个劫等于人间的四十三亿二千万年，劫末有劫火出现，烧毁一切，然后重新创造世界。"

p.5 增加注释："班姑、蔡女——班姑：指东汉初班昭。班固之妹，博学高才。班固著《汉书》未竟，班昭续成之。入宫为皇后、诸贵人师，著《女诫》等。蔡女：指东汉末蔡琰，字文姬。博学而有才辨，又妙于音律。"

p.6 正文"私订偷盟"，所依版本如是，有误，应为"私讨偷盟"。

"从此空空道人因空见色"，人民文学出版社1957年版（程乙本作底本）如是，但这个版本的本段内容与后来的2000年版（以俞平伯校点《红楼梦八十回校本》附后四十回为底本）有诸多不同。稿件依于后者，而唯独"从此空空道人"类前者。这种相互攒掇的方式不足取。因而，删去文中的"从此空空道人"几字。

增加注释："红娘小玉——红娘：唐传奇元稹的《莺莺传》及后来元代王实甫《西厢记》里，为张生和崔莺莺结为夫妻穿针引线的婢女。小玉：指唐传奇蒋防的《霍小玉传》里的主人公霍小玉。"

对"空""色""情"的注释，未能较深入地表达佛教观念。后两条权且如此，但"空"字出于理解文意的需要，拟重新作注："空"是"般若经"的核心思想。以"缘起"说"空"，世界的万事万物都是条件的产物，"缘"即条件，条件具备即"缘起"，条件不复存在即"缘灭"。一切都在变化中，没有自性，无自性故"空"。

p.7 稿件绝句排版一气下来，改为两句一行，排列整齐。修改见原稿。

p.9 注释"度脱""沉沦""玄机"三个词语，在佛教和道教的教义里，不具备质的规定性，达不到概念这个层面，作为一般用语，没有必要注释。

p.10 正文"玩"改为"顽"。《红楼梦》里多处使用这两个字,大体上,表示玩耍意时,用的是"顽";表示观赏意及游玩或古玩之类时,用的是"玩";但有时,二字亦不甚分明,加之传抄笔误,处理起来,较为棘手。稿件所依版本对此欠考究,需要对比多种版本校勘。但无论如何,所取定有所据,绝不妄为。改动者页码如下:39、43、56、64、100、101、104、106、112、127、129、130、142 、158、168、174 、180、201、202、263、264 等,其均将"玩"改为"顽"。p.151 正文"玩意儿"改为"顽意儿"。且稿件本回其他处用的也是"顽":p.152"太太们顽了半夜"。与之类似者还有 p.279、280、281、282、283、284、285、286、305、306、308、309、315、321、327 、335、338、371、374(p.375 却是"顽")、377、382、383、387、413 、414、426、431、440、447(p.449 两处"顽话",一处作"顽",一处作"玩")、455、492、506、508(p.509 两个"玩",一个"顽")、425、510、522、527、610(p.535 两处"玩了一回",几个版本皆作"玩",从之。)550、551、566、579、585、597、600、601、604、609、637、649(此处众版本皆作"玩",却不顺理)、662(稿件三处涉及,两处作"玩",一处作"顽"。其他三个版本三处却皆作"顽")、664、676(682 人民文学 2000 本亦作"顽")、685 、692、697、699(上下两行互异)、710、712、752、753、774、775、783、799、801 、802、810、816、817、818、820、821、830、831、836、844、848、849、851、852、863、866、879、881、896、897、900、902、908、911、922(各本皆作玩)、923、927、930、931、958、961、979、980、983、1007、1017、1018、1020、1027、1037、1039、1044、1045、1046、1052、1060、1063、1065、1066、1083、1114、1151、1173、1179、1191、1206、1207、1209、1211、1222、1232、1258、1264、1283、1284、1307、1320、1339、1345、1349、1350、1367、1372、1382、1383、1401、1406、1412、1415、1430、1445、1449、1478、1483、1569、1571、1624、1625、1628、1672、1684、1686、1694 等近二百处"玩"字均改为"顽"。(有的地方人民文学本作"玩",中华书局本和《周汝昌校订批点本〈石头记〉》皆作"顽",而基本上三者都作"顽"。一百一十七回"宝玉笑道'我说了一句玩话'",1957 年本、中华书局本如是,2000 年本作"顽"。一百一十八回重复这句话,又都是"玩"了。)

p.65、83、256、正文"游顽",倒应作"游玩"。参见 p.69,稿中便是"游玩游玩"。

p.12 律诗排版四句一行欠当,改为两句一行。

p.13 正文"款酌漫饮"中的"漫"字恐有误。款,缓慢意,"漫"与之不对称,亦与文中情境不合。此字当作"慢"。

"次渐",有的版本是这样;还是"渐次"为宜。

注释"玉在椟中求善价,钗于奁内待时飞":上句说美玉盛在匣中期望卖得好价钱,下句说玉钗放于盒内等待时机飞腾。这里贾雨村以玉、钗自比,企求受到赏识,

四、古典读物（80—151篇）

有朝一日飞黄腾达。

稿中的解释也说得通，然则两句一个意思，徒费笔墨却未尽妙处，遮蔽了大手笔隐发的灵气。前文介绍，贾雨村"表字时飞"，又说其自为甄家丫鬟有意于他，吟此联，以玉自比企求得到赏识不错，下句何尝不是以钗比意中人寄人篱下等待贾雨村自己？《红楼梦》里，常常将玉比作男人，把钗喻为女行。金陵十二钗就是最突出的例子。这里不会玉、钗皆自比。所以，应当前后文紧密联系起来琢磨："表字时飞"四字，绝非可有可无的闲言碎语，此乃精心布下的隐喻。联中的"待时飞"，等待时机飞黄腾达的欲望很明显，这仅是表层；美人等待自己，是潜层；"时飞"与"是非"谐音，等待好事的同时，也正是在等待是非，其后的故事情节证实了这一点，这是更深的一层。然而，如此感悟，以往未曾见也。为了慎重起见，下面将有关版本的此条注释录来参考比较，以便决定取舍：

人民文学本：匣盛美玉，等待大价钱才卖，是孔子对于"有才能的人""等待时机"的比喻；神女留玉钗，后化为燕子飞去，是古代传说。"待时飞"也是借以比喻等待"做官发达"的意思。

该说长于引经据典，令人不由敬佩注释者饱读诗书，满腹经纶；却总觉得离文意远了一点儿。稿件说、权威本说、己见三者相较，仍敝帚自珍。发挥自家见识可否？修改见原稿。

甄家丫鬟名叫娇杏，亦是侥幸之伏笔。这里不必再注释了，妙处由读者细细品味吧。

p.16 注释"成了势"，删去。

p.18、169 正文"褡裢"，原作为"褡连"。

p.20 通行版本，于第二回开篇有诗云：

一局输赢料不真，香销茶尽尚逡巡。

欲知目下兴衰兆，须问傍观冷眼人。

稿件所依版本亦有此诗，当补上。

p.21 注释"撺掇"，删去。

p.23 正文"有余"，所依版本有误，应作"有馀"。这里一并提出：原作"余""馀"二字，稿件一律用"余"字，是不妥当的。"余"，是第一人称"我"；"馀"，是"余"的繁体字，在"馀"和"余"意义可能混淆时，《简化字总表》规定仍用"馀"。所以，尽管稿件用的是简化字，但"余""馀"还是要区别使用。何况原作泾渭分明。这个字在稿中错误约五十处，需改"余"为"馀"。集中记录如下：

p.26、28、31、42、48、52、54、58、59、60、63、70、86、122、208、301、1007、1020、

1330、1520、1523、1529、1535、1537、1539、1540、1563、1585、1589、1599、1614、1618、1703 等,"余者""其余""余";p.322、587"余香";p.197"余祯";p.886、990"一洗无余";p.934"奠余玉醴";p.937《红佛》诗里的"余气";p.480、1519、1164"余意";p.1167"余痕";p.1168"余衷";p.1306 正文"有余";p.1505"余痛";p.1365"余容再叙";p.1423"所余无几"(中华书局本如是,不取);p.1513"余者"(中华书局本如是,不取)。

p.24 正文"漫饮",应作"慢饮"。

p.27 注释"致知格物、悟道参玄——推究并领教宗教中深奥玄妙的道理。"这条注释不全面,解释的只是"悟道参玄"之大意,并未解释"致知格物"。致知格物,是儒家《大学》里的说法;悟道参玄,是道家所为。该注释需要修改,可采取简便的方式,删去"致知格物",仅注"悟道参玄"。

p.36、93、167、224 正文"台矶",应据程乙本改为"台阶"。

注释"母舅",删去。

p.40 注释"外道",删去。

p.41 正文"这方是正经正内室",据它本改为"这方是正内室"。

匾上的小字,文中使用引号,里面不可能出现逗号,删去。

p.43 正文"赔笑",改为"陪笑"。又是所依版本的一个误处,看似仅一个小错,后文却层出不穷,详见 p.89、100、180、196、199、217、393、409、410、467、493、494、509、550、614、623、625、788、790、810 、839、876、987、988、951、978、997 、1053、1069、1073、1077、1086、1087、1088、1116、1140、1143、1151、1183、1213、1226、1242、1243、1250、1264、1330、1333、1337、1384、1401、1405、1411、1417、1448、1461、1472、1616、1670,正文"赔笑"改为"陪笑"。p.998、1088 正文"赔礼"改为"陪礼"。共六十多处。

p.44 注释"回来",删去。

p.47 注释"劳什子",删去。

p.48 注释"这们",删去。

p.49 注释"行止",删去。

p.52 注释"无庸",删去。

p.53 注释"斜签着",删去。

p.57 注释"弄性尚气",删去。

p.58 注释"殚心竭力",删去。

p.59 注释"口声""乐业",删去。

四、古典读物（80—151篇）

p.61 注释"能着"，删去。

p.64 注释"随分从时""偏僻"，删去。

p.65 注释"熟惯""俯就"，删去。

p.66 注释"眼饧"，不太确切。《古代汉语词典》里的"饧"字，正以《红楼梦》中的这句话为例释义，可以取它的说法：形容眼色朦胧的样子。

p.67 注释"西子"（p.5 已注）、"柳坞"、"荷衣"、"唇绽樱颗"、"榴齿"，删去。

p.68 注释"满额鹅黄""宜嗔宜喜""蛾眉颦笑""闪灼文章""香培玉琢""凤翥龙翔"，删去。

p.69 注释"布散""膏肓"，删去。

p.75 注释"运终数尽""怪谲"，删去。

p.79 注释"自古穷通皆有定""萦""消长""才华馥比仙""人皆罕""唉""膻羊臊气"，删去。

p.80 注释"觑"，删去。

p.81 [晚韶华］"气昂昂头戴簪缨，气昂昂头戴簪缨；光灿灿胸悬金印；威赫赫爵禄高登，威赫赫爵禄高登；昏惨惨黄泉路近。"庚辰本及《石头记会真》本如是。稿件仍应从程乙本，以程乙本为底本的人民文学版有二，2000年版如下："气昂昂头戴簪缨，簪缨；光灿灿胸悬金印；威赫赫爵禄高登，高登，昏惨惨黄泉路近。"1957年版如下："气昂昂，头戴簪缨，光灿灿，胸悬金印，威赫赫，爵禄高登——昏惨惨，黄泉路近！"还有前句"带珠冠"的"带"字，用的是"戴"，倒与"头戴簪缨"的"戴"相协调。以上版本比较，1957年版最佳。稿件当如是选择。

p.82 注释"训饬——训斥。"不甚确当，不如不注释。

p.83 注释"迂阔怪谲"、"睚眦""缱绻""迷津"，删去。

p.87 注释"跳踢""会子"，删去。

p.88 注释"拿大""没的去打嘴现世"，删去。

p.89 注释"卖头卖脚"，删去。

p.90 注释"行当""一壁里"，删去。

p.91 注释"真佛""罕问""怪道"，删去。

p.92 注释"因""些个""逶迤"，删去。

p.94 注释"窸窣""披风"，删去。

p.95 注释"弃厌""示下""家下"，删去。

p.97 注释"你老"，该词上一页用过，未注，与"煞"一并删去。

p.98 注释"寒毛"，首现于 p.88，与"空了""简慢"一并删去。

p.101 注释"一势儿""不相干""效验",删去。

p.103 注释"日阳儿",删去。

p.104 注释"秃歪剌""唠叨",删去。

p.106 注释"放了一把邪火""递解""情分""九连环",删去。

p.107 注释"害不着""每常",删去。

p.108 注释"定省",于 p.50 已注释过,与"散淡"一并删去。

p.109 注释"胡打海摔""大阵仗儿""表礼""尺头",删去。

p.110 注释"抹骨牌""贫婆",删去。

p.111 正文一处,加逗号。

注释"不防头""左强""业师",删去。

p.112 注释"聒絮",删去。

p.113 正文"咱们红刀子进去白刀子出来!"这虽是焦大的醉话,也还不至于分不出个黑白来,因为其他言语都清清楚楚。所以,此处无需拘泥于人民文学 2000 年版及中华书局版,而选择人民文学 1957 年版较合乎事理:"咱们白刀子进去,红刀子出来!"

注释"洒落洒落",删去。

p.114 注释"混呛",删去。

p.116 注释"多早晚儿",删去。

p.117 注释"成日家",删去。

p.118 注释"规矩""狼犺",删去。

p.121 注释"信""眼错不见",删去。

p.122 注释"打飑儿",删去。

p.123 注释"醒脾",删去。

p.124 注释"酽酽""端相",删去。

p.127 注释"怄",删去。"饧涩",并为"饧"字注音,重复劳动,见 p.66 注释"眼饧"。

p.131 注释"虚应故事",删去。

正文"撑不住",按原作应为"掌不住"。而且前文亦如此,这里还是要用"掌不住"。需要改动的还有 p.412、423、441、486、490、534、563、564、596、613、746、861、915、1091、1104、1138 等十六处。

p.133 注释"作小服低,赔身下气",删去。

p.134 注释"应卯""奋起来",删去。

四、古典读物（80—151篇）

p.135 注释"作法""不忿"，删去。

p.136 注释"匡助"，删去。

p.137 注释"囚攘的"，删去。

p.138 注释"调唆"，删去。"聒噪"，与 p.112 注释"聒絮"，都删去。

p.139 注释"撕罗""硬正仗腰子的""打旋磨子""咀嚼"，删去。

p.141 注释"嚼用"，删去。

p.142 注释"忒"，删去。

p.143 注释"勒掯""焦"，删去。

p.144 注释"爪哇国"，删去。

p.146 注释"合该"，删去。

p.149 注释"拿手"，删去。

p.150 正文"痊愈"，是现代的用法，《红楼梦》里用的是"全愈"。而且，稿件 p.149 也是"全愈"，这里却又写"痊愈"。

p.152 注释"扎挣"，删去。

p.153 正文"太太们在这里吃饭啊"，其中"啊"字，几个版本皆为"阿"，宜从之。

p.157 注释"喧""蛮语""榭""轩"，删去。

p.158 注释"款步"，删去。

p.160 注释"克化"，删去。

p.161 注释"一应"，删去。

p.163 注释"利害"，删去。

p.166 注释"偏生""捻子"，删去。

p.167 注释"净桶"，删去。"掌不住"，p.131 已出现过，删去。

p.168 注释"迩来"，删去。

p.169 注释"冤业"，"佯常"，删去。

p.176 注释"坏了事"，删去。

p.178 注释"服满"，删去。

p.179 注释"安贴"，删去。

p.180 注释"正经日期"，删去。

p.181 正文"恐人还不伏"的"伏"字有误，当作"服"。

注释"杀伐决断""历练老成"，删去。

p.182 注释"钤束""齐家"，删去。

p.183 注释③④拟合并，并修改其文字。

稿件原文"领取呈文京榜③纸札④"。

注释：③呈文京榜——呈文与京榜都是纸的名称。

④纸札——纸张。

以上注法需商榷：其一，在一个短句里，意思相近的几个词语加两个注释零碎否？其二，按上述解释，三个词语都是一个意思，"纸"而已。事实上并非如此，呈文京榜之纸，可以用来书写，而纸札是用于祭奠的烧纸。所以，这个注释拟作如下修改：去掉④。

③呈文京榜纸札——呈文与京榜都是纸的名称。纸札：用做冥器的烧纸类，常有打印上钱形的烧纸及纸糊的车马楼宇等物，以便死人在阴间享用。

p.189 注释"偏了"，删去。

p.190 注释"猴"，删去。

p.192 注释"华诞""伴宿""羞口""羞脚"，删去。

p.197 注释"钟溺""垂青目"，删去。

p.198 注释"失闪"，删去。

p.199 注释"礼数款段""名色"，删去。

p.202 注释"风月""衙内"，删去。

p.203 注释"扯篷拉纤"，删去。

p.204 注释"越性"，删去。

p.208 注释"鹡鸰香"，有关鹡鸰香串，稿件因为前后不一作了注，不妥。前者乃原笔，《石头记会真》本如是。稿件既依程乙本，便该前后都用"蓁苓香"。且有罗竹风主编的《汉语大词典》为证，上面收列"蓁苓香"一词，释义恰以《红楼梦》第十五回为例。

p.209 注释"赐光谬领""站干岸儿"删去。

p.210 注释"全挂子""描补"，删去。

p.211 注释"打了多少饥荒""马棚风""承算""梯己""忽剌巴"，删去。

p.212 注释"蹄子""肏鬼""杌子""燥屎"，删去。

p.216 注释"藏掖"，删去。

p.217 注释"经纪——买卖，经商"，与文意稍有不合。这里指的是经纪人，而非经商之事。文中"讲价钱会经纪"，说的是与经纪人会面。此条注释删去也罢。

p.218 注释"织""兴头"，删去。

p.219 注释"喧阗"，删去。

p.220 注释"挺扛""关碍"，删去。

四、古典读物（80—151篇）

p.224 注释"邱壑""崚嶒"，删去。

p.228 注释"首尾"，删去。

p.230 注释"牛心"，删去。

p.232 注释"杜若——香草名""蘅芜——一种香草""芷兰——一种香草"。这样的释义有意义吗？等于白说。第四条注释"藿菇姜荨"，说得明细。但之前的"清葛""玉蕗藤""紫芸""青芷"，之后的"纶组紫绛"等等，为何不注？书中宝玉辨认许多异草，暗示博览群书，只有熟读《字汇》《楚辞》《吴都赋》《蜀都赋》等文，才能具备这等见识。若注释各种草见于某书，还有点作用。不过，太烦琐，所以，本页的四条注释可全部取消。

p.233 注释"年深岁改"，删去。

"蘼芜满手泣斜晖"，诗句版本不一，有的"满"作"盈"，有的"手"作"院"，有的作"泣斜阳"，有的作"斜泣阳"，稿中所注，只是一说。既然复杂，不便细究，索性删去。

p.238 注释"搜神夺巧""彩头"，删去。

p.239 注释"扭"，删去。

p.247 注释"昭容"。有两个问题：其一，若注，第一次出现在 p.244"只有昭容、彩嫔等引领元春下舆"时就该注。其二，单注"昭容"，"彩嫔"为何不注？以往红学家们也只推断"昭容"是宫中女官名，而"彩嫔"无考。因此，至今未搞明白者，存疑为上，不要勉强作注。

p.252 注释"不理论"，删去。

p.255 注释"欺"，删去。

p.257 注释"优伶"，"百戏"（前文已注过），"杂行"，"规范"，删去。

p.259 注释"望慰"，删去。

p.260 注释"岁属——岁数，年龄。"只说了一半，其实，岁属是指年龄和属相两档事。不必注。

p.261 注释"花子"，删去。

p.263 注释"越性"，前文多次注释，删去。

p.264 注释"告老""阿物儿""装狐媚子"，删去。

p.266 注释"设或"，删去。

p.267 注释"孤鬼儿"，删去。

p.268 "卖倒的死契"，注释分为两条，稍嫌零碎，可合而为一。修改见原稿。

p.269 注释"馁堕""知识"，删去。

p.270 注释"诮谤""说嘴"，删去。

p.273 注释"天魔星""淘漉",删去。

p.273 注释"有一搭没一搭",删去。

p.274 注释"谙练",删去。

p.275 注释"编""饶",删去。

p.276 注释"存了食""走了困""排场""背晦",删去。

p.277 注释"作耗""排揎",删去。

p.278 注释"坎儿",删去。

p.279 注释"老天拔地",删去。

p.280 注释"磨牙""轻省",删去。

p.282 注释"忤慢""垫了踹窝",删去。

p.283 注释"上高台盘",删去。

p.285 注释"炮燥",删去。

p.286 正文"我就伏你"的"伏"字,从它本用"服"字。

p.289 正文"一手掠着辫子"的"掠"字,改为"搊"。周汝昌校订批点,特地指出,"搊"字读阴平。

p.292 注释"劝""戕",删去。

p.296 注释"相厚的",删去。

p.297 注释"促狭""待见",删去。

p.298 注释"绝倒""不卯""作人",删去。

p.299 注释"比例",删去。

p.300 注释"蠲资",前面的注释已注音,这里又注音,删去。

p.301 注释"跐",删去。

p.302 正文"漫揾英雄泪"的"漫"字,改为"慢"。

p.304 注释"散话",删去。

p.305 注释"作情",删去。

p.307 注释"移性",删去。

p.309 注释"当屋",删去。

p.315 注释"遭",没必要,删去。

p.317 注释"无可不可""焦雷",删去。

p.319 需要增加一条注释"蟆更"。理由有二:其一,原诗"隔巷蟆更听未真",不同版本各异,同甲本作"蛙声",甲辰本作"蟆声",舒序本作"更深",其他脂本作"蟆更"。这里从后者。其二,应将诗里的隐语引导出来:有的古本中,贾宝玉后来沦为

更夫,击柝给他人听。所加注释拟为:

"蟆更——古于五更后加打一更,谓之蟆更。隐示作者原构思贾宝玉后来沦为更夫,击柝给他人听。"

p.320 正文最后一行"女儿翠袖诗怀冷","女儿"改为"女郎",从戚序本。梦稿本及脂本作"女儿",同甲本作"女奴",即婢女,与"诗怀"不相应,与第七句"侍儿"重复。

注释"品",删去。

p.323 正文"原来是苗而不秀,是个银样邋枪头"。"邋"字错了,原本应是"镴"字,引用的是《西厢记》语。而书中引过来用的是"蜡"。这两个字都有道理,但再没有这第三个"邋"字。另外,这句话各个版本不一。稿件这里所取不失为一说,却不及人民文学 2000 年版妙,其更合口语:"原来苗儿不秀,是个银样蜡枪头"。宜从之。

p.324 注释"没个开交",删去。

p.328 注释"帮衬",删去。

p.329 注释"倒扁儿""但凡",删去。

p.330 注释"嬉和嬉和""韶刀",删去。

p.331 注释"趔趄",删去。

p.333 注释"逼着",删去。

p.335 注释"混许",删去。

p.336 注释"没成儿",删去。

p.338 注释"估着",删去。

p.339 注释"大不自在",删去。

p.340 注释"巧宗儿""现弄",删去。

p.342 注释"寒心""靸",删去。

p.344 注释"狗咬吕洞宾,不识好人心",删去。

p.345 注释"燎泡",删去。

p.346 注释"促狭鬼",前文已注,重复,删去。

p.347 正文"昼夜不敢熄的",其中"熄"字,各版本均作"息"。稿件宜从之。

p.348 注释"折了福""不当家花花的""打冤来关了去",删去。

p.349 注释"得人意儿",删去。

p.353 注释"臊皮",删去。

p.357 五条注释可删去三条:"渍""沉酣""亵渎"。

p.358 注释"如来佛"当审慎。浅层的人人皆知,深层的这么说又太浮,不如不注。

p.362 注释"恁(nèn)",注音需商榷:《现代汉语词典》是这样注音,《现代汉语规范词典》也这样注音,并且特地标示不读 rèn,但两者的前提皆为方言。而《古代汉语词典》该字的注音为 rèn,罗竹风主编的《汉语大词典》所注该字读音与《古代汉语词典》同。所以,应取后者为是。

p.365 注释"葳蕤""凤尾森森,龙吟细细",删去。

p.366 注释"每日家情思睡昏昏",删去。

p.367 注释"村话",删去。

p.368 注释"反叛伦的",删去。

"暹猪——暹罗国(即今泰国)的一种优种猪。"删去"(即今泰国)"。p.351 已注释过"暹罗——古国名,在今泰国一带"。

p.372 注释"客边""淘气",删去。

p.376 注释"眼空心大""刻薄",删去。

p.378 注释"龙""兴"(前面已注释)"分证",删去。

p.380 注释"眉高眼低",删去。

p.382 注释"搭拉",删去。

pp.384~385《葬花吟》的三条注释:"底事""一抔""侬"。红学家谓之:"钱花辰不论典与不典,只取其韵致生趣耳。"既如此,何必多此一举。删去注释为宜。

p.389 注释"扎手",删去。

p.393 注释"空着头",删去。

p.395 注释"一大海":"海——大酒杯。"p.370 已有注释"两大海":"大海——这里指大酒杯。"明显的重复,应当避免。

p.398 注释"夭夭""慵起",删去。

p.401 注释"行子",前文出现多次,删去。

p.403 注释"禁受",删去。"圆谎",路人皆晓,且 p.391 早已出现,两不该,删去。

p.406 注释"长天老日""拈香",删去。

p.408 正文"乱战",据它本改为"乱颤"。

p.409 注释"娘母子""寻趁",删去。

p.410 注释"挦",删去。

p.415 注释"打墙也是动土",删去。

p.417 注释"干噎",删去。

p.418 注释"捞什骨子""一行",删去。

p.419 注释"较证",删去。

p.422 注释"机带双敲""角口""就""度""派""歪派"等六条,或浅近,或重复,均不需要,删去。

p.423 注释"生分",删去。

p.426 注释"负荆请罪",书中随机拿"李逵骂了宋江"戏引出,为避免让人误解典故的来源,应补充一句"典出《史记》,廉颇向蔺相如负荆请罪"。

p.429 注释"新特",删去。

p.431 注释"山响",删去。

p.432 注释"大话""发闹",删去。

p.433 注释"安心",删去。

p.434 注释"山羊血黎洞丸——由山羊血等十多位中药配成的药丸",可删去。书中中药名称很多,不是搞中医药学,没有必要一一作释,而且,这样注也没说出所以然来。"正经",删去。

p.435 注释"蒲艾——两种都是香草。"没意思。端午节,户家门上插蒲艾,早已成民间习俗,何必注释。

p.437 注释"寻上……晦气",删去。

p.439 注释"括",删去。

p.440 注释"通通头""拔",删去。

正文"拔"字,当作"湃"。《古代汉语词典》即以本书本回为例释义"湃"字。注释按其所拟,因该字两读,要注音。详见原稿。

p.445 注释"虼蚤""牝牡",可删去。

p.446 注释"一处",删去。

p.448 注释"印""家去""一程子""先""款",删去。

p.450 注释"什么似的",删去。

p.451 注释"拿起脚",删去。

p.452 注释"汕",删去。

p.454 注释"体贴",删去。

p.455 注释"裁疑"删去。

p.458 注释"气性",删去。

p.460 注释"盹盹""笞挞""嘻""葳葳蕤蕤"(前文注释"葳蕤"),删去。

p.461 注释"停",删去。

p.462 注释"相与甚厚",删去。

p.464 注释"唼指咬舌""姆姆",删去。

p.465 注释"不详""酿",删去。

p.466 注释"不自在""一发",删去。

p.467 注释"不像",删去。

p.469 注释"下的火""对景",删去。

p.471 注释"沉心",删去。

p.472 注释"栉沐",删去。

p.473 注释"昏昏默默",删去。

p.475 注释"絮""点子",删去。

p.477 注释"作怪""君子防不然",删去。

p.478 注释"直过",删去。

p.479 注释"白眉赤眼""魆黑",删去。

p.481 注释"消消停停""犯舌""治的",删去。

p.482 注释"赃派""口舌",删去。

p.483 注释"冒撞",删去。

p.484 注释"打个花呼哨",删去。

p.485 注释"泠泠""作死的",删去。

p.486 注释"像生儿",删去。

p.489 注释"借势儿""托赖""上个俊儿""官中",删去。

p.491 注释"不耐烦""不着意",删去。

p.493 注释"丧谤",删去。

p.497 注释"出阁""在次",删去。

p.500 注释"侵不着",删去。

p.501 注释"过逾",删去。

p.502 注释"倒了核桃车子",删去。

p.504 注释"刻毒""奴儿",删去。

p.507 注释"浓快""死名死节""汗马",删去。

p.515 注释"累赘",确乎累赘,删去。

p.519 注释"重门""痕",删去。

p.525 注释"生受",删去。

四、古典读物（80—151篇）

p.527 注释"幽情"，删去。

p.530 正文"熄灯"，改为"息灯"。

p.537 注释"故故——故意，特意"注的是贾宝玉的诗，p.540 注释"故故——屡屡"注的是林黛玉的诗。这里两处注释"故故"，想必是为解诗，而非为解生僻字。但解诗又未说到点子上。贾宝玉《种菊》诗，首联后三个字"故故栽"，周汝昌认为：故故栽，有意爱护也。此专指湘云后文。林黛玉《菊梦》诗，颔联里的"故故"，未曾见人意解。莫不是宝、黛二人诗中"故故"一线穿：贾宝玉的句子"篱畔庭前故故栽"；林黛玉第一句便是"篱畔秋酣一觉清"，紧盯着宝玉，他在"篱畔"栽种的爱情，她已"清"。第六句"惊回故故恼蛩鸣"，宝玉故故栽，黛玉故故恼，恼他像蛐蛐儿似的不时乱叫。林黛玉的诗，表达自己深爱贾宝玉的同时，又将气恼和醋意烩成一勺，全隐含在内。这里面的情趣最宜意会，不便言传，说白了倒无味，甚至会误导读者。因此，这两条注释对体会诗意并不能起到积极作用，都该去掉，何况后文 p.701 重复注释"故故——屡屡"。

p.542 注释"螯——螃蟹夹子。"如此解释，让人误认为是吃螃蟹使用的夹子。修改为：螃蟹等节肢动物长在前面的第一对像钳子一样的脚，能开合，用来取食或自卫。

p.545 注释"驳回"，删去。

p.546 注释"足厌"，删去。

p.547 注释"打抽丰""尖儿"，删去。

p.549 注释"积古"，删去。

p.550 注释"福"，删去。

p.552 注释"足的"，删去。

p.556 注释"牙牌令""侵晨"，删去。

p.557 注释"色色"，删去。

p.558 注释"赳走"，删去。

p.562 注释"掂掇"，删去。

p.564 注释"禽攘"，删去。"伏手"，在前一页已经出现，未注，不要注了。

p.566 注释"阔朗""下作黄子"，删去。

p.567 注释"上脸"，删去。

p.569 注释"锦茵蓉簟"，"簟"字还注音。此字前文出现多次，这里不必再注。

p.571 注释"骨牌副儿""顺领"，删去。

p.574 正文"瓷杯""瓷的"，所依版本有误，应作"磁"。"掂掇"应作"敁敠"。

注释"个子",删去。

p.575 注释"搛",删去。

p.576 正文"瓷罐"改为"磁罐"。

注释"糟油""鸡瓜""范",删去。

p.578 注释"黑老鸹子……长出凤头来",删去。

p.579 注释"攒盒""禅堂",删去。

p.580 注释"蠲"加注音,前文已出现,删去;"饔",删去。

p.581 正文出现严重错误!第一行遗漏了!所弃文字如下:"妙玉便斟了一斝,递与宝钗。那一只形似钵而小,也有三个垂"(下接稿件第一行):珠篆字,镌着"点犀"。

"点犀",有的版本如是,不取,选择"杏犀"。周汝昌按:"杏犀,谓犀角颜色红黄。"据此,修改注释见原稿。

(p.582 正文"白撂了岂不可惜",其中"白"字,中华书局本作"自",有误。本稿件选择"白",妥。)

注释"世法平等""轻浮",删去。

p.583 注释"脾气",删去。

p.584 注释"碧浏",删去。

p.586 注释"集锦橘子""骬骗",删去。

p.587 注释"兰言""经验""高香",删去。

p.588 "便叫平儿拿出《玉匣记》着彩明来念。"《玉匣记》后,应加逗号。

注释"肯",删去。

p.589 注释"遭扰""实地子月白纱""茧绸""内造点心",删去。

p.591 注释"雁翅""供奉""好脉息""晚晚生""机",删去。

p.595 注释"脱滑",删去。

p.597 注释"题跋""抿子",删去。

pp.597~598 正文"如今画这园子,非离了肚子里头有几幅丘壑的才能成画。"句子不顺。中华书局本如是。人民文学 2000 年版"如今画这园子,非离了肚子里有几幅邱壑的,如何成得。"人民文学 1957 年版"如今画这园子,非离了肚子里头有些丘壑的,如何成画?"《周汝昌校订批点本〈石头记〉》"如今画这园子,非离了肚子里有几幅邱壑的如何成得?"选取后三者皆可,就从人民文学 2000 年版吧,但最后的标点改为问号。

p.599 正文"你不该早说。"标点改为惊叹号。

p.600 正文"大著色二十支,小著色二十支",其中的"著"改为"着"。

"再要顶细绢笭四个",语中加一"的",即"再要顶细的绢笭四个"。

"担笔"改为"掸笔"。

以上均属版本选择问题,而"瓷"字则误在稿件所依版本。"新瓷罐"改为"新磁缸"。

"浮炭",众版本如是,而唯独人民文学 2000 年版作"柡炭"。"柡炭"是有依据的,陆游《老学庵笔记》卷六:"浮炭者,谓投之水中而浮,今人谓之柡炭,恐亦以投之水中则浮故也。"所以,据此稿件改为"柡炭"。

p.602 "温存" "疏散",删去。

p.604 正文两处"妈妈"改为"嬷嬷"。嬷嬷是对乳母或老妇的通称,不能与妈妈混淆。满洲八旗人家,凡乳母、保母皆称嬷嬷或作嫫嫫,此乃满语,与汉语之妈妈有别。况且,前文用的是嬷嬷,如第八回,后文用的也是嬷嬷,如第四十四回。这个选择来自中华书局本,那上面第八回用嬷嬷,而第四十三回用妈妈,第四十四回又用嬷嬷。

p.606 注释"苦瓠子",删去。

p.607 注释"兴的"(注释多次),删去。

p.614 注释"道恼",删去。

p.616 注释"待东",删去。

p.617 注释"款儿",删去。

p.618 注释"酒沉了",删去。

p.620 注释"忖夺",删去。

p.622 注释"狐媚魇道""哽咽难抬",删去。

p.623 注释"沾",删去。

p.624 正文"瓷盒"改为"磁盒"。

注释"撷",删去。

p.625 注释"后悔不来",删去。

p.628 注释"梯己",该词前面出现多次,这里不要再作注释了。

正文"我昨儿灌丧了酒了",改为"我昨儿灌丧醉了"。

后一句加冒号和引号,见原稿。

p.630 注释"涸",删去。

p.631 注释"仗腰子",前文已有,删去。

p.635 注释"混捣熟",删去。

255

p.637 注释"承色""食谷者生",删去。

p.638 注释"不知进退",删去。

p.639 注释"应候",删去。

p.645 注释"克嗇""左性",删去。

p.648 注释"积粘",删去。

p.651 注释"九国贩骆驼的""手批子",删去。

p.657 正文"探春有心的人",中间加"是",即"探春是有心的人"。

p.658 注释"烧糊了的卷子",删去。

p.661 注释打牌的术语,没必要。会打的不用解说,不通此道者再说也不明白。删去"告幺""十严"。

p.663 注释"填限""找补",删去。

p.667 注释"花消""扎煞手",删去。

p.668 注释"替另",删去。

p.669 注释"开了果子铺",删去。

p.673 正文"伤痛未平","痛"字有误,应作"痕"。

p.676 注释"底里",删去。

p.684 注释"穿凿",从"解释"的角度,偏离了文本"这一首过于穿凿了"的原意。说的是诗本身,而非解释诗意。不如不注。

p.687 注释"打帮",删去。

p.693 注释"落了单",删去。

p.694 注释"旧年",删去。

p.698 注释"作祸",删去。

p.701 注释"故故",又是林黛玉的诗句,别有深情,稿中所注,不得要领,删去。

p.705 正文"我才伏你",p.707"我不服"。两处同一字义而用字相异。改"伏"为"服"。

p.710 正文"踩雪"的"踩"字,几个版本为"跴",但后者是前者的异体字。人民文学2000年版用的是"躧"的简体字,当为佳选。

p.724 注释"哈气""茶格",删除。

p.727 注释"过""时气",删去。

p.729 注释"大趸",前文已有,删去。

pp.731~733 第五十一回末与第五十二回交接处,由于版本不同,差异较大。

(第五十一回末)贾母道:"正是这话了。上次我要说这话,我见你们的大事太多了,如今又要添出这些事来……"要知端的——

（第五十二回开头）贾母道:"正是这话了。上次我要说这话,我见你们的大事太多了,如今又要添出这些事来……"

上下重复,有损于精品。所以,稿件的选择,不及人民文学版,俞平伯先生多年苦心研究、汇校本为佳。据此,对稿件的这个部分进行重大改动:将 pp.732～733 第五十二回开头一大自然段,移至第五十一回末,并将上述重复的文字删去。第五十二回开头再加一句话:

话说众人各自散后,宝钗姊妹等同贾母吃毕饭。

下面接稿件 p.733 第三行。

p.732 注释"逞了脸",删去。

p.733 注释"取和",删去。

p.734 注释"趁愿",删去。

p.737 注释"古记",删去。

p.738 注释"白话",删去。

p.741 正文及注释"哦罗斯"的"罗"字,诸本皆作"啰",应从之。p.747 处亦同。

p.742 在人名之间加顿号,四处。因为本段文字人名较多,有的人名之间加顿号,有的未加,统一为宜。

p.743 注释"钻沙",删去。

p.744 注释"拨嘴儿",删去。

p.746 注释"挣命",删去。

p.749 正文:

"袭人送母病后,也已回来,麝月便将平儿所说宋妈坠儿一事,并晴雯撵逐出去等话,一一也曾回过宝玉。袭人也没别说,只说太性急了些。"

这段话表述不太清楚。中华书局本如是。而人民文学本则不然,层次分明:

"袭人送母病后,也已回来,麝月便将平儿所说宋妈坠儿一事并晴雯撵逐坠儿也曾回过宝玉等话,一一的告诉袭人。袭人也没别说,只说太性急了些。"

从后者,修改见原稿。

p.751 注释"蛏干——干的蛏子肉。蛏干子是一种软体动物,肉可食。"蛏子是海产品,属于贝壳类。这些关键属性都未说明。所以,不完满,也没有注释的必要。与"老砍头的"一并删去。

p.752 注释"打擂台",删去。

p.755 注释"领一顿驮水棍",删去。

p.757 注释"合面",删去。

p.765 注释"《八义》《观灯》",修改见原稿。

p.771 注释"掰慌""刚口",删去。

p.774 正文"只提琴至管箫合",中华书局本如是,不可取。管箫,是箫的一种,是一种乐器,而下文薛姨妈所言"从没见用箫管的",指的是箫和管两种乐器。有"周汝昌按"为证:"箫管不仅指竹器之泛称词。戏台上不用管(正式名称)亦难与箫合奏。又提琴,当时所用之拉乐器,即今京胡、二胡等之前身。"所以,"管箫"是错误的,应为"箫管",且"只提琴至管箫合"句子也不顺,改为"只提琴合箫管"。另外,注释"提琴——胡琴"亦欠确切。可循"周汝昌按",改为"当时所用之拉乐器,即今京胡、二胡等之前身"。

p.779 正文"不禁"误为"不楚"。

p.782 正文"卯正至此"误为"卯正至些"。

p.783 正文"畏伏"改为"畏服"。

p.788 正文"我们问他"误为"我们向他"。

p.790 正文"撑"改为"掸"。

注释"口声",删去。

p.794 正文"热灶火坑",中华书局本如是,改为"热灶火炕"。一是根据作者的行文风格,"热灶"对"火炕"正相宜;二是王希廉评刻本、藤花榭本皆为"火炕"。

王熙凤的一句话里有"我也太行毒了,也该抽头退步。回头看了看,再要穷追苦克……"中华书局本如是,文意不畅。从人民文学本:"我也太行毒了,也该抽头退步回头看看了,再要穷追苦克……"

顺带说本页的"服"字,各版本大都用"伏",不及稿件。

p.795 注释"掂多少过子",删去。

p.797 注释"脱空",删去。

p.801 注释"幸",删去。

p.804 注释"庶几",删去。

p.805 正文"敬伏""筹画进益",中华书局本如是,据另本分别改为"敬服""筹画这进益"。

注释"稳坐吃三注",删去。

p.812 注释"宁可""风馋",删去。

p.813 注释"打紧""行子"(注释多次),删去。

p.815 注释"扎实",删去。

四、古典读物(80—151篇)

p.821 注释"冣话"(注释注音多次),删去。

p.822 注释"嚼什么蛆",删去。

p.824 注释"保山""将机就计",删去。

p.825 注释"佯羞诈愧""有气的死人",删去。

p.828 注释"老道",删去。

p.829 注释"洑上水",删去。

正文"他是玩你呢",中华书局本如是,人民文学本"他和你顽呢"。从后者。

p.830 注释"四角俱全",删去。

p.833 注释"嘈聒",删去。

p.836 正文"早膳已毕,方退至下处,用过早饭……用过晚饭方回家"。按稿件所说,吃了两顿早饭,一顿晚饭,断无此习。中华书局本如是,不敢苟同。"早饭"改为"午饭"。

p.837 注释"将树木的旧枝砍掉使其另发新枝。"可以简化为"剪枝"。

p.838 注释"尺寸地方儿",删去。

p.840 注释"佯常",删去。

p.841 注释"花掰""省事",删去。

p.845 注释"感格",删去。

p.848 注释"搴",删去。

p.852 注释"强梆子似的""烧糊了洗脸盆",删去。

p.857 注释"支问",删去。

p.858 正文"陪罪",中华书局本如是,而《古代汉语词典》释"赔"字,以此为例:《红楼梦》六十回:"方才言语冒撞,姑娘莫嗔莫怪,特来赔罪。"据此,改为"赔罪"。另,p.1630、1632一并改动。

p.860 注释"蹾摔""敢自",删去。

p.861 注释"扎个筏子"(注释多次),删去。

p.863 正文"自己呆白给人作粗活",中间漏了一个逗号,句子不通顺。应为"自己呆,白给人作粗活"。

p.864 注释"情弊",删去。

p.866 注释"对了口""得差",删去。

p.871 注释"挦"(注释多次),删去。

p.872 注释"捣鬼吊白""内牵",删去。

p.873 注释"短""浇头",删去。

p.874 注释"作筏子"(注释多次),删去。

p.875 注释"叨登",该词于 p.865 已出现,未注。此处不便再注,删去。

p.878 注释"顶缸",删去。

p.885 正文"孽障",前面皆用"业障",就用到底吧,倒也有据可稽。

"也不曾像往年闹热"的"闹热",中华书局本如是,不取,改为"热闹"。

p.886 正文中的一句里,应加上四个顿号。

"家中常走的女先儿",中华书局本如是,漏一"男"字,应为"男女先儿"。

送宝玉的生日礼物,应将鞋袜置前,文中的"一套衣服,一双鞋袜",人民文学本亦如是。周汝昌按:凡写生日送礼必有鞋袜,盖取谐和之寓意。鞋袜是生辰礼物之首项,衣服可加可减,故居首位。据此,改为"一双鞋袜,一套衣服"。

p.893 注释"老圃",加一句:"吾不如老圃",语出《论语》。

p.896 注释"影响",删去。

p.898 注释"眼、官着",为避免混同平常语,仅指出这是围棋术语即可,下面具体介绍围棋规则的一大段文字,删去。

p.900 正文"捡了两块腌鹅就不吃了","腌鹅"后面要加一逗号,否则,文意不明。

p.905 注释"撒漫",删去。

p.907 注释"村",删去。

p.911 注释"抢红""大发",删去。

p.915 正文"人来了接黛玉的",中华书局本如是,多了个"了"字,删去。

p.916 注释"黑甜",删去。

p.917 注释"三不知",删去。

p.919 注释"有知识",删去。

p.924 注释"着己",删去。

p.926 注释"得不得",删去。

p.927 注释"小家子""乱帐",删去。

p.929 正文"丧仪焜耀",中华书局如是,费解。焜耀乃照耀,储光羲《贻王侍御出台掾丹阳》诗:"馀辉方焜耀,可以欢邑聚。"即照耀意。文中的丧仪,若用照耀修饰,显然不恰切。所以,据它本改为"炫耀"。

p.930 注释"赢瓜子儿",删去。

p.931 正文:制作扇套,袭人话里"作的……不犯做……另作一个"。两个"作"字中间夹一个"做"。中华书局本如是,不取。这两个字古代不同音,改"做"

四、古典读物（80—151篇）

为"作"。

p.932 正文"做"改为"作"。

p.941 注释"一零儿"，删去。

p.949 注释"过日"，删去。

p.950 注释"知局"、"撞丧"（注释多次）、"膫子"，删去。

p.953 注释"花马吊嘴""影戏人子"，删去。

p.955 正文"刺大扎手"，中华书局本如是，不取。应为"刺太扎手"。

p.958 注释"浪着"，删去。

p.960 注释"神道"，删去。

p.961 注释"没了捆了"，删去。

p.972 注释"夯雀儿"，删去。

p.978 注释"蝎蝎螫螫"，可删去，前文用过多少遍了。这个词倒可以据《石头记会真》本改为"叠叠歇歇"，更生动。

"说着，捧上茶来。凤姐也捧了，……"中华书局本如是。标点不当，句号改为逗号。

第六十八回，王熙凤对尤二姐言语，"奴""我"混用，乃特笔，以半文言形其诈伪。人民文学本全用"我"，不取。

p.985 注释"待好"，删去。

p.995 注释"没脚蟹""觌面"，删去。

p.1001 注释"拆开这个鱼头"，删去。

p.1007 注释"燕尔新婚——新婚和美。"补充："语出《诗经·邶风·谷风》，形容新婚安乐和美。"

p.1008 注释"发脱""抽头"，删去。

p.1009 注释"天道好还"，删去。

p.1013 注释"解着些儿"，删去。

p.1015 注释"点眼""念心儿"，删去。

p.1016 注释"猬集"，删去。

p.1018 注释"宾住"，删去。

p.1026 注释"放晦气"，调至上页 p.1025"放晦气"。

p.1028 注释"睃眼"，删去。

p.1035 注释"戒饬"，删去。

p.1036 注释"齐头故事""扳厚"，删去。

p.1037 注释"作兴",删去。

p.1038 正文:后来渐次告到凤姐"只哄着老太太喜欢了……"。中华书局本如是,不取。从周本:后来渐次告到凤姐,说凤姐"只哄着老太太喜欢了……"。

注释"嫌隙""恶绝",删去。

p.1040 注释"耳报神",删去。

p.1041 注释"佛偈",前文注释过,删去。

p.1042 注释"体面眼",删去。

p.1043 注释"离脚踪儿不远""机变""治一经损一经",删去。

p.1046 注释"轻",删去。

p.1048 正文"察三访四",据周本改为"查三访四"。

p.1051 注释"支腾""借当""成手",删去。

p.1052 注释"嚼说""衔口垫背",删去。

p.1061 正文里提到的书名,《孟子》《诗经》用了书名号,而其他书目却用引号。统一改为书名号:

《学》、《庸》、二《论》(《论语》分上下篇,故称二《论》,稿件"二论"不当,"二"不是书名,应把"二"置于书名之外)。

下《孟》(《孟子》分上下篇,稿件"下孟"不当,应把"下"置于书名之外)。

《左传》、《国语》、《公羊》、《谷梁》、(稿件此处无标点,应加顿号)汉唐等文。

注释三条:"学""庸""二论";五经;饵名钓禄。皆可删去。头两条不仅是因为常识,无需注释;而且,紧接下来的"下孟"以及"左传""国语""公羊""谷梁"等都未注释,前后不平衡。后一条,不难懂,注释徒费笔墨。

p.1063 正文加两个顿号。

p.1067 注释"放头儿",删去。

pp.1068～1072 正文丫鬟"绣桔",名字错了,当是"绣橘"。订正十五处,请清稿时注意。p.1132 还有两处。

p.1069 注释"捞梢",删去。

p.1076 注释"详情",删去。

p.1078 注释"不解事"(注释多次),删去。

p.1079 注释"拿个错儿",删去。

p.1089 注释"作法"(注释多次),删去。

p.1097 注释"盥沐"不必,删去。

P1100 注释"行食",删去。

四、古典读物(80—151篇)

注释"行次",删去。

p.1109 注释"应景",删去。

p.1110 注释"踧踖",删去。

p.1112 注释"温飞卿、曹唐——均为唐代诗人。"笼统,不如不注。"雪窗萤火",一般常识,不必注释,删去。

p.1114 正文"歪了脚","歪"字的正体字当是"崴","脚"错了,当是"腿"。

p.1133 注释"副小姐",删去。

p.1134 注释"恹恹",删去。

p.1137 注释"孟浪",删去。

p.1144 注释"狎昵",删去。

p.1149 注释"调歪",删去。

p.1159 注释"名利大灰",删去。

p.1160 注释"近体、古体、歌行",可删去。明于此道者无需阅注,无诗兴者注也不懂。篇幅又长,等于白说。

p.1169 "旁"当为"傍"。

p.1170 "坛畸"当为"坛畤"。

p.1171 改动排版格式,见原稿。

"步幛",中华书局本如是,从它本改为"步障"。

注释"氤氲",该词前文已出现,此处不必注释。

p.1172 "怅惘"当为"怅望"。"彷徨"从众本改为"徬徨"。

"人语兮寂历,"之后为什么另起一行?接排。

p.1181 注释"张致",删去。

p.1182 注释"旗纛""持戈试马",删去。

p.1185 注释"撕夺""过了明路的",删去。

p.1189 注释"拿钱垫人"(注释多次),"挤发","羸瘦",删去。

p.1190 注释"搅家星",删去。

p.1191 注释"散诞",删去。

p.1192 注释"没当家花花的",删去。

p.1196 注释"占旺相""严词",删去。

p.1200 注释"杨叶窜儿""苇片儿",删去。

p.1201 注释"鲫瓜儿",删去。

p.1205 注释"踢天弄井""颠顶",删去。

p.1208 注释"理书",删去。

p.1211 正文"四书"改引号为书名号。

p.1212 "学""庸"正文及注释,改引号为书名号。

p.1216 注释"擎受",删去。

p.1228 注释"亮梆子",删去。

p.1235 正文"奎璧辉煌",中华书局本如是,不取;从人民文学本"金璧辉煌"。

p.1236 注释"龙目",删去。

p.1237 注释"摔脸子""塞话""小软儿",删去。

p.1239 注释"挑捡""稀松",删去。

p.1242 注释"张心",删去。

pp.1244~1246 正文里的作文题目用书名号,分别改为单引号和引号。

"上论语"改为:上《论语》。

p.1249 注释"宾服",删去。

p.1252 注释"趣青",删去。

p.1256 注释"胡嗳"(重复注释),删去。

p.1261 正文里将一个句号改为逗号。

注释"溜溜湫湫",删去。

p.1263 注释"怄人",前文用过多次,删去。

p.1264 注释"吵喜",删去。

p.1270 注释"撂下",常用语,且前文用过多次,可删去。

p.1272 注释"当槽儿的",删去。

p.1281 注释"抚琴",可删去。

p.1288 正文黛玉所想之事,从人民文学本,不加引号;其中引用语的单引号改为双引号。

注释"火肉",删去。

p.1297 注释"有碍",可删去。

p.1300 注释"双陆",前文已有,删去。

p.1302 注释"逼木靠",删去。

p.1304 注释"作眼睛珠儿",删去。

p.1312 注释"绝粒",删去。

p.1324 注释"嗷嘈""叵测""自戕",删去。

p.1325 注释"上屋",删去。

四、古典读物(80—151篇)

p.1332 注释"干",删去。

p.1338 注释"作脚",删去。

p.1339 注释"谢候",删去。

p.1341 注释"不尴尬""头上末下",删去。

p.1342 注释"燔灼",删去。

p.1345 注释"缠碍",可删去。

p.1346 注释"诳语",删去。

p.1348 注释"齐打伙儿""假撇清",删去。

p.1350 注释"尽子",删去。

p.1352 注释"头里",删去。

p.1355 注释"下彩",删去。

p.1360 注释"下了梆子",前文已多次出现,删去。

p.1364 注释"挤讹头",删去。

p.1367 注释"腌臜话",删去。

p.1369 注释"揞拳",删去。

p.1372 注释"经忏",p.1369 文中"日间教他些经忏",未注释,这里也不必再注。

p.1386 注释"白",删去。

p.1387 注释"跺缉",删去。

p.1393 注释"痰厥",没有必要,因为下文中将其症状细细地描述出来,胜于注释。

p.1397 注释"尽命",删去。

p.1414 注释"慌遽",删去。

p.1421 注释"抖搂",删去。

正文"撑着"当为"掌着"。

p.1428 注释"大相悬绝",删去。

p.1429 注释"细乐""喜娘""赞礼",可删去。

p.1431 注释"颐养""修禀",删去。

p.1433 注释"回九""掇弄",删去。

p.1438 注释"耐头""促疾",删去。

p.1442 注释"洒落",删去。

p.1445 注释"打卦",删去。

p.1447 注释"一景儿",删去。

p.1451 注释"留难叨蹬",删去。

p.1452 注释"签押",p.1447 曾有"门房签押等人",未注,此处再注,不当。"桑梓",常用词,不必注。

p.1454 注释"串嘱",删去。

p.1470 注释"十旺八旺",删去。

p.1471 注释"大撒手""动秤儿的",删去。

正文"气狠的",漏掉一个"狠"字,当为"气狠狠的"。

p.1472 注释"在坛子里",删去。

p.1474 正文改动一处标点,句号改为问号。

注释"大萝卜还用屎浇""拿糖作醋",删去。

p.1479 注释"搬驳",删去。

p.1480 正文标点及排版改动见原稿。

p.1483 注释"女墙""谵语""大秽",删去。

p.1484 注释"图书""内象三爻",徒费笔墨,删去。说《易》占卜之事,不是几个注释就能说明白的;何况,下文类似者注不胜注,皆不注。

p.1485 注释"揲蓍""大六壬",同上。

p.1489 注释"马、赵、温、周",道教之事同上。

p.1501 注释"没嘴道儿",删去。

p.1503 正文"玉在匵中求善价",这一句照应第一回,其中"匵",第一回用的是"椟"字,此处当统一,且"椟"是正体字。

p.1512 注释"沉厚",删去。

p.1518 注释"交通""忝",删去。

p.1524 注释"轸恤",删去。

p.1528 注释"溘逝",删去。

p.1529 注释"阙",删去。

p.1553 注释"安顿",删去。

p.1557 注释"《千家诗》",删去。

p.1558 注释"刘阮入天台",下文"二士入桃源"等也相应地该加注。如此一来,注释太多。所以,一个不注为宜。

"这是个'臭'",也用不着注释。

p.1559 注释"挂筹",删去。

p.1587 注释"齐截",删去。

四、古典读物（80—151篇）

p.1600 正文"只是荣府规例，一、二更，三门掩上"，句子有错漏。当为"一交二更，三门掩上"。

注释"撂不了的"，删去。

p.1603 注释"道了恼"，重复注释，删去。

p.1608 注释"死雠仇""冥曹"，删去。

p.1610 注释"关津""雏儿"，删去。

p.1614 文中妙玉说道："我自元墓到京"，"元墓"当为"玄墓"。程甲本作"元墓"，不取。稿件 p.582 曾注释"玄墓——山名，在今江苏吴县"。据《嘉庆一统志》七七《苏州府·山川》所记，玄墓，一名袁墓山，可能因"袁""元"相混所致。前文已作"玄墓"，这里又作"元墓"，当订正。

p.1617、1646、1651、1681 正文"绞"字有误，当作"铰"。

p.1621 注释"村妪"，删去。（人民文学本第一百一十三回，刘姥姥变成了"刘老老"，依据原始版本所致，不从为宜。）

p.1632 文中加一个逗号，见稿。

p.1644 注释"歪着"，删去。

（文中的"割舌头"，中华书局本"刮舌头"，不取为宜）

p.1650 注释"作伐"，删去。

p.1662 正文"侍女悄咤道"的"咤"字，中华书局本如是，不如人民文学本的"叱"字恰切。改"咤"为"叱"。

p.1664 注释"肐揪"，删去。

p.1665 注释"成见"，删去。

p.1672 注释"随缘"，删去。

p.1674 注释"带量"，删去。

p.1676 注释酒令，没有必要，删去。

p.1677 注释"元帝庙——即玄帝庙。"等于没注，删去。文中说的是低俗笑话，在无关紧要处正经注释，有点儿迂腐。

p.1678 注释"便当""焦了尾巴梢子"，删去。

p.1679 注释"外藩王爷"，删去。

p.1691 注释"'不忍'二字"，删去。

p.1699 注释"樊笼"，删去。

p.1701 注释"扔崩"，删去。

p.1717 正文"你"字有误，应作"他"。

p.1721 注释"承总",删去。

p.1727 正文"饶口谋衣"有误,应作"糊口谋衣"。

稿件封面,有红笔字"赔着笑"统一为"陪着笑";"掌不住"统一为"撑不住"。《红楼梦》不同于普通读物,处理文字的方式应避免通行化,要求个案。周汝昌认为:"本书宗旨为存曹雪芹原稿本貌,均不强加统一,盖历史之真实不应以目今流行之整理办法而使其一般化,尽失其原著特点矣。"

"从诸本互察,可以判知雪芹底稿用字用词并不整齐划一,往往先后互异,义同而体殊,错见杂出。如糟蹋与糟遢,打谅与打量,服侍与伏侍等例多未易备列。又如躺与淌,倒与到,瞜与旷,攒与趱等皆互见杂用,是当时书写习惯各随己意,或因时地不同,誊清修改各种原因所致。更有今人不易了解者,即满洲八旗人书写文字往往出现别字,习见不以为异。"周先生的处理原则是,意在追寻原书本来面目,互见者两存之,不作统一性整理。商务印书馆版本的校点原则是,慎重对待,不轻改底本,保持原貌,以存其真。中华书局版本整理的原则是,底本文字可通的,一般不做校改和统一,力求保存作品原貌,仅对个别可致歧义之处参校其他版本并借鉴已有校勘成果。人民文学版本考虑得更加细致,具体说明了四条,认为这方面情况复杂,问题最多,想规定一个较周备的原则和进行具体掌握,都不是很容易。以上也是可作参照处理字词的一个尺度。

以上意见,若无不当,请按此核稿。攀登文学的珠穆朗玛峰,未及山腰已心力交瘁,争奈图书市场亟需带注释的大字本,时不我待,只能这样出版了。

为了拓展业务范围,能够在以往没有接触到的领域同样获得成果,应当汲取本稿教训,从中学习有关知识。下面就此再絮叨几句。《红楼梦》如同秦汉古籍,属于国宝级经典,改动一个字必须经过考证,要作出校记。《红楼梦》版本复杂的程度,令局外人想象不到,简而言之,早期抄本已知的有十二种,业内人称为"脂评本"或"脂本";到了乾隆五十六年(1792年),程伟元和高鹗整理并用木活字刻印出版,此为"程甲本",第二年又修订出版,谓之"程乙本"。20世纪50年代,人民文学出版社所出新版《红楼梦》做得较早也最扎实,是红学家俞平伯等以程乙本为底本校勘而成的精品,2000年,又略作修订,版式由竖排改为横排。2008年出版的《周汝昌校订批点本〈石头记〉》,沿用《石头记会真》选定的文字进行校订。2009年,中华书局版本,前八十回以庚辰(1760年)本为底本,即十二种抄本之一,产生于曹雪芹生前,较少后人改笔,是文献价值甚高的一种;后四十回选择了程甲本为底本。2013年,商务印书馆出版的《新批校注红楼梦》,以程乙本为底本,张俊等评批。本稿件正文以这五种版本互校而确定。编辑出版这类国宝级的经典图书,国家有明文规定的一套范式,必须按其规程和方法操作。校勘一种古籍,首先要搜集各种版本和各种其他校勘资料。从这些版本中,选择确定版本、对校本和参校本。底本是用来校勘的工作本,它要求选择最接近于原本的本子。底本可以是现存最早的本。但并不是所有现存最早的本子都适合做底本。对校本是用来与底本逐一比对的本子。参校本是供解决某些问题时需要查对相关部分的本子。划分对校本和参校本的主要依据是这些本子对于校勘底本的校勘价值的大小,对于底本校勘价值大的选用为对校本,对于底本校勘价值小的就选用为参校本。校勘的方法,从运用材料的角度可分为对校、本校、他校、理校四法。对校法即以同书之祖本与别本对校,其主旨在校录异同,不校是非。本校法是一种以本书前后互证,根据上下文来校正古书文字讹误的校勘方法。他校法是以他书校本书,这里的"他书"不是指异本,而是指他书中的引文、述文和释文。理校法是在无古本可据,或数本互异,而无所适从之时,运用分析、综合等手段据理推正古书文字讹误的一种校勘方法。

我们出版《红楼梦》,没有条件也没有必要从古本做起,若把《红楼梦》的拓荒者及"红学"研究者统称为老一代的红学家,那么,时至今日,面对电子时代的市场经济大潮,"红学"研究及出版,其使命当为在已被开垦的处女地上耕种优良品种,而非重复前贤的劳动。可谓"红二代"另辟蹊径。因此,完全可以将出发点后移二百年,合理合法地学习借鉴现成的版本。以考察当代几种影响较大的版本为前提,选择最佳者作底本是关键。本稿的问题在于,关键一环没抓准,选择华夏出版社的版本作底本是一个重大失误。从该书的"前言"可以看出,仅笼统介绍《红楼梦》的版本,他们所依据的底本却未见明示。该书误处,不下百千计。照录这样一个来路不明的版本,定然错上添错。结果,费牛劲煮了一锅夹生饭。三审面对的是这锅夹生饭。退稿吧,于心不忍,只好牛劲加马力生拼,将其加工熟成一些。或谓,呆兄用力过矣!实为弥缝补台,竭尽拳拳之心,祈望诸君谅察。

2014年2月25日

拟稿:"出版后记"

《红楼梦》好比文学的珠穆朗玛峰,不仅在中国最高,而且全世界也无与伦比。试登此山,只有一个目的,即为低视力的朋友们阅读服务。自身实力微弱,便不能也无需把海平面作为起点,既然有诸多红学家的研究成果,又有人民文学出版社、商务印书馆、中华书局、《周汝昌校订批点本〈石头记〉》等版本,就在学习借鉴的基础上,附着巨人们的肩膀前行。若把《红楼梦》版本的拓荒者及"红学"研究者统称为老一代的红学家,那么,时至今日，面对电子时代的市场经济大潮，"红学"研究及出版，其使命当在已被开垦的处女地上耕种优良品种，而不必重复前贤的劳动。可谓"红二代"另辟蹊径。尽管本书与华夏出版社过了版权手续，祖本以程伟元乾隆壬子（1792年）活字本（程乙本）为底本，但事实上，师事多门，在对校、本校、他校、理校过程中，借鉴了以上出版社的版本，值此郑重地致谢师礼！下面将学习的有关情况公之于众：

一、正文除按底本录入外，几种版本，参核同异，互校阙讹，补所不逮，前后检照。举例如下：

第五回［晚韶华］"气昂昂头戴簪缨，气昂昂头戴簪缨；光灿灿胸悬金印；威赫赫爵禄高登，威赫赫爵禄高登；昏惨惨黄泉路近。"稿件所依的版本，中华书局本如是。人民文学本有二，2000年版如下："气昂昂头戴簪缨，簪缨；光灿灿胸悬金印；威赫赫爵禄高登，高登，昏惨惨黄泉路近。"1957年版如下："气昂昂，头戴簪缨，光灿灿，胸悬金印，威赫赫，爵禄高登——昏惨惨，黄泉路近！"还有前句"带珠冠"的"带"字，用的是"戴"，倒与"头戴簪缨"的"戴"相协调。以上版本比较，后者最佳，取之。

第七回"咱们红刀子进去白刀子出来！"许多版本如是，不取，选择人民文学1957年版："咱们白刀子进去，红刀子出来！"

第二十二回《周汝昌校订批点本〈石头记〉》（漓江出版社）于宝钗制谜八句，戛然而止，贾政的心理活动及其离去后的情节全无。按逻辑，不该如此，因为本回标题即"制灯谜贾政悲谶语"，说的就是贾政对孩子们所制灯谜"更觉不详""大有悲戚之状"。不见了这段文字，本回主旨何在？不取。《增评全图足本石头记》，亦不曾如是，大致与众本同。本书从众。

第四十二回"如今画这园子，非离了肚子里头有几幅丘壑的才能成画。"中华书局本如是。人民文学2000年版"如今画这园子，非离了肚子里有几幅邱壑的，如何成得。"人民文学1957年版"如今画这园子，非离了肚子里头有些丘壑的，如何成画？"从人民文学2000年版，但最后的标点，改为问号。

"浮炭"，中华书局本、人民文学1957年版、《周汝昌校订批点本〈石头记〉》皆如是，而唯独人民文学2000年版作"桴炭"。"桴炭"是有依据的，陆游《老学庵笔记》卷六："浮炭者，谓投之水中而浮，今人谓之桴炭，恐亦以投之水中则浮故也。"所以，据此稿件改为"桴炭"。

第五十一回末与第五十二回交接处，由于版本不同，差异较大。第五

四、古典读物（80—151篇）

十一回末贾母道："正是这话了。上次我要说这话，我见你们的大事太多了，如今又要添出这些事来……"要知端的——

第五十二回开头，贾母道："正是这话了。上次我要说这话，我见你们的大事太多了，如今又要添出这些事来。"

上下重复，有损于精品。不取，选择人民文学版。

第五十四回"只提琴至管箫合"，中华书局本亦如是，不取。管箫，是箫的一种，是一种乐器，而下文薛姨妈所言"从没见用箫管的"，指的是箫和管两种乐器。周汝昌按："箫管不仅指竹器之泛称词。戏台上不用管（正式名称）亦难与箫合奏。又提琴，当时所用之拉乐器，即今京胡、二胡等之前身。"所以，"管箫"是错误的，应为"箫管"，且"只提琴至管箫合"句子也不顺，改为"只提琴合箫管"。

第五十五回"热灶火坑"，中华书局本亦如是，不取，改为"热灶火炕"。一是根据作者的行文风格，"热灶"对"火炕"正相宜；二是王希廉评刻本、藤花榭本皆为"火炕"。

第五十七回"他是玩你呢"，中华书局本亦如是，不取，人民文学本"他和你顽呢"。从后者。

第六十二回送宝玉的生日礼物，应将鞋袜置前，文中的"一套衣服，一双鞋袜"，人民文学本亦如是。周汝昌按：凡写生日送礼必有鞋袜，盖取谐和之寓意。鞋袜是生辰礼物之首项，衣服可加可减，故居首位。据此，改为"一双鞋袜，一套衣服"。

第六十八回，王熙凤对尤二姐言语，"奴""我"混用，乃特笔，以半文言形其诈伪。人民文学本全用"我"，不取。

第一百一十二回妙玉说道："我自元墓到京"，"元墓"当为"玄墓"。程甲本作"元墓"，不取。本书前文曾注释"玄墓——山名，在今江苏吴县。"据《嘉庆一统志》七七《苏州府·山川》所记，玄墓，一名袁墓山，可能因"袁""元"相混所致。

二、注释的原则，可以概括为十六个字：释疑解惑，抉摘幽隐，精核典实，语无重出。举例如下：

第一回"玉在椟中求善价，钗于奁内待时飞"。人民文学本的此条注释录来参考：

匣盛美玉，等待大价钱才卖，是孔子对于"有才能的人""等待时机"的比喻；神女留玉钗，后化为燕子飞去，是古代传说。"待时飞"也是借以比

喻等待"做官发达"的意思。

该说长于引经据典，让人不由敬佩注释者饱读诗书，满腹经纶；却总觉得离文意远了一点儿。前文介绍，贾雨村"表字时飞"，又说其自为甄家丫鬟有意于他，吟此联，以玉自比企求得到赏识不错，下句何尝不是以钗比意中人寄人篱下等待贾雨村自己？《红楼梦》里，常常将玉比作男人，把钗喻为女行。金陵十二钗就是最突出的例子。这里不会玉、钗皆自比。所以，将前后文紧密联系起来琢磨："表字时飞"四字，绝非可有可无的闲言碎语，此乃精心布下的隐喻。联中的"待时飞"，等待时机飞黄腾达的欲望很明显，这仅是表层；美人等待自己，是潜层；"时飞"与"是非"谐音，等待好事的同时，也正是在等待是非，其后的故事情节证实了这一点，这是更深的一层。甄家丫鬟名叫娇杏，亦是侥幸之伏笔。如此感悟，以往未曾见也。敝帚自珍，自家见识姑且存之。

第十五回注释"鹅鸰香"，采取人民文学1957年版及中华书局版作"蓼苓香"；罗竹风主编的《汉语大词典》收列"蓼苓香"一词，释义恰以《红楼梦》第十五回为例。

第十八回注释"昭容"。单注"昭容"，"彩嫔"为何不注？以往红学家们也只推断"昭容"是宫中女官名，而"彩嫔"无考。因此，至今未搞明白者，存疑为上，不勉强作注。

注释过于繁杂，会破坏阅读情绪。乡俗俚语运用得精妙绝伦，是《红楼梦》的一大特色。生动鲜活的民间语言，需要的是细品玩味，读者即使一眼未看懂，上下文连起来琢磨，便会恍然明了，审美愉悦尽在其中。于大众语上加注释，意在导向，实则坠秽，好似于文质彬彬的幽境中，糊上了一贴又一贴的小广告，不能为宣示普通语、规范化，把好端端的天然朴真转换成千人一面，万语一腔。再者，有些形容词，无需详加解说。因此，本书大幅度削减注释。

三、关于几个常见字的取舍及版式处理。

"玩""顽"二字，书中几近千处，大体上，表示玩耍意时，用的是"顽"；表示观赏意及游玩或古玩之类时，用的是"玩"；但有时，二字亦不甚分明，加之传抄笔误，亦要保留原貌，又求局部同一，处理起来，颇为棘手。类似者，还有"余""馀"，"伏""服"，"赔""陪"，"掌""撑"等等，每处取舍，持之有据，不敢臆测擅断。

此外，个别字也采纳了新说。例如，第一回里的七言绝句首句"无材可去补苍天",各版本大都如是,而2010年版《周汝昌校订批点本〈石头记〉》将"去"字订正为"与"字。他认为,一首绝句用两个"去"字(末句"倩谁记去作奇传"),悖于格律,为诗家所忌。"去""与"两字草书形似易混淆。苏联列宁格勒藏《石头记》古钞本可以佐证,可参见《石头记会真》校勘记。

每一回正文,有些版本分段落空行,各自分法相异,恕不拘泥。原作并未分段,一回篇幅都不太长,分段空行,稍嫌零碎。

文中的格律诗排版,以彰显其形式美为要。

书中尚存的乖剌舛误,不会因我们良好的初衷而匿迹,诚恳企盼各位方家和读者朋友的教诲。

牟国胜

甲午年孟春

151.《〈红楼梦〉人物随笔》审稿意见

外行看热闹,内行看门道。书稿作者看出了《红楼梦》是一部关于人性的书,是人性的展览。人是什么?人生应该是怎样的,不应该是怎样的?恶的一面从何而来,美好的一面从何而来?他认为《红楼梦》深刻、曲折、无痕地回答了这些问题,真实而饱满地展现了多种美与丑的比较,于不经意间引人扬正抑邪,弃恶从善,追求自由的曙光。这是对人性的一种醒悟,也是对那吃人的社会制度的醒悟。书稿的意图是发掘《红楼梦》里的故事、人物等背后的人性,把曹雪芹追求美好人性的努力显现出来,从而在心灵上有个回应。书稿所谈人性,不空洞,不玄虚,眼睛盯着现实里的问题,针砭时弊。例如,开篇之作《焦大那一席骂》,"从当今的态势看,瞧瞧阁下周围,竟是披肝沥胆讲真话、实话的焦大少,曲意奉承讲假话、空话的贾雨村多。""为集思广益计,还是明鉴明察,别动不动就往人嘴里塞土和马粪为好。""这实在不单单是一个干部乃至一个单位的工作作风问题。"全部书稿都是由类似的短文组成,篇篇皆有真知灼见。同意出版。

书稿存在一个问题——《红楼梦》原著的引文需要再加工。下面以"麝月的境界"一文为例,对照两个权威版本,说明问题之所在。

书稿引文如下:

宝玉:"你怎么不和他们玩去?"

麝月:"没有钱。"

宝玉:"床底下堆着那么些,还不够你输的?"麝月:"都玩去了,这屋子交给谁呢?那一个(指袭人)又病了。满屋子里上头是灯,地下是火。那些老妈妈子们,老天拔地,伏侍一天,也该叫他们歇歇。小丫头子们也伏侍了一天,这会子还不叫他们玩玩儿去。所以让他们都去吧,我在这里看着。"(《红楼梦》第二十回)

宝玉对麝月说:"我禁不起的药,你们那里禁得住?比如人家坟地里的大杨树,看着枝叶茂盛,都是空心子的。"麝月笑道:"野坟地里,只有杨树,难道就没有松柏不成?最讨人嫌的是杨树,那么大树,只一点子叶子,没一丝风,他也是乱响。你偏比他,也太下流了。"(《红楼梦》第五十一回)

人民文学出版社出版的《红楼梦》(于1957年重加整理,1959年排版印行)原文如下:

宝玉笑道:"你怎么不和他们去?"麝月道"没有钱。"宝玉道:"床底下堆着钱,还不够你输的?"麝月道:"都乐去了,这屋子交给谁呢?那一个又病了,满屋子里上头是灯,下头是火;那些老婆子们都'老天拔地',伏侍了一天,也该叫他们歇歇儿了;小丫头们也伏侍了一天,这会子还不叫玩玩儿去吗?——所以我在这里看着。"(第二十回)

宝玉对麝月说:"连我禁不起的药,你们那里禁得起?比如人家坟里的大杨树,看着枝叶茂盛,都是空心子的。"麝月笑道:"野坟里只有杨树,难道就没有松柏不成?最讨人嫌的是杨树,那么大树,只一点子叶子,没有一点风儿,他也是乱响。你偏要比他,你也太下流了。"(第五十一回)

中华书局2009年出版的《红楼梦》原文如下:

宝玉笑问道:"你怎不同他们顽去?"麝月道"没有钱。"宝玉道:"床底下堆着那么些,还不彀你输的?"麝月道:"都顽去了,这屋里交给谁呢?那一个又病了。满屋里上头是灯,地下是火。那些老妈妈子们,老天拔地,伏侍一天,也该叫他们歇歇。小丫头子们也是伏侍了一天,这会子还不叫他们顽顽去?所以让他们都去罢,我在这里看着。"(第二十回)

宝玉对麝月说:"连我禁不起的药,你们如何禁得起?比如人家坟地里的大杨树,看着枝叶茂盛,都是空心子的。"麝月等笑道:"野坟里只有杨树不成?难道就没有松柏?我最嫌的是杨树,那么大笨树,叶子只一点子,没一丝风,他也是乱响。你偏比他,也太下流了。"(第五十一回)

人民文学出版社出版的《红楼梦》(于1957年重加整理,1959年排版印行)在"关于本书的整理情况"里介绍:

四、古典读物（80—151 篇）

一些字或词，底本当时写法已不为现代读者所熟悉（不管是"正体"还是"别体"），改为现在通行体，例如"总然""已后""一（车字旁＋）尚""胗脉""打谅""能彀"等，就改为"纵然""以后""一趟""诊脉""打量""能够"等。

旧时一字两读或一体二用的，和两字音义不同而现在混用的例子都有。后者如"顽""玩"（指"玩耍"义），现在一律改"玩"。前者如"狠""傍"，现在则须分别情况改为"很""旁"。至于相当于现在"哪里"的"那里"，只好勉强在句尾用问号来区别（当然，有时连问号也加不得，例如"那里的事那里了结"）而不改"那"为"哪"，因为那样一来，势必也该把许多"他"都改为"她"或"它"、许多"的"都改为"地"才相称。这些现代的办法，似不应完全加到古典作品里面去。相反地，如"（提手旁＋）奴嘴儿"和"＋椅子"的"＋"，曾有分别改为"努嘴儿""拿椅子"的办法；我们认为这样是否妥当，恐成问题，不如尊重原字为是。

一般的异体统一，大致可行，但也不便过求一律，陷于拘执，似应容许小有伸缩余地。例如"撒花""洒花"并见，意义无别，可是我们似乎还不好一律改"撒"为"洒"或改"洒"为"撒"；"垫踹窝"和"垫喘儿"并见，意义相合，可是我们也还不能就确定"踹""喘"谁"正"谁"误"而统一起来。"某人自为如何"的"为"（此一用法甚古老），和"谓"也并见，但如果把"为"径改为"谓"、甚至改为"以为"，似即不免孟浪。凡属此类，我们也主张保留原样，不应改动。

总体来说，这方面情况复杂，问题最多，想规定一个较周备的原则和进行具体掌握，都不是很容易。

中华书局 2009 年出版的《红楼梦》"出版说明"：

我们从现存十一二种脂评本中，精选最能反映曹雪芹《红楼梦》原始面貌的乾隆甲戌（1754 年）脂砚斋评本（1962 年中华书局上海编辑所影印）即甲戌本、乾隆己卯（1759 年）冬月脂砚斋评本（1980 年上海古籍出版社影印）即己卯本、乾隆庚辰（1760 年）秋月脂砚斋评本（1975 年人民文学出版社影印）即庚辰本进行整理。

庚辰本和甲戌本本身衍夺讹舛情况较多，我们的处理原则是：底本文字可通的，一般不做校改和统一，力求保存作品原貌，仅对个别可致歧义之处参校其他版本并借鉴已有校勘成果。

以上可以作为书稿选择固定的某一个版本引用以及编辑加工处理问题的依据。

2013 年 8 月 29 日

编辑审稿录

五、科普读物（152—182篇）

152.《新视野学习百科·园艺》(大字版)终审意见

台湾一家民间文化企业名曰"畅谈文化"，为了让孩子们拥有自己的百科全书，聘请了200位专家学者及画家，用时5年，于2009年推出了一套《新视野学习百科》，共100册。他们从孩子的学习实际出发，每册都设计了"基础篇""发展篇""应用篇"，从浅入深，从理论到应用，引导学生循序渐进，激发其对知识不断的渴求，增强他们判断事物、处理问题的能力。

引进该书，独具慧眼。祖国内地孩子分享其果，理所当然；同时，促进了海峡两岸文化交流。

做此类书需要注意一些细节：其一，字体的转换，繁体字改为简体字，要字字到位。其二，语言习惯有所不同，在不失本意的前提下，尽量保持原有特色。不轻改，不妄改。其三，标点符号、计量数字等，按国家技术监督局制定的标准行事。其四，动植物及器物名称，与之相异者，可直接改为我们熟悉的名称，无需解释。否则，会扰乱读者阅读情绪，分散其注意力。其五，牵扯到台湾"国字头"的行政机构等名称，应以中华人民共和国对台湾有关名称的规定执行。查无所据者，拟在名称上加引号，以示台湾人的自称。其他不涉及中国领土完整性质的一般单位名称，保留原文。

对本稿《园艺》，一审和二审齐心协力，解决了许多问题，为后续工作提供了大量经验，值得赞扬。再补充几句：

原文"公司行号"，改为"公司、企事业单位"，没有必要。保留原文。

"金桔盆栽"，"桔"应改为"橘"。"桔"字两读，其中之一是"橘"的俗写，不取。何况本页末尾即有"橘"字。

页序，还可以再改进一下。原书页序，很是讲究：翻开正文，左右两面，明标单数暗含双数;"专栏"除一例外,皆置单数页之上。稿件版式与之不同,不求讨巧,却应一目了然,最好每页都标示页码,查阅方便为要。

同意出版。

2014 年 3 月 28 日

153.《新视野学习百科·森林动物》(大字版)终审意见

埙篪相和,一审、二审携手提高质量犹如此说。所以,稿件罕有瑕疵,同意出版。

一节标题:"地底下的居民","居民"最好改为"动物"。因为稿件以客观讲述科普知识为宗旨,其用词当与拟人化的文学作品相区别。动物就是动物,不宜和人混淆。如今电视上诸如"动物世界"之类,解说词常常把动物混同人称,把一群动物称作"人们",把体型大的动物叫"巨人"等,不足取。

二审提出的遗留问题,p.35 原文:

延伸网站:

行政院农业委员会特有生物研究保育中心(网址……)

行政院农业委员会林业实验所(网址……)

"未做处理,是否需要删改,请三审定夺。"

可以删去。

封底,撰文及审订名下"国立台湾大学","国立"二字,拟请示有关部门,发稿前,百本统一名称。

2014 年 3 月 31 日

154.《新视野学习百科·湖泊溪河动物》(大字版)终审意见

审读审慎,书稿质量得到了保证。一审处理问题全面,解决问题得体,遗留问题适度。二审不忽略细微,每字必究,版式、图片、页码样样详查;并且,妥帖地解决了一审提出的 6 个问题中的 5 个。余者 p.35 中的"延伸网站:中华民国溪流环境学会……"、p.39 中的"延伸阅读……""是否需要删改,请三审定夺。"

这些内容,一是带有广告的性质,二是仅见机构、书名而不晓内情,所以,删去不以为憾。

另外,封底署有撰文、审订的名字及其单位和职务职称,这里也可能会添些麻烦。建议:按照我们的出版格式,除署名外,诸如其人的工作单位、职务职称等一概不作介绍。

同意发稿。

2014 年 4 月 3 日

155.《新视野学习百科·古生物》(大字版)终审意见

涉及中国台湾与大陆的某些用词,已经引起所有参编者的重视,这是政治上不添乱的有力保证。本稿件,责编于此拟改3处,二审认可,又稍作调整,可见用力之精。其他修改,一审、二审均不放过蛛丝马迹,效果甚佳。

二审报告第8条提出:发展篇11中,"数大便是美",与所附内容没有必然联系。

的确如此,但此言也有来历,古人云:"羊大为美"。稿件套用该语,却有些蹩脚。根据文意,拟改为"痕迹比实体多"。

责编删去了 p.35"延伸网站",好。"延伸阅读"也一并删去吧。

另外,封底署有撰文、审订的名字及其单位和职务职称,这里也可能会添些麻烦。建议:按照我们的出版格式,除署名外,诸如其人的工作单位、职务职称等一概不作介绍。

同意发稿。

2014 年 4 月 3 日

156.《新视野学习百科·植物的繁殖》(大字版)终审意见

封面署名改了个字:塗——涂;随著——随着。

原文"通常从荷兰空运来台",改为"通常从荷兰空运至亚热带地区",又改为"通常从荷兰空运至各地",没有必要,恢复原文。

原文"由于台湾没有像荷兰那么冷的冬季",改为"有些地区没有像荷兰那么冷的冬季",没有必要,恢复原文。

原文"台湾原生的金花石蒜",改为"如金花石蒜",没有必要,恢复原文。

既然与台湾出版商办理了版权手续,就毋庸回避"台湾"二字,只要不是政治问题,其他如知识性的、日常生活性的等,皆当尊重原作。而且,稿中"台湾"二字也未完全绝迹,如 p.22"台湾福寿山农场的'苹果王'";p.29"稀子蕨很珍贵,全世界只有喜马拉雅山东部及台湾有分布"。

除上述外,赞同一审和二审报告。

同意发稿。

2014 年 4 月 10 日

157.《新视野学习百科·植物家族》(大字版)终审意见

加工润饰,是编辑的一项工作任务,责编和复审完成得都很好。不过,这里面也有一个度,编辑不能等同于第二作者,更不要越俎代庖,应当把握住到位不越位的尺度。具体说,修改字句,一般仅限于顺理成章,文从字顺;即只要逻辑上讲得通,表达通畅就不必改动。编辑应当尊重作者的劳动成果,不是到了非改不可的程度,尽量保留原文。眼睛盯住硬伤,修而补之;那些可改可不改之处,一个字也别动。依据个人对书稿内容的理解及行文习惯,随己意修饰稿件,便有越位之嫌。书稿撰写人若是一般攒书匠也就罢了,稍有名气者,便可能不依不饶,甚或打笔墨官司。当然,也要掂量孰轻孰重,如果是政治问题,坚决要改,与作者没有商量的余地。比如稿中"阳明山国家公园",责编删掉"国家"二字,处理十分得当。而开篇六个问题,一一重写,就多此一举了。

补充:p.14 图片说明里"台湾是笔筒树的分布中心,但笔筒树在其他国家并不常见",又牵扯到"国家",改为"地方"。

"复审意见"有一段文字,应特别提出来:"请责编提醒排版人员务必注意:本稿中所用的所有图应按比例缩小,不应剪裁,而且图中的主题不能随便变动。一切按原书来。"这是有经验的编辑所能言及的。其强调的工艺处理,意即编辑必须具有一定的印刷知识,普适同仁。

同意出版。

2014 年 5 月 13 日

158.《新视野学习百科·自然保护与国家公园》(大字版)终审意见

文中"在长江生活 2 千万年的白鳍豚,因过去 50 年的环境破坏,可能成为第一种人类消灭的鲸豚",删掉"过去 50 年的",因为这个数字里或许隐含着政治。

pp.16~17 两页衔接处有漏洞,请弥合。

正文"或是生物多样性丰富",欠通顺,修改之。

文中"制订均衡的政策"与下文"制订补偿措施"都使用了"制订",按规范用法,应有所区别。前者改为"制定"。

以上补充供参考。其实,一审工作已很负责,19条编辑加工,条条均得体。二审发现及处理的一些问题,颇为精到,"尤其是涉及三峡大坝和青藏铁路对生态的影响,以及'工法'的修改",体现出高水平。

同意发稿。

2014年5月13日

159.《新视野学习百科·城市中的动物》(大字版)终审意见

二审提出三个问题,有待终审定夺:

其一,"为了应居住的需求",可否改为"为了居住的需求"。

可改。

其二,"鸟口"一词是否符合大陆惯用说法?

"鸟口"大概与"人口"对应,拟保留原文。

其三,"麻雀是害鸟?"这个专栏中的用语是否恰当?

原文"当时中国的领导人毛泽东认为麻雀抢食谷类……"。

什么污水都往领袖身上泼,有失道义。且不说此举并非个人行为,即使负领导责任,还得考察当时的状况。一穷二白的年代,粮食就是人的命根子,麻雀公然与人争粮,能不遭受众矢之的吗?麻雀是益是害,农业专家加鸟类专家也说不出所以然来,便走了厄运。后来随着经济情况的改善及科学眼界的开阔,为麻雀平了反。如今,是否以老鼠等为敌也当慎重了,因为不再是14世纪占欧洲1/3的2500万人在鼠疫流行中丧生的年头了。历史在进步,人的认识随之深化,这是必然的。但立足今天嘲弄昨天,幼稚不?删去"当时中国的领导人毛泽东"语。原文"在1950年代末期"改为"20世纪50年代"。因为"除四害"不始于50年代末期,中期就开始了,中央和国务院的文件是1958年初发布的,之前已搞得轰轰烈烈。

同意发稿。

2014年4月18日

160.《新视野学习百科·人类文明的曙光》(大字版)终审意见

59 条改动皆切当,责编工作出色。复审的 10 条补充润饰,使得行文更加流畅。同意发稿。

改了几处:

p.6 图的文字说明,共 6 处,有 2 处"/"后单独一字,有碍阅读,将其移至下一行,与其他 4 处在形式上统一。

"记帐"改为"记账"。

p.22、23、24、25 插图说明:"台湾'中央研究院'历史语言研究所"。拟直接写:台湾历史语言研究所。

文物出版社要加引号,之前加"台湾"二字,以示与北京的文物出版社区别。即:台湾"文物出版社"。

p.31 遗漏一字"分"。稿中"也让部人力",当作"也让部分人力"。

插图说明:"玉米是奥尔梅克,甚至是当时美洲的主要食物"。这句话中间的逗号,使文意产生歧解;将逗号改为顿号。

2014 年 5 月 29 日

161.《新视野学习百科·经济与生活》(大字版)终审意见

修改处理稿件的一些细枝末叶,一审、二审均见功夫。补充几点:

原文"台北要买甜甜圈的人们大排长龙","台北"二字不必删掉。

"劳工"改为"劳动力",没有必要,恢复原文。

稿中"图为参与农务竞赛的农民",其中"农务"底本是"务农",改为"劳动",不必。恢复底本的"务农"。

质疑"量产",改为"产量"。

"计划经济 vs.市场经济"。二审提出:"这节内容比较敏感,请终审把关。"此议重要,表现出很强的政治责任心。该节对比朝鲜与韩国的经济状况,并揭示主要原因;又以画面和文字解说的形式介绍古巴和苏联的一些情景。这些现象,不是几句话能说明白的。所以,建议删去该节,总共 2 页。

"企业扣掉薪水……",加"员工"二字,即企业扣掉员工薪水。

"大发利市"改为"赚得盆满钵满",没有必要,恢复原文。

删掉的原文"在台湾,甚至包括代缴水电费、提款以及宅配等服务。"保留之。

"很多懒惰的人民",去掉"民"字。

同意发稿。

2014 年 4 月 11 日

162.《新视野学习百科·工业革命的先河》(大字版)终审意见

这本小册子字数虽少但涉及的史实很多,编辑起来颇费心思。一审和二审可谓尽心尽力了,总体上,加工处理得甚好。补充几点:

原文"号召人民起来反抗西班牙。"句子不完整,之后加"侵略者"。

原文"清初的顺治、康熙、雍正与乾隆,都是勤政爱民的好皇帝,使得国力蒸蒸日上。"其言不太确当。他们并非人民领袖,称不上"好皇帝"。人民是历史发展的动力,蒸蒸日上的国力,功劳不能只记在封建帝王身上。因此,这句话改为:清初的顺治、康熙、雍正与乾隆时期,国力蒸蒸日上。

"越南的统一",原书写得不好。近的不说,光说远的,把明清期间的事掺和进去,仅截取了 19 世纪之前的几百年,近代以来直至当今,只字未提。标题是"越南的统一",究竟是怎样统一的、什么时间统一的,没有了下文,最后绕到法国传教士对越南文化的深远影响。事实上,越南的统一,是胡志明领导的共产党发动人民群众奋斗得来的。1976 年 7 月 2 日南北越正式统一,成立越南社会主义共和国,定都河内。之前,它是法国的殖民地,美国又在越南发动战争。但是,如果这样改写,作者未必认可。因此,把"越南的统一"小节删去吧。

原文"莱佛士是新加坡港的催生者",其中"催生"改为"缔造",过分。保留原文足矣。

"社会主义与共产主义"一节,以及对"马克思"的介绍,原文没有原则问题,除个别字眼外,不作修改为宜。否则,原则上无出入,却赚了个篡改之名。

"风潮"改为"风浪";"情感"改为"激情";"前期"改为"初期";"法门"改为"途径";"勇莽号战舰"改为"勇猛号战舰";皆无必要。编辑工作的定位要明确,编辑不是作者,无权按照自己习惯的行文方式随意增删改动原文。对于硬伤以及因政治学术等问题失当必须修改外,一般应当尊重作者,尽可能保留原文。

《少年维特的烦恼》,一般译作《少年维特之烦恼》。

"优渥"改为"优越"不必要,形容贵族生活,前者比后者更贴切。

文中多了两个"当"字,少改了一个"科(库)"字。

"卡米哈米哈一世是夏威夷王国的开创者",责编质疑其名,原文无误。

同意发稿。

2014 年 4 月 17 日

163.《新视野学习百科·能源世界》(大字版)终审意见

6 个方面的问题,责编解决得好。二审在此基础上又加工了 23 处,功力不凡,稿件质量得以保证。同意发稿。

再补充些许:

责编质疑"升火与用火",原文无误。升火即生火,"升火与用火",说的是生火和用火。

"天然气管路",改为习惯用语"天然气管道"。

"天然气公司在地下铺设管线","管线"改为"管道"。

"仰赖核能发电","仰赖"改为"依赖"。

"海面上装置管路,使波浪在里面规律的起伏,管道内的空气……",一句之中,同一件设备用了两个名称——"管路""管道"。"管路"改为"管道",使之前后同一,又合乎大陆习惯语。"规律的起伏","的"改为"地"。

"2006 年日本日亚化公司开发出 1001m/W 的白光发光二级体(LED),应是目前发光率最好的照明灯源。"建议删去。且不说此话有广告之嫌,单论科技发展日新月异,时隔 8 年的现今,是否还是"目前发光率最好的照明灯源",尚待调研。

2014 年 8 月 12 日

164.《新视野学习百科·空中交通》(大字版)终审意见

"L"和"i"录入的字母,有的地方不正常。

p.7"德国运用新科技建造的 Zeppelin NT",p.8"摄影/Ellywa",其中 L 倒置,修改见稿。

p.10"德国制造的 Dorrier Do—X","i"的字体不规范。类似的还有:

p.12"摄影/Erik Axdahl";

p.15"摄影/Dr. Joachim Opitz","制作/Piotr Jaworski";

p.16"摄影/Yaoleilei";

p.17 "摄影/Hans-Peter Scholz";

p.18 "摄影/Marc Michel";

p.21 "摄影/David Monniaux";

p.22 "摄影/Paddy Briggs";

p.26 "直升机'Helicopter'";

p.30 "摄影/Ralf Roletschek"。

由此觉察,丛书其他书稿也可能存在这样的问题。请有关同志注意"l"和"i"两个字母的书写,主要是插图说明里。

p.18 有漏字:"由输送带送入空",戛然而止,应当补上"侧"字 。

p.21 "新加坡航空了公司",多一"了"字,删去。

经过一审和二审的精心加工修改,稿件质量较好,已合乎出版要求。

同意发稿。

2014 年 9 月 9 日

165.《新视野学习百科·航海时代的争霸》(大字版)终审意见

"一审报告"条贯清宜,二审又具析疑滞,配合默契。再提几点补充意见:

"文明"一词,其意较为宽泛,一般用起来要有所限定。文中"在 16 世纪以前,世界各地虽然已出现璀璨的文明",这样表述毫无问题。下文"各文明间的往来""全球各文明互动的历史",就暴露了问题。因为此后文中所举的实例,是对他国财产和奴隶的掠夺。在我们看来,很难称这种掠夺为"文明"。而西方对于资本主义社会,习惯谓"文明社会"。所以,我们的少儿读者看待这种"文明"会产生异议。故而可将后面的两处"文明"删去。

"帐目"改为"账目"。

"合股公司",保留原文,不要改。

原文"最后激起流寇的暴动",删去"流寇的"三个字。因为上一句说的是"农民",这里的"流寇",自然指的是"农民"。

删去"除了传播福音"。

原文"频仍"不要改为"频繁"。

"灾民处处"改为"灾民流离失所"。

"流寇之乱"改为"战乱"。

插图解说"明末流寇四处作乱,其中'闯王'李自成……"前一句话改为"明末农民起义"。

"葡萄牙人占领澳门"一节,原文写得不好,立足点失之偏颇。一些关键词作了修改:

"葡萄牙人只好与海盗勾结","只好"改为"便"。

根据史实加上两个词——"坏事做绝""不择手段"。

葡萄牙人也需加上定语,"这些兼有海盗和海商两重身份的葡萄牙人"。

原文"自1553年开始,澳门一直被当作租借地供葡萄牙人居住。1887年,清朝与葡萄牙签订《中葡友好通商条约》",改为"自1553年开始,澳门被葡萄牙殖民者借口晾晒货物而霸占。之后,通过收买明朝广东地方官,1887年,由英国出面干预,迫使清政府与葡萄牙签订所谓的《中葡友好通商条约》"。

塞万提斯的《堂吉诃德》,书名缺一符号,应为《堂·吉诃德》。

pp.35～39及封底,删除及改动处,详见稿件。

一审质疑:

"磅"? 不必改。

"蒙古人"? 可。

原文"朝鲜之役"? 不必改。

"日本新共主"? 可。

"香料群岛"? 保留原文。

"清俄"改为"中俄"可否? 改不改均可,最好不改。

"国立"删掉? 删得好。

同意发稿。

2014 年 4 月 28 日

166.《新视野学习百科·帝国的兴起》(大字版)终审意见

统共40页的书,一审加工修改了55处,机敏尖俏,针线绵密。二审的补充亦为稿件添色。同意发稿。

还有几点意见如下:

中国远古时期纪年系据《史记》《竹书纪年》等书的记载推算出来的。确切纪年,从西周共和元年(公元前841年)开始,此前的纪年只是"传说""大约",不可作为定论。所以,文中所述"从公元前1751年中国商朝的建立",就过于决断了,而且与历史学家的说法"大约公元前1562年"相差近二百年。稿中接下来:"到公元8

年西汉灭亡,在这 1000 多年的时间里",也不大合乎常理。按稿件纪年,公元前 1751 到公元 8 年,其间毛算 1800 年,"1000 多年",多出 800 年,太匡了。若按公元前 1562 年计,也近 1600 年。因此,"1000 多年"多得太多,近 2000 年又差得太远,用这种句式,前不着村后不靠店。因此,原文改为"大约从公元前 16 世纪中国商朝建立,到公元 8 年西汉灭亡,在这些年的时间里,……"

后文又提到商朝,"经过 600 多年后传到商王辛,也就是有名的纣王"。商朝没有那么长,据《史记·周本纪·鲁世家》以及《竹书纪年》推算,周武王克商,当在公元前 1066 年。所以,商朝大约从公元前 16 世纪到公元前 11 世纪,500 多年。"有名的纣王",纣王的名声来自恶,改为"留有恶名的纣王"。

"哲学思想的顶峰",评价不当,我们不搞"顶峰论"。古希腊哲学和中国春秋战国时代的儒家、道家、法家,可用稿中的语言"辉煌"来形容,实际上,也是哲学思想的辉煌建树,并未达到不可企及的顶峰。

关于古希腊戏剧,文中说"演出的戏剧有悲有喜",纯粹是外行话。古希腊的悲剧是著名的,喜剧也很有成就。悲剧和喜剧,尤其是悲剧,是美学里极其重要的概念,绝不是什么"有悲有喜",歌颂英雄人物是悲剧的主要目的之一,不能不提。修改见原稿。

"印度最早的文献——《吠陀经》,就是雅利安人的作品,成为印度宗教及文学创作的源泉。""源泉"改为"源头"。虽是一字之差,却牵扯到原则问题:创作的源泉,应当是社会生活;作为一部由社会生活而创作出来的文献,对于后来者而言,只能看作源头,而不是源泉。这是辩证唯物主义的基本观点。一切属于意识形态的文献创作,都是流,源在实际的社会生活中。

文中说佛陀"体会到人生的生老病死",句子不顺,改为"体会到人生的苦难"。

另,目录的排版稍作改进:大的区域和国家名称,与节标题要成为一体,稿件在两者之间空一行,容易造成误读,错把名称与上一节联系起来。

以上供参考。

2014 年 5 月 27 日

167.《新视野学习百科·民族主义的开展》(大字版)终审意见

该稿以精练的文字囊括了世界 19 世纪前后的历史,叙述事件较客观,评论亦公允。一审的大量工作使得稿件增色。二审对于各国地名、人名等的订正,功绩不凡。同意发稿。

补充修改：

原文"另外，新帝国主义背后常有一种思维，认为协助落后民族开化，是白种人的负担，也是一种责任。"该说完全是帝国主义者自我粉饰的论调，删去。下文也引用此说，但明确指出是"列强侵略亚非的借口"。保留。

火车小图片，署有"中国台湾/腾云号"，没有什么问题，不要删掉。

二审报告："对义和团的历史定位是否科学，一审和二审把握不准，请终审裁决。"

总体上说，义和团反抗帝国主义侵略的大方向是应当充分肯定的。不能因为运动自身的某些偏激行为和错误做法就对其持否定态度。所以，文中稍作修改。所谓"稍作修改"，一是尽量尊重原作；二是篇幅有限，仅可在几十个字的空间里调整，做到不失原则性。具体情况为：原文"逐渐演变成为仇视外国人的团体"，改为"反抗帝国主义侵略"。原文里，被慈禧太后利用一句删去，虽然符合史实，但在简短的文字里不能说这么细。原文义和团引发八国联军入侵一句舍之，直接写"为了扑灭我国义和团反对帝国主义的运动，1900年八国联军入侵中国"。稿件已改得不清楚了，可参照以上文字处理。

该页图片说明应当简洁。"图为义和团与八国联军中英法军队交战的年画。"这一句足矣。删去"义和团对外国传教士及信教的中国人采取敌对的态度。据教会统计，当时共有240多名外国传教士及2万多名中国基督教徒死亡。"

稿中多处用"满清"字眼，其称谓带有民族之见，改为"清朝"最为允当。原书名《民族主义的开展》，"民族"问题很敏感，容易自找麻烦，根据书里的内容，建议书名改为《现代社会的孕育》。

2014年4月17日

168.《新视野学习百科·少数民族》（大字版）终审意见

几个关键点，一审把握得很恰当，完全同意修改意见。二审补充处理的几个地方也很好。对涉及的几个具体问题，意见如下：

责编删去瑶族"放弃原先较佳的居所"，处理较妥，该语前后可再删几字。详见原稿。

二审质疑"傈傈族"，质疑得好。应为傈僳族。

"份"改为"分"。

二审质疑"社会阶级"，不知汉英对照如何处理。此处可仍然保留。因为正文

里还存在该语。

二审提出,藏人改为藏族人。二者没有什么差异,皆可。

同意发稿。

2014 年 4 月 23 日

169.《新视野学习百科·国家与人民》(大字版)终审意见

把好政治关,是编辑工作的重中之重。否则,惹是生非,甚至闯祸。从一审报告可以看出,一审具备较强的政治敏感性,使得隐蔽在字里行间的"台独"滥调无以容身。所提出并解决的 4 个"敏感问题",很有水平。政治头脑如此清醒,值得表扬。其他处理亦妥当。二审"修改明细",确实明细,很好。关于质疑问题:"圣彼得大教堂,位于罗马的梵蒂冈",原文无误。梵蒂冈是城中国,像个大足球场。此外,答案已删除的问题,拟合并同类项。

再补充两点意见:

稿中"什么是第三世界?"写得离谱。文中道,"政治不民主的国家为第三世界国家"。"第一世界指的是进步、经济发达的欧美国家,第二世界指的是前苏联和东欧社会主义国家。"事实上,关于三个世界划分的理论,是毛主席在 1974 年会见赞比亚总统卡翁达时最早提出来的。毛主席说:我看美国、苏联是第一世界。中间派,日本、欧洲、加拿大,是第二世界。咱们是第三世界,第三世界人口很多。亚洲除了日本都是第三世界。整个非洲都是第三世界,拉丁美洲是第三世界。之后,邓小平同志在联合国大会特别会议上又重申了毛主席三个世界划分的理论,并且,在晚年又充分肯定了这一理论。根据上述提法,对原文进行了改动。

文中对"非政府组织 NGO",赞扬过了头,认为"都是跨越自己国家的利益","扮演比国家、政府更重要的角色","而常与各国政府发生冲突。这些非政府组织,对世界的贡献,可不比任何国家政府来得少!"修改见原稿。

2014 年 5 月 7 日

170.《新视野学习百科·政治与法律》(大字版)终审意见

政治与法律,尤其是政治观点,两岸的差异不足为奇。责编不仅按程序对稿件整理加工,而且改写了 4 个单元;政治素质较高,党性强,法律基本功扎实。复审补充修改之处,得当。稿件基本上已达到出版要求,同意发稿。

还有如下意见,供参考:

正文"虽然也制定了宪法,但由于君主实际权力受到的影响很小"表述不清楚。改为"虽然也制定了宪法,但由于君主实际权力大,宪法影响很小"。

"政党制度"一节里,图片上是列宁、斯大林、普京的肖像,说明语:"前苏联采取社会主义政党制定,俄罗斯则改为资本主义。图为俄罗斯历代领导人",表述不准确。改为"苏联采取社会主义政党制度,苏联解体后实行资本主义。图为苏联及现今俄罗斯领导人。"

改写者用"当代中国的政治体制改革"取代了原作的标题"共产主义国家",立场鲜明,不折不扣地复述了中国共产党有关文件的定论。这样改写虽然增加了政治上的保险系数,却与原作的构架搭不上边。并且,上一页已经有"当代中国的政治发展",没有必要在此细化。因为整套丛书的风格是蜻蜓点水式,字少事多,信息量巨大。建议仍然保留原作的标题"共产主义国家",其小标题"共产主义的思潮""马克思"均可取。这里有三点要把握住:其一,应当充分肯定共产主义运动;其二,自苏联解体、东欧剧变,共产主义运动进入了低潮,事实毋庸回避;其三,共产党人继续为共产主义理想奋斗,并坚信共产主义社会最终一定能够实现。具体行文,除了这些原则问题外,尽量不动。原作里的"单一政党主权"小标题,也不是绝对错误,换几个字眼就是了。里面介绍的各级机构符合事实,而一些过头话必须删掉,如"虽然也都设有国会,但无法真正代表民意,也不能达到权力制衡的功能。""但是候选人的提名受政府支配。事实上,这个代表大会每年只召开一次,会期也仅两周。"插图基本用原书的为宜,金正日检阅部队的图片拟撤换。不要再用天安门的图片了,上一页有了,重复不好。

原文"911恐怖袭击,突显出西方国家与伊斯兰世界的冲突。"谁的账就是谁的,不要扩大面,将整个西方国家都算进去不妥。"9·11"事件是美国的事,原文改为"美国与伊斯兰世界的冲突"。

封底与内封保持统一,签上改写者的名字。

2014 年 9 月 24 日

171.《新视野学习百科·当代世界的出现》(大字版)终审意见

"当代世界的出现"这个题目难写,难在众口难调,不容易让各个层面的人都接受,牵扯到的政治立场、观点等意识形态的东西太多。我们与台湾人可谓一奶同胞,都是中国大地上的炎黄子孙,但意识形态领域的差异还是相当明显的。即使在大陆,人们也持有各种各样的见解和态度。因此,这本小册子的编辑工作,若按照通常的程序行进,难能合乎有关规定,需要大改,一些地方必须重新设计、重写。责编很有政治责任心,唯恐出现问题,除了自身努力外,还特地请进行当代世界研究的外交官王家雷先生把关。复审尤为谨慎,所修改之处及提出的问题,均表现出较高的政治素质和业务水平。稿件除了涉及中国的几个段落外,大部分改得相当好。有关中国近现代史的,由于事关重大,再谈点个人意见,同时也夹杂其他零散问题的意见,供定稿时参考。以书稿页码为序,记录如下:

封面:"飞机上的北约旗帜",原书作为封面的大插图,不太妥当,建议撤销。北约是为实现防卫协作而建立的一个国际军事集团组织;拥有大量核武器和常规部队,是西方的重要军事力量,是美国世界超级大国领导地位的标志;是美国为了遏制苏联,维护其在欧洲的主导地位,联合西欧国家成立的一个军事政治组织。冷战时期,它的对立面是苏联与东欧国家组成的华沙条约组织。20世纪90年代后,苏联解体,华约解散,北约存在的基础已不复存在,理该解体却反而扩张,最主要的原因就是美国要继续控制欧洲。北约创建的目的之一,就是控制欧洲。北约对中国也没干多少好事,1999年5月8日,中国驻南斯拉夫联盟共和国大使馆遭到北约导弹袭击。5月9日,中国政府发表严正声明,强烈抗议北约轰炸我驻南斯拉夫使馆,指出北约的这一行径是对中国主权的粗暴侵犯,也是对维也纳外交关系公约和国际关系基本准则的肆意践踏,以美国为首的北约必须对此承担全部责任。2014年,乌克兰与俄罗斯闹得不可开交,与北约有很大关系。乌克兰在1991年从苏联独立出来,申请加入北约。但其加入北约的努力引发了来自邻国俄罗斯的强烈反对。俄罗斯长期以来一直反对北约的东扩计划。北约计划将苏联的其他几个国家纳入其中。2014年4月1日北约宣布暂时中断与俄罗斯的正常合作关系。关于北约的国际背景很复杂,有些问题,中国政府从来没有表态,我们出版书籍应当与国家的立场保持高度一致。在书的封面醒目部位,放置插图"飞机上的北约旗帜",能够暗示出版人的政治态度,不要做这样的事。请另换一副象征当今和平发展的插图。

p.6 "世界社会主义运动"改为"国际共产主义运动"。

p.7 复审提出,"红十字会与红新月会"有关问题。原稿无误,为较全面起见,文中"新月旗则用在伊斯兰教国家"的说法,可添几个字,改为"新月旗则用在阿拉伯地区和部分伊斯兰国家"。

p.8 本页动大手术。因为讲的是中国近现代史,切忌数典忘祖,当从孙中山说

起。原书出自台湾,却对孙中山只字不提,大不应该。页眉的图片(1937年的上海战场),拟换上一幅孙中山肖像。图片说明拟于下:

　　孙中山(1866—1925)在辛亥革命时期,领导人民推翻中国几千年的封建帝制、建立共和国,被尊为国父。曾任第一任中华民国临时大总统,首次提出了"三民主义(民族、民权、民生)"的政治纲领。

　　本页开头,原书"蒋介石率军北伐之后",改为"国民革命军北伐之后",整段移至原书的"第二次中日战争"节下,作为这一节的开头。原文"但一直觊觎中国的日本却加速侵略的脚步,终于爆发中日战争"后半句,责编改为"于1937年发动侵华战争"。"发动侵华战争"改得精到,年份不必,还保留原文的"终于"。因为1937年七七事变,是抗战的开始;自之前的1931年九一八事变,日寇即大规模武装侵略中国东北。所以,日本帝国主义发动侵华战争,不能从1937年算起。

　　"军阀混战"一节,进行较大修改:其一是标题,节中内容并未涉及各路军阀怎样"混战",只是泛泛一说,消灭军阀倒是占据大半篇幅。所以,根据稿中情况,标题改为"军阀混战与北伐战争",文可对题。其二,军阀举例,不系统,遗漏重要人物。袁世凯身后的嫡系一分为三:皖系的段祺瑞,直系的冯国璋、曹锟、吴佩孚、孙传芳,奉系的张作霖。稿中仅说到张作霖、阎锡山、曹锟、吴佩孚和唐继尧。"山西的阎锡山"与袁世凯的嫡系,不可混为一谈。他既是军阀又讨伐军阀,1927年元月,与蒋介石合作,任国民革命军北路总司令,对张作霖作战。北伐结束之后,联同冯玉祥、李宗仁另组"国民政府",引发中原大战;抗日战争爆发后,任第二战区司令长官,与共产党人合作。因此,要将阎锡山与袁世凯嫡系军阀区别开来,列为其他地方势力。其三,讲北伐战争,用不着突出蒋介石,"蒋介石在1926年领导一支以黄埔军校学员为主力的军队开始北伐",改为"1926年,一支以黄埔军校学员为主力的军队开始北伐"。"国民党军队"改为"国民革命军"。其四,北伐中,对于共产党的作用,原稿写到"共产党在各地发动农工运动,也有利国民党军队的胜利"。轻描淡写,不足以反映出真实的历史。当时,共产党不仅仅"在各地发动农工运动",而且,直接在军事和政治工作方面起到重要作用。1926年2月,中国共产党在北京召开特别会议,提出出兵北伐、推翻军阀统治的主张。从国民革命军的基本编组情况可以看出,统共8个军,其中从事政治工作的人员多数是中共党员和国民党左派人士。叶挺独立团是中国共产党直接领导的部队,共有两千余人,连以上干部全部为共产党员。独立团是第四军的开路先锋,在北伐战争中打出了威风,功勋卓著,无人不晓。所以,依据史实改为:"共产党在军队、政治工作以及发动农工运动方面,作出了巨大贡献。"

原书节标题"第二次中日战争",这个提法也常见,责编改成"日本侵华战争",更加准确。原书的这一节的后半部分表述片面,缺乏力度:"在武器及训练上处于弱势的中国军队,以空间换取时间的长期消耗战策略,使日军陷入广大战区而不能自拔。1941年,太平洋战争爆发,来自英美的援助到来,中国最后艰苦战胜日本。"这两句话,是对中国抗战仅有的叙述。第一句的潜台词就是退缩;第二句,胜利靠的是英美外援。这种概括,怎么能够对得起不顾身家性命、抛头颅洒热血、英勇杀敌的抗战英雄?必须尊重历史,体现出中华民族英勇反抗外来侵略的伟大精神,取得胜利,内因是最主要的。此外,国际援助只说英美,而对苏联红军出兵150万、几天内横扫日本关东军的战绩忽略不计,也是个问题。删去原有的两句话,重新拟文如下:

全国人民奋起抗战,国共两党在民族大义面前,开始第二次合作,国民党军队于正面战场,共产党开辟敌后战场,与日寇殊死搏斗。1941年,太平洋战争爆发,中国与美国、英国结成同盟,携手打击日本侵略军。1945年8月9日,苏联也加入对日作战。1945年8月15日,日本宣布无条件投降。抗日战争的胜利,是中国人民一百多年来第一次取得的反对外来侵略斗争的胜利。9月3日确定为中国人民抗日战争胜利纪念日。

"南京大屠杀"一节中写到:"根据战后东京战犯法庭引用的资料,计有4.2万中国人被害,但许多报导指出死亡人数超过30万人。"复审认为,"应直接改为'被害人数超过30万人'。不知是否合适"。

十分合适。"根据战后东京战犯法庭引用的资料,计有4.2万中国人被害"之说,纯属无稽之谈。本节最后,再加一句:"中国政府将12月13日确定为南京大屠杀死难者国家公祭日。"

p.10 中国共产党成立,笼统说第三国际协助即可,其代表人不用提名字。

"中华人民共和国"一节,视角偏离,对于国共两党局势的分析,着眼点仍在外援上;而且,在短短的说明语里,谈胜败的战略战术问题,不得要领。删除大部分文字,并且补充一句:抗日战争胜利后,国民党与共产党谈判破裂,1946年6月26日,国民党以30万大军围攻中共中原解放区,全面内战爆发。

蒋介石毕竟是近现代史上的大人物,应当榜上有名,补充文字见稿。

p.11"毛泽东与'文革'"专栏,责编力主保留,而且认为,"只有放有关毛泽东的专栏最为合适,其他人,无论是邓小平还是谁,都不合适"。所言极是,毛主席是中国共产党和中华人民共和国无人替代的一面旗帜,必须设专栏。专栏的题目和内容怎样确定,要看面对的读者是谁。若是党内总结历史经验教训,对"文化大革命"

五、科普读物（152—182篇）

和主要发动者进行评价，是必要的。丛书面对的是少儿和一般读者，就不必谈及"文革"。激发正能量的指导思想，包括不随意往自己脸上抹黑。因此，转换一下角度，去掉"文革"，专写"毛泽东"。原文上来就说"毛泽东是中国近代史上最受争议的人物之一"，此言差矣，丰功伟绩，无可争议。向伟人泼污水者代表不了绝大多数中国人民的心声。原文全部删除，文字说明拟如下：

毛泽东（1893—1976）是近代以来中国伟大的爱国者和民族英雄；是革命家、战略家、理论家，是中国共产党、中国人民解放军和中华人民共和国的主要缔造者和领袖。他倡导"为人民服务"，带领中国人民彻底改变自己命运和国家面貌。毛泽东被视为现代世界历史中最重要的人物之一；《时代》周刊将他评为20世纪最具影响力的100个人物之一。

p.12 日本提出"大东亚共荣圈"的构想，"自认为是要协助各国建立独立的新国家，而非侵略"。"自以为"改为"自饰为"。这个字很关键，"自以为"，可以开脱成好心办坏事；而"自饰为"，就是故意干坏事，却为自己的行径粉饰。

p.12 日本偷袭珍珠港，二审质疑"不致遭到美国的挑战"一句，此言确实模糊不清，删去。

p.13"日本天皇"插图说明里，最后一句"天皇变成国家的象征，而让人民成为真正的主人"，这只是一种愿望，时至今日，日本人民也没有成为真正的主人，否则，就不会听任军国主义死灰复燃。因此，这句话保留前半句即可，"而让人民成为真正的主人"删去。从逻辑结构而言，后半句也应当删去，因为说的是天皇。

"神风特攻队"插图说明："神风特攻队取名是来自中国元朝在13世纪末两次征日都遭暴风而失败，所以日本便称这两场暴风为神风，神风特攻队的名称便来源于此。图为女学生欢送神风特攻队。"该说明最后一句实实在在，保留之，其余全是废话。在严肃的政治历史面前，容不得编故事。

p.14"亚洲四小龙"，复审提出，"香港和台湾"改为"中国香港特别行政区"和"中国台湾地区"。改得很好。

p.15"朝鲜战争"，原文"美军的胜利引起中国的不安，决定派兵'抗美援朝'"。复审感觉这样的表述不准确，提出将"战火扩大至中国东北"等内容加进去是否会更合适。

这里需要依据史实增加一段文字：

以美军为主导的联合国军在麦克阿瑟率领下登陆仁川，并且不顾中国政府的多次警告，越过"三八线"，直逼中朝边境的鸭绿江和图们江。中国根据朝鲜政府的请求，作出"抗美援朝、保家卫国"的决策，1950年10月19日，中国人民志愿军赴朝

参战。此战以美国失败而告终。

p.17 复审建议修改原文"手榴弹发明的时间很早,但到了现代才广为运用",增加"最先是中国人发明的"。这里没有必要认定手榴弹的发明权,可以删去原文的后半句。

pp.24~25"东欧与苏联解体"改为"东欧剧变与苏联解体";"东欧解体"改为"东欧剧变"。

复审提出,"电子媒体"一节,最后一句"因此成为许多执政者亟欲掌握的发声途径",画蛇添足。

其实,这样说是有用意的,还是保留它吧。

p.34"英语关键词"、p.36"新视野学习单"、p.39"我想知道",涉及上述修改内容的,亦作相应删改。

在原则问题的范围内,若认可以上意见,同意发稿。

2014 年 9 月 11 日

172.《新视野学习百科·数位世界》(大字版)终审意见

科学技术具有时效性,人所共知。同样,科学技术读物也需要相应地伴随着时间的前移而更新。尤其是数字技术,它是我们所处的时代的科学技术发展进步的领头羊,创新之快,令人目迷五色。《新视野学习百科·数位世界》这一册是 2005 年出版的,十年前的书稿写到这个水平,实属上乘之作。但原封不动地拿到今天,不能不让人有隔世之感。稿件的根本问题在于此。

一审、二审及外审专家,共同努力,相互取长补短,妥善解决了将数字技术领域的中国台湾惯用语转换为中国大陆惯用语的重要问题,该项工作耗时耗力,非精勤搜讨不能廓清辞靡,功不可没。这里,主要对书稿的时效性及其他零星问题补充点儿意见:

一、对过时的文字阐述,作删除处理。必要的地方,适当地极其简练地增添时鲜概念。

p.19 建议删除如下一大段文字:MV、D8 也和 DV 一样可以达到数字录放像的功能,MV 体积比 DV 轻便,但价格较贵;D8 则具有与传统录像带格式相容的特点,但体积庞大。就格式而言,DV 是国际通用标准,WV 和 D8 则是 Sony 公司独自开发的,因此数码摄像机的市场,还是以 DV 为主。

另外,本页的图片说明里的一句话:"如这台富士数码相机能够防泼水",有广

告之嫌,也可删除。

p.22 图示 3.5 磁盘、MO 盘已经退出市场,删去。

正文:"目前常用来储存资料的是光盘,依据规格可分成 CD 与 DVD 两大系列。"目前时兴的是蓝光,所以,必须提及。后一句改为"依据规格可分成 CD、DVD 及蓝光等系列"。

正文有关 VCD 一大段作删除处理,应删去的文字如下:Video CD 简称 VCD,是 CD 系列的一员,它采用 MPEG-1 技术压缩的光盘机格式,储存全屏幕与全动态的影像及声音信息。一张 VCD 可存放 80 分钟的影音信息,主要用来储存电影和卡拉 OK,通常片长两个小时的电影需要两张 VCD 才能够完整地存放。

"光盘除了有 CD 和 DVD 的规格差异外",这句话也要加进"蓝光",改为"光盘除了有 CD、DVD 及蓝光的规格差异外"。

二、有的术语需修改。

"高解析度"改为"高分辨率"。

"灰阶"改为"灰度"。

" A/D 转换器"改为"模拟数字(A/D)转换器"。

CCD、CIS 及 CMOS,要用中文表述:

CCD——电荷耦合元件;

CIS——接触式图像传感器;

CMOS——互补金属氧化物半导体。

"解析度(DPI)"改为"DPI(扫描分辨率,即每英寸所能扫描的点数)"。

三、个别文字处理可再琢磨一下。

"才能够在电脑上使用",改为"才能够在电脑上更方便地使用"。

文中"拜数字技术所赐",这里应当采用外审专家的意见,将其改为"归功于数字技术"。

文中的三种格式,第一种"只读型",第二种和第三种却用英文标示"CD-R/DVR+R/DVD-R""CD-RM/DVD-RM",三种不统一。可以删去以上英文,第二种和第三种直接用中文"一次写入型""多次写入型"。

四、"英语关键词"里,有三个词需再斟酌。

"噪声干扰 Noise",英语 Noise 准确的意思只是"噪声",与"干扰"无关。因为,噪声不一定就干扰,噪声对人而言,只有在一定的频率范围内才能产生干扰。所以,"噪声干扰"改为"噪声"。

"解析度 Resolution",此乃台湾的译法,大陆译为"分辨率"。

 编辑审稿录

"卫星定位系统 Global Position System，GPS"，按照国家标准 GB/T18314－2001 应当改为"全球定位系统"。

五、书名拟为《数字技术》如何？

二审提出：在台湾，他们将涉及数码类的东西统称为"数位"。但在大陆，会根据具体事物的不同而区分为"数码"和"数字"。关于此书的书名，"数字世界"似乎数学味道太浓，不很贴切，建议改为"数码世界"。

以上见地理明义达，词自成文。特别是从数学角度审视，读者看到书名自然会以为该书探讨的是数学方面的知识。它起码提了个醒："数字世界"竟然不谈数学，名不副实。所以，"数位世界"直接转换为"数字世界"确乎"不很贴切"。那么，改为"数码世界"，也还觉得枉尺而直寻，亦不甚确当。其一，稿中列出的小标题均以"数字"为宗旨：数字化；文件数字化；声音数字化；图像数字化；数字电视；数字信息的存储；数字安全管理，等等。出现"数码"字样的仅两处：数码录音笔；数码相机与数码摄像机。即使这两处，"数码"也完全可以用"数字"代之，而且后者更加规范（参阅《现代汉语词典》）。"数码"即"数字"，"数码"应用范围也就几件商品而已，或许可把"数码"理解为"数字"的俗称。其二，世界通用语汇没有"数码"一词，digital 是这一概念的唯一用词。无论数码录音笔、数码相机还是数码摄像机，都由 digital 组成，别无第二个词根。其三，从科学技术发展史的角度看，我们正处在数字信息处理技术发展的时代，简称"数字技术"时代或"数字化"时代。稿件的主题是介绍数字技术，让读者不仅理解生活里所使用物件的数字原理，而且也了解人类当下的技术时代。所以，更名为"数码世界"难以概括全书的内容。其四，"数字技术"的说法，避免了"数字世界"不谈数学理论的弊端，搭眼便知该书的主旨在于具体的应用技术；同时，又能囊括"数码"之说，定位较为明确。综上，书名拟为《数字技术》如何？

以上意见仅供参考。同意发稿。

2014 年 8 月 12 日

173.《新视野学习百科·建筑艺术》(大字版)终审意见

从一审报告可以看出，4 个方面 56 个问题，理明义达。复审意见在"同意一审意见"的基础上，又补充修改 18 条，证佐凿然。此外，答复了一审提出的"反动""术科"两个词在建筑学里的应用问题，并与一审达成共识。关于"反动"一词，再多说几句：前些年突出政治的时候，用的面较窄，似乎为其打上了时代的烙印；其实，它

的寓意非常深刻,用途很宽泛。钱钟书在《管锥篇》第二册《老子·王弼注》第十三则"反者道之动"里指出,"反"字融贯正反之反(违反)、往返之返(返回)两义,是正、反而合的一个典型范例。"反"字,乃背出分训之同时合训。在学术界,"反动"一词算是个常用词。例如,梁启超谈论新老学派的更替,就时不时地用"反动"。

p.24 插图说明"萨维亚别墅(1928—1930)",括号里的年代不知何意,而且标的是起始至终的年代,让人疑惑:是 1928 年建成,1930 年毁掉?还是 1928 年开始建造,1930 年落成?全书的著名建筑物插图唯此标有年代,从哪个角度讲,括号里的年代都多此一举。这是原书的问题,删去。

p.32 原文:"在资讯科技不断翻新的年代,人们对现代主义建筑的单调感到不耐","不耐"一词不常见,根据文意改为"腻烦"。

同意发稿。

2014 年 9 月 3 日

174.《新视野学习百科·电影与动画》(大字版)终审意见

术语、用词及繁体字转换为简体字等方面,一审钩稽严核,使得稿件平整规范。二审可能出于电影是雅俗共赏的大众艺术之见地,补充修改的 22 处,舒肆妙虑,锦上添花。并且,外国人名中间加圆点的提示,亦属必要。尚存小疵:

大标题"早期好莱坞电影",原文是"古典好莱坞电影"。"古典"为什么改为"早期",一审和二审报告均未写及,是谁改的,没有记录。因为连带 p.27"美国人格里菲斯,是古典好莱坞时期最重要的导演"这里用的也是"古典好莱坞时期",与大标题吻合。所以,尊重原文"古典好莱坞电影",不要改动。

插图说明"冬青(HoLLy)树林(Wood),于是将新家园命名为 HoLLywood"。其中的 4 个"L"字母有误,搞成了大写的倒置。此处的 L 应当小写,改为 Hollywood。其他处的插图说明也有类似错误,请核查改正。

"20 世纪 20 年代,德国、法国、俄国接连兴起重要的电影运动","运动"改为"流派"。

标题"俄国蒙太奇运动",改为"俄国蒙太奇学派"。

"'剪辑'是俄国蒙太奇运动中的关键",这里的"蒙太奇运动"改为"蒙太奇手法"。

"引起许多国家对蒙太奇运动的注意",这里的"蒙太奇运动"改为"蒙太奇学派"。

"电影运动"改为"电影活动"。

还有一个不该出现的错误:封面"撰文/吴美枝 审订/吴佩慈"。封底上半页

"大字版/叙毅宏撰文";下半页"撰文:徐毅宏 审订:陈文屏"。原书封面封底一致,皆为:"撰文:吴美枝 审订/吴佩慈"。我们的稿件里从哪儿蹦出个"撰文:徐毅宏 审订:陈文屏"?请核查。

同意发稿。

2014 年 9 月 5 日

175.《新视野学习百科·东方文学》(大字版)终审意见

同意发稿。文中的许多问题,责编和复审解决得非常好。下面主要就责编提出的质疑,谈点意见。

文中所言:"当欧洲人成为世界主宰,就把欧洲以东的中国、印度、阿拉伯等亚洲地区称为东方"。对"欧洲人成为世界主宰"的说法,责编提出质疑。此说是事实,当时欧洲人确实是世界的霸主。所以,保留原文。

责编将李清照的卒年改为 1155 年,可,但仍然要加问号,因为这是考证出来的,而非确凿记载。同样《鲁拜集》的作者卒年 1122 年或 1123 年及 1131 年,也没有确凿记载。保留原文罢了。

关于"鲁迅的散文与杂文"一节,责编敏锐地提出了疑问,很好。的确与我们的观点有些距离。文中认为"鲁迅的散文、杂文与他的小说思想一贯,继承德国哲学家尼采的道德哲学,并运用医学、心理学'解剖'的譬喻……在明清讲求文人闲情的小品之后,继承了当代散文家周作人、林语堂、朱自清、徐志摩、梁实秋等人的路"。这些说法,与作家作品相去甚远,让人接受不了,需要作较大修改。"重要作家"改为"伟大作家"。上述一段文字,改写如下:鲁迅的散文、杂文体现了中华民族新文化的方向。鲁迅的文学思想,并非中国传统文学所培植的,但他的思想和作品又无不浸润着中华民族的传统,他用民主革命的理性光辉,去照亮中国的传统文化。

此外,稍有补充:

东亚文化圈的范围,稿中有韩国,但没有朝鲜,应增补朝鲜。否则,又是一隐患。

稿中"中国文学的两大传统"——抒情传统和叙事传统,是按照西方的文艺理论概括的,属于文学体裁的"三分法"(抒情、叙事、戏剧);而中国习惯于"四分法",即诗歌、散文、小说、戏剧。所以,这一节写得不够理想,传统文学不传统。这里涉及的问题还是比较多的。如屈原,文中仅仅强调他"反思君臣的互动,又称'香草美人'传统。这项传统从汉代开始,转化为'士不遇时'的问题,表达才学不被君王赏识重用的悲哀"。我们称赞屈原，主要是因为他的民族精神和爱国主义精神，稿中对此只字未提。当然，如稿中所述，可以看做学术上的不同观点，姑且存之吧。由于面向少儿读者，最好还是在文中加一句"也是伟大的爱国主义传统"。稿中将戏剧归在叙事传统的麾下，不伦不类，既非西方的观点，又与中国传统迥异。稿中说"近体诗是指律诗和绝句，兴盛于唐宋"，也不合事实，宋已是近体诗的强弩之末，谈何兴盛。文中"词盛行于晚唐、五代及宋朝"的说法，亦欠准确。改为"词始于晚唐、五代，盛行于宋朝"。

p.16插图说明里"聚集梁山泊为盗"，"为盗"是封建统治者的观点，改为"起义"。

2014年5月12日

176.《新视野学习百科·东方绘画》（大字版）终审意见

审读报告清晰可凭，搜采参核，触类通畅。二审虽刍荛之言必询，证佐凿然。稿件经此加工，已达到出版要求。同意发稿。

再改两处：

"2005年山东济南的潍坊杨家埠巨幅年画展"要将"济南的"三个字去掉，杨家埠属于潍坊，与济南没有关系。

正文与插图介绍语相抵牾：正文"天津杨柳青、苏州桃花坞的年画作品广受欢迎，成为中国两大主要年画产地；而河南开封朱仙镇、山东潍坊、四川绵竹、广东佛山、陕西凤翔等，也都是著名的年画产地"；插图介绍标题即为"年画四大家"，"江苏桃花坞、天津杨柳青、山东潍坊与四川绵竹的木版年画在中国最为著名，被誉为'年画四大家'"。既有"年画四大家"之说，那么正文就需与之同声相契。应当将其中"成为中国两大主要年画产地"一句删掉。另外，文中于"桃花坞"前冠有"江苏"和"苏州"不同地名，一般人也都知道所以然。为了统一起见，还是采用具体城市名——苏州桃花坞。

封底，"原出版者"应当统一用简体字。

2014年7月17日

177.《新视野学习百科·西方绘画》（大字版）终审意见

按照有关规定，对稿件进行的修改加工多达36条，条条均言之有据，显出了责编的真功夫。同意发稿。

只补充一点，p.12"中世纪（5—16世纪）"改为"5—14世纪"。理由如下：欧洲封建社会的历史，大体分为三个时期。早期以476年西罗马帝国灭亡为开端，即从5世纪始，至11世纪，是封建社会的形成期；中期从12世纪至14世纪，是封建社会的兴盛期；晚期从15世纪至17世纪中叶，是封建社会衰亡、资本主义生产关系产生期。欧洲中世纪的文学艺术时期划分，不包括晚期。"中世纪"一词是从15世纪后期的人文主义者开始使用的，以1453年东罗马帝国灭亡为标志。还有一种界定，下限为1640年英国资产阶级革命。可见，无论哪种说法，稿件的"5—16世纪"都与之不合。14世纪初至17世纪初，欧洲的文艺复兴运动蓬勃开展，不能再把16世纪说成是中世纪了。而且，与稿中p.16"文艺复兴时代（14—16世纪）"相抵牾，中世纪下限是16世纪，文艺复兴下限也是16世纪，问题显然。因此，将中世纪的下限由"16世纪"改为"14世纪"。

2014年8月6日

178.《新视野学习百科·世界遗产与博物馆》（大字版）终审意见

《世界遗产与博物馆》虽然只有三万多字，但广摭博讨，一囊天下之尽有，加之两岸人名、地名称谓殊异，计量单位名称不一，字体简繁各积其习，数字用法彼无定例；因此，编辑加工是一项不小的工程。责编的书稿审读报告序事清润，严谨地解决了15个方面的问题，仅其中一个问题"人名地名的转换"，就处理了47起异称，精核典实。复审没有因为责编的绵密而止步，继续究其微赜，补阙16处，巨细毕举。同意发稿。

责编提出，关于北美、北美洲、中美洲、南美洲等概念使用的问题，有待终审解决。书稿审读报告里清楚地厘定各自界限："美洲可分为北美洲和南美洲，中美洲是北美洲的一部分；北美和北美洲是两个不同的概念，前者是政治地理学概念，后者是自然地理学概念。北美和拉丁美洲构成完整的美洲；而北美洲和南美洲也构成完整的美洲。但是在正规的百科全书中，七大洲的组成是北美洲和南美洲。"问题的焦点在于，作为政治地理学概念的"北美"，与自然地理学的有关概念混用，是否合适。责编目光敏锐，稿件不妥之处，自当据实别择。具体意见如下：稿中"虽然欧洲人自16世纪才开始进入美洲，但古代的印第安人曾在中南美洲发展出高度文明，留下了相当可观的文化遗产；而北美则留有不少独立建国的遗迹"，该句里的

"中南美洲"及"北美"使用欠严谨,分别以"这里"和"也"字代之,修改见原稿。

另外,自由女神像的说明不太准确。原文"自由女神像竖立于美国纽约市哈德逊河口",按此一说,似乎在河口岸边便可零距离参观。事实上,自由女神像建在岛上,若想近距离参观需要乘舟渡水。改为"自由女神像竖立于美国纽约港入口处的自由岛上"。

"当地灾民的生活动建史","动"字有误,应为"重建史"。

封底,"原出版者"统一用简体字为宜。

2014 年 7 月 18 日

179.《从地球到月球》(大字版)终审意见

真真的好书!炎黄子孙缺的就是此类精神补品。为什么美国人能在大多领域遥遥领先?为什么美国有实力在世界上称霸?看看这本书就能找到答案的线索。书里说:"每当一个美国人有了一个想法,他就会寻找另一个美国人来商讨这个想法,而一旦有了三个人,那他们就会选出一个主席和两个秘书来。等有了第四个人时,他们就任命一个资料保管员,办公室就开始运作了。等有了五个人时,他们便召开全体大会,俱乐部就宣告成立。"这里要加个注释,美国人所说的"俱乐部"绝非国人喜欢泡的歌舞厅、麻将室,而是没有编制也无所谓编制、没有国家和任何团体组织拨款的科技活动点。志同道合者凑在一起,每个成员倾其所有甚至性命投入其中。该书记述的"大炮俱乐部"正是这样,其核心成员是战争中的幸存者,"四个人加起来顶多只有一条胳膊,而六个人则仅有两条腿"。他们的"乐",聚焦于设计并制造一枚炮弹,打到月球上去。"美国人是不信邪的。人们常常说法语中不存在'不可能'这个词,他们想必是查错了字典。在美国,一切都很容易,一切都很简单……计划与实施之间,没有哪个真正的美国佬会感到存在着困难。他们一言既出,万难皆消。"

同是发达国家,书中还道出了它们的差异:"在欧洲,特别是在法国,向月球发射一枚炮弹的想法必然会遭到嘲讽,漫画纷至沓来,甚至被编进歌曲受到挖苦。而在这里,这一切都不可能出现,那样肯定会惹来众怒,受到口诛笔伐。"

作品里,不仅以艺术的形式普及了天体科学知识,而且塑造了几个个性鲜明的典型形象。法国人米歇尔·阿尔当"是造物主一时心血来潮造出来而又立即毁掉其模子的那些怪人中的一个"。"如果要找两个性格截然相反的人,那非法国人阿尔当和美国人巴比凯恩莫属了。"他们的论敌尼科尔船长亦是典型形象里的一个。

这素昧平生的哥儿仨,是真正无与伦比的三条好汉。通篇没有说教,只唯实。

责编组稿眼力非凡,其文字质量也很好。同意出版。有点小毛病,再改一下:

数字用法方面,例如"它是电的速度的十万分之一,是光的速度的1/640,是地球环绕太阳公转速度的1/76"。这里的数字用法应当统一,"十万分之一"要改为"1/100 000"。其他数字小改动,见原稿。

p.74"100的铜、12分的锡和6分黄铜的合金",该句似有舛误之处:3处数字中,后面2处后面跟量词"分",而前者"100"后面没有量词。并且,这里的量词"分"是否"份"的意思?请核对原文。

p.80"其推动力便能发挥到极致",句里的"极致"当作"极值"。

p.171"对试验始作俑者","始作俑者"一词这样用不妥。俑,是古代殉葬的偶像,孔子反对用俑殉葬,斥骂"始作俑者,其无后乎!"意为第一个用俑殉葬的人,断子绝孙了吧! 所以,始作俑者,指的是恶劣风气的创始者,而非发起做好事的人。修改之。

p.242 注释①"巴别塔":"据《创世纪》载,诺亚的子孙向东迁移,至示拿,见一平原,乃住",其中"至示拿",不熟悉《圣经》的人容易误读,建议加几个字说明,即"至示拿地(古巴比伦附近)"。

2013 年 5 月 31 日

180.《环绕月球》(大字版)终审意见

凡尔纳是一位令人震撼的科幻作家,继《从地球到月球》之后,又续接《环绕地球》,使读者尚未平静的心绪,再度澎湃。陈筱卿的译文,跌宕通脱,经过责编对其字句的规范化加工,越发声气相激。同意出版。

"序言"一处注:"码"系速度单位,约合0.914米。这个注释不太准确。"码"不是速度单位,而是长度单位。改为:"码"系长度单位,1 码=3 英尺=0.9144 米。

2013 年 7 月 24 日

181.《海底两万里》(大字版)终审意见

儒勒•凡尔纳是法国19世纪著名作家,他创作的科幻三部曲,影响广泛,同其他优秀的法国文学作品一样,名扬全球。《海底两万里》即为三部曲之一,其介绍的海洋地理知识以及海洋动植物等,总括万殊,包吞千有,加之惊心动魄的故事情节,

五、科普读物（152—182篇）

烘托起了几个主要人物形象——刚严介特的尼摩艇长、博学精鉴的阿罗纳克斯教授、简悫贞良的仆人孔塞伊、英武冷酷的捕鲸手内德·兰德，令读者深印脑海，挥之难去。该书由法国文学翻译专家陈筱卿译成中文。责编驾驭文字的功力较强，这部曾经出版过的书，尚存乖剌谬漏之处，未能逃出责编的视域，而且每处修改，运笔皆甚贴切。同意出版。

有几个地方可以再斟酌一下：

"也不按夸张的算法，即这个大家伙宽1海里，长3海里"。1海里＝1 852米，3海里＝5 556米；按中国老百姓的概念，即宽三四里，长十几里，"这个大家伙"指的是潜水艇，也太大了，没有可能性。现在世界上最大的航空母舰也就长达几百米，宽几十米。艇长介绍，该潜水艇"从头至尾，整70米，最宽处为8米"，可作参考。两相相较，数字太悬殊。请核对原文。

"在距克里斯托巴尔·科伦号在太平洋上遇见那个大家伙两千海里处"。两千海里该多远啊，大约有三四千公里，相距三四千公里即说"遇见"，不靠谱。两千海里也可能说的是离岸的距离，但没说清楚具体情形。请核对原文。

公里改为千米，符合规定。但这是文学作品，口语化的情景下，还是用"公里"更具亲和力。因为在日常生活里，人们常说"几里地""多少公里"，没有论"千米"的。

"敬请先生大驾光临"，可以去掉"先生"二字。

"好可怕疹人的景象"，疹人——瘆人。

"航行了8 100百海里"。责编正确处理了书稿里的好几个类似"百"这样的衍字，这一个漏网了，删去。

注释：库克·昂特勒卡斯特(1737—1793)，迪蒙·迪维尔(1790—1842)。正文："库克·昂特勒卡斯特和迪蒙·迪维尔分别于1714年、1793年和1827年来到这里。"根据注释所示二人的生卒年，不可能于1714年来到这里。请核查。

书稿一些地方的文字表述，带有中国方言口语，读来似觉变味，责编对此进行了加工，个别处遗漏，补之。如："能把猎人给吃了的野兽""贪吃豆蔻给吃醉了""用刚才挖出的土给填上了"，其中的"给"字都属于这种情况。

"大西洋的海水密度就是一又千分之二十八，太平洋的海水密度一又千分之二十六，地中海的海水密度就是一又千分之三十"，其中的数字，属于物理量量值，必须用阿拉伯数字。

文中的阿拉伯数字被改为汉字数字，其实不必。一组具有统计和比较意义的数字，其中既有精确数字，也有用"多""余"等表示的约数时，为保持局部体例上的一致，其约数也可以使用阿拉伯数字。

"大西洋！浩瀚无垠的海洋，长9 000海里，平均宽度为2 700海里，面积达2 500平方海里。"按照文中的数字，其长度和宽度所得的面积"2 500"之后漏掉了"万"字。另外，如今大西洋的这组数据与此相差很大，还是遵照原文吧。

在文中"百分之32秒"处有责编涂改的痕迹，如此可否，责编似乎举棋不定。应当改为："32％秒"。

注释"德斯坦海军上将"，文字上稍作调整。

2013年6月20日

182.《神秘岛》(大字版)终审意见

人总是要有点精神的。凡尔纳因其大量的优秀作品，被冠以"现代科幻小说之父""科学时代的预言家"之名，奥妙就在于有一股精神蕴于其作品中。《神秘岛》因彰显出这种精神而夺人心魄。该书已出版过，此次以大字本的形式再版。一审发现，第二部第17章"艾尔通"叙述自己之前的事情时有些混乱，经过查证英文版、比照多个翻译版本，互校阙讹，补所不逮。复制过程里，乖谬者亦悉加刊定，使稿件无忝前人，无废后观。同意出版。

2013年9月5日

六、养生读物(183—204 篇)

183.《每天养生一点点》(大字版)终审意见

笙磬同音,用来评价本书稿一审与二审的配合,最为恰切。这可以从"一审补充说明"里看到:"二审给本书提出了很多建设性意见,尤其是版式方面。送排版前,按照二审的建议,做出了相应的修改。一审在二审完核红时,又通读了一遍书稿,一审在通读的过程中又发现了一些问题。有一些问题是排版人员修改造成的,也有一二审遗漏修改之处。另外,关于书的版式,一审在通读的过程中又产生了一些想法",并落实于稿中。一审、二审对该稿的处理加工,真可谓全力以赴,精心打造。特别值得提出的是,一审之后,二审既肯定其成绩,又能抓住要害(版式问题)直言不讳。一审接受二审的建议,虚心诚恳,表现在并非头痛医头、脚痛医脚,应付了事,而是充分发挥自身的创造性,把问题解决圆满为止。且喜,复查时别有斩获。

以上赘言,谨对一审、二审的工作态度表示敬意。

汉字数字与阿拉伯数字混用的现象尚存,做了修改。

个别词的改动,还需慎重,必须有据可考。例如,原稿"精神畅达乐观",将其中的"畅达"改为"通达",多余了。原稿"精神上得到保养","保养"改为"滋养",不如原稿贴切。因为说的是"精神",原稿"保养精神"用词恰当,无需改动。若改成"颐养",倒也有些来历。《汉书·马融传》:"夫乐而不荒,忧而不困,先王所以平和府藏,颐养精神。"

同意出版。

2016 年 6 月 8 日

184.《每天少生一点儿气》(大字版)终审意见

德国人菲拉·费·毕尔肯比尔写的这本劝人"消气儿"的书,非常具有实用性。作者是大脑规则学说的创始人,德国著名的实用心理学畅销书作家。引进该书,有益于人们身体健康,同意出版。

再挑点儿小毛病:

标题"抱怨 & 谈论愤怒",不要英文与汉语共用。将"&"改为"及"。

"剪下来的玫瑰"要加上"花"。种玫瑰和剪下来的花有别。

标点"(!!),"不规范,这里仅用"!"即可。

"第三种可能就是",依照第一和第二的格式,删去此语。

二审提出"p.2 关于身心灵修养的书,说法是否准确?"问题提得好,此说不准确。去掉其中的"身"字。因为身体无所谓"修养",要修养的只是"心灵"。"身"字可能打印时误加。

翻译的质量较好,责编及复审工作精细,所以稿件没发现突出的弊病。

2012 年 10 月 3 日

185.《养生先养脚》(大字版)终审意见

很实用的一本书。养生之道,养足为先。本书利于转变人们的错误观念,让人刮目相待"臭脚",按摩足浴,祛病健身。轻足者,滞痼绝振起之望;失足者,致微疴成膏肓之变。稿中案例云集,同条共贯,相为因缘,归功足下。

未足者,行文尚粗。一审、二审加工润色,不遗余力,共修改几近百处,均妥;已可谓差强人意。可发稿。

几个地方再处理一下:

"前言"里,引用《黄帝内经·厥论》,欠规范。原著如下:

黄帝问曰:厥之寒热者何也?岐伯对曰:阳气衰于下,则为寒厥;阴气衰于下,则为热厥。帝曰:热厥之为热也,必起于足下者何也?岐伯曰:阳气起于足五指之表,阴脉者集于足下,而聚于足心,故阳气胜则足下热也。帝曰:寒厥之为寒也,必从五指而上于膝者何也?岐伯曰:阴气起于五指之里,集于膝下而聚于膝上,故阴气胜则从五指至膝上寒,其寒也,不从外,皆从内也。

请一审根据原著修改之。

"按摩足部相关反射区有很大作用",同样以此为题目,前后两页两用。前面其下 4 条,后面其下 2 条。结构错综零乱,且有 2 条,离却了足部,只道"反射区",让人弄不清究竟按摩足部还是按摩反射区。修改见原稿。

对于疏通经络治病,稿中用修路比拟,似是而非,骈拇枝指。稿中立意,原是疏通经络治病优于药物治病,用修路因地制宜相较,看似恰切,实则节外生枝。修路属于社会活动,复杂因素数言难尽。经络运行,乃自然生理,单纯得多。两者无可比性。故而删去。

"给孩子补钙除了让孩子多喝熬骨头汤",据营养学专家范志红所示,熬骨头汤里,钙的成分有限,起不了补钙的作用。因之,删去此说。

提倡"晨起散步",与前面强调上午 9 时前不宜锻炼相抵牾。这一句可删。

"脚的大拇指","指"字之用,当视情而定。稿中大都说的是脚趾,但间或涉及用手指揉脚趾,两指便易混淆。所以,此稿里的脚趾,全用"趾"字以示与手指区别为宜。这里不牵扯孰是孰非,手指仅用"指",而脚趾用"趾",亦可用"指"。稿中所用无误,只是为了方便读者辨析,脚趾统一用"趾"。

"年近 50",这里的数字,当用汉字数字"五十"。"过了 30",亦然。

2016 年 5 月 7 日

186.《向睡眠要健康》(大字版)终审意见

重重面纱遮蔽着睡眠的秘密,近来的科学揭开了面纱的最外一层。本书稿的作者秦斌认为,睡眠也是一种无意识的愉快状态,是身体最好的补药,乃养生第一要务。书稿普及科学知识的态度严谨,很实用。据一审报告得知,原稿较凌乱,前后重复,话语啰唆,共 15 万字。经加工,笔削 3 万言,冗赘之弊革除,语言通畅。稿件加工到现在的程度不易,责编用功之甚,可想而知。复审补充加工 3 项,每处皆确当,使书稿益臻详瞻。同意出版。再提点建议:

"目录"篇幅较长,不同于一般目录那样醒目,每章增加了提要,也无不可,拟称之为"目录提要"。

汉字数字与阿拉伯数字混用的现象尚存。就拿目录来说吧,"十个睡眠习惯""8 小时睡眠""5 个计划 计划一 计划二""睡眠时间为六小时""十大禁忌""10 个方法"……建议全书稿尽量按照规范使用阿拉伯数字。

"与网络为伴,无论是生理还是心理都与现实产生了巨大分歧"。其中"分歧"可改为"分野"。

"考前综合证",其中"证"字改为"症",不当,应作"综合征"。

"'高枕无忧'的观点是有失偏颇的,并不是每个人只要'高枕'就可以'无忧'了。"这样表述,似乎"高枕无忧"一词本身有什么毛病,其实不然,就看怎么用了。此句可以修改一下:"'高枕无忧',是文学色彩浓郁的形容词,在现实生活里,并不是每个人只要'高枕'就可以'无忧'了。"

"中国人对晚餐比较重视,常常把晚餐当做一天中最隆重的一餐来对待"。此说不太符合实际。"中国人"是相对于外国人而言的,事实上,欧美国家的一些上班族,也和国内一样,由于早上匆忙,中午又不能回家,只能重视晚餐,此时边吃边聊,也是一家人一天中团聚的时刻。相反,在中国农村,人们白天劳动强度大,不能不重视早饭;累了一天,晚饭倒是草草了事,甚至喝些稀粥之类就算打发了,有的地区晚饭即叫"喝汤"。当今的中国,城市里的晚餐五花八门,除了一般家庭的生活方式外,还有难以数计进城农民工的路边小摊、成千上万大学生的校内餐厅、企业家和官员的秦楼楚馆,不一而足。所以,对晚餐的重视程度,难能以国度别之。可以将"中国人"改为"一些人"。

"控制血糖,改善睡眠"小节里,责编删掉了如下带引号的一段文字:"中西医结合的方法治疗糖尿病,效果好于单纯中医或西医治疗。用中药"调理胰岛功能,"用西药"控制血糖。从行文的角度,这样处理当然有道理,避免节外生枝;但从实用着想,其文还是很有意义的,它是专家向病患提供的一条颇具价值的信息。这里牵扯到一个问题,即言之有物与行文枝蔓的矛盾,上升到哲学上,也可以说是内容与形式的矛盾。解决矛盾的原则应当是,形式服从内容。因此,可以保留原文。

"每天早上进行适当运动,能有效降低血糖""糖尿病患者每天早饭后半小时最好做一些简单的活动"。加工时,这两处的"早"字被删去了,相应的,原文要说明的意思也随之改变了。还是保留"早"字能够准确地表明作者的主张。

文中多处出现"不宁腿"一词,而只有一处用引号。"不宁腿"是一种病名,不必用引号。

2013 年 6 月 21 日

187.《让高血压低头》(大字版)终审意见

鲤鱼有两根像白线似的软筋,位于鱼身两侧的表皮下,一端与鳃旁相连,直至尾鳍。据说,这根筋线是导致人们食用鲤鱼的罪魁祸首。民间许多人忌讳吃鲤鱼,认为吃了容易犯陈病。后来,有些人找到了要害,宰杀鲤鱼时把这条软筋剔掉,就可以放心大胆地享用了。这条民间之说是否具有科学性,拟请专家鉴定。事关饮食健康问题,所以,不避道听途说提供参考,有益无害。

"打淮海战役,就要靠刘邓大军",根据文中原意,将"刘邓大军"改为"解放军大兵团作战"。众所周知,淮海战役除了刘邓大军之外,还有很多兵将:陈毅、粟裕、谭震林与刘邓一起,组成淮海战役总前委。刘邓率领的中原野战军7个纵队加3个旅共近20万人参战;陈粟率领的华东野战军16个纵队加4个旅共40多万人参战,此外还有山东兵团、苏北兵团等。粟裕在淮海战役中事实上的指挥地位已载入史册。当然,稿中所论不在此点,只不过顺口比附一下而已。为了避免节外生枝,还是修改为宜。

"老子曰:'大道至简'。"《老子》一书里没有此说,相近者曰"大道甚夷"。夷,平坦的意思。因此,这句话改为:老子曰:"大道甚夷",意为大道是很平坦的。

该书已经出版过,美中不足的是有不少地方前后重复,作为讲座整理稿,也说得过去。当医生的毕竟不同于逻辑学家,必须有个婆婆嘴,对患者再三叮嘱,只有好处没有坏处。同意再版。

2013 年 4 月 24 日

188.《感冒的功效——从脊椎出发的自然整体法》（大字版）终审意见

感冒,可谓人之常病,无一例外。对其施治,大千世界各有不同路数。日本人野口晴哉创造出整体学说,提出了体癖论、活元运动、愉气法、潜在意识论等,强调不要过分迷信"感冒是百病之源"的说法,感冒正是一个纠正身体偏向运动的过程,是对身体进行的"大扫除",应以自然的方式度过发病期,调理相应的偏向性疲劳部位,进行愉气,犹如蛇经历一场蜕皮。该说在日本被誉为"感冒的圣经"。既是"经",当然要取的。同意出版。补充如下意见:

该书当属科普之类,面对群众,而非医务研究和临床专业人员,所以,书名是否再斟酌一下。目前的书名学究气较浓,普通读者或许会望而生畏,以致影响销售。最简单的办法就是割舍"——从脊椎出发的自然整体法",仅用《感冒的功效》。这样,既尊重原作,又简练平易。其实,本书后面的附录,伊藤桂一的文章"解读:领悟感冒的真谛"里,所用的书名就是《感冒的功效》。

正文里:

"很快就要进入感冒的多发季节了……"不必为"季节"所限,此语可删掉。

删去"悲剧的"。

"委靡不振"一词下有责编画的红杠,原文无误,尽可释然。

责编旁批"令人费解",审其文意,尚明晰。

讲述正题之前有4行文字拟删掉,以避浮言妨要。

责编觉得文中的一段话很别扭,辞达意,如此便了。

"去年,曾一度爆发了消化系统的感冒",这个"去年",而今已是半个世纪前的事了,为扫除阅读障碍,将其改为"以往"。

"前年六月",改为"有一年6月"。

责编提出一处"句子不全",饰之。

"读者诸君们",去掉"们"字。

每章伊始,均用特大数字标出页码,责编提出"有必要吗?""令人莫名其妙""要保留吗?"责编的问号画得好,的确没有保留的必要,可以删去。

2012年9月24日

189.《精油芳香疗法》(大字版)终审意见

有关精油芳疗之类的书,近10年来层见叠出,粗粗浏览,至少面世20部。其中,汕头大学出版社于2003年出版了一本,叫做《精油全书》;该社此后又出版了同类图书。东方出版社于2004年出版了英译本精油书。继之,中国友谊出版社也出版了英译本精油书及中文书。漓江出版社精油书出得较多,不少于4种,有一种是翻译日本的。武汉出版社也出版了日译本。上海科学技术文献出版社出版了法国人著的翻译本《精油圣经》。中信出版社分别出版了英国人、法国人著的翻译本及几个中文本,不下5个品种。其他还有江西科学技术出版社、江苏科学技术出版社、江苏人民出版社、中国轻工业出版社等,也出版了同类图书。

不厌其烦地罗列上述情况,目的有三:一是《精油芳香疗法》能否出其右,相比之下,特色何在;二是有无版权问题,说白了,存不存在抄袭现象;三是同类图书这么多,销售预测如何。好在看到一审报告:该书为北京成人按摩学校精油按摩类教学用书,便有了底。一审不仅尽心尽责,而且非常专业,加工处理的问题达11个方面,有的1个方面就处理了9个小问题。如,港台地区称"正肾上腺素""可体松""急躁性肠道症""抗黏膜病菌",而内地规范语为"去甲肾上腺素""氢化可的松""肠易激综合征""衣原体病菌",等等。一审若非谙熟医学,对于此等术语,必然茫然木然不辨所以然。二审同样精细审慎,为两个方面的统一做了大量工作,使排版格式以及中英文书写、计量单位、标点符号等全书稿一体化;并且,还补充修改几处舛误;对3个词语的用法提出了质疑。经过如此这般精心打造,书稿质量得到了保证。而保证质量,经得起货比三家,就是特色;与成于剿袭者迥然有别。同意出版。

个别地方可再修改一下:

"前言"的署名是"成为品",而"前言"的最后一段是这样写的:"由于作者水平有限,书中难免有不足之处,敬请读者斧正和谅解。在此,表示由衷的谢意。"显然,只有作者自序,才用这等口气。这与外人的署名相牴牾(字盘无此简化字),请当事人修改。

"殷商时期",改为商殷时期。商代中期的盘庚,迁都于殷地,此后商也称殷。文中是按历史顺序介绍的,所以,商在殷前。

"其温和的消炎效果,对复发性膀。"没有了下文,该节戛然而止。稿中再翻下去便是另一章了。想必有所遗漏,请核查。

书稿正式印刷时,不要把标题用浅墨色印制以区别于正文,墨色太浅,容易造成字迹模糊。

2013年9月9日

190.《咳痰喘全攻略——儿童急性呼吸道疾病预防治疗护理指南》(大字版)终审意见

在俄罗斯被称为"当代斯波克"的著名儿科医生科马罗夫斯基写的这部著作,很实用。文中深入浅出地介绍了儿童急性呼吸道疾病的征候、症状,发病的原因,身体相关部位的各种反应,如何诊断及治疗,在此过程中父母和家人应该怎样做,等等。可以毫不夸张地说,每个儿童无一例外地都患过这类疾病,而对其所以然,绝大多数人直到耄耋之年也不甚了了。有了这本书在身边,让人望而生畏的医学专业术语变成了普通的家常话,读者像听人讲故事似的,可以全程监控,细致入微地了解病情始末,掌握规律性的东西,从必然王国到自由王国。

据悉,翻译稿不尽如人意,初审以自身精通俄语的优势,历经4个月时间,正文字,察是非,纠谬辨伪,使得书稿显露出原有的靓丽。复审也极其认真,字字句句皆仔细琢磨,甚至达到较真的程度。功夫不负有心人,目前的稿件已较成熟。同意出版。补充以下修改意见:

其一,书稿很厚,易造成读者心理障碍——购书花钱多,读书花时间多。它毕竟不是面对专业人员,而普通读者一般不求甚解。此书已经非常专业了,不过篇幅过长,恐影响销售。所以,建议消肿。办法有二:一是在版面上采取"紧缩政策",比如每章标题后紧跟正文,中间不要留 2 页空白;节与节紧密衔接,不留空白;插图置于边边角角,一席之地足矣。二是压缩赘言絮语,挤掉水分。拟删除处,详见原稿 p.175、p.197、p.220、p.221、p.223;第 10 章第 1 节可全部砍掉,增加一个字"(略)";还有 pp.257~258、p.280、p.369、p.370、p.431、p.465、p.517。

其二,个别地方的翻译文字,不切合该国实际,不合乎中国人习惯。如,"望、闻、问、切",乃中医之术,尤其是"切",俄罗斯医生未必用之。所以将其删去。再如,有的词语不一定直译,像"恐怖",p.51 根据上下文的意思,"很恐怖"可意译为"很烦琐",不至于让人觉得大惊小怪。

其三,一些地方出现的俄罗斯人名,犹如我们的张三李四,可用"有的""者"之类代替。因为对于不熟悉俄语的人来说,那些名字读起来很费劲,应做修改。

其四,稿内 pp.204~210 印有 2 份,且上面都曾修改过。核稿时请留意将二者整合。

其五,关于"过敏原"还是"过敏源"哪个正确,复审在 p.110 上的眉批与初审在 p.184 的眉批相互抵牾。赞同初审的用法。但为了审慎起见,可请教人民卫生出版社,按规定行事。

其六,关于复审的多处质疑,大都由初审解决了,遗留之处,总的原则是尽量尊重原文。另外,p.225 多少"个"白细胞,对于是否需要加"个",三审认为需要加。

2012 年 6 月 15 日

191.《针灸治疗学》(大字版)终审意见

有两句话删除,处理精当。一句是 p.435 关于精神抑郁症的:"在人生历程中的某个时期,约 1/4 的女性和 1/10 的男性会染此疾。"把精神抑郁症扩大化,窃以为是唯心主义的一种倾向。缺乏社会实践和劳动锻炼,树立不起正确的人生观、价值观;思想空虚,苟苟于尸位素餐;物欲横流,斤斤于蝇头小利;心胸狭隘,耿耿于斗性使气;思虑胶固,笃笃于一成之见。如此等等,如若皆归结为身体病症,遂致微疴成膏肓之变。自此亦可理解马列主义、毛泽东思想不甚注目心理学的原因之一。应当把意志较为薄弱的人导向广阔的社会实践,而不宜一惊一乍地将人们引入心理自我观照的深井。

另一句是 p.441 关于心脏神经官能症的:"应用针灸治疗本病不但解决了西医无药可用并避免了西药的毒副作用。"此说究竟有多少科学数据能够论证,针灸法有多大的把握,未见详述,若凭想当然随便说说,不能写入教材。

删除的两句话,很能见出水平,但初审和复审报告里均未涉此,想必留给终审贪功。

编辑加工处理皆妥,同意出版。

2016 年 4 月 18 日

192.《肥胖 200 个怎么办》(大字版)终审意见

"协和"是中国医学的金字招牌,也是许多中国百姓心中最高医学水平的象征。"北京协和"联系着黄家驷、林巧稚、张孝骞、吴英恺、邓家栋、吴阶平、方圻等一位位医学泰斗,也联系着一代代"新协和人"的劳动创造。这里有科学至上、临床求真、高峰视野、学养博深等闪光品格,也有勤学深思、刻苦务实、作风严谨、勇于创新等优良精神。"协和医生答疑丛书"因为其科学性、权威性和实用性,获得中国科普图书最高奖。——丛书序言

把这样一套优秀图书,经过合法手续制作成大字本,造福于广大视障者,其策划者眼力非凡。至于大字本的质量,全在于编辑同仁在审读过程中既忠实原作,又要遵循出版标准与规范使其更加完美;要紧的是不出硬伤。丛书之一的《肥胖 200 个怎么办》开了个好头。一审从 8 个方面下手,修改了 56 处,每处改动,依据确凿。同时,还提出了 2 个拿不准的问题。二审没有因为一审的认真仔细而敷衍,除了定夺一审提出的 2 个问题外,又进一步加工 22 处,踵事增华。因此,可以毫不夸口地说,这个版本质量优于原版。

再补充些微:

"前言"改了几个字。开头一句,描述肥胖症的人数,"日益加重"改为"日益见多"。原文"全世界肥胖者目前至少有 2 亿~5 亿之多",这个数字显然是估算,最高值是最低值的 2.5 倍。既然是个约数,不能作为科学调查的数据使用,索性模糊一些更好,因此改为"数以亿计"。

"他",可以泛指,在男女无需区分的情况下,仅用"他"即可,不必写成"他(或她)"。p.11 里的一句话,连"他"也该删去,因为前面已有"其"字,并且后面再用"其"就重复了,也一并删去。

文中"2、3 年"应为"二三年"。

"32.肥胖者的皮肤有何改变?"所谈黑棘皮病以及皮肤感染等内容,已见于"25.肥胖对性功能有影响吗?",这些内容保留在"皮肤"一节较为适合,将"性功能"节与

之重复者简化。修改见稿。

稿件中前后重复的地方不在少数,只能将十分明显者稍作处理,一般性的,尊重原作。

2014 年 10 月 17 日

193.《头痛 151 个怎么办》(大字版)终审意见

"前言"里"我们编写了这本小册",是作者黄一宁和李舜伟自谦之语,"小册"后面漏了个"子",当为"小册子"。既然用自谦之语,上下文就需要照应,所以下文"我们由衷地期望本书","本书"最好也改为"小册子"。"有所佐益",这种说法不常见,还是用通常语"有所裨益"。

"症头",改为"症状"。

"颅内的压力正常是在 60～180 毫米水柱,之间"。"之间"前的逗号点得不是地方,"之间"也多余,可以一并删去。

"王某是位四十开外的女性",文中表述的是大约摸的年龄,用汉字数字是得当的。接下来的文意所表达的数字,也是约数:"4～5 年""10 年前""2～3 个月"。按照规定,一是应局部统一,二是约数一般用汉字数字,上述数字须要改为"四五年""十年前""二三个月"。

"老王一辈子身强力壮,从未踏进医院大门一步,然而,最近一事使他不得不四处求医。""一辈子"改为"大半辈子"。

介绍治头痛的药荚明格,两次提到价格昂贵,删去一处,"1 片药将近 200 元"移至上页。见原稿。

以上均为吹毛求疵。其实,稿件在责编和复审的精心加工下,已经足够好了。同意发稿。

2014 年 11 月 13 日

194.《高血压病 100 个怎么办》(大字版)终审意见

梳理出 7 个方面及若干条,一一加工修改,一审工作很出色。二审又补充加工 28 处,使得稿件难以挑剔。同意出版。

"前言"稍作调整:

将最后一句"希望这本小册子能给您带来健康、长寿、多姿多彩的人生"分两段,删去前面一段"希望这本小册子",因为重复上文;后者移至上文里。如此,结语只谈写作出版之事,不再绕回本书的作用。

"做斗争"当为"作斗争"。

作者惠汝太、张麟谦称自己的著作为"小册子",那么文中的"本书",也统一为"小册子"吧。

第36问:"高血压在40岁开始明显增高",句子不太顺,中间加"患病率"。

"人群中高血压患病率在35岁以前男性略高于女性,35岁以后则是女性明显高于男性。"这个调查数据,重复第18问,所以,加一句"如第18问所述"。如此,既前后照应,又避行文之忌。

2014年11月14日

195.《乳腺疾病145个怎么办》(大字版)终审意见

据悉,该书现在已经再版多种。转换为大字本质量如何,面对各种版本也是考验。这不仅关乎出版社的声誉,更重要的是关乎人命。责编之责任心,审稿记录跃然可鉴;复审补充的25处修改意见,以及答疑责编的6条,咸悉工整。责编和复审经住了质量的考验。同意发稿。

"目录",感觉有点儿多。正文共147页,目录13页,几近十分之一,多乎哉?起码减半,砍掉三分之二为宜。这里有个矛盾:目录详细,便于检索;而页数繁杂又颇觉麻烦。缩小字号,碍于视障者方便。看来,可行的办法是,对每一个"怎么办",精掇其意而存之。稿中的形式如下:

1.乳房湿疹是怎么回事,该如何预防和治疗?
……………………………………(1)

2.浆细胞性乳腺炎是什么?怎么治疗?愈后怎样?……………………………………(1)

拟改为:

1.乳房湿疹……(1) 2.浆细胞性乳腺炎……(1)

排版可采用这种对开式,充分利用空间。既省了读者的眼力,一目了然,又省了纸张。

浪纹连接号"～"的使用,需要规范,"～"之前的数字后应加计量单位。如稿中的"40～52岁",规范的写法应作:40岁～52岁。类似处,修改见原稿。

稿中大于号">"、小于号"<"、大于等于号"≥"、小于等于号"≤"等,与汉字混

用,与其他符号混用,也不太规范。虽然没有明文规定,但总觉得不顺眼,有碍于阅读。例如稿中所写:

"指数＜10％"

"如＞10％"

",≥24"

"尤其≤30 岁"

"(≥30 岁)"

"(尤其年龄＜30 岁)"

"原发肿瘤直径≥5cm"

"腋窝淋巴结转移数≥4 个或手术切缘阳性"

"患者周径＞健侧"

"当＞2～3cm 时"

",＞6cm 时"

"在土耳其≥50 岁的女性"

"较≥55 岁组"

"乳腺钼靶密度＜10％的女性"

"钼靶密度≥75％者"

"应用避孕药＜6 个月"

"但≤5cm"

"可能性≥95％",等等。

稿中也有用汉字表示的,如 p.57"小于 30 岁""大于 35 岁",p.106"小于 1.5cm""大于 2.5cm"。可见,符号与汉字混用。

建议这些数学符号仅用于组合单位或算式中,叙述文字用汉字表示。修改见原稿。

p.120"病例－对照研究"改成了"一字线",而 p.118 同样情况未改。

"二、三级"改为:二级、三级。

2014 年 12 月 31 日

196.《风湿免疫病 300 个怎么办》(大字版)终审意见

中国协和医科大学出版社出版的这套丛书,应用价值很大,在社会上反响不凡。然而,作为出版物,其规范化的程度却让人不敢恭维。在重新制作大字本的过程中,我们的一审责任心之强,审稿记录跃然可鉴。本书稿的责编,对数十处存在的问题进行了校勘厘定,整齐严核。二审又与一审商榷,共计8条修改意见,究其微瑕,务求无暇,使书稿弥臻完善。同意发稿。

"目录"占篇幅太多,共计17页,用之不便。建议将其摘要处理,并且双行排版,把篇幅降到几页最好。

个别符号的使用再斟酌一下。如"病人常常有突然发生的血压升高,>150/90毫米汞柱""血清中钾、氯化物、尿素氮(<20毫克/分升)和肌酐(<1.5毫克/分升)"。标点符号后面紧接着大于号、小于号,即",>150/90毫米汞柱""(<20毫克/分升)""(<1.5毫克/分升)",这样表示是否规范,请查阅并施行有关规定。

2015年3月6日

197.《幸福就在一转念》(大字版)终审意见

切勿忽视纪年。书稿"自序"里,没有明确的纪年,是一憾事。文中说:"很多中国人一听到'心理学'三个字,不是'敬而远之',就是'闻之生畏'。我第一次意识到这个问题还是在十多年前。"事情究竟发生在哪个时间段,应当交代清楚。自20世纪80年代以后,中国的心理学热发展到超常的程度,至今也是显学。一些人眼里,心理学在人文社会学科中当跃居首位,事实上,他们也是要把心理学抬到指导思想的地位。所以,稿中所述,与现在的大学生、研究生及年轻的白领从业人员耳闻目睹的相去甚远。因为80后对其出生前的情况不甚熟悉。"自序"末尾,亦未记时日,让人推算,无据可凭。

文中认为,"中国人躲避心理学的原因主要有两点"。第一点:"中国人有'家丑不可外扬'的文化传统。一旦遇到困难和问题,一律采取'内部消化政策'。这个'内部消化'有三个层次:第一层次叫做'个人消化'——自己'扛着',连家人都瞒着;第二层次叫做'家庭消化'——个人消化不了,于是,打开大门,把问题交给亲人,以家庭为单位'扛着',容许家庭成员参与消化解决,而对家庭以外的人都瞒着;第三层次叫做'朋友圈消化'——家庭消化不了,于是,打开大门,把问题交给家庭以外最亲密的朋友参与消化解决,而对朋友圈以外的人都瞒着。"第二个原因:"在很多中国人眼中,'求询者'就是'病人'。"这两点归纳得很精到,不愧为心理学专家,一眼看穿了中国人埋藏在内心深处的那点儿嘀嘀咕咕。若说"中国人躲避心理学的原因",恐怕不止这两点。为什么20世纪80年代以后心理学说热就热起来了呢?是否一夜之间,家丑可以外扬了?看重心理学的人也敢于正视自己的病态了?

似不尽然。其中意识形态的变化可能起到关键作用。原稿质量已经较好了,这里挑点儿毛病,无需修改。

一审、二审的加工非常出色,没有因为原本在中华书局出版过就依赖权威性而草草了事。有的字改得见功夫,如,一审将"情绪低靡"改为"情绪低迷";二审将"全身发苏"改为"全身发酥"。再补充两个:"叫作"改为"叫做";"超人综合症"改为"超人综合征"。

同意出版。

2016年6月12日

198.《做一名优秀的心理咨询师》(大字版)终审意见

目录太烦琐,有"简要目录""详细目录""学员手记目录""指导老师手记目录",共16页之多。叠床架屋,搅乱了阵线。建议保留"简要目录"并删掉"简要"二字,就是2页"目录"而已,使其出版格式正常化。

序言太冗杂,有"序言一""序言二""修订版序言""作者自序",拉拉杂杂又有14页。读者尚未见真东西,30页出去了。让人不解的是,为何4个序言的标题与正文留出那么大的空白,而且都恰好在文章结尾时多出几行字,又占一页篇幅。建议设计安排得紧凑一些,能够一页载满的不要用两页。另外,"修订版序言"应当置于"作者自序"之后。

书稿里夹衬的空白页太多,不下20张,浪费自然资源,且有卖纸之嫌。建议空白页一律撤销。这一点,应当学学咱们的台湾,日本更是师傅,书里的每一页都设计得满满登登,未有插笔之缝隙。何为粗放、集约? 相形之下,可见一斑。其实,节约出版成本,避免将虚增的费用转嫁给读者,我们过去有着好传统。同是心理学方面的书,1984年商务印书馆出版的世界心理学大师皮亚杰的《结构主义》一书,其版面设计:正文加附录共120页;"译者前言"13页,似乎所占比例大一点,但无一字赘语,把皮亚杰的"结构主义"诠释得滴水不漏;翻译署名:倪连生 王琳,仅内封一处,未冠头衔。定价6角6分钱。

建议这次大字本的出版,重新设计版面,发扬优良传统,坚持勤俭节约的方针,尽量抽干注入的水分,以朴实无华的面貌献给读者。

尽管书稿已经在其他出版社出版过,此次只是转换成大字本,但审读工作未走过场。二审在充分肯定一审意见的同时,又修改了22处,使稿件的质量进一步提高。

一个具体问题应当处理:二审提出,p.105"什么时候需要肯定来访者?"这小节

与前面的 p.99"什么时候需要肯定来访者？'正义感'的肯定是否恰当？"节内容一模一样，建议删掉。稿件没有采纳二审的这条意见，可能因为疏忽。二审意见正确，此乃硬伤，必须删掉重复的这一小节。

p.251 咨询师:(打断)螃蟹是 10 条腿的。

一个练习就这样中止了。的确,蟹八跪而二螯,……

语出《荀子》,当为"蟹六跪而二螯"。据此,改动有关文字。另一种处理方式是,只删去"蟹八跪而二螯"。

同意发稿。

2014 年 9 月 15 日

199.《心理危机干预指导手册》(大字版)终审意见

此书为对心理咨询师进行专业化、科学化的心理危机干预提供支持而编写，由人力资源和社会保障部发起，中国就业培训技术指导中心会同中国心理卫生协会，组织从汶川大地震救灾一线回来的国内著名专家和学者通力完成。应当说，书稿具有一定的权威性和可操作性。

一审和二审对此书非常重视，在编辑加工过程中，每一句话、每一个字都反复斟酌，仅文字修改就有 57 处，其志可嘉。尤其是转换成大字本，版式设计方面需要创新，于此用力颇见功效。

有点想法仅供参考：这不是一本普通学者的私人作品，如上所述，属于国家部委一级责成有关部门编写的工作用书，并且其"前言"已经说明："专家们在最短的时间内高质量地完成了初稿的编写。之后,《手册》审定人员不辞辛苦，对《手册》每个单元、每个概念、每项操作技术和规范都进行审定并逐字逐句修改。"我们既非心理学专家，又非被邀请的编写审定人员，仅作为另一个版本的编辑，没有资格也没有必要随便更改书中的字句！编辑加工的重点应当是新版式的方方面面；纠正重新录入所带来的错误；在文字上，功在校对，与原稿一字不差，就是编辑工作到位。当然，如若原文存在硬伤，可以订讹。

敬候反馈意见。

2016 年 6 月 14 日

又及：一审认同拙见，并进行了调整。可以发稿。

2016 年 6 月 15 日

编辑审稿录

200.《怎样吃最安全》(大字版)终审意见

吃的书,图书市场上比比皆是,而范志红著的《怎样吃最安全》有其特点:揭示出选择食物的本质——人体在追求食物中的营养成分和保健成分。本书为人们理清了思路:与其为食品中的不安全因素烦恼,不如为保障自己的健康进行正确的选择;"不能吃什么"是负面想法,要把精力集中在"我应当吃什么"上面。重要的是,在无知妄说、辗转炒作的大忽悠风气中,给了那些听起来挺专业,其实很外行的冒牌家们当头棒喝;于人们须臾不能离开的饮食方面,进行了拨乱反正。

稿件已经由一家出版社出版过,此次做成大字本,一审认为"书稿内容好,质量高,值得出版"。尽管如此,一审仍然仔仔细细地审读,不放过一个字、一个标点符号,共修改了 31 处。二审在此基础上又加工了 17 处。两个审次,所改之处均妥帖。书稿质量与原版相较升了一级。同意发稿。

补充一点,书稿最好做得结实一些。20 万字的书,6 页目录就够多的了,正文又把目录重复一遍,因为是 10 个"Part",外加"附录",这一重复,11 页搭进去了,既浪费,又凌乱。再者,好好的汉语不用,干吗非夹进英语。建议不要拘泥原版的设计,简洁明快为美。古人云,才大事简。才气在于使复杂的事情简单化,而非使简单的事情复杂化。具体来说,拿掉正文里的 10 个"Part"页及 1 个"附录"页,删去目录里的"Part",相应的汉语"部分"一词也不需要,直接用 1、2、3、4、5 即可。若如此,请责编调整全书页码,字号也要相应调整。现有的标题字号较大,颜色太重,不够雅观,从美的角度入手,再搭配一下如何?

"做斗争"改为"作斗争"。

"水分足够得少",改为"水分很少"。

"我仅就自己的浅薄常识,给大家简单说说。"可以删去。

"才算把大小两位老爷安抚好"。说的是俏皮话,"大小两位"指丈夫和儿子,儿子不便称"老",所以去掉"老"字,更觉顺畅,即"大小两位爷"。

全书出现了唯一的一个注释,与行文风格不协调。建议将注释内容移至正文,加括号。

"……而骨钙素对钙沉积入骨骼当中是必须的。"这里的"必须",当用"必需"。

"直接加醋炖,再慢慢地炖上两三个小时。"句中的"再"字容易让人误解,当去掉。"两三",前文出现多次,已改为"二三";这样改的理由请查阅有关数字用法的规定。

小标题"10.用内酯豆腐来补钙"下共两个自然段,第二段离开了主题,又说起了"8.相信豆浆是高钙食品"小节里已说过的话。这段文字既离题又重复,删去。

文中谈补钙方法时提到了清蒸河蟹:"河蟹肉类中钙含量通常很低,但鱼类中钙含量高于肉类,虾蟹类又高于鱼类。蟹肉是钙的良好来源"。这段话看不明白,上来说"河蟹肉类中钙含量通常很低",下面又说"蟹肉是钙的良好来源",上下抵牾显然。是否开头"河蟹"两字为衍文?请核查或与作者沟通。

牵扯到一些数字用法问题,进行了修改,尤其是"一"和"1"。按照规定,所表示的数目比较精确时,均应使用阿拉伯数字。原稿里,同一情况下,"一""1"混用者较多,请注意,做到全书一致。

2014 年 10 月 28 日

201.《吃对你的家常菜》(大字版)终审意见

木已成舟,但存罅隙,须修补。二审对全书的结构、版式等所提出的指导性修改意见中肯可行;一审谦虚好学,两人戮力协调,使原书更加完善。同意发稿。

个别地方,虽无碍大局,但全面一点儿好。文中说"早餐谁也不会多吃""牛奶、燕麦片之类的早餐人们肯定都吃腻了""中午因为在外就餐",等等,局限于北京之类的大城市中的"小资"生活习惯,体力劳动强度大的人们,早饭吃少了根本干不了活儿。中午饭赶不回家的上班族,除了靠食堂就餐的群体之外,在全国仅占少数。以上说法作删除处理。

要按规定正确使用计量单位。"30～50 克",应作:30 克～50 克。请责编依照规定格式订正稿中有关处。

"茴香豆干炒蛋",材料是茴香菜、香干和鸡蛋。那么,菜名中的"豆干"就是豆腐干了,即香干。若仅看菜名,很容易理解为茴香豆——干炒蛋。因此,疑菜名的"豆"为"香"之误。而且,书末的"索引 食材"里,"茴香豆干炒蛋"也列在"香干"栏目。

每章之后的空白纸大可不必,要反对浪费。

2014 年 12 月 18 日

202.《会吃才健康》(大字版)终审意见

孔令谦先生谈食医,应当是较有价值的。其祖父孔伯华乃大名鼎鼎的京城四大名医之一,所留下的非物质文化遗产,通过后人传播,定能惠及当今。中医谈论食物,与众不同,他们把人与自然视为一体,强调生物的自然规律,更多地从本原分析解决问题;在生命层次上寻求自组演化,运用的是人类医学、健康医学、生态医学的理论。说吃的书,鱼龙混杂,责编慧眼识珠,选择该题可谓精审。稿件已经在其他出版社出版过,此番转换为大字本,一审重新设计版面,勘定文字,成效毕见;二审又在这两方面指导亲为,稿件质量得以保证。同意出版。

改几个字:

抗大包——扛大包。

以偏概全——以偏赅全。

稿中间隔号"·"用得不规范。按规定,外国人和某些少数民族人名内各部分的分界,用间隔号标示。书名与篇(章、卷)名之间的分界,用间隔号标示。除此之外的用法,不合乎规定。

"清·叶天士《温热论》",改为:清朝的叶天士所著《温热论》。

"明·张景岳",改为:明朝的张景岳。

原书里"当年在北京京剧界红极一时的孟小冬,曾与京剧大师梅兰芳情投意合,但后来嫁给杜月笙而南迁上海",说多了,不必要。删去名人的逸闻趣事:"曾与京剧大师梅兰芳情投意合,但"等几个字,上下文完全顺畅。

节约用纸,全书共10章,每章题目不必单独一页,章标题可合并于正文,置于其首。

2014 年 12 月 30 日

203.《健康快到碗里来》(大字版)终审意见

范志红被称为"最具网络人气的健康专家",名不虚传。《健康快到碗里来》是其近期大作。改版为大字本,一审就书中用语、标点、版式三方面进一步规范,二审又补充了一些很好的意见,皆妥帖。同意发稿。

一点建议:书中的英文没有必要,可以全部删掉。"目录"之下的"Contents";全书分上下篇,"上篇""下篇"未用英文标注,细目 11 部分,每一部分也用不着"PART",包括书眉的英文,均可清理干净。

还有几个小地方改一下。

全书行文口语化,理寓其中而形于言,圆融平稳,机敏尖俏。如若讲求简洁畅达,则更加悦目。譬如:

"吃了这些补充品之后就不好好吃三餐,就太不明智了。"一句话两个"就",可省去前一个。

"我觉得"之类的口头语,尽量避免。

"倒找钱也不买才明智",意思是白给也不要,不牵扯"买",这里可用"要"字。

"沮丧",用来形容食后的感觉,不太贴切。改为"异常"。

还有一处常识性的问题,"土豆是秋天成熟的"。不尽然。我国华东、华北地区的土豆是初夏成熟,麦收前新土豆就下来了。修改见原稿。

2016 年 4 月 20 日

204.《喝什么都是药》(大字版)终审意见

喝的重要性并不低于吃。人活着,一天也离不开喝。喝什么,怎样喝,随着生活水平的提高,越来越为人们所关注。该稿在"喝"上,提供了既具科学性又有实用性的信息。同意出版。稿件质量较好,但小毛病不少。精细的一审和二审,使其弊病几乎发露无遗,而且,修改得恰到好处;表现出高度的工作责任心和不凡的业务实力。

补充一点:原文:"'茶',最早写作'荼',清代郝懿行在《尔雅义疏》中说:'今茶字古作荼。'《诗经》是最早记载茶的古籍,在《诗经》中出现的'荼'字有五处,如'谁谓荼苦,其甘如荠''采荼薪樗,食我农夫'等句。"这段文字,将"荼"释为"茶",不敢苟同。早期《尔雅》研究,莫过于晋郭璞的《尔雅注》,"雅学"界称其为一部悬诸日月不刊之书。卷八"释草第十三":"荼,苦菜。诗曰:谁谓荼苦。苦菜可食。"唐初经学大师陆德明《经典释文·尔雅音义下·释草第十三》(卷三十):"荼:音'徒'。《说文》同案诗云:'谁谓荼苦。'《大雅》云:'堇荼如饴。'《本草》云:苦菜。一名荼草;一名选;生益州。《川谷名医别录》云:'一名游冬,生山陵道旁,冬不死。'《月令》孟夏之月,苦菜秀。《易通卦验玄图》云:'苦菜生于寒秋,经冬历春得夏乃成。'今苦菜,正如此,处处皆有叶,似苦苣,亦堪食,但苦耳。今在'释草'篇,本草为菜上品,陶弘景乃疑是茗,失之矣。'释木'篇有'槚,苦荼',乃是茗耳。"陆德明不愧为经典释文,说得很明白了。《尔雅·释木第十四》(卷九):"槚,苦荼。"郭璞注:"小树如栀子,冬生叶,可煮作羹饮。今呼早采者为荼,晚取者为茗。一名荈。蜀人名之苦荼。"(以上原文无句读,笔者即兴标点,仅供参考)陶弘景误将"荼"当作"茗",即茶,已为陆德明所纠正。而郝懿行又重复陶弘景的错误。其误处,主要是混淆了"荼""苦菜""荼苦"各自的概念。"荼"是苦菜,在《尔雅》"释草"篇里;"苦荼"是"槚",即茶树,在

《尔雅》"释木"篇里。两者在不同的科目,不可视而为一。稿中引用郝懿行的《尔雅义疏》,确与邵晋涵的《尔雅正义》并称为清代《尔雅》研究的最为杰出的两部著作。但郝懿行疏,用声转训释字义也有些失误,罗振玉编有王念孙《尔雅郝注刊误》。至于"荼苦",是形容苦菜的味道,便是《诗经》里的上述诗句。"谁谓荼苦,其甘如荠"是《诗经·邶风·谷风》里的句子。毛诗释为:"荼,苦菜也。笺云:荼诚苦矣,而君子于己之苦毒,又甚于荼。"这首诗"刺夫妇失道也。卫人化其上,淫于新昏,而弃其旧室。夫妇离绝,国俗败伤焉"。以苦菜之苦,比喻弃妇内心的苦楚。因此,从诗意理解,也与茶不相及。今人解释此诗,更无茶一说。"采荼薪樗,食我农夫"是《诗经·豳风·七月》里的句子,意思是,又采苦菜又砍柴,给我农夫吃粗饭菜。亦与茶无涉。宋王应麟《困学纪闻》卷三《诗》说:"'荼'有三:'谁谓荼苦',苦菜也;'有女如荼',茅秀也;'以薅荼蓼',陆草也。"此外,《楚辞·九章·悲回风》:"故荼荠不同亩兮,兰茝幽而独芳。"其中"荼",也是指苦菜。清顾炎武《日知录》卷之七《茶》篇说:"'荼'字自中唐始变作茶,其说已详之《唐韵正》。"总之,稿中引经据典不当,删除有关文字。

元稹茶诗里,两处有误:"尽洗古今人不倦",当作"洗尽古今人不倦";"将如醉后岂堪夸"当作"将知醉后岂堪夸"。

2016年8月29日

七、中医(205—223篇)

205.《灵枢经》(大字版)终审意见

《灵枢经》的版本、甚至真伪问题,古来疑云密布。清代乾隆年间的四库馆臣也没弄明白究竟,居然言道:盖其书虽伪,而其言则缀合古经,具有源本,不可废也。为吕复《群经古方论》、杭世骏《道古堂集》言之所惑。本书稿"点校说明"开门见山,从前枝叶,斩尽葛藤,一应事宜,清晰可鉴。正文洁净悦目,注释简约明快,适用于一般专业读者。

责编工作比较细致,所处理的问题,一审意见尽详,只是其中页码与送交的三审稿的页码相左,想必记录的是另外版本的初稿。疑惑之处,已由二审解决。还有一些小地方可能不合适,提示如下:

注释里单独点出的字应加引号,否则会产生歧义。如 p.28 注释(1):《甲乙》痹下有于字。其中"于"应加引号。请检查全稿,类似处需要再加工。

"破jùn脱皮",jùn字电脑里没有,文中可能是自造的字,笔画连在了一起,正式印刷时要注意。还有其他类似的字,要一并规范之。

注释"踹:原作'踹',据《素问》王注改。"此条疑有误,原作"踹",改的还是"踹",改与未改一样。请核。

文中"故咳呿而泣出矣",为之注释"咳:《太素》作'呿'"。既如此,文中"咳呿"二字,应舍一取一。请核。

文中"䐃肉不坚",为之注释"《甲乙》作䐃"。此注释等于未注。请核。

同意出版。

2013年1月30日

206.《难经》(大字版)终审意见

书稿"校注说明"里有几句话，需要商榷：

"在历代史志书目中，《隋书·经籍志》载有《黄帝八十一难经》二卷"。

"关于此书的成书年代，历代有不同的看法，目前多数学者认为《难经》的成书年代当在《内经》之后、《伤寒论》之前，即成书于东汉时期。"

"《难经》一书最早的注本是由三国时期吴国太医令吴广所撰"("吴广"打印有误，应为"吕广")。

据《史记·扁鹊仓公列传》通行本原文，"扁鹊者，渤海郡郑人也，姓秦氏，名越人"。《史记正义》引《难经序》："秦越人与轩辕时扁鹊相类，仍号之为扁鹊。"这就明明白白地告诉我们，当时被称为扁鹊的名医，真名叫秦越人。从《史记》所述扁鹊事迹可以得知，其行医于战国时期。又，渤海郡内无郑邑，《集解》及《索引》均谓"郑"当为"鄚"，即今河北任丘城北40里的鄚州镇，尚存扁鹊墓及药王庙。这条资料，还意味着一些古籍里记载的扁鹊撰写的医书，实为战国时的秦越人所作的可能性极大。《汉书·艺文志》载有《扁鹊内经》九卷，《外经》十二卷。余嘉锡在《四库提要辨证》里认为："安知《难经》非即《扁鹊内外经》中别本单行乎？""此书与《素问》《灵枢》同为张仲景撰《伤寒论》时所采用，其为医家古书，了无疑义，不始于吕广作注，更不始见于《隋志》也。"《史记·扁鹊仓公列传》里的仓公履历，也有与《难经》相关的叙述："太仓公者，齐太仓长，临淄人也，姓淳于氏，名意。少而喜医方术。高后八年，更受师同郡元里公乘阳庆。庆年七十余，无子，使意尽去其故方，更悉以禁方予之，传黄帝、扁鹊之脉书，五色诊病，知人死生，决嫌疑，定可治，及药论，甚精。""高后八年"，是公元前180年，高后，指刘邦的妻子。仓公传，主要以仓公应诏于汉文帝的形式记录了大量医案。"文帝四年中，人上书言意"及后来应诏，时间都在公元前176—前157年之间，显然，时间当定格于西汉初期。余嘉锡认为，所谓黄帝扁鹊脉书，疑即指《难经》言之，以其书为扁鹊所著，发明黄帝明堂经脉之理，故谓之黄帝扁鹊脉书。张守节《史记正义》于"五色诊病"句下，引《八十一难》云："五脏有色，皆见于面，亦当与寸口尺内相应也。"所引正是《难经》第十三难，足以证明所谓黄帝扁鹊之脉书，五色诊病，知人生死者，即《难经》。由是知之，此书在秦汉之际已为阳庆所传，又不始于张仲景矣。仓公所受扁鹊脉书，只上下经，而《汉志》乃有《扁鹊内经》九卷、《外经》十二卷，是刘向定著。其书不知何时散佚，故张仲景之所见、吕广之所注、《隋志》《唐志》之所著录，只有《八十一难经》。

七、中医(205—223篇)

"顷在嘉佑中,仁宗念圣祖之遗事,将坠于地,乃诏通知其学者,俾之是正。臣等承乏典校,伏念旬岁。"此言便是北宋中期"臣等"高保衡、林亿为重广补注《黄帝内经·素问》写的序之开头语。"在昔黄帝之御极也,……乃与岐伯上穷天纪,下极地理,远取诸物,近取诸身,更相问难,垂法以福万世。于是雷公之伦,授业传之,而《内经》作矣。历代宝之,未有失坠。苍周之兴,秦和述六气之论,具明于《左史》。厥后越人得其一二,演而述《难经》。西汉仓公传其旧学,东汉张仲景撰其遗论,晋皇甫谧刺而为《甲乙》,及隋杨上善纂而为《太素》。时则有全元起者,始为之训解,阙第七一通。"文中的"苍周"即东周,苍为青色,代表东方;"秦和"是战国时期秦国的名医名;"全元起"是南朝齐梁间人;"阙第七一通",意即其时已缺少第七这一卷了。该文顺流而下,《内经》与《难经》等之渊源流变,晓畅明白。

"时宋绍兴乙亥仲夏望日锦官史崧题"《黄帝内经下·灵枢》"叙"曰:"昔黄帝作《内经》十八卷,《灵枢》九卷,《素问》九卷,乃其数焉。世所奉行唯《素问》耳。越人得其一二而述《难经》。""《难经》第五十六篇,是越人标指《灵枢·本输》之大略,世或以为流注。谨按《灵枢》经曰:'所言节者,神气之所游行出入也,非皮肉筋骨也。'又曰:'神气者,正气也。神气之所游行出入者,流注也。井、荥、输、经、合者,本输也。'"绍兴乙亥仲夏望日,是1155年阴历五月十五,时为南宋初期。史崧所言,旁证了《难经》为秦越人所作,源于《黄帝内经》。这个旁证,不是一般地笼统一说了之,而是细致地进行了两书对照,举例《难经》中的误解。

宋晁公武的《郡斋读书志·卷第十五》载有"医书类":

《吕杨注八十一难经》五卷:"右秦越人撰。吴吕广注。唐杨玄操演。越人生于渤海,家于卢,受桑君秘术,洞明医道。世以其与黄帝时扁鹊相类,乃号之为'扁鹊'。采《黄帝内经》精要之说,凡八十一章。以其理趣深远,非易了,故名《难经》。"

《丁德用注难经》五卷:"以杨玄操所演甚失大意,因改正之。经文隐奥者,绘为图。"

《虞庶注难经》五卷:"以补吕杨所未尽黎泰辰治平间为之序。"

以上所载,又一佐证。

宋郑樵《通志二十略·艺文略第七·医方类第十》罗列医书:"凡医方二十六种,六百六十二部,七千三百八十二卷"。与本书稿相关的有:

《黄帝八十一难经》二卷,《唐志》注,秦越人。《难经疏》十三卷,侯自然撰。

《黄帝众杂经》二卷,吕博望注。

丁德甫补注《难经》二卷。

《三部四时五藏辨候诊色决事脉经》一卷。

扁鹊《脉诀》一卷。

扁鹊《针传》一卷。

扁鹊《偃侧针灸图》三卷。

扁鹊《陷冰丸方》一卷。

扁鹊《肘后方》三卷。

扁鹊《秘诀》一卷。

扁鹊《疗黄经》一卷,《疗黄经歌》一卷,《疗黄经》三卷。

仓公《决生死秘要》一卷。

总之,絮叨了一些老黄历,或许早为近时研究成果所突破,参考一下无妨。书稿如无不妥,同意出版。

2013 年 6 月 25 日

207.《伤寒论》(大字版)终审意见

中医古籍整理,大致可分为三类。《伤寒论》属于第二类。选择好的底本与校本是关键,本书稿选择明代万历二十七年(1599)赵开美辑刻《仲景全书》中的影印宋本《伤寒论》(原刻本缩微胶片)为底本,中国中医科学院所藏赵本为校本,其他参校本与参考书的选择也很讲究,因而,第一步走得踏实稳健。为了打造精品起见,再提供点资料作参考:

余嘉锡撰写的《四库提要辨证》里对《伤寒论》版本的渊源述说精细。他先引了《四库全书总目提要·卷一百三·子部十三》里的《伤寒论注十卷附伤寒明理论三卷论方一卷》中的一段话:"《伤寒论》十卷,汉张机撰,晋王叔和编,金成无己注。……《伤寒论》前有宋高保衡、孙奇、林亿校上序称自仲景于今八百余年,惟王叔和能学之云云。而明方有执作《伤寒论条辨》,则诋叔和所编与无己所注,多所改易窜乱,并以序例一篇为叔和伪托而删之。国朝喻昌作《尚论篇》,于叔和编次之舛,序例之谬,及无己所注、林亿所校之失,攻击尤详,皆重为考定自谓复长沙之旧本,其书盛行于世,而王氏、成氏之书遂微。"余嘉锡案:"以余考之,王叔和似是仲景亲受业弟子,故编定其师之书,皇甫谧《甲乙经序》曰:'近代王叔和撰次仲景选论甚精,指事施用。'谧之言如此,则叔和之所撰次者,岂可轻诋乎?方有执、喻昌,其学未必高于谧,而乃纷纷重行考定《伤寒论》,……亦见其妄而已矣。但事有出于意外者,清之末叶,仲景之原本《伤寒论》忽出于世,而又为人所秘,不可得见。"丁国钧《荷香馆琐言》(见《丙子丛编》)卷上,详叙其事,言长沙医生蔡某于光绪末年得仲景

《伤寒论》于古庙,蔡父子死后不知存亡。余嘉锡经多方考证认为:"蔡某所得者盖即王叔和所撰次之传写本,不独非仲景手书,亦无所谓仲景真本也。""盖叔和既撰仲景生平著述以为《药方》十五卷,又取伤寒杂病别行以为十卷。其后别行者,为后人所瞀乱,林亿等校之,即今之《伤寒论》,其本已失叔和之真。其后宋王洙得之于馆阁……实叔和所编张仲景之残本,……故张仲景方之失真,则林亿等之罪也。《伤寒论》古本,既与今不同者甚多,其今本脱夺讹误……然则方有执喻昌所以归罪王叔和者,古本原不如此也,岂不怨哉!"据此可窥知,点校整理《伤寒论》之难。鉴于以上所述,在此只能就编辑加工谈点意见:一审工作到位,对书稿存在的 4 个方面的问题,逐一进行了妥善解决。其 3 点疑惑,二审指出,处理原则见《黄帝内经·素问》,同意。此外,再补充修改几处:

"点校说明"落款年月,改为阿拉伯数字,与正文统一。

"刻仲景全书序"里,几个繁体字及误字应改为简体字:徧——遍;骦括——檃栝;彚——汇。

各卷题下署名,前三行首字皆为朝代,且与名字之间空一格。而第四行"沈 琳仝校"与上不对应。请变换一下排版方式。

经典医书非同一般读物,人命关天。建议再请有关专家过目。

2013 年 1 月 22 日

208.《金匮要略方论》(大字版)终审意见

"内容提要"中关于书的来历,简洁醒目,表达清楚,让人一看便知:东汉张仲景撰成《伤寒杂病论》,晋王叔和整理保存下来。在流传过程中散佚,至宋时经林亿等校定,又有王洙得书整理定名为《金匮要略方论》。然而,事实可能并非如此条理。有些资料尚可参考。余嘉锡在《四库提要辨证》卷十二里说:"王叔和所编次者,为《张仲景药方》十五卷,又《伤寒论》十卷,本无金匮玉函之名,此不知何人取其药方删节之,为《要略》八卷,因尊重其书,名之为《金匮玉函经》。"此话意味着该书整理定名不知何人。他也提到王洙与该书的瓜葛:"其后宋王洙得之于馆阁,除其上卷之论伤寒者,而传其中卷之论杂病,下卷之方药,并疗妇人者,即今之《金匮要略》。盖王洙所得,实叔和所编张仲景之残本,今(清光绪年间)蔡某(长沙医生)所得,既系叔和之真本,固宜有《金匮要略》附在其内矣。"但蔡某所得的真本后来也不见踪影了。关于林亿等校定该书,余嘉锡的评价是:"张仲景方之失真,则林亿等之罪也。"当然,上述不过一家之言,却可窥其复杂性。若一时搞不清的话,删去这段文

字犹无不可。

文中"晋·王叔和""宋·林亿",间隔号用得不规范,删掉。间隔号用于两种情况,一是外国人和某些少数民族人名内各部分的分界;二是书名与篇(章、卷)名之间的分界。中国朝代与人名之间不用间隔号。

一审、二审工作到位。同意出版。

2013 年 1 月 31 日

209.《脉经》(大字版)终审意见

可贵的是,一审在通读书稿过程中,结合校本,逐字逐句对照,工作细致入微。所提修改意见均妥。几个把握不准的地方,二审已解决。同意出版。再挑点小毛病:

文中间隔号用得不规范。间隔号用于两种情况,一是外国人和某些少数民族人名内各部分的分界;二是书名与篇(章、卷)名之间的分界。中国朝代与皇帝年号纪年之间、中国朝代与人名之间不用间隔号。

"嘉庆年间(1796~1820)",其中浪纹连接号"~"应改为一字连接号"—",即(1796—1820)。

注释按书稿体例,"他"后加冒号。

"手检图三十一部"(审读意见里写的是"卷十为手检图二十一部",请核对)应注明"图已亡佚",否则,读者会把"手检图三十一部"当作标题,进而对标题与下文之间的联系产生疑问。该处还需要进行适当处理。

"食邑一万一千一百户食实封叁千捌伯户""食邑一万一千户食实封肆阡贰伯户"。这两条前后使用的数字不统一,而且"百"用"伯"。因为此处无关紧要,妨碍不了正文论医的准确性,所以统一使用数字会更清楚。

页眉仍按正文体例标"脉经卷第十",当改为"脉经"。

2013 年 2 月 5 日

210.《频湖脉学》(大字版)终审意见

一审报告中提到:通读全文,在稿件上挑出来 18 处文字乖异者。原稿件质量如此,令人汗颜。若非一审学养有素,工作踏实,二审又严格把关,粗制滥造之恶名,出版者难以洗白。由此,不能不怀疑校注者是否能够担此大任。《频湖脉学》篇短精核,统共没有多少字,"校注"竟然出现这么多问题,何颜谈"校",何以为"注"?此事不可小觑,我们对老祖宗的经典,传承有责,岂容过一遍手,便抹上一层黑!无怪乎有言道:宁习本书,怠窥新录。《脉经》的流变史,本身就是一堂生动的教训课。"校注说明"言道:"六朝之后,有高阳生氏托名王叔和撰成《脉诀》1卷,以歌诀形式阐述脉象脉理及其临床意义,内容简明,习诵极便,很快就流行传播开来,甚至出现了'《脉诀》出而《脉经》隐'的现象。但由于《脉诀》系伪撰之作,加之'文词鄙俚',内容亦有错误失实之处,因而引起学界不满和诽议,出现了脉学史上对《脉诀》长达数百年之久的批判风潮。"这段文字已清楚地揭示出伪撰之弊,文词及内容的错误会导致不良后果。历史的教训自行摆在面前,为何重蹈覆辙?

另外,上述出处应当标明。因为既以《四库全书》本作为校本,而《四库全书》对此解说与之不同,认为作《脉诀》的是宋人,而非六朝之后高阳生氏:"宋人剽窃王叔和《脉经》,改为《脉诀》,其书之鄙谬,人人知之,然未能一一驳正也。至元戴启宗作刊误,字剖句析,与之辨难,而后其伪妄始明。启宗书之精核,亦人人知之,然但斥赝本之非,尚未能详立一法,明其何以是也。时珍乃撮举其父言闻四诊发明,著为此书,以正《脉诀》之失。"而且,稿件所收录的李时珍"自序"也与《四库全书》的说法互证。李时珍曰:"宋有俗子,杜撰《脉诀》,鄙陋纰缪,医学习诵,以为权舆;逮臻颁白,脉理竟昧,戴同父常刊其误。先考月池翁著《四诊发明》八卷,皆精诣奥室,浅学未能窥造。珍因撮粹撷华,僭撰此书,以便习读,为脉指南。"《四库全书》的说法,可搁置不提,而稿件的"校注说明"和李时珍"自序",篇目接续,言之昭昭,两相对照,却迥然有异,校注者可以这般不加任何"校注"便能搪塞过去吗?

又及,李时珍"自序",稿件为之加了一个注:"此二序原无,据文义补。""二序"指的是哪篇序?稿中明明只有这一篇序,"二序"何在?

希望作者严谨从事。

2013 年 7 月 11 日

211.《温病条辨》(大字版)终审意见

清代吴瑭撰写的《温病条辨》,是具有实用价值的中医名著,1813 年第一次刊行。2007 年,山东宋咏梅以清代道光十六年重校本为底本,采用清同治九年庚午(1870)六安求我斋刻本、人民卫生出版社 1963 年排印本为校本,进行了点校整理,转换为简体字横排本形式。底本和校本选择得当。责编逐字逐句对照原文审阅,并对原书整理工作中定体例、理目录、正讹误、删衍文、补脱文、明句读、辨通假、释字词等项内容,一一复核,提出了5条意见并加工,又针对版式提出了4点建议,保证了稿件的质量。二审处理责编遗留的3个问题,妥帖。目前稿件已基本达到出版要求,同意出版。

责编所提出的4点建议里,有2点需要回答:

(1)底本正文里的双行小字注以何种形式区别于正文文字。

可以采取如下形式:将底本正文里的双行小字注改为单行小字或者不同字体,在其下打出铅笔线。

(2)文中从 p.37 开始涉及药方,关于药方中的中药用量和炮制方法,是遵照问心堂刻本以小一号字体出现,还是加( )处理,或是仅在炮制方法上加( )处理,有待排版时全书统一。

药物的炮制与剂量,一般均用小字,亦应打出铅笔线。炮制与剂量间应用逗号,末尾不用句号。

"陶宏景"的"宏"字下,责编画有记号,想必质疑。应当改为"弘"。虽然有的书上"陶宏景""陶弘景"混用,还是统一为"陶弘景"比较规范。

关于文中所论疝气病的用字,与《素问·脉解》《灵枢经》里相同,其字无误,念 tuí。

"秫米二两(即俗所谓高粮是也……)",其中"高粮"有误,应作"高粱"。

"阳气暴复,阴尚亏歉","歉"字下画有记号。一般而言,"亏歉"当用"亏欠"。

"颠狂",拟改为"癫狂"。

"止有",改为"只有"。

"分晰",改为"分析"。

2013 年 1 月 8 日

212.《叶香岩外感温热篇》(大字版)终审意见

叶天士的门人顾景文等为恩师笔录整理的这部书稿,选列"中医经典必读丛书",同意出版。责编对校注稿从5个方面进行加工,得到二审夸赞,并补充修改5点。均精到。仅提一点:书稿的最后一段"雄按:温邪热入血室有三证……"这几行文字紧接上面的具体议题阐明观点,总括几家论说,到"宜清热以安营"为止。之后"上第二十章……"直至结尾,是对全书来历的说明。显然,它不是一个论点的两层分述,分明前后所论各不相及。因此,需要将不相及的话语区分开来。否则,一个自然段把两者混为一谈,扰乱了读者的理解思路。建议:在以上引文中间断开,划成两个自然段。

2013 年 7 月 21 日

213.《神秘的经络》(大字版)终审意见

对于生命、人体、养生、防病、诊断、治疗、康复等,早在两千年前,古之圣贤即以其卓绝实践,神孚冥契,积于中而发于外,遂成《黄帝内经》。犹天地之化,雨露之润,闪耀着中华传统文化的光芒。历经一代又一代行世传后,时至今日仍辉煌不减当年。吾侪如何传承,中华中医药学会内经学分会的同仁谋划出一条好途径,将《黄帝内经》文字通俗化、医理实用化,让外行人一看就懂,功德施与众生。丛书分为养生、经络、脏腑、疾病诊断、疾病治疗等,各册专述一旨。为了惠及视障者,出版大字本。《神秘的经络》为其丛书之一。它讲解先人之说而不拘泥,近些年的研究成果胪列靡遗,裒多益寡。例如,关于经络实质课题,关乎中医学发展,研究认为,"气"是一种能量,如同"生物直流电";经络是输送人体"生物电"的通道,具备传递人体生命信息的作用。人们从而发明出诊断治疗俱佳的经气测平仪。中医的科学性得到了现代化证实。

责编针对书稿尚存的 3 个问题进行了妥善处理,二审又有所加工。质量较好,同意出版。

【验案举隅】相比而言,行文稍嫌疏阔拖沓。

"前两天感冒",改为"两天前感冒"。"前两天"失之具体,"两天前"适于一般。后面文中,删去"这次"。最后一句说明,加上括号。

"有一个朋友的孩子",要简练,直接说"有一个孩子"。"现已五岁多",再过百十年,阅此书者,不知该童已是耄耋之人了。"现",限也,删去。

删去"朋友"。"开始……,现在",改为"开始……,继而"。

引文:《史记·淮阴侯列传》:"臣愿披腹心,输肝胆,效愚计,恐足下不能用也。"这样引用,会让人误认为此乃淮阴侯韩信所言,实则是齐人蒯通说服韩信之语。所以,在《史记·淮阴侯列传》后要加几个字——"齐人蒯通说韩信曰",以明言者。此事虽无关主旨,但既然涉及,便力避瑕疵。

文中叙述尼克松访华之文,与主题若即若离:"1972 年 2 月 21 日至 28 日,美国总统尼克松应邀访问中国,他的手'伸过世界最辽阔的海洋'和周恩来总理相握,开启了发展中美关系和人民友谊的新进程,轰动全球。尼克松访华期间,我国政府向尼克松赠送了著名画家张锦标绘制的《熊猫图》以及上海生产的大白兔奶糖等国礼,还有外文出版社出版的英文版《中国针刺麻醉》。"写这一段的目的无非是要表明,在轰动全球的大事件中,中医药文化能拿得出门。只有紧紧把握此点,行文才不会枝蔓。我国政府所赠几样国礼,在文中也不宜平行摆列,要根据文章主旨分出轻重。这里必须强调《中国针刺麻醉》英文版书,余者捎带提及。这段文字拟修改为:

1972年2月21日至28日,美国总统首次访问中华人民共和国,轰动全球。尼克松总统访华期间,我国政府所赠礼品,除了著名画家张锦标绘制的《熊猫图》以及大白兔奶糖外,就是外文出版社出版的英文版《中国针刺麻醉》。

内服养阴清肺汤,服了一剂药之后,"又服三帖痊愈"。"帖"当为"剂"。

2013年7月26日

214.《古代经典按摩文献荟萃》(大字版)终审意见

"前言"稍作润饰。既然署名"编者",行文的口吻当以群体言之,而不宜仅谈个人感受,因为书稿是众人所为。个别字句顺了顺。详见原稿。

改几个字,按文稿前后顺序记录如下:

歧伯——岐伯。

时——对;并按原文的意思,删去了该句的赘语。

《四库全书提要》——《四库全书总目提要》。

第二章开头的第一自然段,阐述何为"理论",泛泛一般,未见精到处。既然如此,就没有必要从猿变人谈起,直入正题中医理论更显简捷。因此,删掉六行半文字。

"制订出来的……治疗规律"。制订——制定;规律——规则。

第二章的写法很好,继承发扬了中国传统的思维模式和表述方式,避免了那种纯粹逻辑演绎,空疏虚玄,把西方哲学套路牵强附会于中国独特的精神产品。用功梳理出每一个命题的原始资料,加以点评;稽考确凿,昭然可用。

第三章文中数字用法比较讲究,引用经典原文用汉字数字,点评则用阿拉伯数字。只是个别尚存出入,修改之。

"灸鼻柱上发际宛宛中三壮",疑有误,请核查《太平圣惠方》。

侯——候。

盪(异体字)——荡。

厭(繁体字)——厌。文中该处写道:"'厌手'在《说文解字》里的解释是'一指

按也'。"这种解释在《说文解字》里找不到,而为"一曰合也"。请再核准,是否"厌手"。与"厌"相似的字是"压",讲得通,但《说文解字》对"压"的解释是"一曰塞补",而非"一指按也"。

"螺纹"无误,也作"罗纹"。不用改。

将"扇"改为"搧",不当;"搧"是"扇"的繁体字。

春季养生"点评"最后几行文字,空洞疏阔,可用于任何季节,不过用在哪个季节都是累赘。拟删除。

"阴气到极致","极致",改为"极限"。"极致"一词不是这样用的。

"总的原则就是顺应天时,天人合一"。去掉最后4个字,因为"天人合一"是相当复杂的一个命题,在此随便一说,稍觉轻率。

"普施行之,年九百余岁"。吴普是华佗的徒弟,练五禽戏,"年九十余"。而非"九百余岁"。

第八章伊始2页又7行文字,概括叙述按摩推拿历朝历代简况,建议删掉,因为基本是在重复第一章的内容。删掉这些内容,更能显出全书的统一性。

登——凳。

【点评】原文1、2、3、4应与原文的序号相一致,加小括号,即(1)、(2)、(3)、(4)。"原文3、4、5便体现了这一特点",而原文仅4条,未有"5"。

"变生灾眚(音省)",此处意在为冷僻字注音,而书稿所引用的古文里类似的冷僻字多得是,唯独几个字注音,与整个体例不合。删掉。

翕(音吸),同上。

文中的四字句,被机械排版割裂,最好调整过来,让四字句连在一起。

"身体虚羸"的"羸",是否"赢"之误?请核对。

一眼瞅去,每行开头一字一标点,似乎引人重视,然则非也,仅只上行余字而已。如此这般,就该调整版面,避免误会,亦有益于雅观。

"委顿"的"委",改为"萎",不当。恢复原字。

癥——症。

p.878 瞤——眴。

稿件已基本达到出版要求,同意出版。

2012年8月31日

215.《厘正按摩要术》(大字版)终审意见

订正了书稿不规范的 16 个字;修改 2 处校注文,误释"谠"及"操觚":显示出一审的功力,得到二审"有根有据"的评价。赞同,并同意出版。

有一个问题需要斟酌一下,即一审报告里提到的:书前"导读"改为"校注说明",以保持丛书体例统一。

这种改变,不只是更换标题那么简单,关键在于"导读"与"校注说明"的写法各有其旨。为了弄清关节,将稿件里"校注说明"写的四个部分题目摘录如下:

一、作者及成书年代

二、张振鋆《厘正按摩要术》的主要学术成就及影响

1.推崇小儿推拿

2.重辨证,创胸腹按诊

3.创"推拿八法",立法详细

4.取穴绘图示图详尽

5.重视穴位推拿

6.列证完备,重视辨证论治

7.强调内外治法相结合

三、研读《厘正按摩要术》应注意的问题

四、本次校勘整理的原则

从以上内容不难看出"导读"与"校注说明"的区别。尤其第二部分,占全文的绝大篇幅,无疑是"导读"文法的重头戏,作为"校注说明"却没有必要阐述这些内容。反而,本应成为着重点的关于校注的说明,文中却寥寥数语。并且,其中仅谈"校勘整理的原则",未及注释如何。本书出版打的是"校注"旗号,所谓"校注",本应校订并注释,两项兼得。为什么"校注说明"只字不提注释之事,转而单言"校勘整理"呢?

"校注说明"里,将明代周于蕃的原著本书名两写为《推拿秘诀》和《推拿要诀》。如果不是其中之一笔误的话,应当予以注释或说明。五篇序文里,也涉此互异,有《推拿要诀》者,有《小儿推拿要诀》者,有《推拿秘诀》者,还有两名混用者。这些疑问都在校注之列。

建议:整套丛书,如果统一体例皆作"校注说明"的话,不以原版本的"导读"代之,拟请校注者另行操觚。

2013 年 7 月 16 日

216.《内科按摩学》(大字版)终审意见

二编室的同仁,所审稿件越来越精细,这本教材的审稿水平上升到了研究层次,一审和二审之间反复讨论推敲,达到与专家对话的程度,令人欣喜。一审进行了3方面的工作:疏通语句;统一词语并改错别字;规范条例和数字用法等。此外,提出6个问题商榷。二审针对6个问题查资料,解决了4个,其余2个与作者协商。同时,又补充修改计77条,进而发现8处尚存疑问,当与作者核实确认。一审对于二审意见既虚心诚恳采纳,又不随声附和,按规定妥帖处理。两位审稿人切切然于敬业,荡荡然于友善,鲜明地体现出社会主义核心价值观。书稿质量得到充分保证,同意出版。

下面几处再核一下:

胸痹症,"一般持续几秒至几十分钟","几秒"一审改为"几分钟"(p.86),p.88文中又出现"一般持续几秒至几十分钟",未改。需改否?

"头重如裹",p.7 如是;p.180 被改为"头痛如裹",两者应统一。

"口眼歪斜"与"口眼㖞斜"以及"口舌㖞斜",三者稿中皆有。p.3、44、82"口眼㖞斜",被改回"口眼歪斜"。"第四章第四节 中风后遗症"中有多处"口舌㖞斜"。"第八章第三节"目录上是"口眼㖞斜",而正文里写的是"第三节 面瘫",开头即说"面瘫又称口眼㖞斜、口僻"。如此,有两个问题:一是三者是否需要统一;二是目录标题与正文标题应一致。

2014 年 11 月 5 日

217.《幼科推拿秘书》(大字版)终审意见

虽然原书质量较好,但责编在通读的过程中,仍然发现了标点、错别字及按语部分内容重复的问题,经妥善处理,质量进一步提高。同意出版。

有一个问题可以再考虑,即丛书将原来的"导读"一律改为"校注说明"所带来的弊端。本书稿"校注说明"有十页之多,超出了一般此类文体的写作范围,其中七八页是阐述该书学术价值的,与"校注说明"隔了一层。这个问题在《厘正按摩要术》三审意见里谈过,不赘述。

关于符咒法的取舍,除却政治因素,也当严肃对待。手持政治大帽子吓人,固然过时了,但医学科学的基本原则还是必须遵循的,否则,延误治疗,出了人命,后果不堪设想。"校注说明"里两处论及此事:"其他方法有符咒法""对于书中所载部分符咒法内容,不要一概否认,尚留待后世验证。"毋庸讳言,校注者对原著里有关方法比较感兴趣,也许自身取得过某些实验成果。《幼科推拿秘书》"序"亦曰:"唯推拿一法,相传上帝命九天玄女按小儿五脏六腑经络贯串血道,……""上帝命九天玄女达救婴儿之洪恩,永济无替矣!"作为"中医经典必读丛书",其观点带导向性,不宜独家正面推出需要辨析的内容,有不同声音,可以通过发表文章进行探讨。这里,校注者或许意欲寻坠绪而继宗风,实则因道行未济,难以张目。建议"校注说明"的这两个地方修改一下。至于《幼科推拿秘书》"序"所言,也只能如此了,好在不牵扯具体的诊疗手段,无碍于患者。

有的版面形式可否稍作改动?例如,"推拿小儿总诀歌"和"观面部形色五脏秘旨"(pp.8~10)现版面一行排不下三个七字句,便将剩下的一个字和一个标点,转下一行。如此竖观,第一行成为一字一点,憾为零碎,惜失龙蟠凤栖之美。建议改排为一行两个七字句。其他类似处,亦可参照美容。

"面部气色十二经总现","总现"二字似觉不顺,是否"总观"之误,请核查原文。

校注者按"注重术数"。"左转三来,又必向右转一摩""去四回三""前行三次,后转一次",等等,这里讲的是按摩次数,而非"术数"。"术数"不是这个意思,它是一种推算手段,用占候、卜筮、星命等法术推知人事凶吉祸福。所以,"术数"改为"次数"。

"口眼歪斜"是否统一为"口眼㖞斜"? p.47 一处仍为前者。

2013 年 7 月 19 日

218.《小儿推拿广意》(大字版)终审意见

二审评价一审通读全稿,工作认真负责,细致全面;并且提出 7 点加工意见,完全同意。再补充几点:

"校注说明"里,"(二)重视辨证论治"一段,尚需润饰。原因如下:其一,由于标点符号使用不当,扰乱了原本分明的层次,致使文意不清。文中言道,腹痛分为 4 类。"热腹痛者,乃时痛时止是也,暑月最多。治法:推三关、推六腑、推脾土、分阴重阳轻、黄蜂入洞、推四横纹;寒腹痛者,常痛而无增减也。治法:……;气滞食积而痛者,卒痛便秘,心胸高起,手不可按是也。治法:……;冷气心痛者,手足厥逆,偏身冷汗,甚则手足甲青黑,脉沉细微是也。治法:……。"4 类腹痛清清楚楚,每一类,症状加句号,之后便是治法,自然而然也应句号了结。文中却在每一类最后使用了分号。这样一来,第一类的治法与第二类的症状,阴差阳错地组成了一句话。以此类推,上挂下联,狼跋其胡,载疐其尾,实则标点符号作祟。其二,文中所用书里的话,是加了引号的,虽然基本内容未变,但文字加减很多,特别是动词的增添,不知引文缘何家之说。例如,最后一类治法,正文(见文稿 p.89)写的是"推三关,八卦,分阴重阳轻,补肾,二扇门,黄蜂入洞。鸠尾前后重揉,要葱姜推之发汗"。"校注说明"写的是:"推三关、运八卦、分阴重阳轻、补肾、掐揉二扇门、黄蜂入洞、鸠尾前后重操(注意:此处的'操'字,正文作'揉'),要葱姜推之发汗。"并且,两者标点也不尽一致,前者多用逗号,后者多用顿号。要之,从文章运笔的角度,"校注说明"引用书中这么一大段原文,仅仅为了举例说明《小儿推拿广意》重视辨证论治,似乎铺张了一些。毕竟是"校注说明",无需在校注以外的问题上恣肆细论。所以,若求精到,此处不必引用原文,三言两语概括出论点来为妙。

"校注说明"还应增添一条:有关原文带迷信色彩的脉象及治法,本书稿是如何处理的。例如,p.26"凡脉不见,虎口如尘色者,是客忤鬼祟之脉,宜求神禳之。脉见大小不匀,定主有凶。"显然,此乃封建糟粕,若按其所为,定会误人子弟。类似原文,虽不可轻易擅动,但正是校注者的用武之地,校注者的水平也体现在这些方面。如果对这种脉象有深入研究的话,何不借注释之平台宣示。起码也应当在"校注说明"里,提醒读者,自行鉴别。人命关天,熟视无睹不可取。

还有一个字,"总论"(卷上)里"口眼歪斜"其"歪",是否也属责编已经修改了 5 处的"喎"之列?

稿件 2 个 18 页,付梓时裁一。

同意出版。

2013 年 7 月 12 日

219.《小儿推拿学》(大字版)终审意见

责编在 6 个方面进行了加工,周详精审。复审又补充了 5 条具体意见,使得稿件更加完善。同意出版。

个别地方再小改一下:

"《黄帝岐伯按摩十卷》",卷数应在书名号外,即《黄帝岐伯按摩》十卷。

"《景岳全书·卷四十一变蒸》",改为《景岳全书·卷四十一·变蒸》。

《焦氏喉科枕秘》"枕"字下,画有杠,想必对此质疑。原书名无误,又名《喉科枕秘》。因作者未留下名字,仅知焦姓,故曰焦氏。金德鉴于 1868 年将此书整理出版。

"《小儿推拿广意·卷上》",改为《小儿推拿广意》卷上。

"《厘正按摩要术·卷三取穴》",改为《厘正按摩要术·卷三·取穴》。

"一手掐脾经摇之",其中"经"是否"轻"之误,请核。

稿中介绍《颅囟经》,版本有两个系统,第二个系统,只点了一句"清代据《永乐大典》辑录本",缺少内容。提供如下材料用于补充:《四库全书总目提要》上说:"疑是唐末宋初人所为,以王冰《素问注》第七卷内有师氏藏之一语,遂托名师巫以自神其说耳。""次论受病之本与治疗之术,皆极中肯綮,要言不烦。次论火丹证治分别十五名目。皆他书所未见。其论杂证,亦多秘方,非后世俗医可及。""《宋史·方技传》载,……钱乙幼科冠绝一代,而其源实出于此书,亦可知其术之精矣。谨据《永乐大典》所载,裒而辑之,依《宋志》旧目厘为二卷,俾不至无传于后焉。"

钱乙的《小儿药证直诀》由其弟子纂辑而成,文中前后列出两个名——阎孝忠、阎季忠。应当把这两个名字简单地说明一下,否则会造成混乱或以不误为误。

引用同一本书,上下文相连,不必重复列书名。删去3处《小儿推拿学概要》。

删去《小儿推拿方脉活婴秘旨全书》1处。

删去《幼科推拿秘书》1处。

2013年1月4日

220.《中医临床诊疗术语·证候部分》(大字版)终审意见

国家标准——中医临床诊疗术语,原本由中国标准出版社1997年出版,现联合出版大字本,惠及视障者,是一桩善举。图书的意义,责编归纳了三点,很精到,便于有关人员知规范、用规范、遵规范。标准化是一个非常重要的领域,世界上以美国为首的几个发达国家掌握着绝大部分行业标准的制定权,这为其带来了巨大的经济利益和社会影响力。据20世纪末国外资料显示,对标准化的投入产出比,美国为1∶50,法国为1∶22,日本为1∶10,德国为1∶7。中医药是中国的国宝,在世界上中国应当最有发言权,所以制定中医药标准是我们义不容辞的责任。而宣传中医药标准,扩大其影响,将标准落到实处,更为重要。中医药与其他生产企业在标准化方面有许多共同点。标准作为企业组织生产的依据,可以促使企业采用先进的制造技术、检测技术,达到生产过程标准化,以控制生产的工艺过程来代替以往通过最终的产品检验来确定质量的方式。标准化还是提高企业管理水平,实现管理科学化的技术基础,它能够有效地促进企业组织系统地运行。现代企业制度,要求企业管理规范化、有序化、科学化,提高工作效率和整体配合协作能力。各部门有了统一的标准,便可以有章可循地控制运行,从而达到降低成本、保证安全、增加经济效益的目的。标准化也是提高国际市场竞争力的手段。标准化在生产企业的这些功用,对中医药行业来说,有同样的意义。尤其是当今呼吁中医药走出国门,走向全世界,必须经过标准化过程。《中医临床诊疗术语·证候部分》作为系列标准之一,质量较好。一般再版者可能认为,关于标准的书,一定会完全符合标准。所以,操作起来容易忽视硬伤。本稿的责编却拿出对待普通稿件一样的审读功力,字字考核,处处着意,精细到圆点、顿号或逗号,不让拷贝过程中的舛误进入大字本。同意发稿。

责编提出的"挟"与"夹"两字的用法问题,标准里不一致,欲"与作者求证、定夺"。追本穷源的精神十分可嘉,但像这种用法,难以定于一尊,各说各的理,若咨询有结果,也不过是一家之言。而这两个字在书里并非关键词,且由它吧。倒是"腹内癥块"(见 p.25)的"癥"字,是否应当用简化字"症",需要探讨一下。因为《现代汉语词典》写得很明确:"症(癥)中医指腹腔内结块的病。"显然,这里应当用正规的简化字,而不用繁体字。繁体字"癥",中医也有必用之例,"癥瘕"即是,因为若用简体字"症",容易发生歧义。稿内此处"疯或腹内癥块",还落下一个"瘕"字,当为"瘕疯";可能因该字正处于上下页衔接链之故。

"附录 A 证候拼音索引"里,【jin】共 5 个条目,4 个是"津"字打头的,排序为 1、2、3、5,中间插了个"筋"字打头的,排序第 4,较扎眼(见 p.150)。像这样打头字混编者,全文仅此一例。建议,即使原书如是,也不必恪守,将第 4 第 5 对调排列为宜。

2014 年 11 月 17 日

221.《中医临床诊疗术语·治法部分》(大字版)终审意见

原书改版为大字本,一审和二审皆用心良苦,尽最大气力使之白璧无瑕,敬业精神可喜可嘉。个别地方再整理一下:

"二审意见"里,"五、附录 p.163 薄贴疗法应删去。"带之而来的错位,在稿中出现了:"附录 A 治法拼音索引"p.163 删去了该条,而却见于正文 p.143 "29.3 薄贴疗法";在"附录 B 治法笔画索引"p.221 里再现但序数有异:"薄贴疗法……29.4";正文 p.143 的 29.4 却是"膏药疗法"。

正文 p.100 "21.2 安神[安心]定志[悸]",而"附录 A 治法拼音索引"p.163 则为

"安神[宁心]定志[悸]"。

"附录 A 治法拼音索引",误为"附录 A 疾病拼音索引"。请再复核一遍,稿中是否还有类似以上的现象。

二审留待终审解决之议题:"有关推拿疗法的定义,其中关于推拿疗法的分类看之不妥",姑且存疑。因为这是已经国家技术监督局发布的标准,不是个人行为,盖非生命攸关之要害,不便轻易改动。个人学术见解,只好待本书修订时节再作理论。

原书已有之论,以及每一个字,建议尽量原封不动。十分明显的错误,增删当出校记。尽管我们已获大字本出版权,但其内容切勿擅改,此书不比一般,遵循"国家标准"为上。这里的道理很明白,遵循的层面不在于参与标准制定者的水平高低,而是面对着的国家法规。顺便提示:除硬伤以外,根据个人学术观点修改之处,最好恢复原文,之后方可发稿。

2014 年 12 月 19 日

222.《中医养生智慧经》(大字版)终审意见

引用孔子的话有误:"及其老也,血气既衰,戒之在得。"其中"哀"当作"衰"。

孔子提出的"克己复礼",主要在于重大的政治抱负,他要复的礼是周礼。稿中用来讲解养生也不错,只是需要将其主旨提及一下,修改见稿。

"有位享年 98 岁的老先生,一生既不讲求养生之道,也不服食保健补品……"此言有悖于本书的主题"养生之道"。既然不讲求养生之道就能活 98 岁,那么,出版本书意图何在?因此,上句改为:有位 98 岁的老先生,一生从未服食保健补品,不在生活上过分讲究;……

"桔皮茶",应作"橘皮茶"。

二审将"中暑证"的"证"字删除,没有道理,保留原字。

其他还有一些错误的修改,一审进行了纠正,甚妥。

"睡'子午觉','子'是指夜间 21 时至 1 时"。该句"子时"有误而且不够严密,改为:睡"子午觉","子"是指夜间 23 时至次日凌晨 1 时。

同意再版。

2013 年 4 月 24 日

223. 拜读《不息翁诗存》感言

中医做诗,几近通好,堪与诗家比肩者,却寥若晨星。近现代中医临床家、教育家、国学家、中医泰斗萧龙友的诗作,确乎称得上高照悬壶的启明星。信手拈来一首作例:

"正月初十日晨闻秧歌喜赋仍用歌韵":
勒住春阴不放过,仄仄平平平仄仄,
暮年大可补蹉跎。(仄)平仄仄仄平平。
须眉润似青松叶,平平仄仄平平仄,
筋力黑如老柏柯。仄仄平平仄仄平。
犹有雄心绵岁月,仄仄平平平仄仄,
长留老眼看山河。平平仄仄仄平平。
五千年事今重见,(仄)平仄仄平平仄,
喜听尧天击壤歌。仄(平)平平(平)仄平。

七律的第一句,多数是押韵的,此诗第一句不押韵,倒也有些讲究。用邻近的韵,晚唐普遍,宋代为时尚。可见,首句如此自有来历。二四六句韵脚,即"跎""柯""河"皆为标准的"下平声十五韵"里"五歌"韵。平仄是律诗中最重要的因素,本诗体现得较完美。用的是仄起式,仄起仄收。粘,亦绝妙:"眉"粘"年"平声,"有"粘"力"仄声,"千"粘"留"平声。对,稍存小疵:首联的"暮"字,尾联的"五"字,皆在不论之列,只是末句的"听"和"击"偶有失对。后者囿于用典,别无选择。诗中对仗尤工,且看颔联:须眉——筋力,润似——黑如,青松叶——老柏柯。再赏颈联:犹有——长留,雄心——老眼,绵岁月——看山河。工整的对仗,颇显诗人高超的艺术修养。至于用典,萧诗非常慎重,已形成一种返璞归真的风格。典故不用则已,用则运掉自如,粲然可考。本诗结句"击壤歌",真乃大手笔所为。新中国的正月清晨,户外秧歌起舞,年届八十的诗人闻声挥笔,早已按捺不住的激情被欢唱勾起,社会翻天覆地的巨变,历史螺旋式地上升到无剥削的尧舜时代,人民当家做主,这秧歌岂不就是五千年前尧时的击壤歌吗!王充《论衡·感虚》:"尧时,五十之民击壤于涂。观者曰:'大哉,尧之德也!'"皇甫谧《高士传》卷上:"帝尧之世,天下太和,百姓无事。壤父年八十余,而击壤于道中。"范成大《石湖居士诗集·卷七·插秧》引用此典。易学大师邵雍有《击壤集》。陆游的《入梅诗》:"击壤歌太平,门无督租吏。"萧诗继而用之,其意蕴可与前贤相颉颃。

其实,纵览《不息翁诗存》,以上浅析,作为经过殿试场面的清末拔贡来说,不过雕虫小技。诗稿的重要价值,在于史料之征信可鉴。古人云"诗言志"。志,志向,抱负,胸怀等。读了萧诗,对"志"又多出一层体悟,《列子·杨朱》:"太古之事灭矣,孰志之哉?"这个"志"字,不也是指历史的记述吗?自古洎今,记事抒情,或平文或韵文,墨客骚人各得其好。萧龙友天生诗才,据其门人统计,诗作四千首有余。以诗记事,无疑是他的乐趣,铢积寸累,不啻大事记,可谓史诗。历经清末、民国、共和国的世纪老人,本来就不多;而清末的县太爷,相继又在民国政府供职时弃官行医者,绝无仅有,医术堪称泰斗又服务于人民并在人民政府居一席之地,独此一人。所以,无论社会学、政治学、近现代史、近现代思想史、近现代艺术史、中医教育史、共和国史、还是中医研究、诗歌创作研究、语言变革研究等等,诸多学科,均可从中获取第一手研究资料。

清末、民国真实的社会面貌,今人能记忆者越来越少,尤其是清末,只能凭借文字感受"白头宫女话当年"了。萧诗承接杜甫之余绪,心相通,谓其"惆怅杜陵诗",细腻地勾勒出彼时情状。既为县太爷,盱衡时局当是必备的政治素质,眼见封建大厦已倾,到来的却是军阀混战,民瘼惨不忍睹:

"卒岁禁寒有几家","哀鸿遍野谁关念"。

诗中的"谁"字,洪蕴渊思。亟需关念的民众被视同草芥。萧龙友为政一方,却无力回天,怎能不痛彻心扉?孟子"当今之世,舍我其谁也",不能不说在其心灵扎了根。持禄保位,君子不为,更不去朝中干谒。乱世从政当官,不足以报平生之志。欲平治天下,以己之长愿为良医,不为良相。于是,

"远游弃官若敝屣","九流许我作医家"。

提囊行医,治病救人以济世。这样重大的人生道路选择,自然要触及灵魂。有诗为证:

"有道之人定有魔,须将慧剑忍心磨。

魔能降尽方成道,圣贤功夫此处多。"

由官员下海,其历史背景、生活经历、思想动态,尽在诗中。

日寇侵华八年,是对每个中国人民族气节的严峻考验。他取别号"蜇蜇公",作诗曰:

"年华虽暮心犹壮,世事无关耳自聋。"

面对日寇索医,装聋作哑,如同京剧大师梅兰芳蓄须拒绝献艺。达节之士,躬淳古之行,凭此工对,含忠履洁,昭然于世。

民国最后三年,行政不得人心,萧诗里可见一斑:

七、中医（205—223篇）

"国民竞选竞花钱，代表得来大似天。"

政以贿成，活龙活现。嘲讽当权者姑息垂怜汉奸："恩典皇皇岂等闲"。描绘抓壮丁场景："家家有子都藏匿，怕遇官兵窃负逃。"犹如杜诗之再现。揭露横征暴敛："征兵需款不需民"。官贪政贿，发露无余。大兵们的形象入诗："连年战伐妄称豪"；"入座来兵得意扬"，"乘兴搂腰还接吻"。佞幸用事，倚以谋国，萧诗已预感其必败的下场。

临摹帮打内战者的行径："美国军需有胜余，倾销利厚任人渔。""奶粉千金买一盂"。霸权者扩大战争以谋私利，外淑内奸的本相已见端倪。

中国的解放，是中华民族的解放、全中国人民的解放。诗人可谓倦鸟得茂林，涸鱼返清源，不由自主地从暴露黑暗转向了歌颂光明。眼见为实，良心使然。

"人人有业免饥寒，贼盗乞儿品改端。

长此成风纯易俗，大同之运定能观。"

诗人与劳动人民融于一体，饱蘸着满腔热血，抒发出真情实感的心声，新风吹进了诗里行间。1951年7月29日成立文史研究馆，"毛主席为养老尊贤而设"。诗云：

"主席毛泽东，治国有大计。""凡事求实践"。

"葩经只有毛笺好，不尚空谈大有为。"

"字成万岁喜同书"。

"四本雄文传永世，精华一半出延安。

才通学富真难得，中外相钦说大观。"

"天生英伟大毛公，提倡民权造大同。"

对土改和工商业改造的评价：

"阶级分明无剥削，人民今是主人翁。"

政见担当：

"漫说今贤与古贤，援朝队伍占锋先。"

"国事能担算有肩"，"尚欲援朝建功业"。

西藏和平解放之见解：

"八方携手同前进，西至昆仑东海滨。"

"今岁国庆真荣耀"，"红旗招展红灯照"。

1954年和1959年，萧龙友分别当选为第一届和第二届全国人民代表大会代表，其间几次会议为主席团成员。会上有创办中医大学的提案，后被人民政府采纳。萧诗多首取材于此。

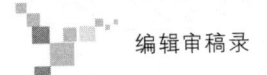编辑审稿录

"此为代表人民者,摄影同看气象新。"

"为家为国手能援","工农兵事熔一冶"。

萧龙友被选为人民代表,证明他是人民中的杰出一员,他的政治热情与当年弃官挂印举动有着天壤之迥异,为什么?这批旧社会过来的著名人士,怎样一步一步地走进了人民群众的大圈子里,同时真心实意地维护新政权?作为人民代表大会制度的成功经验,这笔珍贵的思想财富犹当挖掘,特别是近些年情况在变,原因何在?萧诗所及,颇能说明问题。

新社会、新生活感染了萧翁,不见耄耋暮气,但觉青春活力扑面而来,如面对山乡巨变的喜悦:"不见乡花五十春,山茶花种几更新。""茶贵新芽酒贵陈""易俗移风德有邻""彝人好著绣衣裳"。

新时代更能显出一个人的自然本色,仁民爱物,爱及菜蔬:"钻出藤缝与荚争,垂垂可爱不堪摘。""瓜亦如人要保养""又防腐烂伤其液"。丝瓜入诗:"前人不见咏此瓜";丝瓜种植规律性:"南易长成北难养"。菜瓜祭饮食之人,芹藻释瞽宗之奠,乃木本水源之意也。萧诗由此更深入地表达自食其力的观念,靠劳动谋生。说自己"医人之病自医穷"。赞齐白石"更能担粪勤农事"。尚俭养德,寿不忍庆,"如此铺张损福田"。生辰述怀"襟怀浩浩了无私"。父子情深,后辈孝敬茶叶,遥想当年少时蒙山采茶:"却胜蒙山雨后芽","持取多枝献老人";外孙献家乡甘蔗,高兴异常,品出"酸甜滋味九思尝"。客观笃实,"凡事认真从实践,浑忘世界有虚无"。物惟好用,砚材"贮水无多受墨多""真知利用与墨磨"。无论家人亲情,生活趣事,还是揆情度理,儒家"民胞物与"的观念,已化为潜意识驱使言行。所以,萧诗都是那么自然,那么温馨,水到渠成。

中医题材,诗人的老本行,尤其珍贵。行医达到了诗的境界,医药便成为艺术化了的诗,而诗则负载着医药,风神气韵,妙得天致。白石老人小便带血,随即有《柬白石翁》一首,诗中"饱食荸荠靡有他"。频饮荸荠汁,遂愈。手未到,病先除。有时,谈笑间传授秘方,《赠某君》:"年逾八六犹能御,强健应当谢鹿茸。"

此类诗出自中医泰斗,作为临床医药研究资料及实用老年人保健,亦可镜鉴。

诗人与画家有缘,四位大师画过萧龙友肖像,他均记之以诗。先是抗战时期,张大千有感于他隐居于息园,不听命于日寇,作《医隐图》。诗人回敬《题张大千画息园医隐图后》,又有《赠张大千画师》。不仅赞美其"妙笔善传神",更要紧的是"不识医人双医意,故留迹象在风尘。"大医治人之病,还治社会上的弊病,二人英雄所见,尽显诗中。再是好友齐白石,为其民族气节又作《医隐图》。诗人《题医隐图》,句有"国久疲癃群望治",不禁让人联想到孔子的"绘事后素",虽然说的不是一回

事,但绘事的前提有其共性,绝非唯美主义所能中鹄。蒋兆和是萧翁的女婿、范曾的老师,学生对其定评:"古今中国人物画家恐无第二人。"适逢萧翁八十大寿,蒋兆和为老泰山造像,其乐融融。这是第三幅画像。寿星以精湛书法自题《息园居士像赞》诗,从画论的高度,鉴赏骨像传神,写生妙在"笔具金刚杵"。正是:尽钟繇之精能,极逸少之楷则。诗在其中,很难说是绿叶还是红花,实为三绝并峙。第四次画像,主人公已仙逝半个世纪了,范曾根据老人家的照片造像。遗憾的是,再也得不到回赠的诗了。

诗人所处的时代,正值文言文向白话文变革,萧诗的白话文倾向也越来越明显。郭沫若等创作的新诗,何其芳的新诗格律理论,引导着诗坛潮流。考察业余诗人形气转续,变化而嬗,语言转换期的轨迹,萧诗亦是不可多得的原始资料。

上述仅沧海之一粟,面对萧诗"如有所立卓尔,虽欲从之,末由也已"。诗稿由萧翁门人、著名中医张绍重先生珍藏多年,现奉献于世。然则当下风气,祖宗留下的货殖家底,恨不能竭泽而渔;而于文化遗产,却漠然视之。语文出版社同仁,拔尘脱俗,慧眼识珠,拟将《不息翁诗存》付梓。当代书法大师欧阳中石先生闻声,特为诗稿亲笔题写书名。又有萧翁侄孙萧承运先生,原系出版业内领导人士,亲督运筹促成。在此之际,忝陈管见,以微言襄助善举。

牟国胜
甲午年仲夏

附:专家推荐书:《不息翁诗存》申请中国教育出版集团出版基金

近现代中医临床家、教育家、国学家、中医泰斗萧龙友(1870—1960),享誉"京城四大名医"之首。早年曾为光绪丁酉科拔贡,先后任山东省嘉祥、济阳、淄川知县,加知府衔。1914年奉调入京,供职于民国政府。1928年弃官从医。1930年创办北平国医学院。中华人民共和国成立后,被聘为中央人民政府政务院文史研究馆馆员,任中华医学会副会长,中国科学院学部委员,第一届、第二届全国人民代表大会代表,并被选为大会主席团成员。

萧龙友不仅医术高超,而且格律诗作也是一绝。用韵、平仄、粘、对、对仗等,十分精到,颇显诗人高超的艺术修养。用典,则运掉自如,粲然可考,其意蕴可与前贤相颉颃。诗稿的重要价值,还在于史料之征信可鉴。以诗记事,铢积寸累,不啻大事记,可谓史诗。历经清末、民国、共和国的

编辑审稿录

世纪老人,本来就不多;而清末的县太爷,相继又在民国政府供职时弃官行医者,绝无仅有,医术堪称泰斗又服务于人民并在人民政府居一席之地,独此一人。所以,无论社会学、政治学、近现代史、近现代思想史、近现代艺术史、中医教育史、共和国史,还是中医研究、诗歌创作研究、语言变革研究等等,诸多学科,均可从中获取第一手研究资料。萧诗承接杜甫之余绪,心相通,谓其"惆怅杜陵诗",细腻地勾勒出清末、民国真实的情状。日寇侵华八年,他取别号"蛰蛰公",诗曰:"年华虽暮心犹壮,世事无关耳自聋。"达节之士,躬淳古之行,凭此工对,含忠履洁,昭然于世。民国最后三年,行政不得人心,萧诗里可见一斑。新中国成立,诗人可谓倦鸟得茂林,涸鱼返清源,不由自主地从暴露黑暗转向了歌颂光明。

中医题材,诗人的老本行,尤其珍贵。行医达到了诗的境界,医药便成为艺术化了的诗,而诗则负载着医药,风神气韵,妙得天致。萧龙友肖像画与诗,又一特色。张大千、齐白石因其不听命于日寇,分别为萧龙友作《医隐图》,他以诗记之。诗人的女婿蒋兆和,为老泰山造像。他以精湛书法自题《息园居士像赞》诗。正是:尽钟繇之精能,极逸少之楷则。诗在其中,很难说是绿叶还是红花,实为三绝并峙。后来,范曾先生亦为其造像。

当今弘扬传统文化,中医、旧体诗可谓重镇。两者完美结合,萧诗是典范。语文出版社同仁,超尘脱俗,拟将《不息翁诗存》付梓。欧阳中石先生闻声,慧眼识珠,特为诗稿题写书名。旧体诗承载中医及近现代史料,书法与之联袂。如此难觅的非物质文化遗产集于一帙,无疑是发露宝藏之善举。

牟国胜

2014 年 7 月 10 日

图书在版编目(CIP)数据

编辑审稿录/牟国胜著．－北京：中国传媒大学出版社，2018.1
（出版·传播·文化丛书·第二辑）
ISBN 978-7-5657-2205-9

Ⅰ.①编… Ⅱ.①牟… Ⅲ.①编辑工作－文集 Ⅳ.①G232－53

中国版本图书馆 CIP 数据核字(2018)第 021083 号

编辑审稿录
BIANJI SHENGAOLU

著　者	牟国胜
策　划	冬　妮
责任编辑	张　旭
特约编辑	陈　默
封面设计	风得信设计·阿东
责任印制	曹　辉
出版发行	中国传媒大学出版社
社　址	北京市朝阳区定福庄东街1号　邮编:100024
电　话	010-65450532 或 65450528　传真:010-65779405
网　址	http://www.cucp.com.cn
经　销	全国新华书店
印　刷	北京玺诚印务有限公司
开　本	710mm×1000mm　1/16
印　张	22.75
字　数	434 千字
版　次	2018 年 3 月第 1 版　2018 年 3 月第 1 次印刷
书　号	ISBN 978-7-5657-2205-9/G · 2205　定价 78.00 元

版权所有　　翻印必究　　印装错误　　负责调换